TRAITÉ PRATIQUE
DE
MARÉCHALERIE

COMPRENANT

LE PIED DU CHEVAL
LA MARÉCHALERIE ANCIENNE ET MODERNE
LA FERRURE RATIONNELLE APPLIQUÉE AUX DIFFÉRENTS GENRES DE SERVICES
LA MÉDECINE ET L'HYGIÈNE DU PIED

PAR

L. GOYAU

Médecin vétérinaire à Paris, ancien vétérinaire principal de 1re classe,
Ex-professeur d'hippologie aux écoles de Saint-Cyr et de Saumur,
Officier de la Légion d'honneur et d'Académie.

TROISIÈME ÉDITION, REVUE ET AUGMENTÉE

Rectification mathématique de l'aplomb du pied

PARIS
LIBRAIRIE J. B. BAILLIÈRE ET FILS
rue Hautefeuille, près le boulevard Saint-Germain

1890
Tous droits réservés

TRAITÉ PRATIQUE

DE

MARÉCHALERIE

TRAVAUX DU MÊME AUTEUR

Étude sur le cheval de guerre, Paris, 1857, Dumaine, éditeur.

Espèce bovine de l'Algérie (Journal vétérinaire militaire, 1863).

Conférence sur le commerce des chevaux, 1869, in-18, Javaud, éditeur, Saumur.

Causet des courses, Paris, 1870, Donnaud, éditeur.

Revue hippique, journal mensuel, traitant de la connaissance et du choix, de l'hygiène et de la médecine usuelle des chevaux et des chiens, 1880, 1re année, Abonnement annuel.   3 fr.

LIBRAIRIE J.-B. BAILLIÈRE ET FILS.

E. CUYER	ET	E. ALIX
Prosecteur à l'École des Beaux-Arts de Paris		Vétérinaire militaire Lauréat du Ministère de la Guerre

LE CHEVAL

EXTÉRIEUR

Régions, pied, proportions, aplombs, allures, âge, aptitude, robes, tares, vices, vente et achat, examen critique des œuvres d'art équestre, etc.

STRUCTURE ET FONCTIONS

Situation, rapports, structure anatomique et rôle physiologique de chaque organe

RACES

Origine, divisions, caractères, production et amélioration.

1886. 1 volume in-4 de XXIV-703 pages avec figures, avec un atlas de XVI planches coloriées au pinceau, découpées et superposées. . . . . 60 fr.

Chartres. — Imp. Durand, rue Fulbert.

TRAITÉ PRATIQUE
DE
MARÉCHALERIE

COMPRENANT

LE PIED DU CHEVAL
LA MARÉCHALERIE ANCIENNE ET MODERNE
LA FERRURE RATIONNELLE APPLIQUÉE AUX DIFFÉRENTS GENRES DE SERVICES
LA MÉDECINE ET L'HYGIÈNE DU PIED

PAR

L. GOYAU

Médecin vétérinaire à Paris, ancien vétérinaire principal de 1re classe,
Ex-professeur d'Hippologie aux écoles de Saint-Cyr et de Saumur,
Officier de la Légion d'honneur et d'Académie.

TROISIÈME ÉDITION, REVUE ET AUGMENTÉE

Rectification mathématique de l'aplomb du pied.

PARIS
LIBRAIRIE J.-B. BAILLIÈRE ET FILS
19, rue Hautefeuille, près le boulevard Saint-Germain

1890
Tous droits réservés

PRÉFACE

Le *Traité pratique de Maréchalerie* a reçu un si bon accueil des vétérinaires, officiers de cavalerie, officiers des haras, hommes de cheval, maréchaux-ferrants, etc., que nous en publions aujourd'hui une *troisième édition, revue et augmentée*.

Ce traité a pour but de donner, avec clarté et précision, les enseignements théoriques et pratiques nécessaires, pour établir la ferrure des chevaux, d'après des principes rationnels et conservateurs du pied.

Il est divisé en cinq parties :

La première, *le Pied du cheval*, comprend les notions anatomiques, physiologiques et pathologiques indispensables pour éclairer la pratique.

La deuxième partie, *la Maréchalerie ancienne et moderne*,

est consacrée à l'historique de la ferrure, à l'étude des maîtres de l'art et des inventions en maréchalerie, à la description de la ferrure française et des ferrures étrangères, actuellement en usage, à l'exposé des inconvénients de la ferrure en général.

La troisième partie, *le Maréchal ferrant, ce qu'il peut, ce qu'il fait*, comprend l'étude du pouvoir du maréchal sur le pied et l'état actuel de la maréchalerie en France.

La quatrième partie, intitulée *la Ferrure rationnelle*, expose les principes et les règles de la ferrure du cheval, du mulet, de l'âne et du bœuf.

La cinquième partie comprend *la Médecine et l'hygiène du pied*, c'est-à-dire le traitement des maladies et blessures du pied, les soins hygiéniques nécessaires à sa conservation.

Ce livre, dont un premier essai a paru en 1869, sous le titre de *La Ferrure de cheval*, n'est pas une œuvre de cabinet : c'est dans l'atelier du maréchal qu'il a été conçu ; la réalisation en a été poursuivie pendant une longue pratique dans le service vétérinaire de l'armée, dans l'enseignement, aux écoles militaires de Saumur et de Saint-Cyr, et dans la clientèle civile.

Si clairement écrit qu'il soit, un ouvrage scientifique n'est complètement accessible que s'il est accompagné de figures. Nous les avons multipliées à dessein : les unes, et c'est le plus grand nombre, ont été dessinées d'après nature ou sur des photographies, par M. Sergent, vétérinaire en premier au 22e d'artillerie, les autres ont été puisées aux meilleures sources, notamment dans les ouvrages de Brambilla, Bracy Clarke, Charlier, Georges Fleming, Hurtrel d'Arboval[1], Rey (de Lyon), MM. Chauveau et Arloing[2], etc.

L'auteur a le devoir et la satisfaction d'adresser l'expression de sa gratitude à son savant et dévoué collaborateur et ami, M. Sergent, dont les connaissances en maréchalerie, les recherches expérimentales et historiques sur la ferrure, et l'habile crayon, lui ont été d'une grande utilité.

L'auteur remercie aussi de leur intelligent concours MM. Lalot père et fils, maîtres maréchaux-ferrants, qui dirigent un atelier modèle à Paris. Il doit, à ces habiles praticiens, des modèles de fer et des renseignements utiles sur la ferrure perfectionnée, pratiquée dans leur établissement.

L. GOYAU.

Paris, le 1ᵉʳ janvier 1890.

---

1. Hurtrel d'Arboval, *Dictionnaire de médecine, de chirurgie et d'hygiène vétérinaires.* Edition refondue par Zundel. Paris, 1874-77, 3 vol. in-8.
2. Chauveau et Arloing, *Traité d'anatomie comparée des animaux domestiques.* 4ᵉ édition. Paris, 1890.

TRAITÉ PRATIQUE
DE
MARÉCHALERIE

INTRODUCTION

Définition, but et importance de la maréchalerie. — La maréchalerie est l'art de forger des semelles métalliques, appelées *fers*, et de les appliquer méthodiquement, à l'aide de *clous*, sous les pieds du cheval, du mulet, de l'âne, du bœuf.

L'opération qui consiste à appliquer des fers sous les sabots des animaux de travail porte le nom de *ferrure*.

La ferrure a pour but de protéger le pied du cheval contre l'usure, en conservant, autant que possible, l'intégrité de sa forme, de ses aplombs, de ses fonctions.

Elle est appelée, en outre, à remédier aux défectuosités et maladies du pied, aux vices d'aplomb, aux irrégularités de la marche, etc.

Avant l'invention de la ferrure à clous, qui a rendu le pied inusable, le cheval ne pouvait fournir régulièrement des courses longues et rapides, porter et traîner de lourds fardeaux.

On voyait alors l'usure du sabot d'un quadrupède arrêter la marche des armées. L'homme de labeur, privé de ce précieux auxiliaire, était condamné à exécuter à force de bras les travaux les plus pénibles. L'industrie et le commerce manquaient de force motrice et de moyens de transport.

La ferrure à clous a donc été une importante découverte, qui a joué un grand rôle dans les destinées de l'humanité.

Difficultés de l'art de ferrer. — L'art de ferrer, sous une apparente simplicité, cache de grandes difficultés, des complications sérieuses et sans cesse renaissantes.

Le fer et la préparation du pied varient à l'infini, suivant la forme du sabot, la nature de la corne, les aplombs, les allures, le genre de service, l'état du sol. etc. Aussi, les qualités du manœuvre — force, adresse. coup d'œil — ne suffisent pas au vrai maréchal : il doit posséder de plus le sentiment de son art, tout raisonner, tout calculer, ne rien livrer au hasard. Celui qui est véritablement à la hauteur de sa mission juge d'un seul coup d'œil la tâche qui lui incombe, et, avec une incroyable célérité, il fabrique et adapte, sous les pieds du cheval, d'admirables semelles métalliques dont la forme, l'épaisseur, la largeur, la fixité, la durée, sont en parfait rapport avec le but à atteindre.

L'art de ferrer, si difficile dans l'exécution, si important dans ses résultats, mérite donc d'être mieux apprécié et plus connu.

Le maréchal, armé de ses grossiers instruments de fer, est une redoutable puissance avec laquelle les hommes de cheval doivent compter.

Voyez-le en face du cheval : le voilà qui agit sur le pied, assise derrière de chacune des colonnes de support. Il tranche la corne, puis applique une armature métallique, et par cette opération. si simple en apparence, l'humble ouvrier a dirigé, à son gré et souvent à son insu, la répartition du poids du corps sur les diverses régions de l'ongle, activé ou ralenti la pousse de la corne, favorisé ou entravé l'élasticité du sabot, facilité ou gêné le jeu des membres, conservé ou altéré l'organe qu'il a pour mission de conserver.

Le maréchal est donc tout-puissant pour le bien comme pour le mal. Il tient, dans ses mains noires et calleuses, santé et maladie, longs services et ruine précoce.

Est-ce un homme habile, intelligent, consciencieux, son rôle est capital et providentiel dans l'utilisation permanente et de longue durée des chevaux.

Est-ce un ouvrier ignorant, maladroit, routinier, il devient le plus mortel ennemi du cheval.

L'homme initié, qui sait distinguer la saine pratique de la

routine aveugle, se sent pris d'une profonde commisération quand il voit de rudes et inintelligents manœuvres frapper, tailler, couper, brûler, râper, à tort et à travers, la tunique de corne qui revêt la chair. C'est que, sous ces attaques brutales, maladroites, inconsidérées, l'enveloppe cornée est transformée en une véritable boîte de Pandore. Des maux de toute nature viennent fondre, sans relâche, sur le malheureux quadrupède : seimes, oignons, contusions, piqûres, brûlures, compressions, resserrements, tares osseuses, épaules froides ou chevillées, etc.

Sur cent chevaux boiteux quatre-vingt-dix-neuf boitent du pied. Tel est un vieil axiome de maréchalerie d'une manifeste exagération, mais qui, néanmoins, proclame une grande vérité : l'extrême fréquence des boiteries du pied. Or la mauvaise ferrure est la cause de cette malheureuse fréquence, en sorte qu'il serait plus vrai de dire : « Sur cent chevaux boiteux du pied quatre-vingt boitent par la faute du maréchal. »

Nécessité d'encourager la maréchalerie. — Une profession sans laquelle l'utilisation sérieuse du cheval devient impossible, et qui a une aussi grande influence sur la qualité et la durée des services de ce précieux serviteur, mérite d'être encouragée. C'est le but qu'on s'est proposé dans l'armée, en créant et entretenant une grande école de maréchalerie, en donnant la médaille militaire et la croix de la Légion d'honneur à des maréchaux ferrants, pour services professionnels, en décernant des brevets de capacité aux meilleurs ouvriers, et en améliorant notablement la position militaire et pécuniaire de ces utiles auxiliaires.

C'est que le maréchal est le seul homme indispensable du régiment. Ouvrier et soldat tout à la fois, il rentre dans le rang au moment du combat et se sert aussi bien du sabre que du marteau.

Aujourd'hui que tous les ouvriers maréchaux passent par l'armée, ils y trouvent leur humble profession honorée et travaillent avec plus de courage à se perfectionner, sous la direction de sous-officiers et brigadiers brevetés, qui ont, sur eux, la double autorité du grade et du savoir.

Dans l'intérêt du pays, il serait aussi à désirer que l'on vît les autorités civiles, les comices agricoles, les expositions hippiques, suivre l'exemple donné par l'armée, et encourager plus largement la maréchalerie civile en établissant partout des concours annuels, entre les maréchaux ferrants de chaque arrondissement; on arriverait ainsi à exciter l'émulation, à donner le goût de la bonne ferrure, à propager les bons principes et les saines pratiques, et enfin à signaler au public les ouvriers habiles et instruits, qui trouveraient alors honneur et profit dans l'exercice de leur profession.

Rôles des maîtres maréchaux. — Les *maîtres maréchaux*, appelés à enseigner la pratique raisonnée de leur art, doivent être à la hauteur de leur mandat.

Pour être un bon maître maréchal, il ne suffit pas de faire preuve, au pied de l'enclume et sous le hangar à ferrer, d'un coup d'œil sûr, d'une grande dextérité manuelle ; il faut encore aimer son métier, le connaître à fond, le pratiquer avec conscience.

Seul, le maître qui a approfondi son art peut raisonner ses actes et expliquer à ses élèves le pourquoi des choses.

A cet effet, il doit avoir des connaissances suffisantes sur l'extérieur du cheval, l'organisation, les défectuosités et maladies du pied, les aplombs, les irrégularités et les accidents de la marche ; il doit de plus connaître à fond l'histoire de son art, les ferrures française, étrangères, exceptionnelles, pathologiques, etc., et avoir des notions d'hygiène et de médecine spéciales à l'entretien, aux blessures et aux maladies du pied. Il doit, enfin, honorer sa profession, faire de la ferrure sérieuse, de la ferrure conservatrice et savoir résister parfois, pour le bien du cheval, aux caprices du propriétaire qui le paye, aux exigences des hommes d'écurie, qui font et défont les réputations et les clientèles, et aux enseignements, souvent absurdes, de théoriciens qui ont la prétention d'enseigner ce qu'ils ignorent.

C'est en agissant ainsi que le *maître maréchal* trouvera tout à la fois son véritable intérêt, la satisfaction de sa conscience, et la considération due aux hommes utiles, capables et honnêtes.

Rôle des hommes à cheval. — La direction et la surveillance de la ferrure des chevaux n'appartient pas seulement au maître maréchal. Les vétérinaires, beaucoup d'officiers de cavalerie et des haras, des amateurs de chevaux, des hommes d'écurie même, par devoir ou par goût, s'occupent de ferrure et ont la prétention, plus ou moins justifiée, de diriger et de surveiller le maître maréchal et ses ouvriers, en tant qu'il s'agit de chevaux dont ils ont la propriété ou la charge.

Celui-là qui a la passion du cheval peut difficilement se résoudre à abandonner, sans contrôle, à des mains mercenaires, les pieds du noble animal.

Il sait trop que le cheval n'est bon qu'avec de bons pieds; que la mauvaise ferrure détruit les meilleurs pieds; que le cheval bien ferré dure vingt ans; que le cheval mal ferré est ruiné en quelques années et ne rend que de mauvais services, souvent interrompus par des boiteries.

Mais l'homme de cheval doit savoir aussi que la connaissance approfondie de la ferrure est indispensable, pour diriger le maréchal ferrant et bien apprécier son travail; qu'avant de se laisser aller à la prétention d'enseigner et d'imposer ses volontés, il faut se demander si, étant donné un tas de fers à cheval, un groupe de chevaux ferrés, on pourrait, en parfaite connaissance de cause et en face d'hommes du métier, signaler et discuter les qualités et les défauts de chaque fer et de chaque ferrure. Et, si la compétence manque, il ne faut pas imiter cette foule malfaisante de théoriciens et de faux connaisseurs qui, ayant tout à apprendre, se donnent le ridicule de vouloir enseigner et sont la plaie des maréchaux et des chevaux.

Celui qui n'est pas sûr de ses appréciations doit se rappeler que la routine est supérieure à la fausse science; qu'il choisisse donc, pour ses chevaux, un maréchal ayant bonne réputation, et le laisse faire, en se contentant de lui demander des explications sur la manière dont la ferrure de ses chevaux est comprise et pratiquée, et en cherchant à se rendre compte de l'exécution du travail et des résultats obtenus. A ce sujet, il importe de se rappeler que *l'habileté du maréchal est en raison inverse du nombre de chevaux boiteux qu'il a dans sa clientèle.*

Cependant cette tendance à s'occuper de ferrure ne saurait être trop encouragée, dans l'intérêt du cheval et même dans celui du maréchal habile et consciencieux, qui ne peut que désirer, pour sa réputation et sa clientèle, voir son mérite et ses services justement appréciés.

Il importe donc d'apprendre aux hommes de cheval à juger le travail des ouvriers, qu'ils ont le devoir ou le désir de diriger. N'étant plus alors à la merci d'un mauvais maréchal ou d'un maréchal habile, *faisant de la besogne propre, mais nuisible*, ils pourront, en parfaite connaissance de cause, intervenir entre un bourreau qui s'ignore et une victime muette; redresser les erreurs, diriger et ralentir le zèle intempérant de ces dangereux ouvriers, qui, fiers de leur adresse, veulent abattre de la besogne et ne font qu'estropier les chevaux.

L'initiation n'est ni longue ni difficile. Et si, jusqu'à présent, les véritables connaisseurs sont très rares, c'est que nulle part ne se trouvent les indications nécessaires pour conduire rapidement et sûrement à raisonner la maréchalerie et à juger le travail des maréchaux ferrants.

Cette lacune regrettable doit être comblée : tel est le but poursuivi ici ; qu'il soit atteint, et l'homme de cheval deviendra assez sûr de lui-même et de ses appréciations pour que le maréchal intelligent ne puisse lui appliquer cette maxime de Chamfort : « *Dans ce monde, il faut se condamner à se laisser enseigner beaucoup de choses que l'on sait par des gens qui les ignorent.* »

PREMIÈRE PARTIE

LE PIED DU CHEVAL

CHAPITRE PREMIER

DESCRIPTION DU PIED

> Le pied du cheval est une des merveilles de la nature.

I. Un chef-d'œuvre. — II. Parties intérieures du pied. — III. Enveloppe de chair. — IV. Enveloppe de corne. — V. Union du sabot avec la chair. — VI. Le beau pied.

I. — UN CHEF-D'ŒUVRE.

Le maréchal ferrant, qui passe sa vie à façonner et à garnir de fer le pied du cheval, doit en bien connaître l'organisation, s'il veut pratiquer son art avec intelligence et méthode.

Pour le vulgaire, le pied du cheval n'est qu'un bloc de corne informe et grossier, souillé par la boue des rues et la poussière des chemins ; bien peu se doutent que, sous cette disgracieuse enveloppe, se trouve caché tout un monde de merveilles.

En construisant le pied, la nature n'a pas eu seulement en vue de rendre inoffensifs le contact et les chocs entre le sol et des parties vivantes d'une extrême délicatesse, d'une exquise sensibilité. Insignifiante était cette redoutable difficulté, eu égard au reste de la tâche. Il fallait encore que le pied fût doué : d'un toucher assez délicat pour renseigner le cheval sur les inégalités et la consistance du sol ; de la résistance, de la mobilité et de la légèreté nécessaires au support et à la progression de la masse ; de l'élasticité et de la souplesse indispensables à l'amortissement des réactions; d'une dureté et d'un pouvoir de réparation calculés, pour résister à l'usure considérable produite par des frottements incessants.

Fig. 1. Os du pied du cheval[1].

En face d'un tel problème, qui serait qualifié d'insoluble s'il n'était résolu, la nature a construit un chef-d'œuvre d'ingéniosité, de solidité et aussi de simplicité, car la complexité du but n'a pas même exigé la complexité des moyens.

Deux os, deux cordes tendineuses, deux ressorts cartilagineux, un coussinet élastique, des liens fibreux, des vaisseaux et des nerfs, le tout recouvert par deux enveloppes, l'une de chair, l'autre de corne, appelée sabot : voilà le pied du cheval.

II. — PARTIES INTÉRIEURES DU PIED.

Les deux os, intimement unis ensemble, sont l'*os du pied* et l'*os naviculaire*.

Os du pied. — Il est d'un fort volume, bâti pour le support et donne sa forme au sabot (fig. 1).

Il sert d'attache à *deux cordes fibreuses*, d'une résistance considérable, appelées *tendons*, qui sont chargées de faire mouvoir le pied. L'un de ces tendons, fixé tout en haut de l'os, étend le pied en avant et porte le nom d'*extenseur* ; l'autre, attaché en dessous, fléchit le pied en le portant en arrière : il est dit *fléchisseur*.

L'os du pied porte sur ses *ailes deux ressorts cartilagineux*, larges, aplatis par côtés, solidement fixés en avant, prolongés et libres en arrière (fig. 2).

---

1. A, os du paturon ; 3, grands sésamoïdes. — B, os de la couronne. — C, os du pied. — 13. Petit sésamoïde.

Entre les deux cartilages de l'os du pied, dessous et derrière le tendon fléchisseur, se trouve logé, maintenu, attaché, un gros coussinet élastique et résistant, pointu en avant, bifurqué en arrière, appelé, en raison de sa forme et de son aspect, *fourchette de chair*, et, en raison de sa position, *coussinet plantaire*.

Os naviculaire. — Tout petit, fixé derrière son associé, il a la forme d'une *navette*: c'est la poulie de renvoi sur laquelle glisse le tendon fléchisseur (fig. 3).

Fig. 2. Cartilages de l'os du pied.

Fig. 3. Os naviculaire.

Les deux os du pied sont solidement articulés, par charnière, avec l'*os de la couronne*, situé au-dessus. C'est aussi par charnière que ce dernier s'articule avec l'*os du paturon* (fig. 1). Ces charnières, peu profondes, permettent une légère mobilité par côtés, malgré les *liens fibreux*, appelés *ligaments*, qui attachent les os entre eux (fig. 4.)

Les deux os, les deux tendons et l'appareil élastique constitué par les cartilages et le coussinet plantaire, sont revêtus de deux enveloppes superposées: l'une de chair, l'autre de corne. C'est la peau de l'extrémité inférieure du membre, modifiée dans son aspect extérieur et ses propriétés, qui fait tous les frais de ce double vêtement: ici le derme s'appelle *chair de pied*, et l'épiderme *sabot*.

Fig. 4. — Ligaments du pied.

III. — ENVELOPPE DE CHAIR.

La *chair du pied*, ainsi nommée à cause de sa couleur rouge, qui la fait ressembler à de la chair musculaire, enveloppe les parties intérieures du pied et se divise en trois parties d'aspect très différent : le *bourrelet*, la *chair cannelée* et la *chair veloutée* (fig. 5 et 6).

Bourrelet. — C'est un gros renflement charnu et arrondi, situé dans la gouttière circulaire du bord supérieur du sabot.

Fig. 5. — Bourrelet et chair cannelée.

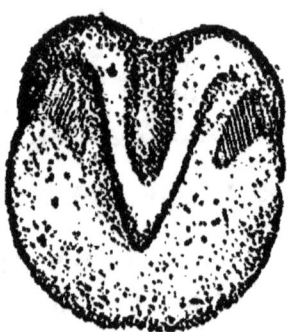
Fig. 6. — Chair cannelée des barres et chair veloutée.

Il continue la peau du membre et forme en haut, autour du pied, une sorte de couronne.

Sa surface, de couleur rouge ou noire et parfois marbrée de rouge et de noir, est hérissée d'un gazon touffu de filaments très fins, appelés *villosités*, qui se logent dans les milliers de canalicules dont la corne est criblée à cette région.

Au-dessus du bourrelet, dont il forme en quelque sorte la *bordure*, se remarque un petit relief, étendu circulairement à l'origine de l'ongle : c'est *le bourrelet périoplique* ou *périople* (fig. 5).

Chair cannelée ou feuilletée. — Située au-dessous du bourrelet, elle tapisse la circonférence du pied et se prolonge en pointe de chaque côté de la fourchette de chair.

Sa surface, toujours couleur de chair, présente des cannelures ou feuillets, parallèles et rapprochés, descendant en droite ligne du bord inférieur du bourrelet et s'engrenant avec les feuillets de corne, qui doublent intérieurement la région du sabot appelée *paroi*. La portion de cette chair, repliée sous le pied, de chaque côté du coussinet, est dite *chair cannelée des barres*, du nom de la région de la paroi à laquelle elle correspond (fig. 6).

Chair veloutée. — La chair veloutée, qui doit son nom aux innombrables villosités dont sa surface est hérissée, est située sur l'os du pied et le coussinet plantaire, et recouverte par la sole et la fourchette (fig. 6). Elle est toujours de la couleur du bourrelet et, comme lui, tantôt rouge, tantôt noire, mais jamais marbrée de rouge et de noir.

La chair du pied, intimement unie aux parties intérieures par sa face profonde et solidement attachée au sabot par son autre face, contient un grand nombre de vaisseaux et de nerfs. C'est la partie essentiellement vivante et sensible du pied : la véritable *matrice* de l'ongle.

IV. — ENVELOPPE DE CORNE.

Ongle, sabot, boîte, cornée, noms divers désignant une seule et même chose : le vêtement de corne qui entoure et protége les parties vivantes du pied (fig. 7).

Le sabot du cheval, obliquement placé sous le membre, voûté en-dessous et fendu en arrière, a la forme d'un cône à base inférieure. De prime abord et malgré sa variété d'aspect, il semble constituer une masse unique, indissoluble, tant les pièces qui concourent à sa formation sont finement et solidement agencées.

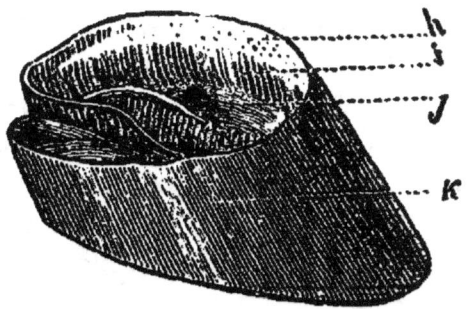

Fig. 7. — Sabot vu de profil [1].

1. k, paroi. — j, sole. — i, feuillets.   h, gouttière.

Une longue macération peut seule disjoindre, sans déchirements, ce qui a été uni par la nature. Alors se désagrègent et se séparent les trois pièces constituantes de la boîte cornée : la *paroi*, la *sole*, la *fourchette* et son annexe le *périople*.

Paroi ou muraille. — C'est une bande de corne épaisse, fortement cintrée, placée obliquement et de champ autour du pied, et diminuant progressivement de hauteur à partir de son centre. Ses extrémités, repliées en dedans, inversement inclinées, convergent de chaque côté de la fourchette. Elle représente assez bien un arc, d'une seule pièce, dont les ailes sont rentrantes.

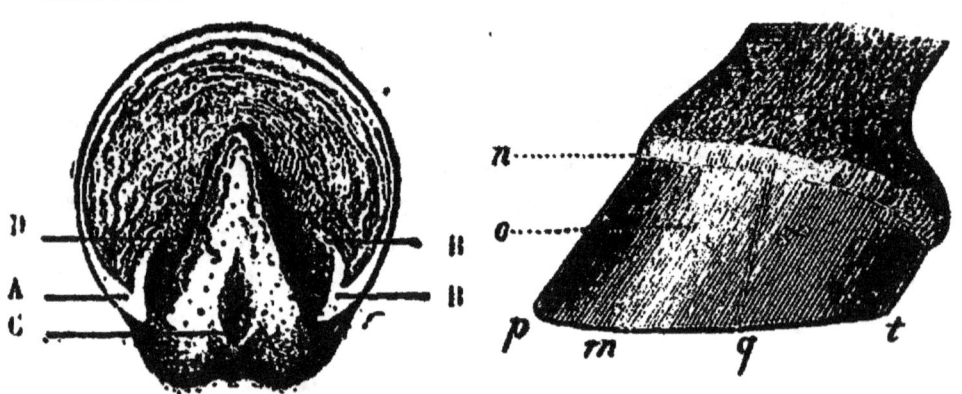

Fig. 8. — Paroi ou muraille[1].   Fig. 9. — Sabot[2].

Le bord supérieur de la paroi, soudé à son pourtour extérieur avec la bande cornée du périople, est creusé, en dedans, d'une gouttière circulaire qui loge le bourrelet ; cette gouttière est criblée de petites ouvertures, dans lesquelles s'enfoncent assez profondément les villosités de la chair. Inférieurement, la paroi entoure la sole et se soude intimement avec elle ; son bord libre frotte et use sur le sol.

A l'extérieur, la paroi est très dure, de couleur noire ou blanche, parfois noire et blanche, d'apparence fibreuse et re-

---

1. A, arc-boutant. — BB, barres. — C, lacune médiane. — D, lacune latérale.
2. n, périople. — o, paroi. — p, pince. — m, mamelle. — q, quartier. — t, talon.

couverte d'un vernis transparent qui la rend lisse et luisante. Elle est doublée en dedans de corne blanche, molle, souple, élastique, disposée en nombreux feuillets parallèles, rapprochés et intercalés avec les feuillets de chair.

La paroi a été subdivisée en plusieurs régions: la *pince* forme la région antérieure; les *mamelles* du dedans et du dehors se trouvent de chaque côté de la pince; les *quartiers* du dedans et du dehors occupent les côtés du sabot; les *talons* du dedans et du dehors sont tout à fait en arrière; les *arcs-boutants* ou *barres* sont situés sous le pied, de chaque côté de la fourchette.

La paroi, oblique et évasée en pince et en mamelles, se redresse en quartiers et en talons, plus en dedans qu'en dehors; forme, en s'adossant, la masse résistante des talons et, enfin, devient de plus en plus oblique à la région des barres.

La corne est plus épaisse en pince, mamelles et talons, qu'en quartiers; plus mince au quartier du dedans qu'à celui du dehors.

C'est de l'épaisseur de la corne de la paroi, de sa qualité, de sa direction, que dépendent la bonté du pied et la solidité de la ferrure.

Sole. — Emprisonnée dans l'arc de la paroi, dont elle subit l'incessante étreinte, dominée et comme échancrée par la saillie triangulaire de la fourchette, la *sole* adhère à la chair et forme le plancher du sabot. C'est un large croissant de corne aplati, épais, voûté, résistant, de la même couleur que la paroi; sa face supérieure, en rapport avec la chair, est bombée, assez molle, et criblée de petits pertuis qui logent les innombrables villosités du tissu velouté; sa face libre, en contact avec le sol, est dure, concave, terne et écailleuse; chaque extrémité du croissant occupe l'espace triangulaire compris entre le talon et la barre correspondante (fig. 10).

Fourchette et périople. — La *fourchette* de corne occupe l'espace compris entre les barres et forme le vêtement de la fourchette de chair, dont elle reproduit fidèlement la forme. C'est un coin de corne molle, élastique, résistante, de même couleur que la paroi, qui, à l'état de nature, pose sur le sol par sa portion renflée et élargie.

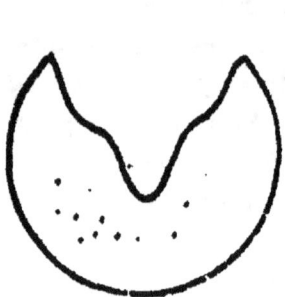

Fig. 10. — Sole.

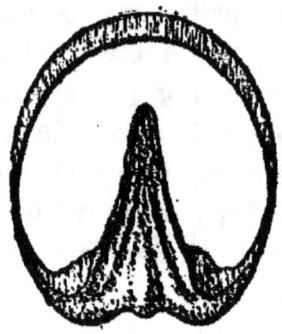

Fig. 11. — Fourchette et périople.

La fourchette est soudée, par ses côtés, avec le bord supérieur des barres et, en arrière, avec le périople.

Elle se divise en *pointe*, *corps* et *branches*.

La *pointe* est l'extrémité qui avance dans la sole; le *corps* vient après.

Les *branches*, distinguées en interne et externe, complètent le sabot en arrière; chaque branche s'épanouit et se renfle, près du bourrelet en haut du talon correspondant, et forme une masse cornée, molle et arrondie, appelée *glôme*. Trois profondes tranchées, dites *lacunes*, se remarquent à cette région: la *lacune médiane*, située entre les branches de la fourchette; les *lacunes latérales* interne et externe, qui séparent

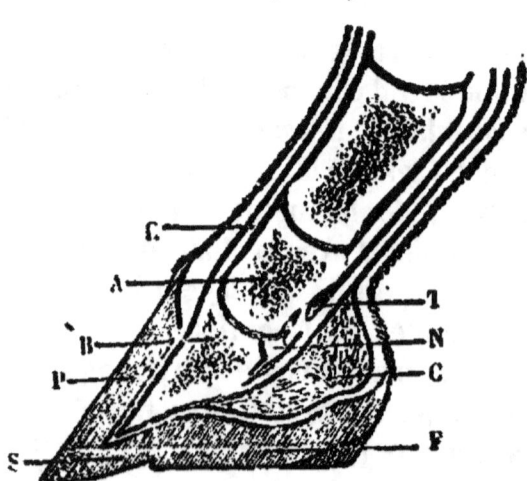

Fig. 12. — Coupe longitudinale du pied.

chaque branche de la barre correspondante (fig. 8).

Le *périople* est une bande de corne, molle et souple, de la couleur de la paroi, qui procède des glômes de la fourchette, avec lesquels il fait corps. Il couronne circulairement le haut du sabot et s'étend sur toute la paroi, sous forme d'un vernis mince, transparent, brillant et peu perméable à l'eau.

Coup d'œil d'ensemble. — L'appareil osseux et son cortège de parties tendineuses, élastiques, charnues et cornées, viennent d'être successivement passés en revue. Un coup d'œil d'ensemble est nécessaire encore. A cet effet et d'un trait de scie, le pied, fendu en son milieu, livre tous les secrets de sa disposition intérieure.

Alors apparaissent l'os de la couronne a, — l'os du pied entouré de sa chair b, — l'os naviculaire n, — le tendon extenseur e, — le tendon fléchisseur t, — le coussinet plantaire c, — la paroi p, — la sole s, — la fourchette f.

V. — UNION DU SABOT AVEC LA CHAIR.

Muraille, *sole* et *fourchette*, voilà les trois pièces du sabot nommées dans l'ordre de leur consistance et aussi de l'intimité de leur union, entre elles et avec la chair.

Il existe une puissance d'adhésion incomparable, entre la boîte cornée et les parties vivantes, — autrement dit, entre l'épiderme et le derme de cette peau modifiée.

La jonction est effectuée d'abord et surtout par la mince couche de corne liquide, qui existe en permanence à la surface de la chair.

L'union est effectuée ensuite par ces myriades de villosités, qui émergent de la chair et se plongent dans les porosités du bord supérieur de la paroi, de la sole, de la fourchette.

Elle est effectuée enfin à l'aide d'une disposition fort curieuse de l'intérieur de la paroi et de la chair veloutée ; ici, les surfaces en rapport présentent d'innombrables plis réguliers, parallèles et rapprochés, qui se pénètrent et s'associent : chaque feuillet de corne est intercalé entre deux feuillets de chair, et réciproquement.

Ainsi se trouvent considérablement augmentées l'étendue et l'intimité du contact, et, proportionnellement, la puissance de cohésion. Aussi — si l'arrachement de la fourchette et même celui de la sole ne sont pas difficiles à pratiquer — il n'en est pas de même pour la paroi qui, véritable chemise de Nessus, emporte avec elle la chair qu'elle revêt.

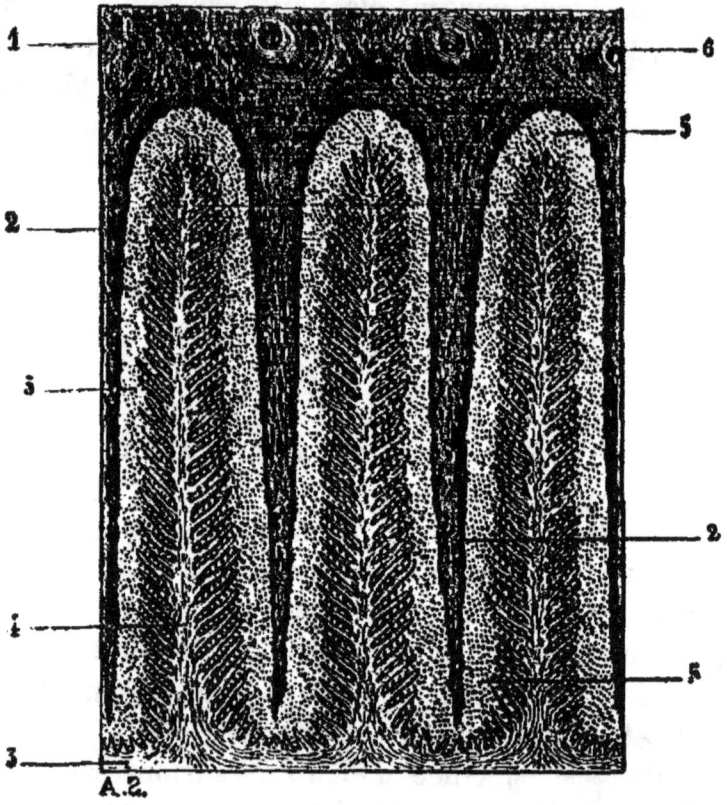

Fig. 13. — Union du tissu feuilleté avec la paroi (grossissement 25).¹

L'intime union de la chair vivante avec la corne morte a pour conséquence inouïe la suspension de l'os du pied dans une boîte dure et inerte; suspension si parfaite que l'os peut subir les pressions les plus exagérées, sans opérer vers la sole un mouvement de descente perceptible, et que, par ainsi,

1. 1. Coupe transversale de la paroi. — 2. Feuillet de corne. — 3. Tissu feuilleté. — 4. Feuillet de celui-ci hérissé sur ses faces de feuillets secondaires. — 5. Cellules molles comprises entre les feuillets de corne et de chair. — 6. Coupe des tubes de la paroi. (A. Chauveau et S. Arloing.)

l'écrasement de la chair veloutée entre deux corps durs, l'os et la corne, devient impossible. Elle a pour conséquence encore de donner à ce tout harmonique, qui s'appelle le pied, la force de résister impunément à de rudes frottements, à de violentes secousses : le coup de pied qui brise les os de l'homme émeut à peine les parties vives sous-jacentes à la corne.

VI. — LE BEAU PIED.

Quand il s'agit du pied, *beauté* devient synonyme de bonté.

Avec de mauvais pieds, le meilleur des chevaux est réduit à l'impuissance, et on a pu dire avec vérité : *Pas de pied, pas de cheval.*

La première qualité du cheval de service étant d'avoir de bons pieds, il importe au plus haut point de bien connaître la forme et les qualités que doit présenter le pied type.

Le *pied vierge de ferrure* d'un cheval bien né, élevé sur un bon sol et suffisamment exercé, est un type de beauté et de perfection. Comparé au pied ferré, le pied vierge est grand et fort, aussi large que long, bien d'aplomb ; il constitue un solide support.

Fig. 14. — Le pied, vu de face.   Fig. 15. — Le pied, vu de profil.

Vu de face, le beau pied est un peu moins large en haut qu'en bas, plus évasé en dehors qu'en dedans, et d'une hauteur égale à chacun de ses côtés ;

Vu de profil, la ligne de pince, légèrement plus oblique que celle des talons, forme avec l'horizontale un angle un peu inférieur à 50° pour les pieds de devant, et égal ou un peu supérieur à 50° pour ceux de derrière ; la hauteur des talons dépasse un peu la moitié de celle de la pince, pour les pieds antérieurs, et est égale ou un peu inférieure à cette moitié, pour les postérieurs.

Le bourrelet est légèrement et régulièrement incliné de la pince aux talons ;

Vu par derrière, les talons sont largement écartés, et également élevés ;

Vu en dessous, une ligne, tirée de la fente des talons au centre de la pince, passe par la pointe de la fourchette et coupe la surface d'appui en deux parties à peu près égales[1] ; la sole est épaisse et assez creuse, la fourchette forte, saine, ni dure, ni molle, les barres moyennement inclinées : la pince et les mamelles de la paroi et de la sole sont fortement attaquées par l'usure (fig. 16).

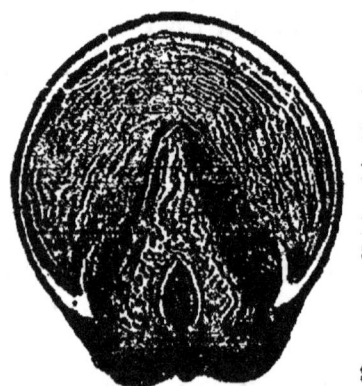

Fig. 16. Le pied, vu en dessous.

La bonté du pied dépend aussi et surtout de la qualité de la corne. Le sabot de couleur foncée doit être préféré au sabot blanc, la corne blanche étant généralement sèche et cassante. La bonne corne est épaisse, résistante, élastique, ni molle ni trop dure.

En outre de la conformation générale et des qualités de corne caractéristiques du bon pied, chaque pied doit avoir une forme particulière favorable à l'accomplissement de ses fonctions.

A cet effet, il existe des différences de forme assez sensibles entre les pieds de devant et de derrière, de droite et de gauche.

Les *pieds de devant*, larges, arrondis, évasés jusqu'au centre des quartiers, ont les talons relativement rapprochés, plus verticaux sur les côtés et plus inclinés en arrière ; les pieds de derrière sont plus concentrés, de forme ovale, à paroi plus épaisse et plus droite, à sole plus creuse, à talons plus écartés, moins inclinés en arrière.

1. La moitié du dehors est un peu plus évasée.

Les premiers, plus rapprochés du centre de gravité et subissant une notable surcharge, particulièrement en talons, sont mieux disposés pour le support et l'amortissement des réactions.

Les autres servent de point d'appui aux détentes impulsives qui mettent en mouvement une lourde masse ; leur forme et leur compacité sont en rapport avec le rôle prépondérant qu'ils jouent dans l'impulsion.

Le *pied droit de devant ou de derrière* se distingue facilement aussi du *pied gauche de devant ou de derrière*, par l'obliquité et l'évasement plus marqués du dehors du sabot.

Or, le dedans du pied étant plus rapproché du centre de gravité, et conséquemment plus chargé de poids, la plus grande concentration et la direction plus verticale de ce côté du sabot étaient rationnellement indiquées.

Mais si cette forme différente des pieds est essentiellement favorable à leurs fonctions, elle a l'inconvénient d'entraîner de sérieuses complications dans la pratique de la ferrure ; chaque pied nécessitant un fer de forme spéciale pour être bien et solidement ferré.

Natura nihil agit frustra. Si jamais cette grande vérité reçut démonstration éclatante, c'est par l'étude de la structure et des fonctions des merveilleux supports de la locomotive cheval.

CHAPITRE II

PROPRIÉTÉS DU PIED

Natura nihil agit frustra.

I. — Le pied fabrique son sabot de corne. — II. Le pied est sensible et élastique. — III. Il se conserve, se modifie, se répare.

I. — LE PIED FABRIQUE SON SABOT DE CORNE.

Qu'est-ce que la corne ? — La *corne* est une matière compacte et élastique, dure et résistante à l'extérieur, souple et molle en dedans, qui se gonfle et se ramollit dans l'eau, se condense et se durcit en perdant de l'humidité, et conduit mal le calorique. En contact avec le fer chaud, elle brûle en donnant beaucoup de fumée et forme une couche de charbon, qui protège la chair contre l'action du feu.

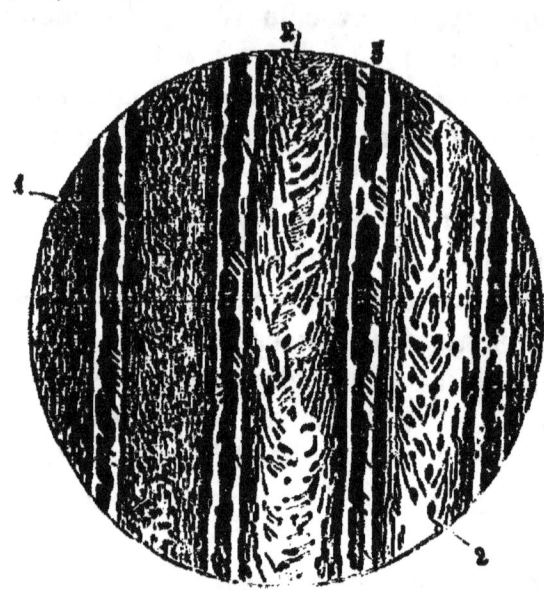

Fig. 17. — Coupe longitudinale de quatre tubes de la paroi¹.

L'étude microscopique de la corne a démontré qu'elle était formée de tubes cylindriques extrêmement fins, accolés parallèlement et soudés à l'aide d'une matière cornée amorphe. Les tubes s'étendent du haut en bas de la paroi, et, pour la sole et la fourchette, d'une face à l'autre; leur extrémité, en rapport avec la chair, est creuse, évasée et loge les villosités.

La *couleur de la corne* est absolument dépendante de celle de la peau qui touche au bourrelet. Quand celle-ci est noire à la surface, le bourrelet et la chair veloutée, étant également noirs, sécrètent une corne imprégnée d'une matière colorante appelée *pigment*. Inversement, quand la peau est rose, le bourrelet et la chair veloutée n'ont pas de pigment, et sécrètent de la corne blanche.

Comme conséquence de cette règle absolue, le sabot noir se rencontre *toujours* au bout des membres recouverts de poils de couleur foncée, et le sabot blanc sur les chevaux de robe foncée ayant du blanc en bas des membres.

Enfin toute tache de l'origine de l'ongle, *noire sur poil gris ou blanc, blanche sur poil foncé*, donne naissance à une bande

---

1. 1. Paroi des tubes cornés. — 2. Substance intertubulaire. — 3. — Tube et substance intratubulaire. (A. CHAUVEAU et S. ARLOING.)

de corne de même couleur et de même étendue et, dès lors, à un sabot en partie noir, en partie blanc.

Par le fait de son hygrométrie, la corne pompe sans cesse l'eau des parties vivantes ; souple et molle du côté de la chair — parce que l'humidité y est grande — la corne est d'autant plus dure et résistante qu'elle se trouve plus éloignée de la source d'humidité, plus rapprochée du contact desséchant de l'air, et conséquemment plus extérieure.

Cette importante particularité de structure est facile à constater en faisant tomber la sole, couche par couche, sous le tranchant du couteau ; bientôt la sole amincie cède sous la pression du pouce. A une dernière attaque, le cheval dénonce, en agitant le membre, une douleur manifeste, et, du même coup, une *rosée de sang* apparaît. Sensibilité et gouttelettes de sang sont produites par la section des villosités nerveuses et sanguines, et annoncent le voisinage de la chair.

A l'aide de ces moyens, aussi simples qu'ingénieux, la nature a fabriqué avec la même substance un manchon moelleux pour les parties vivantes et une rude carapace extérieure, cuirasse efficace et nécessaire dans les rapports du pied avec le sol.

Sécrétion de la corne. — Sous sa rude cuirasse de corne, le pied vit et palpite ; à chaque coup de piston du cœur, le sang vient inonder la chair et fournir les matériaux nécessaires aux agents de sécrétion, qui créent de toutes pièces et régénèrent incessamment l'enveloppe protectrice du pied.

Ces agents sont le *bourrelet*, le *périople*, la *chair cannelée*, la *chair veloutée*.

Le bourrelet, le périople et la chair cannelée, fabriquent la masse compacte de la paroi : le *bourrelet* sécrète la corne extérieure ; le *périople*, la bande de corne périoplique et la *chair cannelée*, les feuillets de corne.

Enfin, de la *chair veloutée* procèdent la sole et la fourchette.

La corne est sécrétée sans relâche, à l'état liquide et couche par couche, à la surface des deux bourrelets, à l'origine des feuillets de chair, et sur toute l'étendue de la chair veloutée ; elle se solidifie lentement, en se desséchant, à mesure qu'elle s'éloigne de sa matrice de chair.

La solidification de la corne liquide se fait partout à l'abri de l'air, même à la région du bourrelet. Ici le périople joue un rôle important ; jeté comme une écharpe à l'origine de la paroi et faisant corps avec elle, il protège la sécrétion récente et la préserve du contact trop desséchant de l'air. Enfin la sécrétion du périople est protégée, elle-même, par l'épiderme épaissi de la peau et des poils de la couronne.

Dès lors, le travail de soudure du périople avec la paroi et des tubes cornés de la paroi, entre eux, s'effectue à l'abri de toute cause perturbatrice.

Soudure des pièces du sabot. — Les pièces constituantes du sabot sont soudées ensemble par un procédé ingénieux et infaillible.

La chair du pied, formant une surface sécrétante continue, la corne liquide exhalée par le périople entre nécessairement en contact avec celle du bourrelet, au point de jonction de ces deux agents de sécrétion ; de même la corne liquide du bourrelet se rencontre avec celle qui procède de l'origine des feuillets de chair, et cette dernière avec celle de la chair veloutée.

Or, cette rencontre des sécrétions à l'état liquide entraîne nécessairement, leur mélange et leur soudure au point précis où les appareils de sécrétion se joignent et se confondent.

La soudure de la paroi et de la sole est facile à étudier, lors du raccourcissement de l'ongle : elle est manifestement signalée par l'apparition d'une zone circulaire de corne blanche ou jaune et de plus en plus molle.

C'est ainsi que se forme le sabot, dont les différentes pièces sont si solidement unies, qu'elles semblent former un tout indissoluble.

Par contre, le sabot pousse divisé toutes les fois que la soudure de ses pièces est empêchée, sur une plus ou moins grande étendue, soit expérimentalement comme l'a fait Renault, soit par suite de maladies du pied.

C'est ainsi, par exemple, qu'on voit le périople de corne et la paroi se séparer et pousser isolément par suite de l'existence, à la couronne, d'un ulcère appelé crapaudine, qui empêche les sécrétions de se rencontrer à l'état naissant.

C'est ainsi encore que, dans le cas de fourmilière grave, isolant le bourrelet de l'origine des feuillets de chair, on voit la paroi se dédoubler et une cavité plus ou moins profonde se creuser entre la corne du bourrelet et la corne feuilletée.

C'est ainsi enfin qu'une blessure du bourrelet qui empêche la sécrétion cornée de se faire, en un point quelconque, a pour conséquence l'apparition d'une seime, autrement dit d'une fente profonde de la paroi.

Pousse du sabot. — Le sabot pousse et use sans relâche.

Les couches de corne de nouvelle formation se succèdent sans interruption et chassent insensiblement les anciennes devant elles : toutes descendent vers le sol pour y être, tour à tour, détruites par l'usure.

« La force qui détermine la descente de l'ongle, dit H. Bouley, n'est donc pas autre que celle qui préside à son accroissement : c'est la *force sécrétoire*.

« L'ongle glisse pour ainsi dire de haut en bas dans les coulisses podophylleuses[1] ; où sont engagées ses lamelles internes[2], sous la double impulsion que lui communiquent la sécrétion du bourrelet, d'une part, et celle du tissu velouté de l'autre.

« La descente de l'ongle est donc en soi un phénomène tout mécanique, qui n'a rien d'actif que la cause qui le produit. »

La paroi croît également à tout son pourtour.

« On peut se convaincre, dit H. Bouley, de cette égalité d'action de la force d'*avalure*, en imprimant une marque sur différents points du sabot à une égale distance de son origine ; on verra, avec les progrès de la pousse, cette marque s'éloigner du bourrelet, d'une longueur parfaitement égale sur tous ces points à la fois. »

Cette descente égale de la paroi, à toutes ses régions, est encore démontrée par l'existence, à sa surface, de rides circulaires parallèles au bourrelet, qui sont produites par la

---

1. Feuillets de chair.
2. Feuillets de corne.

superposition des couches cornées. Le parallélisme et l'effacement des ondées de corne se remarquent sur les bons pieds, situés à l'extrémité de membres bien d'aplomb ; inversement, l'existence à la surface de la paroi de cercles irréguliers et saillants est l'indice certain d'un vice de sécrétion, le plus souvent occasionné par les souffrances et le mauvais aplomb du pied.

Les ondées de corne viennent successivement frotter contre le sol. Et comme la pince présente généralement moitié plus de hauteur que les talons, la même ondée de corne, qui use déjà du côté de ces derniers, n'a encore parcouru en pince que la moitié du chemin.

A l'état de nature, la paroi frotte et use par son bord inférieur, et sa longueur reste à peu près toujours la même.

Quand l'usure est insuffisante, ou empêchée par le fer, il y a accroissement indéfini, mais de plus en plus lent : c'est que plus le sabot est long et plus il faut de force pour en déterminer la descente.

La sole est, au contraire, toujours bornée dans sa croissance ; à petite distance des parties vives — distance égale à l'épaisseur de la paroi environ — elle se dessèche, se fendille, se dispose en larges écailles qui se détachent et tombent.

De même la fourchette n'acquiert jamais une épaisseur exagérée.

La paroi pousse plus rapidement que la sole.

Un tel fait, facile à constater sur les pieds vieux ferrés — où l'on voit la paroi déborder de beaucoup la sole et entraîner le fer avec elle — semblerait, au premier abord, devoir détruire l'union si intime de ces deux régions du sabot.

Il n'en est rien. La paroi, après sa soudure avec la sole, s'éloigne si lentement des parties vives qu'il n'en résulte pas de désunion, ou du moins cette désunion ne se produit qu'au delà de la corne molle.

Cette pousse plus rapide de la paroi était d'ailleurs nécessaire, puisque, par suite de sa position, cette région est destinée à être la première attaquée et à protéger la sole contre une usure exagérée.

La pousse du sabot est plus ou moins active suivant les individus, les circonstances et les milieux. En général, le sabot met 9 à 10 mois à se renouveler.

Influence de l'aplomb du pied sur la pousse de la corne. — Parmi les influences qui agissent en permanence sur la sécrétion et l'usure de la corne, l'une d'elles joue un rôle capital : c'est l'aplomb du sabot. Le poids supporté par chaque pied doit être normalement réparti sur le pourtour de l'organe ; il en est ainsi toutes les fois que le pied repose parfaitement d'aplomb, sur le sol. Inversement, les déviations, les inégalités de la base, ont pour inévitable conséquence d'amener la charge sur les parties basses, d'alléger d'autant celles qui présentent une élévation relative[1], de jeter le désordre dans les mouvements.

Le bon sens et l'observation confirment ces indiscutables données ; mais l'observation fait plus encore : elle démontre que la répartition du poids, sur le pied, a une influence considérable et incessante sur la sécrétion et l'usure de la corne.

Toutes les fois que le poids du corps est régulièrement réparti, le bourrelet donne naissance à des ondées de corne parfaitement égales et parallèles : c'est que cet organe sécréteur, étant uniformément comprimé sur tout son pourtour, reçoit partout une même quantité des matériaux du sang.

Mais, dès qu'il y a rupture de l'équilibre créé par la nature ; autrement dit, dès qu'il y a surcharge, écrasement de certaines régions du sabot, les ondées de corne des régions surchargées se trouvent amoindries et rapprochées ; inversement, du côté allégé sont sécrétées de fortes ondées, largement distantes. C'est que, dans le premier cas, la compression anormale transmise au bourrelet entrave l'abord du sang, tarit la sécrétion et étiole l'organe sécréteur : si, au contraire, la pression est moindre ou nulle, le sang arrive en abondance.

---

1. En terme de maréchalerie, abattre davantage de corne à une région quelconque du sabot, c'est baisser cette région ; de là les expressions : *le dedans du sabot est trop bas, le dehors a trop de hauteur*, etc... De là, encore des expressions différentes, quoique de même signification : *la pince est trop courte ou trop longue.*

La vérité des faits énoncés est facile à constater par l'étude de la disposition des cercles, si visiblement tracés à la surface de la paroi. Ainsi s'acquiert la certitude que toute irrégularité dans la répartition du poids du corps a un retentissement notable sur la sécrétion du bourrelet et la forme de l'ongle; ainsi, enfin, on arrive à formuler un aphorisme nouveau : *en dehors des conditions normales de support, la pousse de la corne, aux différentes régions, est en raison inverse des pressions exercées.*

C'est là une grande vérité, qui est destinée à jeter une vive lumière sur les causes, encore si obscures, des déformations du pied. Elle est, de plus, la condamnation de manœuvres meurtrières journellement usitées. Elle va être, enfin, la source de données fécondes en applications pratiques, rationnelles et conservatrices.

Usure du sabot. — L'aplomb régulier de l'ongle est aussi une condition, *sine qua non*, de la régularité de l'usure. Dans les conditions de nature, le pourtour inférieur de la paroi, la sole de pince, les branches de la fourchette subissent de grands frottements et de fortes déperditions. C'est durant la marche que l'usure attaque le pied du cheval.

Aux allures lentes, le poser a lieu sur la pince et les mamelles, particulièrement en dehors; ces régions, qui affrontent alors le sol plus verticalement, reçoivent le premier choc, mais ne portent que le poids du membre. Au contraire, c'est sur les quartiers et les talons, qui posent en dernier lieu à terre, que s'effectue l'appui.

Aux allures vives, ce n'est plus la pince qui touche le sol, et, successivement, les mamelles, les quartiers, les talons; les membres, projetés et largement étendus en avant, posent et appuient du même coup, et cela sur les talons. Les forts poids et les réactions intenses se trouvent donc rejetés en arrière; ainsi se trouve utilisé cet appareil de support et d'amortissement sans égal, dont est pourvue la région postérieure du pied. Enfin, lors de l'impulsion, le sabot oscille sur la pince; celle-ci est chargée du poids du corps, et sert de point d'appui aux détentes impulsives.

Il y a donc trois espèces d'usure : l'usure du poser, de l'appui, de l'impulsion[1].

Aux allures lentes, la pince et les mamelles, attaquées par la double usure du poser et de l'impulsion, subissent des frottements et une notable déperdition de substance ; au contraire, l'appui — c'est-à-dire la simple superposition sur le sol des quartiers, des talons, de la fourchette — ne détermine qu'un contact peu compromettant pour l'intégrité de l'ongle.

Aux allures vives, les talons et la fourchette éprouvent à leur tour une double usure : celle du poser et de l'appui. Ingénieuse disposition qui sauve la pince de la destruction, en lui permettant de suffire à la grande mais unique dépense de l'impulsion, et qui, du même coup, jette en arrière le poids et les réactions.

La double usure qui, suivant les circonstances, attaque la pince et les mamelles, ou les talons et la fourchette, s'adresse aux régions les plus épaisses, les plus résistantes ; tandis que les quartiers, relativement minces et faibles, ne s'usent qu'au moment de l'appui.

L'usure conserve et rétablit l'aplomb du pied. — Les frottements et déperditions sont si admirablement calculés, sur le degré de résistance des diverses régions, que l'usure intéresse également tout le pourtour de l'ongle : le pied conserve donc son aplomb normal et présente une base toujours parfaite, pour la colonne qu'il termine.

L'usure fait plus encore : elle corrige les inégalités accidentelles de la surface d'appui.

Voilà, par exemple, un pied dont le dehors est élevé et le dedans très bas. Une telle conformation semble, au premier abord, devoir surcharger outre mesure le dedans du sabot et ralentir de ce côté la pousse de la corne ; inversement, il paraît logique d'en inférer l'allégement et la suractivité de sécrétion du côté du dehors. Ce qui revient à dire que le défaut d'aplomb doit tendre sans cesse à s'exagérer : il n'en est rien.

---

[1]. Cette distinction de trois espèces d'usure est nouvelle, et doit donner plus tard la clef d'une question pratique, très controversée et non résolue.

C'est le côté saillant qui, plus rapproché du sol quand le membre retombe, subit l'usure considérable du poser; tandis que, sur le côté le plus bas, s'exerce celle de l'appui, relativement insignifiante. Si le dehors du sabot pousse davantage, il s'use en proportion. Ici et toujours, l'usure tend sans cesse à niveler la surface d'appui, en s'attaquant aux régions proéminentes.

Qu'arriverait-il, en effet, si le dehors du sabot n'était pas suffisamment abaissé par le frottement? Le dedans, écrasé par le poids, ne pousserait plus, et l'articulation du boulet serait tordue et compromise par l'inégalité exagérée des côtés du sabot.

Sur le pied ferré, la corne pousse et n'use pas: de là nécessité de raccourcir périodiquement le sabot, pour le ramener à sa longueur normale.

La pousse du sabot est proportionnée à l'usure. — La nature qui, par le bon aplomb de l'ongle, régularise la sécrétion et l'usure de la corne, sait encore proportionner la réparation à la déperdition, mettre des bornes à une usure exagérée, accélérer une insuffisante déperdition, remédier même aux inégalités accidentelles de la boite cornée.

C'est en faisant de l'agent de destruction l'excitant naturel et énergique de la sécrétion cornée, en donnant au choc qui détruit le pouvoir de créer, que la nature a su maintenir l'équilibre entre la réparation et la déperdition. En d'autres termes, l'exercice, qui fait affluer le sang dans le pied, active à un haut degré la croissance de l'ongle, tandis que le repos la ralentit. De telle sorte que plus le sabot s'use, plus il pousse; inversement, moins il se détruit, moins il s'accroît.

Et si, d'autre part, la corne pousse plus rapidement dans les pays chauds que dans les pays froids, en été qu'en hiver, chez le cheval énergique, en santé, bien nourri que chez celui qui est mou, malingre, insuffisamment réconforté: c'est par suite d'un phénomène du même ordre. L'élévation de la température et l'énergie vitale, en activant la circulation, donnent un coup de fouet à la sécrétion cornée[3]. Ainsi, encore, la réparation se

---

1. La suractivité fonctionnelle est dénoncée, à la surface de la

trouve proportionnée à la déperdition, puisque l'usure est plus grande sur un sol sec et dur que sur une terre humide et molle; elle est plus grande aussi chez les chevaux vigoureux, bien portants, fortement alimentés — pour lesquels le mouvement est un impérieux besoin — que chez ceux qui se trouvent dans des conditions opposées.

Quelquefois cependant, l'organe de support est jeté hors des conditions de nature, par une usure rapide et anormale, déterminant une brusque rupture de l'équilibre. Aussitôt une barrière se dresse en face de l'abus : c'est le cri de douleur des parties vivantes, que la boîte cornée, usée et amincie, est inefficace à protéger contre le rude contact du sol. Instinctivement alors, le cheval se condamne au repos.

La douleur, qui commande le repos et facilite ainsi la réparation, sait encore, dans certaines circonstances, commander le mouvement et conséquemment exagérer les déperditions.

C'est, par exemple, quand le pied est d'une longueur anormale, que la pince est longue et les talons bas ; c'est lorsque l'usure ne promène pas équitablement son niveau et met le sabot de travers. L'excès de poids jeté sur les tendons, la torsion des articulations inférieures, déterminent douleur et fatigue. Le cheval, qui souffre, piétine sans cesse pour soulager tour à tour ses membres : par ainsi, il use rapidement la corne excédente, et, de lui-même, rétablit la régularité et la stabilité de sa base.

II. — LE PIED EST SENSIBLE ET ÉLASTIQUE.

Sensibilité du pied. — A l'extrémité du membre, il fallait tout à la fois un agent protecteur des parties vivantes, pouvant impunément supporter les frottements et les chocs, les plus violents, et un parfait instrument de tact, pour assurer la

paroi, par des ondées de corne larges et proéminentes : elles sont très apparentes, surtout chez les chevaux des champs, à l'époque de l'herbe nouvelle.

marche par la perception instantanée des inégalités et de la consistance du sol.

La nature a résolu ce difficile problème en plaçant le pied dans un sabot de corne, criblé de canalicules, où sont logées les papilles, organes de sécrétion et de tact.

Chaque papille, formée d'un vaisseau capillaire et d'un filet nerveux microscopiques, enroulés sur eux-mêmes, s'engage dans les étuis cornés du bourrelet et de la face supérieure de la sole et de la fourchette, et va au devant des sensations obscures que lui transmet son enveloppe inerte.

Mais si la faculté sensoriale est surtout dévolue aux papilles, elle existe aussi à un haut degré dans le tissu feuilleté.

« La sensibilité exquise des papilles et des processus lamelleux du tissu feuilleté est, du reste, rendue évidente dans une foule de circonstances qui témoignent en faveur de notre manière de voir. Ainsi l'animal manifeste toujours une très vive douleur lorsque, avec l'instrument tranchant, on excise, à la surface du bourrelet, des pellicules de la corne traversée par des prolongements papillaires ; ainsi, rien n'est douloureux pour le cheval comme le pincement de quelques lamelles du tissu feuilleté entre les lèvres d'une fissure longitudinale de la paroi ; enfin, la cautérisation par le fer rouge à travers l'épaisseur de la corne des extrémités papillaires qui la pénètrent, comme cela arrive quelquefois dans l'opération de la ferrure à chaud, est toujours très douloureuse et cause quelquefois des accidents inflammatoires très redoutables[1]. »

Élasticité du pied. — Le pied est si admirablement construit, qu'il subit impunément les formidables effets du contact avec le sol de la locomotive-cheval, lancée à toute vitesse. L'explication de cette merveilleuse résistance du pied a été longuement cherchée.

En dehors de la propriété élastique inhérente à la corne, aux cartilages, à la fourchette de chair, il a été généralement admis une élasticité toute spéciale, résultant de l'arrangement

---

1. H. Bouley. *Traité de l'organisation du pied du cheval*, p. 255.

mécanique et du jeu des différentes pièces du sabot, et manifestant surtout ses effets dans les régions postérieures du pied.

Cette élasticité, affirmée par les uns, niée par les autres, a donné lieu à des controverses nombreuses, à des expériences multipliées et souvent contradictoires.

Ferrez un cheval, disent les adversaires de l'élasticité, ingéniez-vous à disposer autour du pied des appareils qui permettent de mesurer exactement le plus léger écartement des talons, le plus léger affaissement de la sole, et vous constaterez que le sabot est à peu près immuable dans sa forme, à toutes les allures : donc l'élasticité est nulle ou insignifiante.

Une telle conclusion est tout à fait illogique ! Ces expériences peuvent, tout au plus, prouver que l'élasticité est très obscure sur le *pied ferré*. Mais en est-il de même sur le pied vierge ou déferré ?

Si le sabot était simplement un organe de protection et de tact, à quoi bon le nombre et la diversité de ses pièces constituantes ? La simplicité du but s'accommode mal de la complexité des moyens.

Quelle serait enfin l'utilité de cette fente qui divise, en arrière, le pied du cheval ?

La nature ne fait rien en vain : le sabot est fendu, donc il s'ouvre.

Aujourd'hui, l'élasticité du pied est universellement admise, mais considérée comme très minime.

H. Bouley a écrit[1] : « Le jeu d'élasticité du pied, si imperceptible dans l'état naturel, est à peu près annulé dans les conditions ordinaires de la ferrure. »

Il est cependant facile de démontrer expérimentalement, par des moyens qui nous semblent supérieurs, comme simplicité et précision, à ceux déjà employés, que l'élasticité du pied, si longtemps discutée et présentant encore une certaine obscurité, est assez accusée ; que le pied constitue un puissant ressort qui s'élargit et s'affaisse, sous la pression du poids du corps, et revient à sa forme première lorsque l'effort cesse de s'exercer ; que le mouvement de dilatation se produit, lors de

---

1. H. Bouley, *Traité de l'organisation du pied du cheval*, p. 236.

l'appui, et consiste, comme l'a dit Bracy-Clarck, dans l'écartement des talons et l'abaissement de la sole, des barres et de la fourchette ; enfin que le resserrement s'effectue, lors du lever, et entraîne le retour à leur position première des talons, de la sole, des barres et de la fourchette.

Écartement et rapprochement des talons. — A tout homme désireux d'étudier, par lui-même, le jeu des talons, nous dirons :

Levez un pied de devant et avec un cautère chaud, à pointe aiguë, pratiquez en haut et au milieu de chaque talon, à environ 3 centimètres de la fente postérieure du sabot, deux piqûres bien visibles ; implantez ensuite les pointes d'un compas dans les piqûres de manière à mesurer exactement la distance qui les sépare. Puis, posant à terre le pied ainsi préparé, jetez-y du poids par le lever de l'autre pied, et même en faisant monter un cavalier sur le cheval. Alors, mesurez de nouveau les deux distances, et vous constaterez les effets produits sur le pied par la charge qu'il supporte.

En expérimentant sur des pieds de devant et de derrière, bien conformés et défectueux, non ferrés et ferrés, à fourchette posant ou ne posant pas à terre ; en faisant appuyer le dessous du pied, ou simplement la fourchette sur une masse de gutta-percha légèrement ramollie dans de l'eau chaude ; en se servant du fer à planche posant ou ne posant pas sur la fourchette, des fers Charlier ou à croissant qui permettent à la fourchette le contact avec le sol, on obtient les résultats suivants :

1º Le pied non ferré, dont la fourchette, soit naturellement, soit par suite de l'abaissement des talons, est en large contact avec le sol, s'ouvre en arrière, à la région des talons, de 1, 2, 3 millimètres, et parfois plus sur les jeunes chevaux ; la dilatation latérale du pied s'étend jusqu'au tiers postérieur des quartiers en diminuant progressivement ;

2º Le pied non ferré, dont la fourchette ne porte pas à terre lors de l'appui, se dilate peu ou pas ; les talons fuyants font cependant exception à cette règle générale, ils s'ouvrent assez sensiblement ;

3° Le pied de derrière dont la fourchette porte à terre se dilate moins que le pied de devant dans les mêmes conditions ;

4° Sur le pied ferré à la manière ordinaire, la fourchette ne portant pas à terre, le jeu des talons est souvent nul ou, tout au moins, peu accusé, et ne se remarque guère que sur les jeunes chevaux et sur les pieds à talons fuyants ;

5° Quand le dessous du pied, ou simplement la fourchette, appuie sur une masse tout à la fois molle et résistante, comme la gutta-percha, la terre glaise, l'écartement des talons s'effectue dans des proportions notables sur tous les pieds ferrés ou non ferrés ;

6° Quand le pied est ferré de manière à faire porter la fourchette sur le sol (ferrure Charlier, à croissant, à éponges minces), ou à exercer une pression sur la fourchette, soit par le fer (fer à planche), soit par un tampon de gutta-percha ou un coussin de cuir, etc., le pied s'ouvre en arrière, lors de l'appui, de 1 à 3 millimètres ;

7° La dilatation d'un pied bien conformé, ferré à la manière ordinaire, augmente si l'on abat les talons de façon à les empêcher de porter sur le fer — surtout si ces talons ont été préalablement fortement amincis à la râpe — et augmente encore davantage à la suite de l'application d'un fer à planche portant sur la fourchette ;

8° Enfin l'effet de dilatation se traduit par un gonflement du bourrelet et un léger reversement en dehors du périople, plus accusé à la région des glômes.

Abaissement et élévation du dessous du sabot. — L'élasticité du pied ne consiste pas seulement dans l'écartement et le rapprochement alternatifs des talons ; elle manifeste encore ses effets par l'abaissement et l'élévation alternatifs de la sole, du bord supérieur des barres, et surtout de la fourchette.

Pour démontrer ce double mouvement, il faut prendre un fer étroit, portant 3 crampons assez élevés, dont 1 en pince ; river solidement, sous le fer, une plaque de tôle assez épaisse et percée d'un grand nombre de petites ouvertures rondes ; puis faire porter à chaud et attacher sous le pied ce fer à plaque spéciale, en s'assurant qu'il ne touche pas la fourchette et en rivant les clous avec soin.

Fig. 18. — Plaque de tôle à placer sous le fer.

Il faut, de plus, placer dans chaque trou de la plaque une cheville en bois, ronde, entrant à frottement, en l'enfonçant de manière à lui faire toucher exactement le dessous du pied ; puis trancher l'extrémité libre de la cheville au niveau de la surface inférieure de la plaque ; recouvrir celle-ci d'une couche de cire fondue, contribuant à maintenir les chevilles en place ; enfin poser à terre le pied porteur de l'appareil[1].

Alors, en levant le pied préparé, il est facile de constater que les chevilles ont opéré un mouvement de descente et soulevé conséquemment la couche de cire[2].

En approchant un fer chaud pour faire fondre la cire, on peut très nettement apprécier et mesurer le mouvement de descente effectué par le dessous du pied, puisqu'il est exactement représenté par les saillies que font les chevilles à la surface de la plaque de tôle.

Il importe, en outre, de faire d'autres expériences, en remplaçant le fer ordinaire à crampons et plaque trouée par un fer à planche dans les mêmes conditions, et d'abattre les talons de manière à faire porter la planche en plein sur la fourchette ; il est permis ainsi de juger si la descente des barres et de la sole n'est pas arrêtée ou diminuée par la pression de bas en haut exercée sur la fourchette.

Enfin, pour s'assurer que le mouvement de descente n'est pas dû, en tout ou en partie, à l'élasticité propre à la corne qui, dans ses points de contact avec le fer, subit une forte pression, il faut établir, à partir des quartiers et à mi-hauteur

---

1. Ces expériences, commencées par l'auteur à l'Ecole de Saumur en septembre 1878, ont été répétées et complétées par M. Sergent, vétérinaire en 1er au 22e d'artillerie.

2. En faisant monter un cavalier sur le cheval, l'effet produit est encore plus accusé.

de la paroi, trois points de repère, avec la pointe d'un cautère ; puis sur la rive externe du fer trois autres points de repère à l'aide d'un poinçon ; puis mesurer la distance séparant les points de repère qui se correspondent, d'abord sur le pied levé, et ensuite sur le pied posé.

On constatera alors que, sur le pied bien ferré, avec un fer portant partout, la distance est toujours la même : d'où on devra conclure que l'abaissement des chevilles est entièrement dû au jeu des pièces du sabot, et non à l'élasticité inhérente à la corne.

Les expériences ainsi conduites ont donné les résultats suivants :

1° Sur un bon pied, bien d'aplomb, paré et ferré à la manière ordinaire et dont, conséquemment, la fourchette ne porte pas à terre, le plancher du sabot descend, lors de l'appui, de 2 à 3 millimètres aux glômes de la fourchette ; de 1 à 1/2 millimètre à son corps et à sa pointe, au bord supérieur des barres et au centre de la sole ; du centre de la sole à la périphérie, la descente est de moins en moins sensible, et, enfin, tout à fait nulle en approchant de la paroi ; par contre, et dans les conditions susindiquées, le jeu des talons est généralement assez obscur ;

2° Inversement, sur le même pied, non ferré ou ferré à planche, dont la fourchette participe largement à l'appui, les talons s'ouvrent notablement et la descente des barres et de la sole est à peu près nulle ;

3° La descente du plancher du sabot se remarque sur les chevaux de tout âge ; elle est parfois plus accusée sur les chevaux âgés que sur les jeunes ;

4° Aux allures vives, le mouvement de descente n'est pas notablement plus accentué que dans les expériences faites de pied ferme ;

5° Enfin, il est permis de conclure que les deux mouvements d'élasticité — *écartement du talon, abaissement du dessous du pied* — se manifestent en raison inverse l'un de l'autre, et qu'en conséquence, lorsque les talons s'écartent largement, le plancher descend moins et inversement ; c'est ainsi, par exemple, que toute manœuvre amenant la fourchette à participer à l'appui ou diminuant la hauteur relative des talons, augmente le jeu d'écartement et diminue le mouvement de descente ; au contraire, toute manœuvre qui soustrait la fourchette à l'appui ou produit l'élévation des talons donne des résultats opposés.

Voilà un fait bien établi : le pied est élastique, très élastique même. Il se dilate sous l'effort des pressions exercées par le poids du corps, et revient à sa forme primitive quand ces pressions cessent. La marche opère donc une dilatation et un resserrement alternatifs. Les fanatiques de l'élasticité voient là un jeu de pompe aspirante et foulante, par lequel le sang est attiré et repoussé[1] ; ils proclament ce double mouvement indispensable à la nutrition.

Quel est le mécanisme de l'élasticité du pied ? La théorie admise fait jouer un rôle capital à la sole ; celle-ci, dit-on, s'affaisse sous le poids du corps, perd en partie sa concavité et fait ainsi, sur la muraille, un effort qui amène la dilatation de la boîte cornée.

Cet affaissement serait produit par le poids du corps, déterminant, lors du poser, la descente de l'os du pied dans la boîte cornée, et exerçant, d'autre part, par l'intermédiaire du petit sésamoïde, une pression considérable sur la voûte de la sole.

En ce qui concerne la pression exercée, d'après H. Bouley, « sur la face inférieure de la sole par l'os lui-même », l'expérience et le raisonnement combattent cette manière de voir :

L'expérience, puisqu'il est démontré que l'arrachement de la sole ne détermine nullement la descente de l'os ; le raisonnement, parce qu'il est inadmissible que l'os du pied, si admirablement suspendu par ses liens de chair, puisse descendre presser la sole ; une telle pression, du reste, aurait pour résultat infaillible l'écrasement de la chair veloutée entre deux corps durs.

Quant à la charge transmise par le petit sésamoïde et l'os

---

1. Ce n'est pas quand le pied se dilate que le sang y afflue ; sous la pression du poids du corps le sang est exprimé de la chair.

de la couronne, elle est reçue par les barres soudées aux branches de la sole et par la fourchette, qui forment un siège large, aisé, solide, puissamment rembourré par la fourchette de chair, et dont les bras élastiques sont constitués par les deux ressorts cartilagineux adjoints à l'os du pied. C'est sur ce siège que l'os naviculaire et l'os de la couronne sont confortablement assis et déversent la part de poids qui leur incombe; aux allures vives, cette part est énorme, — le poser et l'appui se faisant sur la région postérieure de l'ongle, par suite de la forte projection du membre dans le sens du mouvement.

L'effort considérable exercé par l'os naviculaire, doublé du tendon fléchisseur et de la région correspondante du coussinet plantaire — effort qui creuse une large empreinte transversale sur le bord supérieur des barres — ne détermine cependant qu'un abaissement de celles-ci, qui entraîne une très légère descente de la sole : cette action ne peut suffire seule à expliquer l'écartement très marqué des talons, et surtout la descente parfois si prononcée de la fourchette.

Tout autrement se passe le phénomène, et la sole n'y joue qu'un rôle secondaire. Lors du poser, le coussinet élastique, souple et résistant comme du caoutchouc, se trouve comprimé entre l'os naviculaire et l'os de la couronne, d'une part, les barres et la fourchette, d'autre part; il fuit par côtés, fait effort sur les cartilages et sur la paroi des talons : *le pied s'ouvre en arrière*.

De plus, il fait aussi effort sur le bord supérieur des barres[1], en obéissant à la pression exercée à cette région par l'os naviculaire; enfin, le coussinet plantaire, comprimé en arrière par l'os de la couronne, fait encore effort sur la fourchette qui, présentant une grande surface et étant plus molle et plus souple, cède facilement et opère un mouvement de descente assez accusé.

Si le mouvement de descente amène la fourchette à participer largement à l'appui, le phénomène d'élasticité se manifeste sur-

---

1. Cet effort s'exerçant sur des pieds plats, à talons bas et faibles, à barres obliques, détermine quelquefois la fracture d'une barre.

tout par un écartement notable des talons : c'est qu'alors le coussinet plantaire fuit par côtés, écrasé qu'il est par deux pressions opposées et égales — celle exercée de haut en bas par le poids du corps et celle résultant de la réaction du sol.

Il est facile de comprendre, dès lors, pourquoi le pied, qui pose sur de la terre glaise ou de la gutta-percha, arrive d'emblée à son maximum de dilatation : c'est parce que la pression du sol s'exerce sur toute l'étendue de la fourchette et, aussi, dans les lacunes médiane et latérales.

Par contre, si la fourchette est éloignée de terre, lors du poser, l'élasticité se manifeste, surtout, par le mouvement de descente du dessous du pied, et plus particulièrement de la fourchette — mouvement qui s'opère alors librement.

La théorie de l'élasticité du pied ainsi comprise donne l'explication complète des résultats obtenus expérimentalement. Il résulte, en effet, des nombreuses expériences faites :

Qu'en station et en marche, le poids du corps développe dans le pied une double élasticité : l'une qui se manifeste par l'écartement des talons, l'autre par la descente du plancher du sabot ;

Que, si la fourchette concourt à l'appui, l'écartement des talons devient prédominant, ce qui se comprend, puisque la fourchette, écrasée par la charge, exerce alors un effort de bas en haut qui s'oppose à l'affaissement des barres et à la descente de la sole ;

Que, si la fourchette ne porte pas, le mouvement de descente est beaucoup plus marqué que celui d'écartement, puisqu'il peut s'effectuer en toute liberté ;

Que les talons bas ou abaissés s'écartent davantage que ceux hauts ou élevés, parce qu'ils sont plus chargés du poids du corps, et que le mouvement de descente est, dès lors, moins accusé ;

Que, sur les chevaux âgés, le mouvement de descente est le plus accusé, parce que le resserrement et la rigidité de la paroi, augmentant avec l'âge, opposent plus de résistance à l'effort dilatateur ;

Qu'en conséquence l'effort du poids du corps peut se produire de manière à favoriser l'un ou l'autre mouvement d'élasticité, suivant que la fourchette sert ou ne sert pas à l'appui, que les talons sont bas ou hauts, que les talons ou le dessous du pied opposent peu ou beaucoup de résistance à l'effort dilatateur ;

Que, dès lors et dans une certaine limite, les deux mouvements d'élasticité se manifestent en raison inverse l'un de l'autre ; puisque, par exemple, si l'effort exercé par le poids du corps, sur la boite cornée, s'épuise en déterminant un large écartement des talons, il produit nécessairement un effet moindre sur le dessous du pied et inversement ;

Que ces deux mouvements s'effectuent simultanément dans la station et probablement aussi aux allures lentes ; qu'aux allures vives, au contraire, le poser se faisant d'autant plus sur les talons et l'effort étant d'autant plus puissant que la vitesse est plus grande, il est rationnel d'admettre que les deux mouvements d'élasticité se succèdent : le premier effet du contact avec le sol doit être l'écartement des talons, et, le deuxième, l'abaissement du dessous du pied ; successivement aussi, lors du lever, se produisent le rapprochement des talons et l'élévation du plancher du sabot.

En résumé, étant donné que le poids du corps exerce, sur le coussinet plantaire, une pression considérable, par l'intermédiaire de l'os naviculaire et de l'os de la couronne, que cette pression manifeste ses effets par l'écartement des talons, la descente marquée de la fourchette et un léger abaissement des barres et de la sole, il est facile de comprendre que, contrairement à la théorie admise, *c'est la fourchette qui joue le principal rôle dans l'élasticité du pied :* c'est seulement lorsqu'elle participe à l'appui que se manifeste un notable écartement des talons ; quand elle n'appuie pas, son mouvement de descente est très accusé et remplace ainsi l'écartement des talons qui, alors, fait plus ou moins défaut.

Enfin, le rôle joué par la fourchette est d'une importance considérable de ce fait que, par sa situation, sa souplesse, son indépendance relative, la charge déversée sur elle, lors de l'appui, est complètement enlevée à la boite cornée proprement dite : donc son appui sur le sol, ou sur le fer, en station et en marche, a pour effet de soulager la paroi, la sole et les parties vives sous-jacentes.

Tout est dit sur l'élasticité du pied, qui a évidemment pour but d'amortir la violence des chocs entre le sol et les extrémités et, conséquemment, d'en épargner le retentissement douloureux à toute la machine, de préparer et d'aider l'effort impulsif, d'activer la circulation du sang dans la chair du pied et de hâter ainsi la pousse de la corne.

La théorie nouvelle, exposée ici, doit nécessairement être féconde en applications pratiques et donne la clef de bien des faits obscurs et controversés.

III. — LE PIED SE CONSERVE, SE MODIFIE, SE RÉPARE.

Conservation de la forme et de l'intégrité du pied. — Le cheval libre, qui ne connait d'autre toit que la voûte du ciel, d'autres lois que ses instincts, d'autres limites que l'étendue, possède un pied immuable dans sa forme, inattaquable par les alternatives de chaleur et de froid, de sécheresse et d'humidité, indestructible à l'encontre de toutes les causes normales de destruction. La parfaite et permanente régularité des aplombs, quoique condition essentielle de la bonté et de la beauté du pied, ne suffit pas seule pour expliquer un aussi merveilleux résultat.

Si l'ongle du cheval en liberté ne subit pas les altérations qui s'acharnent, comme une malédiction, sur celui du cheval esclave, il le doit : à la mise en jeu de son élasticité, à la virginité de la sole, à une humidité suffisante, au vernis de la paroi, aux poils de la couronne.

Tels sont les moyens qui, en outre de l'harmonie des aplombs, concourent à conserver la forme du sabot et l'intégrité de la matière cornée.

Cette société d'organes, qui constitue l'être vivant, est réglée par des lois immuables et d'une sagesse infinie. Quand tous les organes travaillent à la vie commune, dans la mesure de leurs moyens, l'être tout entier se maintient au *summum* de ses facultés physiques et morales; l'excès, au contraire, produit l'usure et la détérioration, tandis que l'insuffisance amène la faiblesse et l'impuissance.

Et, ce qui est vrai pour l'être tout entier, est vrai encore pour chacune de ses parties.

Par le travail, l'organe se conserve; le travail insuffisant mène à l'atrophie, et le repos absolu entraine la disparition lente du rouage inerte. C'est que l'exercice active la circulation et le repos la ralentit; le sang se porte donc sur l'organe en travail : *celui qui gagne l'avoine, la mange.*

Il en est ainsi d'après une admirable loi de nature qui proportionne la nourriture au travail, et prononce, dès lors, la déchéance et la destruction de tout ce qui est inutile. Belle leçon donnée à l'humanité et trop peu souvent méditée, au grand détriment de la morale et de l'hygiène.

Toutes les considérations précédentes sont applicables au pied du cheval.

Il faut que le pied travaille, qu'il porte le poids du corps, qu'il frotte et heurte contre le sol. L'exercice détermine la mise en jeu des diverses pièces constituantes et la production de ce phénomène, décrit sous le nom d'élasticité; simultanément, il active la circulation : le liquide nourricier inonde la chair et l'eau du sang vient abreuver abondamment la corne. Inversement, le repos de l'organe, son jeu insuffisant ou imparfait ralentissent la circulation : de là réduction de nourriture entrainant la sécheresse de la corne et le resserrement du pied.

Heureusement que cette dernière et grave transformation ne s'effectue qu'avec grande difficulté et extrême lenteur. C'est que tout resserrement de l'ongle résulte d'une rétraction de la paroi. Or, cette rétraction rencontre normalement un obstacle puissant. Placée de champ en dedans de la paroi, la sole, en raison même de sa position et de sa grande épaisseur, peut résister, sans se déformer, aux plus formidables étreintes; il suffit pour cela qu'elle soit intacte. Donc, respect à la sole, qui humblement se dissimule sous l'organe dont elle est le salut.

Il est une propriété physique de la corne qui joue un rôle

dominant, au double point de vue de la forme du sabot et de la qualité de la substance : c'est son hygrométrie.

Séparée de la chair, la corne se condense et se durcit par la sécheresse, se gonfle et se ramollit par l'humidité, se désagrège et se fend par les alternatives brusques, de l'une et de l'autre.

Sur la corne vive, les mêmes causes produisent les mêmes effets, mais si considérablement atténués qu'ils ne se traduisent que par des manifestations lentes et obscures. Il en est ainsi, parce que cette corne est constamment et en suffisance imprégnée de l'eau du sang et de l'eau du sol ; précieux liquide auquel elle doit souplesse, résistance, cohésion.

Protégée par son vernis, la paroi ne redoute ni la chaleur solaire, ni la sécheresse, ni l'humidité du sol et de l'air. La sole et la fourchette, en contact avec la terre et à l'ombre de la muraille, conservent leurs qualités.

Enfin, les poils de la couronne recouvrent et protègent l'origine de l'ongle ; l'eau, qui ramollirait le bourrelet du périople, la sueur, dont le contact serait irritant et malsain, sont déversés sur la paroi, rendue peu perméable par son vernis.

Fabrication du beau pied, du pied plat, du pied dit de mulet. — Le cheval est l'enfant des pays du soleil, il aime les climats tempérés, les coteaux bien exposés, le sol sec et élastique, l'herbe fine et aromatique. Dans ce milieu favorable, la nature fabrique un ongle qui présente les plus hautes qualités, comme forme et comme substance.

Pourquoi la nature, qui a créé le beau pied, ne s'en est-elle pas tenue à ce type ?

Le *pied plat*, à corne molle, à paroi évasée, à talons bas et largement écartés, à sole plate et mince, à barres affaissées, à fourchette énorme, constitue une masse lourde, encombrante, disgracieuse, un support sans solidité, un détestable agent de protection, d'impulsion et d'amortissement des réactions.

Le *pied dit de mulet*, de masse réduite et de forme cylindrique, a la sole très creuse, des talons d'une hauteur démesurée, la fourchette amaigrie. La compacité et la dureté de ce pied sont destructives de toute élasticité, et l'insuffisance de sa base de sustentation en fait un mauvais support, sur une surface plane.

Le pied plat et le pied de mulet peuvent-ils être signalés comme deux aberrations de la nature? Aurait-elle dû en briser le moule, au lieu de les reproduire invariablement sur une vaste échelle? Ces apparentes aberrations sont-elles, au contraire, de fructueuses leçons pour l'observateur doué de sagacité et de bon sens?

Transplanté dans des contrées dont le sol et le climat sont peu compatibles avec sa nature, le cheval se modifie de partout, et les modifications, lentement produites par les agents physiques, se transmettent, se fixent, se perpétuent par la génération. La nature travaille ainsi, sans cesse, à amoindrir les fâcheux effets des contraventions faites à ses lois, en transformant les animaux pour les mieux adapter à une existence nouvelle. C'est ainsi que, du pied type, elle fait un organe de forme et de qualité défectueuses, à notre point de vue, mais plus en rapport avec le sol, le climat, la masse de l'animal et, en réalité, plus parfait. Et ce qu'il y a de remarquable, c'est la simplicité et l'à-propos des moyens à l'aide desquels sont résolus des problèmes d'apparence si compliquée.

Le *pied plat* n'est-il pas, en effet, un parfait agent de support pour le cheval massif, qui vit dans les contrées humides et plantureuses? Ce large patin, avec sa grande surface d'appui, enfonce peu dans le sol mou; la fourchette, se fixant en terre à la manière du soc de charrue, prévient et arrête les glissements. Et — comme l'usure et les chocs sont nuls, dans de telles conditions — le sabot, doué d'une pauvre sécrétion et formé de corne molle, peut impunément n'offrir ni rapidité de rénovation, ni solidité, ni résistance, ni élasticité.

Eh bien! la fabrication de ce disgracieux support, si éloigné du pied type, est tout simplement l'œuvre du sol mou et humide.

La corne, gorgée de l'eau du sol, se ramollit, se dilate, et alors — d'après l'opinion générale, physiologiquement inadmissible — la sole trop molle, trop flexible pour supporter le poids du corps, s'affaise, perd sa concavité et élargit d'autant le sabot. Une autre opinion, plus vraisemblable, attribue la transformation au ramollissement de la paroi; devenue mauvais agent de support, elle permettrait la descente de l'os du pied vers la sole.

Mais, outre le ramollissement et la dilatation de la corne, il est une cause incessante et énergique, qui joue un grand rôle dans la création du pied plat : c'est que le pied du cheval, s'enfonçant dans le sol mou, appuie et glisse sur un plan incliné en tous sens, dont l'effort dilatateur est d'autant plus grand que la sole est plus creuse.

Le *pied dit de mulet* est créé par des influences opposées. C'est la sécheresse du sol et de l'air des pays de montagnes qui resserre et condense la corne, redresse la paroi, creuse la sole, donne aux talons force et hauteur. L'organe, devenu petit et dur, concentré et fort, défie l'usure et les chocs; par sa base restreinte, mais profondément excavée, il s'implante, avec une solidité sans pareille, sur les surfaces dures, rocailleuses, inégales.

Que maintenant ces deux types si opposés, construits dans un but tout différent, soient envoyés, le pied plat à la montagne, le pied creux au marécage; de parfaits qu'ils étaient, ils deviennent tout à coup défectueux.

Que va devenir le pied plat dans les sentiers durs et raboteux et le petit pied enfoncé dans le sol mou?

La nature, déçue dans ses prévisions, contrecarrée dans ses desseins, se met de nouveau à la besogne. Sous les influences nouvelles et inverses qu'ils subissent, le pied plat se concentre et le petit s'élargit. Mais, si le développement de ce dernier est toujours sans inconvénient, il n'en est pas de même de la concentration du pied plat : la compression des parties vives en devient la dangereuse conséquence. C'est qu'il n'est pas sage d'aller à l'encontre des voies de la nature : de cruels mécomptes en résultent.

Enfin, non seulement le pied s'adapte au pays, mais il subit encore des variations suivant les saisons; la sécheresse ou l'humidité du sol et de l'air agissent en permanence.

L'hiver, le pied se dilate, se ramollit, use et pousse peu; l'été, il se condense, durcit, use beaucoup et pousse en proportion. A sol dur, corne dure; à sol mou, corne molle; dur contre dur, mou contre mou.

Réparation du pied. — Le sabot, enveloppe protectrice du pied, peut exceptionnellement être perforé par des corps aigus ou tranchants, qui viennent alors léser les parties vives[1]; il subit aussi, parfois, des chocs assez violents pour que la chair sous-jacente en soit meurtrie, et, dans ces deux cas, un décollement de la corne d'avec la chair se produit souvent. Il peut également arriver que le bourrelet soit attaqué et détruit dans une certaine étendue et que, même, le sabot soit complètement arraché par l'effort puissant d'un cheval qui veut dégager son pied, retenu accidentellement au sol, entre deux pierres, par exemple.

Enfin, journellement, des opérations chirurgicales sont faites sur le pied et occasionnent des délabremens plus ou moins considérables.

Eh bien! la nature n'est désarmée ni en face des accidents, ni en face des chirurgiens!

D'abord, le pied souffrant est soustrait à l'appui, en totalité, ou en partie, et condamné par la volonté de l'animal au repos indispensable à la guérison.

Puis, si la suppuration est dans le sabot, le pus se fraye un chemin en décollant la corne d'avec la chair et, finalement, se fait jour; *il fuse au poil*, suivant l'expression consacrée.

Sur la chair du pied, mise à nu ou décollée, s'opère un rapide travail de réparation, étudié expérimentalement par Renault et décrit ainsi qu'il suit par H. Bouley[2]:

« Si on arrache.... un lambeau de la boîte cornée.... on verra, au bout de deux jours, suinter à la surface du tissu dénudé une couche de substance concrète molle et douce au toucher, de consistance comme caséeuse, en apparence amorphe, de couleur généralement jaune ou grise, suivant le lieu où l'opération est tentée, qui ne tarde pas à former un revêtement

---

1. La nature a rendu le dessous du pied pour ainsi dire invulnérable à la région de la sole, où les blessures profondes peuvent avoir une extrême gravité en atteignant les os et le tendon fléchisseur; la fourchette et ses lacunes peuvent être très facilement attaquées, mais les blessures du coussinet plantaire se guérissent généralement très bien.

2. H. Bouley, *Traité d'organisation du pied*, p. 264, 271, 278.

protecteur *solide* sur toute la surface du tissu dépouillé et à reconstituer la continuité *intérieure* de la boîte cornée en réparant en partie sa brèche extérieure.

« Lorsque vous arrachez un lambeau de la muraille, depuis le haut du sabot jusqu'au bas, en laissant intacts les tissus sous-jacents, au bout d'un mois ces tissus sont déjà revêtus d'une corne si concrète et si solide, que l'animal peut marcher sans souffrance et reprendre son service.

« Arrachez, sur un pied vivant, partie ou totalité de la sole, et vous verrez au bout de vingt-quatre heures le tissu velouté mis à nu se revêtir, dans toute son étendue, d'une couche très mince de matière concrète qui constituera, à sa surface, une espèce de fausse membrane pelliculeuse, laquelle en se concrétant et en s'épaississant, ne tardera pas à prendre la forme, la consistance et la couleur de la corne normale.

« Au bout de huit jours, cette sole, de nouvelle formation, aura déjà une épaisseur suffisante pour servir de plastron protecteur au tissu qui l'a engendrée, et après un mois elle aura presque récupéré son épaisseur normale. »

La réparation du sabot se fait encore quand la chair veloutée, la chair feuilletée, le bourrelet sont complètement détruits sur une plus ou moins grande étendue et que, même, une portion de l'os du pied ou du coussinet plantaire a été enlevée.

Alors, la brèche faite aux parties vivantes est rapidement comblée par des bourgeons charnus, et le tissu de nouvelle formation sécrète immédiatement la matière cornée.

Cependant, le bourrelet détruit ne sécrète plus de corne fibreuse. Mais la suppression de sa sécrétion normale ne nuit en rien à la continuité du sabot; car le tissu feuilleté sécrète plus abondamment.

La paroi formée alors n'acquiert pas l'épaisseur ordinaire. Cette fausse paroi présente une dépression notable : au lieu d'être unie, lisse et vernie, comme dans les conditions naturelles, elle est inégale, raboteuse, écailleuse.

Les brèches étendues du bord inférieur du sabot se réparent

rapidement aussi ; c'est que la corne pousse plus vite aux régions qui ne participent pas à l'appui ; ainsi, par exemple, en abattant les talons de manière à les empêcher de porter sur le fer, on arrive à en accélérer la pousse.

En somme, quoiqu'il soit difficile d'admettre que des chevaux, auxquels on a arraché la sole ou un lambeau de la paroi, puissent au bout d'un mois reprendre leur service, il n'en est pas moins vrai que la nature ne s'avoue jamais vaincue et que la réparation du pied s'opère avec une merveilleuse rapidité.

En résumé, le pied, construit avec un art incomparable, est simple de forme, sensible et résistant, doublement élastique de par ses qualités physiques et l'agencement de ses pièces, d'une organisation assez riche pour faire face aux exigences d'une usure incessante. Petit et léger — eu égard au poids qu'il supporte, à l'impulsion à laquelle il coopère, aux réactions qu'il subit — le pied du cheval constitue une admirable base pour une *locomotive* rapide.

Si parfait est cet organe, que la nature, livrée à elle-même, sait conserver et faire concorder l'aplomb du membre et celui du pied, proportionner la réparation à l'usure et mettre des bornes à cette dernière, préserver indéfiniment la forme, l'intégrité du sabot, modifier le pied, pour le mieux adapter au sol et au climat. Partout et toujours elle se montre admirable de puissance et de logique, tant que sa liberté d'action est pleine et entière.

Voilà terminée cette longue étude anatomique et physiologique du pied, qui avait pour but de surprendre les lois de la nature, de pénétrer le mystère de ses procédés d'entretien et de fabrication pour en tirer, plus tard, de précieux enseignements et des applications pratiques rationnelles.

CHAPITRE III

DÉFECTUOSITÉS ET MALADIES DU PIED

I. Défectuosités du pied. — II. Maladies du pied. — III. Boiteries.

I. — DÉFECTUOSITÉS DU PIED.

Si, à l'état de nature, le pied du cheval se conserve dans toute sa perfection native, il n'en est pas de même en domesticité.

Sous l'influence de causes diverses et souvent méconnues, le pied ferré est fréquemment atteint de déformations, de maladies, de vices d'aplomb qui compromettent gravement la bonté et la durée des services du cheval.

Les pieds du cheval sont défectueux par défaut de proportion : *pieds trop grands, trop petits*; par défaut de conformation : *pied resserré, plat, comble, long en pince*; par défaut de qualité de la corne : *pieds à talons faibles, pied gras, maigre, cerclé, à paroi séparée de la sole, à talons faibles, dérobé*.

Enfin les pieds pèchent par défaut d'aplomb : pieds *de travers, panards, cagneux, pinçards, rampins, à talons bas, à talons hauts, à talons fuyants*.

Pied trop grand. — Le pied *trop grand* est de dimensions exagérées, par rapport au volume du membre qu'il termine et du corps qu'il supporte.

Le cheval est souvent lourd, maladroit, exposé à butter, à glisser, à se couper.

Pied trop petit. — Le pied *trop petit* est de dimensions trop réduites par rapport au membre et au corps. Cette défectuosité est congéniale ou acquise. Dans le premier cas, le pied a une forme régulière; les chevaux de race ont souvent le pied trop petit et il n'en résulte pas toujours des inconvénients. Quand la défectuosité est acquise, le pied est diminué de volume particulièrement en quartiers et en talons : il est *resserré*.

Pieds inégaux. — L'inégalité des pieds est toujours acquise et généralement grave.

Le pied le plus petit a été souffrant et condamné de ce fait à une immobilité relative, qui a amené l'atrophie progressive des parties intérieures du pied et, en même temps, le resserrement de la boite cornée.

Le cheval a boité, boite ou boitera probablement du pied le plus petit.

Pied resserré. — Le resserrement attaque particulièrement les pieds de devant, plus chargés du poids du corps, surtout à la région des talons; il se remarque assez rarement sur les pieds de derrière.

Tous les resserrements du pied reconnaissent pour cause le manque d'exercice, le séjour sur le pavé ou sur la litière, les souffrances et maladies de l'organe, la ferrure et, au-dessus de tout, *la mauvaise ferrure*.

Le pied diminue de volume dans tout son ensemble; mais le resserrement s'accuse, surtout, en quartiers et en talons et augmente progressivement du quartier au talon et du bourrelet au bord inférieur de la paroi : c'est-à-dire aux régions où les parties intérieures du pied, souples et molles, opposent moins de résistance.

Le resserrement est généralement accusé davantage sur le dedans du sabot, qui est plus chargé du poids du corps.

Le pied resserré a généralement la sole creuse, les barres hautes, verticales en arrière, incurvées dans le sens de leur longueur; la fourchette est petite, remontée, amaigrie, particulièrement en branches, et déviée dans sa direction, lorsque le resserrement est plus accusé d'un côté que de l'autre.

A la région resserrée le bourrelet est remonté, atrophié, aplati; la corne est généralement mince, sèche, cassante, cerclée. Souvent, la compression continue des parties sensibles jette la fièvre dans le sabot; alors la corne profonde, blanche et molle, s'infiltre de sérosité sanguinolente et devient jaune ou rougeâtre. C'est là l'indice certain de souffrances du pied, auxquelles il importe de porter remède.

Les pieds resserrés poussent peu et ont une prédisposition aux seimes, aux bleimes et aux boiteries.

Suivant la nature et la conformation du pied, suivant le mode d'après lequel s'exerce leur action, les agents et moyens qui produisent les resserrements du pied donnent naissance à l'encastelure, aux talons serrés, au chevauchement du talon, au resserrement du quartier, etc.

Le *pied encastelé* (fig. 19) est petit, haut et droit, plus étroit à sa base et resserré par côtés, à bourrelet presque horizontal, à talons forts et rentrés, à sole très creuse, à fourchette maigre et remontée. Cette défectuosité est *congéniale* ou *acquise*. L'âne, le mulet, certains chevaux du Midi et de l'Afrique naissent avec des pieds encastelés et n'en souffrent pas. Ces pieds concentrés et forts, profondément creusés en dessous, à corne dure et épaisse, défient l'usure et les chocs et sont faits pour marcher et se cramponner dans les sentiers difficiles des pays de montagne. Mais l'encastelure est bien souvent acquise; il y a resserrement considérable, compression douloureuse et atrophie des parties vivantes. Souvent alors, un des talons, et plus particulièrement celui de dedans est plus resserré que l'autre et le surmonte, le *chevauche* à la région du bourrelet. La corne est dure, sèche, cassante, jaunâtre ou rougeâtre.

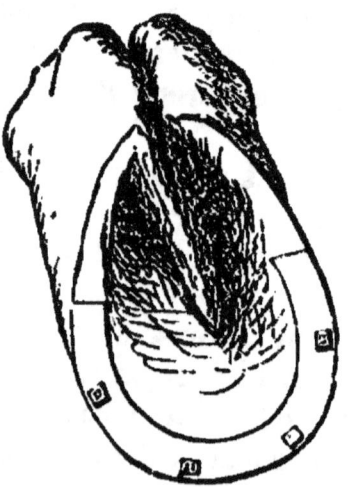

Fig. 19 — Pied encastelé.

La transformation d'un bon pied, en pied encastelé, s'effectue avec lenteur et progression. Lentement se produit le resserrement contre nature des quartiers et des talons, qui entraîne la voussure de la sole, l'élévation et l'amaigrissement de la fourchette; lentement s'atrophie la chair du pied, incessamment comprimée par l'infernale étreinte d'un sabot de plus en plus étroit, constitué par une corne de plus en plus dure.

Pauvre cheval encastelé! quand sa chaussure de corne est devenue trop petite pour la chair qu'elle revêt, il souffre sans trêve ni merci. A l'écurie, le malheureux martyr piétine, pointe d'un pied ou de l'autre, se campe du devant, s'engage du derrière. En marche et au début, il hésite, trébuche, ne se livre pas; puis, peu à peu, le pied s'échauffe, la douleur s'en va, la gêne disparait, les allures récupèrent aisance, énergie, vitesse. Mais les souffrances aggravées du lendemain récompensent mal ces douloureux efforts; et bientôt arrivent, rapides et certaines, l'usure et la détérioration de toute la machine.

Ainsi périssent, tués par un simple resserrement du pied, grand nombre de chevaux de sang.

Le *pied à talons serrés* est produit sous l'influence des causes déjà signalées, qui agissent — non plus sur un pied concentré, haut et fort — mais sur un pied ordinaire ou plat.

Le *pied ordinaire*, à talons serrés, a les talons rapprochés l'un de l'autre, la sole creuse, les barres droites, la fourchette remontée et amaigrie.

Le *pied à talons serrés par en bas* a les talons rapprochés, surtout par en bas, et comme ployés sur la fourchette qu'ils compriment et atrophient à l'extrême. Il est souvent bleimeux. Cette déformation se remarque sur les pieds resserrés, dont les barres minces et peu inclinées n'ont pu opposer une résistance suffisante au rapprochement des talons.

Le *pied à talons serrés par en haut* a les talons serrés au bourrelet et évasés par en bas, la paroi mince et sujette aux seimes quartes. Cette déformation se remarque sur les pieds ayant une bonne sole et des barres inclinées, qui s'opposent au rapprochement des talons par en bas.

Le *pied à talon chevauché, à quartier resserré ou maigre* est atteint d'un resserrement beaucoup plus accusé d'un côté que de l'autre. Vu par derrière, à la région du bourrelet, il n'a pas les talons sur une ligne horizontale; un des deux talons, toujours le plus serré et généralement *celui du dedans*, surmonte, *chevauche* le talon opposé; la barre correspondante est perpendiculaire et parfois même inclinée en sens inverse de l'inclinaison normale. La fourchette est atrophiée, remontée, déviée de sa direction ordinaire. La surface d'appui du pied du côté resserré est notablement moindre que celle du côté opposé.

Enfin la corne de la région resserrée est mince, cerclée et pousse peu. Cette déformation, assez fréquente et d'autant plus grave qu'elle est plus accusée, se produit par suite d'une répartition irrégulière du poids du corps, sur le pourtour du pied, et se manifeste sur le côté qui subit une surcharge.

Pied plat. — Le pied plat a la paroi fortement évasée, les talons bas et largement écartés, la sole plate et peu épaisse, les barres très inclinées et la fourchette volumineuse.

Avec sa large surface d'appui, le pied plat est généralement un mauvais support, pour le cheval ferré et utilisé sur les routes pavées et macadamisées. Il est lourd, encombrant, disgracieux et sujet à la *bleime*, à la *foulure de sole*, au *clou de rue*, au *resserrement des talons*, à la *fracture d'une barre*, etc. Avec des pieds plats à large surface d'appui, le cheval est souvent maladroit et exposé à se couper, à se donner des atteintes, à glisser, — suivant l'expression reçue : *il tient mal le pavé*.

Fig 20. — Pied plat à talons serrés.

Le *pied plat à talons serrés* (fig. 20) a les talons bas, faibles, très rapprochés, surtout par en bas : de telle sorte que la paroi, au lieu d'être droite ou légèrement inclinée en dehors, est fortement rentrée. La sole est plate et mince, la fourchette très amaigrie en branches est forte à son corps et à sa pointe ; les barres sont affaissées et incurvées en avant, verticales et très rapprochées en arrière. Les talons serrés du pied plat sont souvent sensibles et bleimeux. Ce pied souffrant et atrophié, surtout dans sa région postérieure, a une corne sèche, cassante qui pousse avec une désespérante lenteur.

Pied comble. — Le pied comble a la sole bombée et très mince, atteignant ou dépassant le bord inférieur de la paroi.

C'est une défectuosité acquise fort grave qui reconnaît pour cause une maladie appelée *fourbure*.

Ce pied souffrant et atrophié pousse peu, est sensible, délicat, cerclé et difficile à bien ferrer ; il est allongé, aplati par côtés ; les lacunes latérales sont très profondes, les talons hauts ; en marche l'appui a lieu d'abord en talons, etc.

Le cheval à pieds combles ne fait généralement qu'un mauvais service, souvent interrompu par des boiteries.

Pied long en pince. — Le pied dit *long en pince* est allongé en pince, aplati en quartiers, à talons souvent fuyants ; la paroi des quartiers est mince, ainsi que la sole de pince.

La longueur du pied peut tromper le maréchal sur la quantité de corne à enlever ; le pied long en pince est disposé à se dérober et d'une ferrure délicate.

C'est une défectuosité résultant de la mauvaise ferrure sur un pied prédisposé.

Pied à talons faibles — Il est caractérisé par un manque de consistance et de force de la corne des talons.

Il est exposé aux foulures et aux bleimes.

Pied gras. — Expression de maréchalerie appliquée au pied dont la corne est molle, facile à couper ; la sole étant généralement plate et mince, l'ouvrier est exposé à attaquer la chair, — *la graisse* en terme d'atelier, — par le boutoir et les clous. La ferrure n'a pas de solidité.

Pied maigre. — La corne manque de liant, de souplesse, de résistance ; elle est sèche, cassante, mince et pousse peu. C'est un pied souffrant, délicat à ferrer.

Pied cerclé. — Ce pied présente des saillies circulaires et étagées à la surface de la paroi.

Ces cercles résultent d'un désaccord entre la sécrétion du bourrelet et la descente de la paroi. Si la sécrétion est trop rapide, la paroi résiste; après un inutile effort, l'onde cornée s'accumule contre l'obstacle qui l'arrête : des saillies circulaires plus ou moins accusées apparaissent successivement à la surface du sabot. Une abondante alimentation succédant aux privations et à la diète, un exercice soutenu consécutif à un long repos, le retour à la santé après une longue maladie donnent un coup de fouet à la sécrétion cornée et produisent des cercles proéminents et écartés, dont il ne faut pas mal augurer, si le pied, d'ailleurs, est bien conformé. Par contre les cercles accusés, rapprochés, à la surface d'un pied resserré à corne sèche, cassante, écailleuse, accusent la souffrance et sont d'un mauvais augure.

Le cheval qui a des pieds resserrés et cerclés est souvent boiteux.

Pied à paroi séparée de la sole. — Toutes les fois que le sabot a un excès de longueur, une séparation se produit entre la paroi et le bord de la sole. Il y a une tranchée de profondeur variable, résultant de la croissance plus rapide et de l'évasement de la paroi et, aussi, de ce que la sole pousse peu et toujours conserve la même circonférence. Cette tranchée est insignifiante et s'arrête à l'épaisse soudure normale du pourtour et du plancher du sabot, sans en diminuer aucunement la solidité.

Mais la disjonction peut aussi être assez profonde pour isoler, en partie ou complètement, la paroi d'avec la sole. Alors, le pied est court, sensible, sans solidité, à croissance fort lente; le bord inférieur de la paroi devenu sec, cassant, fragile, n'a plus qu'une adhérence imparfaite avec une sole mince, sèche, souvent infiltrée de sang et de sérosité jaunâtre.

L'action de parer les pieds à fond, pendant un certain temps, détermine souvent cette disjonction fatale [1], « ainsi que la pratique vicieuse de creuser une tranchée, à cette région, avec la rainette ou le couteau anglais, pour découvrir la cause d'une boiterie. » C'est que, l'épaisse soudure normale étant emportée par l'instrument tranchant, rien ne retient plus la

---

1. Inédit.

DÉFECTUOSITÉS ET MALADIES DU PIED.

sole amincie ; elle se dessèche au contact de l'air, se condense, se retire et se sépare de la paroi.

Pied dérobé. — Quand le bord inférieur de la paroi est irrégulier, déchiqueté, éclaté par places, le pied est dit *dérobé*.

Les pieds maigres, gras, à paroi séparée de la sole, à corne blanche sont prédisposés à se dérober : la paroi manque de la résistance nécessaire pour supporter impunément les heurts du sabot contre le sol, et fournir aux clous une solide implantation.

Les pieds se dérobent presque toujours quand un cheval, ferré habituellement, marche déferré d'un pied ou des quatre.

La mauvaise ferrure peut transformer les meilleurs pieds en pieds dérobés.

Pied de travers. — Le *pied paré de travers* a perdu son aplomb et penche du côté où il est le plus paré.

Le côté du sabot, surchargé de poids, finit à la longue par se resserrer, la paroi devient mince, le talon chevauche son voisin.

Le pied paré de travers est l'origine du resserrement du quartier, du chevauchement des talons.

Et si ces accidents se remarquent, le plus souvent, au pied antérieur gauche, c'est que ce pied est, presque toujours plus paré en dedans qu'au dehors.

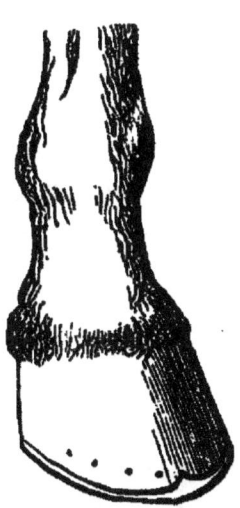

Fig. 21. — Cheval panard.

Pied panard. — L'aplomb du membre commande l'aplomb du pied, à l'extrémité d'un membre panard[1] se trouve donc normalement un pied panard : c'est-à-dire un pied

---

1. Un membre dont les articulations sont tournées en dehors.

dont la pince est tournée en dehors, dont le côté extérieur est élevé, fort, évasé, et le dedans plus bas, plus faible, plus perpendiculaire. Telle doit être la surface d'appui d'un support qui vient obliquement affronter le sol (fig. 21).

Mais, la panardise du pied existe souvent à l'extrémité d'un membre bien d'aplomb, et même cagneux[1]; alors le vice d'aplomb du pied est de fabrication humaine. Pour faire instantanément un pied panard, il suffit d'abattre la mamelle, le quartier et le talon du dedans du talon et de donner de la garniture en dehors; la continuation de ces manœuvres entraîne un vice d'aplomb permanent et difficilement remédiable : la région surchargée se resserre, se redresse, s'affaiblit, se rapproche de la fourchette, son talon surmonte le talon opposé et — fait qui tend à exagérer et à perpétuer le mal — le dedans du sabot pousse peu, tandis que celui du dehors croit rapidement.

La panardise est plus fréquente aux pieds postérieurs, dont la pince se trouve normalement déjà un peu déviée en dehors.

Pied cagneux. — C'est le défaut opposé au précédent (fig. 22).

Tout ce qui a été dit pour le pied panard est inversement applicable au pied cagneux. Ce dernier a donc la pince tournée en dedans; le dehors est bas, faible, surchargé de poids; tandis que le dedans est plus haut, plus fort, plus évasé.

Les pieds de devant sont surtout atteints de ce défaut d'aplomb.

Pied pinçard. — Le cheval n'est jamais pinçard que des pieds de derrière. Pince courte et droite, sur laquelle se fait tout l'appui, talons généralement hauts, écartés, distants du sol, fourchette remontée, sole creuse, barres perpendiculaires : voilà le pied pinçard (fig. 23).

Le pied pinçard à talons hauts raccourcit la longueur du levier phalangien, par sa pince courte et droite, et soutient le même levier en arrière par ses talons hauts.

1. Un membre dont les articulations sont tournées en dedans.

DÉFECTUOSITÉS ET MALADIES DU PIED.

Comme cet aplomb coexiste souvent avec un paturon bas jointé, le pied pinçard constitue alors une de ces compensations heureuses dont la nature a le secret.

Ce défaut d'aplomb, assez fréquent, est produit par toutes les causes qui tendent à fatiguer, à tirailler, à endolorir les tendons postérieurs.

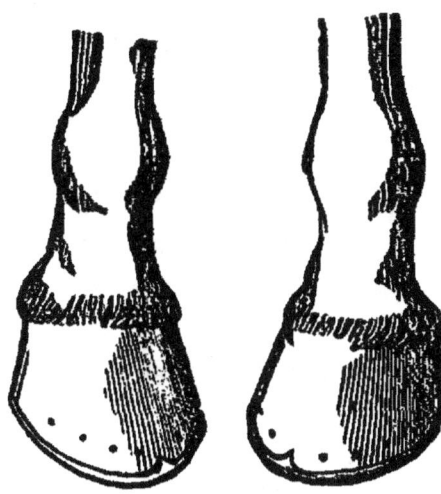
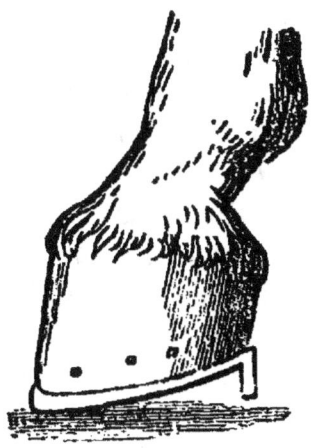

Fig. 22. — Cheval cagneux.   Fig. 23. — Pied pinçard.

Le cheval souffre, tient les talons en l'air et jette tout son poids sur la pince pour soulager ses tendons; le pavage inégal de l'écurie, en permettant à la pince de se loger dans les interstices des pavés, facilite beaucoup le transfert du poids et la production du vice d'aplomb.

Pied rampin. — C'est le défaut précédent, si considérablement exagéré que, dans la marche, le devant de la paroi s'use en traînant, en rampant sur le sol.

Pied à talons bas. — C'est un mauvais pied, sujet aux resserrements des talons et aux bleimes; les tendons surchargés, douloureux, dilacérés s'engorgent et se raccourcissent, sans qu'il soit possible au cheval de se soulager autrement qu'en devenant *bouleté* ou *arqué*.

Pied à talons hauts. — Le pied à talons hauts, non serrés, est un bon pied compact, résistant, favorable aux tendons.

Il ne s'obtient pas à volonté; en laissant pousser les talons bas, on obtient le plus souvent... des talons bas; par la raison qu'arrivés à un certain degré de croissance, ils perdent la résistance, la cohésion nécessaires au support du corps et tout naturellement se détruisent; par la raison, enfin, que les talons s'usent en frottant sur le fer.

Pied à talons fuyants. — Ce pied est défectueux parce que la trop grande inclinaison des talons jette le poids et la fatigue sur les tendons.

Dans le pied à talons fuyants la pousse de la corne, ralentie en quartier, augmente progressivement vers les talons, particularité nettement indiquée par la disposition des ondes cornées, qui deviennent de plus en plus distantes en arrière : c'est que la pression *maxima*, effectuée par la réaction du sol, s'exerce suivant la perpendiculaire élevée du bout du talon, au bourrelet, et que toute la région postérieure à cette ligne se trouve relativement allégée[1].

II. — MALADIES DU PIED.

Seime. — Souvent le sabot se fend suivant la direction de ses fibres. La seime est une fente de la paroi, mais toutes les fentes ne sont pas des seimes.

La véritable seime procède du bourrelet, intéresse toute l'épaisseur de la paroi jusqu'à la chair et descend, plus ou moins bas, en suivant la direction des fibres de la corne (fig. 24).

Fig. 24. — Seime.

La corne est divisée, la chair sous jacente déchirée. A chaque temps de la marche, la fissure se ferme et s'ouvre; ainsi se trouve tiraillée, pincée, contusionnée la chair qui saigne, suppure, se gangrène.

1. L'ondée de corne parcourt donc, dans le même espace de

Pas de cicatrisation ni de sécrétion possibles à la région atteinte, si la marche entretient le mal ; de chaque côté de cette région, la sécrétion se fait normalement : le sabot pousse divisé, fendu et, par ainsi, la seime tend à s'éterniser.

Dès que la plaie est cicatrisée, le bourrelet sécrète dans toute son étendue, la seime, chassée par la corne nouvelle, descend peu à peu vers le sol et disparaît.

Les fentes du sabot, qui n'atteignent pas le bourrelet, se remarquent fréquemment. Elles sont superficielles et résultent des alternatives de sécheresse et d'humidité. Ces fendillements insignifiants se transforment bien rarement en seimes.

Toute fente profonde dénonce une seime guérie entraînée par l'avalure. Parfois, alors, un choc, produit par la marche, peut rompre la corne nouvelle et amener le retour du mal.

La seime se déclare le plus souvent en quartiers, et particulièrement sur celui du dedans, plus mince et plus chargé, et assez rarement en pince.

La première s'appelle *seime quarte* et l'autre *seime en pince*.

Tout pied faible, à corne sèche et cassante, est sujet aux seimes : un choc violent sur le sol dur suffit pour faire éclater la paroi, près du bourrelet.

La mauvaise ferrure est donc une cause prédisposante de cette affection, puisque, par elle, il est souvent possible de rendre la corne mince, sèche, fragile, en quatre ou cinq ans de pratiques vicieuses. Un fait était inexpliqué : la fréquence de la seime sur les chevaux âgés de sept à huit ans et la rareté du même accident chez les jeunes et les vieux. Quoi de plus simple ? La mauvaise ferrure n'a pas encore agi avec assez d'intensité sur les pieds du jeune cheval ; d'autre part, elle a échoué sur bon nombre de vieux chevaux dont la paroi très épaisse défie tous les assauts.

Toute manœuvre, qui jette un excès de poids sur une des régions d'un pied faible, a souvent pour effet de faire éclater le sabot du côté surchargé.

temps, deux trajets inégaux : le premier, de beaucoup plus court, est représenté par la perpendiculaire élevée du bout du talon au bourrelet ; l'autre est donné par la ligne oblique qui profile le talon.

Par la sécheresse, la corne devient plus sèche, plus cassante : ainsi s'explique la plus grande fréquence des seimes au commencement de l'été.

Les barres affaissées et infléchies de certains pieds, plats ou combles, se brisent parfois sous l'effort du poids du corps. La *fracture d'une barre* est une véritable seime.

Bleime; sole foulée, étonnement de sabot. — Expressions diverses, désignant le siège variable d'une même lésion : la contusion, la meurtrissure de la chair du pied (fig. 25).

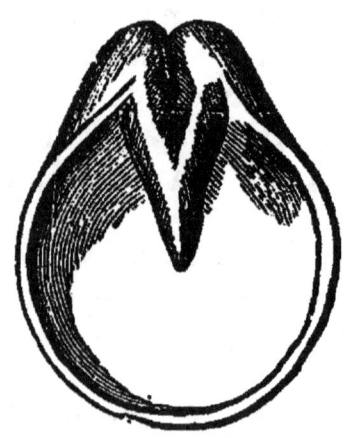

Fig. 25. Bleime.

La *bleime* est une contusion des talons, une meurtrissure de la chair veloutée — située sous l'extrême bout de la sole — et même du tissu feuilleté voisin ; dans ce dernier cas, son siège étant en partie sous la paroi, elle est dite *ascendante*.

La sole est *foulée* ou *battue* à la suite d'un choc qui meurtrit, en un point quelconque, la chair veloutée sous-jacente.

Enfin l'*étonnement* du sabot est produit par un coup violent porté sur la paroi et contusionnant la chair feuilletée au point correspondant.

En raisonnant de l'homme au cheval, il est facile de se rendre compte de la nature de ces accidents et des souffrances qu'ils déterminent.

Toutes les fois que l'ongle de l'homme est contusionné, il se produit des effets en rapport avec l'intensité de la compression ou du choc.

A une contusion légère succèdent une congestion et une inflammation également légères; sur l'ongle apparaît une tache d'un rouge plus ou moins foncé.

Un choc plus intense détermine épanchement de sang, exsudation de sérosité inflammatoire, qui décollent l'ongle d'avec la chair et se traduisent, extérieurement, par une large tache noirâtre.

Enfin, la meurtrissure grave et profonde des tissus, outre une forte ecchymose, entraîne la suppuration; un abcès se forme et le pus séjourne ou se fraye un libre passage en désagrégeant la chair d'avec sa cuirasse de corne; souvent alors la chute de l'ongle est consécutive à l'accident.

Eh bien! voilà la bleime et ses trois degrés désignés par les hippiatres sous les noms de *bleime sèche, humide, suppurée*.

Bleime sèche. — De la chair légèrement contuse et enflammée s'échappe un peu de sérosité sanguinolente, qui imbibe la corne, la colore et la pointille de sang à une profondeur et dans une étendue variables. Puis — si la cause du mal cesse son action — cette corne infiltrée de sang, chassée par une corne blanche et saine de nouvelle formation, s'éloigne lentement de la chair. Ce n'est plus une bleime alors, mais bien la trace dernière d'une contusion ancienne, d'une inflammation éteinte.

Bleime humide. — Le sang extravasé et le liquide inflammatoire, exhalés des tissus meurtris, macèrent et imbibent la corne qu'ils ramollissent et teignent en noir. Un léger décollement se remarque, parfois, entre le sabot et la chair.

Tout cela disparait aussi, lentement, par avalure.

Bleime suppurée. — Quand la suppuration s'empare de la région contuse, ou bien — ce qui est rare — le pus est isolé et enfermé dans le sabot par un travail particulier; ou bien, de proche en proche, il désagrège la corne d'avec la chair, en cherchant à se frayer une issue hors la boite hermétiquement close.

Quand, après de grands ravages, le pus se fait jour au bourrelet, on dit que la matière *souffle aux poils*.

Tout ce qui vient d'être dit, à propos des trois espèces de bleimes, est applicable aux divers degrés de gravité de la *sole foulée* et de l'*étonnement du sabot*.

La *bleime*, la *sole foulée*, l'*étonnement du sabot* se développent sous l'influence de causes diverses, utiles à connaître, afin de pouvoir les éviter ou les combattre.

Toutes les manœuvres qui amènent la surcharge, l'affaiblissement, la contracture des talons prédisposent à *la bleime*.

Cette affection apparaît particulièrement sur le talon du dedans, plus chargé du poids du corps; elle naît sous l'influence déterminante de deux causes, dont l'action est isolée ou simultanée : le choc des éponges du fer contre les talons et le resserrement rapide et exagéré de ceux-ci ; un caillou logé sous l'éponge du fer peut aussi déterminer une bleime.

C'est la maladie habituelle des pieds plats ou combles, dont les talons sont, tout à la fois, bas, faibles, serrés, et que le moindre choc contusionne; les pieds ordinaires à talons serrés ou abaissés y sont également sujets. C'est aussi, mais plus rarement, le fléau des pieds encastelés. La bleime n'est pas, alors, produite par le choc de l'éponge du fer, par la raison que la hauteur des talons diminue l'intensité de ce choc, et que leur compacité défie des violences de cette nature.

Cette maladie est plus fréquente en été, parce que le sol est plus dur et que la sécheresse détermine la rétraction de la paroi. Elle est plus fréquente aussi sur les chevaux de selle, dont les talons sont surchargés par le poids du cavalier, sur les chevaux à allures rapides et les steppeurs qui font leur appui en talons et, d'une manière générale, sur les chevaux qui travaillent sur le pavé des villes et sur les routes ferrées.

La *foulure de sole* se produit surtout sur les pieds, à sole mince ou amincie, des chevaux qui marchent dans les chemins caillouteux, sur les routes fraîchement empierrées.

L'*étonnement de sabot*, accident rare, résulte de chocs violents subis par la paroi.

La bleime, souvent aussi la foulure de sole et, parfois même, l'étonnement du sabot sont souvent produits inconsciemment par la mauvaise ferrure.

Abcès du sabot. — C'est un accident grave et assez fréquent que la formation de pus dans le sabot.

Le loup est dans la bergerie ; il marque son passage par de graves désordres, si la nature ne le réduit pas à l'impuissance, en l'emprisonnant, ou si l'homme n'intervient pas à temps pour l'expulser.

Quand le pus est peu abondant, une cavité se forme, parfois, dans laquelle il est détenu, isolé et, peu à peu, desséché[1]. Le plus ordinairement, la matière, sans cesse sécrétée, toujours s'accumule, et incessamment désagrège la corne d'avec la chair; puis, finalement, s'échappe en se creusant une issue au dehors. Les parties divisées ne se rejoignent plus et, ici encore, au décollement, succède une cavité qui enferme le restant du pus[2].

Enfin la gangrène de la chair et même la chute de l'ongle résultent quelquefois de ce terrible travail de sape.

La bleime grave, une forte foulure de la sole, un violent étonnement de sabot, l'enclouure, le clou de rue, la brûlure de la sole, la fourbure, etc., peuvent déterminer la formation du pus dans le sabot.

Kéraphyllocèle. — On donne ce nom à une colonne de corne qui se rencontre parfois à l'intérieur du sabot, le plus souvent en pince, et tranche, par sa couleur jaunâtre et sa compacité, sur la corne intérieure blanche et molle.

Ordinairement cette colonne est fistuleuse et laisse échapper un liquide purulent blanchâtre ou noirâtre.

Le kéraphyllocèle est dû à une hypersécrétion de quelques feuillets de chair, produite par la fourbure, une seime ancienne et, plus fréquemment, par une violence extérieure : telle que les coups de brochoir donnés à la région de la pince, pour rabattre le pinçon. La colonne de corne a parfois son point de départ au bourrelet ; parfois, au contraire, elle n'occupe pas toute la hauteur de la paroi[3].

Cette colonne comprime et atrophie les lamelles de chair correspondantes et même l'os du pied.

Le cheval atteint de kéraphyllocèle finit par boiter, quand la tumeur cornée augmente de volume au point d'exercer une compression douloureuse, sur les parties vives sous-jacentes.

---

1 et 2. C'est la fourmilière.
3. Voir l'article KÉRAPHYLLOCÈLE du *Dictionnaire de médecine, de chirurgie et d'hygiène vétérinaires*, par Hurtrel d'Arboval et Zundel. Paris, 1877.

Fourmilière. — C'est une cavité noire, anfractueuse, d'étendue et de profondeur variables, creusée, entre la chair et la corne, sous la sole ou sous la paroi, et contenant du sang ou du pus desséchés.

La *fourmilière de sole* est produite par une forte foulure qui fait saigner et suppurer la chair veloutée; celle de la paroi résulte d'une fourbure aiguë ou d'un étonnement de sabot.

En face des violences qui introduisent dans une boîte pleine et hermétiquement close du sang extravasé et, plus rarement, du pus, la nature ne reste ni désarmée, ni impuissante.

Elle court au plus pressé et creuse de suite une caverne dans l'intérieur du sabot, pour mettre en quarantaine tout ou partie de ces dangereux hôtes qui, pour se faire place, exercent de redoutables compressions sur les tissus sensibles. Rien de plus simple et de plus ingénieux que ce travail sauveur. La corne et la chair, séparées par le sang ou le pus, restent isolés; rapidement la chair se couvre d'une couche cornée, mince et grenue; simultanément la corne correspondante[1], sevrée de l'eau du sang, se dessèche, se retire : ainsi est construite la fourmilière, dont la singularité d'aspect rappelle assez bien un nid de fourmis.

Mais la fourmilière n'est que la première étape qui doit conduire à une complète réparation du dommage. Sa destinée est de descendre vers le sol et de disparaître lentement, sous l'impulsion de la corne de nouvelle formation : ainsi passent, sans laisser de traces, des désordres de grave apparence.

La fourmilière existe-t-elle sous la sole? A la vieille sole, désagrégée d'avec la chair, succède une sole neuve et intacte.

Est-elle creusée sous la paroi, sans remonter jusqu'à l'origine des feuillets de chair, au bourrelet? Ou bien résulte-t-elle d'un décollement de la corne, non seulement d'avec la chair feuilletée, mais encore d'avec une portion du bourrelet, — ce qui arrive lorsque la matière, trop abondante pour se laisser docilement enfermer, *souffle aux poils?* Dans les deux cas, la paroi neuve pousse, solidement unie aux tissus vivants; la

---

1. Elle n'est plus en contact avec la chair.

descente s'opère, l'usure accomplit son œuvre et la lésion disparaît.

Mais, il est un cas où la caverne, creusée dans le sabot, d'accidentelle devient permanente, s'agrandit même : la fourmilière passe à l'état chronique. Cela arrive toutes les fois que le décollement procède du point d'union du bourrelet avec la chair feuilletée. A ce point s'effectue, normalement, la soudure des deux cornes constituant la paroi [1], soudure qui n'a plus lieu, dès que les agents de sécrétion sont isolés. Alors, la portion extérieure pousse désunie d'avec les feuillets de corne. Ainsi se trouve séparé à perpétuité ce qui avait été uni par la nature, ainsi s'éternise la fourmilière.

D'autre part, l'incessant effort exercé par le poids du corps sur la muraille divisée, faible, sèche, cassante, détermine parfois l'extension des délabrements.

Fcurbure. — C'est une affection analogue à la bleime, à la foulure de la sole, à l'étonnement de sabot, mais dont les symptômes, les lésions immédiates et consécutives sont infiniment plus graves, et qui nait sous l'influence de causes d'une autre nature.

Ici, ce n'est plus une contusion qui amène la congestion et l'inflammation d'une région de la chair du pied.

C'est quelquefois la pléthore produite par un régime trop substantiel ; un sang riche, excitant, épais et abondant, gonfle les vaisseaux distendus et péniblement circule. La congestion

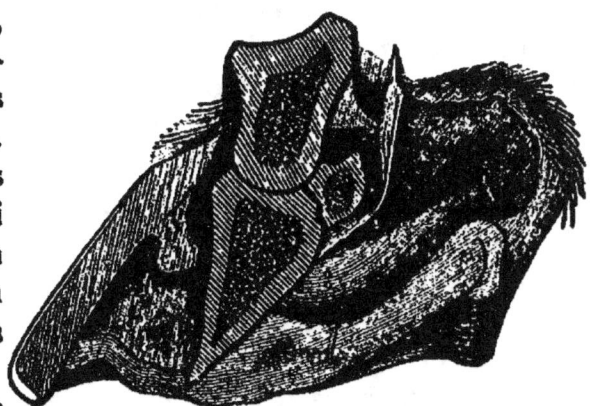

Fig. 26. — Pied fourbu où l'on voit le kéraphyllocèle (période intermédiaire).

---

1. La masse cornée extérieure, sécrétée par le bourrelet, et la corne feuilletée intérieure qui procède de l'origine des feuillets de chair contre le bourrelet.

est imminente, un organe va être envahi, noyé par le flot liquide. Et quand, délaissant ses victimes ordinaires — le poumon, l'intestin, le cerveau — l'apoplexie se jette sur le pied, en congestionne, dilacère, enflamme la chair, il y a *fourbure* (fig. 26).

C'est aussi l'immobilité prolongée ; le sang, par ce seul fait qu'il est soumis aux lois de la pesanteur, tombe dans les pieds, gonfle, déchire la chair, et voilà produite la *fourbure d'écurie*.

Enfin, le plus souvent, le cheval *tombe fourbu* à la suite d'un travail violent et inusité, immodéré comme vitesse et durée, effectué sur le pavé et le macadam, particulièrement au temps des chaleurs ; toutes conditions qui appellent énergiquement le sang dans les sabots, surtout s'ils ont été parés à fond et rendus, par là, sensibles et douloureux. Alors, la fourbure ne se déclare pas durant la marche, mais bien pendant le repos qui suit.

La fourbure attaque la région antérieure de la chair feuilletée de la paroi. Elle envahit exclusivement la pince, les mamelles et partie des quartiers ; la chair feuilletée postérieure, la chair de sole et de fourchette sont toujours indemnes.

Le cheval frappé de fourbure, dont la chair tuméfiée subit une violente étreinte, entre l'os et la paroi, est comme rivé au sol par les effroyables douleurs que tout mouvement détermine. Dans la marche, l'appui se fait sur la partie saine du pied, c'est-à-dire en talons. Les mouvements sont lents, calculés, silencieux ; le pauvre animal marche comme sur des épines, avec crainte, hésitation et en exprimant, par sa physionomie anxieuse et crispée, le martyre qu'il endure. Puis, après un certain temps, les pieds s'échauffent, la circulation se rétablit, la chair se dégorge et les mouvements reprennent progressivement un peu d'aisance et de liberté. Mais, lors du repos, le sang tombe à nouveau dans les pieds et les mêmes symptômes réapparaissent plus graves et plus menaçants.

Quand les pieds de devant sont seuls attaqués — ce qui est le cas ordinaire — durant la station et la marche, le cheval se campe du devant, apporte sous lui ses membres postérieurs, pour venir au secours des antérieurs en détresse.

L'animal fourbu ne se couche qu'à la dernière extrémité,

quoiqu'il retire un grand soulagement de cette attitude; c'est que l'instinct lui révèle combien est difficultueuse et douloureuse la mise sur jambes.

Une fièvre générale accompagne la fourbure : toujours l'application de la main, sur les pieds atteints, dénonce une chaleur très notable.

La fourbure disparait, s'exagère ou se perpétue.

Si les lésions produites sont légères ou énergiquement combattues, en peu de jours — une semaine ou deux, au plus — tous les symptômes de fourbure graduellement s'évanouissent, sans laisser de traces. Le sang épanché, la sérosité suintant de la chair enflammée imbibent et colorent simplement la corne qui, peu à peu, descend chassée par une paroi nouvelle, blanche et saine ; c'est, sur une grande échelle, l'histoire de la bleime sèche, de la foulure légère, etc...

Sous l'influence d'une forte hémorragie, d'une inflammation intense, d'un traitement insuffisant ou irraisonné, la violence du mal augmente avec une effrayante rapidité; en quelques jours, le sabot, dans une région plus ou moins étendue, est séparé d'avec la chair ; le sang en nature s'échappe, au bourrelet, et aussi la sérosité inflammatoire, puis le pus. Alors — si le décollement est considérable — le malade est perdu ; ses sabots tombent, ou la gangrène s'empare de la chair. Il souffre mille morts, se laisse choir sur la litière et succombe dans d'effroyables douleurs — quand il n'est pas charitablement assommé. C'est là une terminaison très heureusement exceptionnelle.

Bien souvent, la fourbure, tout en perdant de son intensité première, s'éternise, devient *chronique;* des désordres graves et durables se remarquent.

La marche reste indéfiniment plus ou moins gênée et pénible.

Le sabot normal descend, pour faire place à un sabot nouveau qui, dans sa partie antérieure, émanée des régions malades, présente un singulier aspect ; de même et plus profondément se manifestent d'étranges transformations de la chair et de l'os. En dix mois, tout est fini ; la métamorphose — que rien ne peut arrêter dans sa marche — est complète, irrémédiable. Au pied sain a succédé le *pied fourbu* avec ses altérations et déformations caractéristiques (fig. 27).

Son profil camard, son aplatissement de dessus en dessous et par côtés, le fait ressembler à un soulier chinois. Il est cerclé ; les cercles, rapprochés et comme empilés en pince, sont, au contraire, de plus en plus distants vers les talons. Les talons sont élevés, les barres droites, la sole exubérante et mince, le bourrelet, très bas en avant, est surélevé en arrière.

Fig. 27. — Fourbure chronique. Pied vu latéralement.

Fendu d'un trait de scie, le pied présente les anomalies suivantes : une largeur considérable du bourrelet des régions frappées de fourbure, un épaississement exagéré — proportionnel à la largeur du bourrelet — de la région antérieure de la paroi ; une descente et un recul de l'os du pied qui, par son bord inférieur et tranchant, vient faire effort sur la sole, devenue plate et mince. Il présente antérieurement encore, entre la paroi et la chair, un espace triangulaire, quelquefois vide — il y a fourmilière alors — le plus souvent rempli par une masse cornée, jaune et molle, émanant de la chair feuilletée, considérablement épaissie ; enfin, une diminution notable du volume de l'os est assez fréquemment constatée.

L'explication théorique de ces déformations a été essayée : elle a son importance au point de vue du traitement.

Voici un résumé de la théorie admise et incontestée des lésions de la fourbure chronique [1].

La chair feuilletée en pince, mamelles et région antérieure des quartiers, acquiert, par la fourbure, la propriété de sécréter très activement de la corne [2]. *Cette corne, anormale-*

---

[1]. Voir l'article FOURBURE du *Nouveau Dictionnaire vétérinaire*, par H. Bouley.

[2]. Normalement, elle ne sécrète qu'en haut à l'origine de ses feuillets, contre le bourrelet.

ment interposée entre la paroi et l'os, fait effort, d'une part, sur la muraille qu'elle pousse, en avant, et, d'autre part, sur l'os qu'elle fait reculer, — la chair feuilletée intermédiaire transmettant, dès lors, cette dernière pression. De là, la formation de l'espace qui existe entre la paroi et la chair. Si la chair feuilletée — malgré la pression qu'elle subit et transmet — s'hypertrophie au lieu de s'atrophier, c'est que l'os diminue de volume et lui fait place. Et si l'os s'atrophie, c'est qu'il en est ainsi de tout organe comprimé.

Cette théorie est difficilement admissible et n'explique pas, d'ailleurs, toutes les déformations subies par le pied atteint de fourbure chronique.

Comment? une corne molle a la force inouïe de pousser en avant et de déformer la paroi, sèche, dure, épaisse de deux centimètres; de presser, d'autre part, sur la chair feuilletée avec un tel entrain que l'os recule et s'atrophie. Et cette chair, molle et sensible, supporte et transmet impunément la compression à outrance, qui fait reculer un os *chargé du poids du corps;* il y a plus, au lieu de s'atrophier, elle trouve moyen de se nourrir à l'aise, de vivre grassement, de se développer outre mesure et de sécréter cette énorme masse de corne molle, si vaillante à la besogne : c'est inadmissible.

Enfin, tant bien que mal, voilà les faits expliqués ; mais il en est grand nombre d'autres qui n'ont été que signalés. Sont-ils donc inexplicables ?

Pourquoi le pied atteint de fourbure chronique est-il déformé, cerclé, à talons hauts, à sole comble et mince ? D'où vient l'excès de largeur du bourrelet et d'épaisseur de la paroi, la descente et le recul de l'os, l'apparition du *croissant?* Pourquoi y a-t-il, interposées entre la paroi et la chair, tantôt une masse de

Fig. 28. — Pied fourbu arrivé à la dernière période.

chair, tantôt une masse de corne, tantôt une fourmilière ? Comment expliquer l'hypertrophie de la chair et l'atrophie de l'os? Pourquoi, enfin, la fourbure a-t-elle un siège d'élection invariable? Autant de questions mal résolues ou irrésolues qu'il faut résoudre (fig. 28).

L'os du pied, chargé du poids du corps, est suspendu solidement dans sa prison de corne par les feuillets de chair. Mais quand ses liens suspenseurs sont lentement ramollis par l'inflammation, il se relâchent. L'os cesse d'être suffisamment soutenu en avant ; il bascule alors sous l'effort du poids du corps. Son sommet tend à pénétrer plus profondément dans le sabot et attire à lui le bourrelet ; son bord tranchant, s'éloignant de la paroi, se porte en arrière et en bas, comprime la chair veloutée, puis vient presser sur la sole, et parfois même passe au travers. L'évolution lente de l'os a pour conséquence, facilement compréhensible, *d'allonger le pied, d'élargir, de faire descendre le bourrelet des régions fourbues* et, dès lors, d'augmenter proportionnellement *l'épaisseur de la paroi et l'aplatissement du sabot de dessus en dessous*. Elle a pour effet de *bomber* et *d'amincir la sole*, sur laquelle apparait une saillie transversale — *le croissant* — correspondant au bord tranchant de l'os du pied ; la sole se bombe, sous l'effort des pressions, et s'amincit, parce que la chair veloutée, incessamment comprimée, ne donne plus qu'une pauvre sécrétion.

Partant de ce fait connu, que les feuillets de chair sécrètent seulement à leur origine, mais possèdent la faculté de fabriquer de la corne dans toute leur étendue, dès qu'ils sont séparés d'avec la paroi, l'interposition d'une épaisse couche de corne est chose toute naturelle. En effet, le recul de l'os ne tend-il pas sans cesse à rompre l'intime union de la chair avec la corne? Or, ce travail de séparation lente libère la chair feuilletée de la pression qui, normalement, annule ses facultés sécrétoires ; menacée d'être disjointe de son enveloppe, elle sécrète sans cesse et s'en va ainsi au-devant de l'étreinte qui la fuit. Au fur et à mesure que l'os s'éloigne, apparait de la corne nouvelle qui comble le vide.

En outre, le volume et la vitalité de cette chair — déjà exagérés par l'état inflammatoire — augmentent encore avec l'importance de la sécrétion. Et c'est ainsi que se trouvent, à toute la région antérieure du sabot attaqué de fourbure chronique, un *volumineux coin de corne molle et une chair hypertrophiée*.

Si maintenant, au lieu d'un lent relâchement des liens de chair, il se déclare, par suite d'hémorragie, d'inflammation vive, une séparation complète et subite entre la paroi et la chair, *avec intégrité du bourrelet*, l'os opère rapidement son évolution, une cavité pleine de sang, de sérosité inflammatoire se constitue et ces liquides morbides pressent sur la chair malade qui, à grand'peine, se fabrique une mince couche de corne sèche et dure pour tout vêtement. Puis, le sabot pousse, les liquides se dessèchent et bientôt apparait béante la *fourmilière chronique*.

La *disposition singulière des cercles cornés* vient de ce que la descente de la paroi est ralentie, aux régions malades ; ce ralentissement explique aussi la *hauteur anormale des talons*, dont l'appareil générateur est sain et fonctionne bien. Quant au *ralentissement* en lui-même, l'explication en est simple. Chose connue, la paroi, en poussant, entraîne avec elle les feuillets de corne et les fait glisser lentement dans les rainures de chair. Or, ici, la besogne est difficile, la force impulsive de la paroi s'exerce sur une masse énorme de corne et fait obliquement effort sur cette masse : de là, difficulté et lenteur de l'avalure en avant, et facilité de plus en plus grande en arrière : de là, aussi, le *profil camard* du sabot, dont la paroi s'infléchit contre l'obstacle qui entrave sa marche.

L'exhaussement du bourrelet des talons se comprend également très bien ; les talons supportant tout le corps et les commotions du poser, le bourrelet remonte nécessairement sous l'effort des pressions.

Quant à *l'atrophie de l'os*, elle résulte de ce que le pied fonctionne peu et mal, de la sécrétion anormale de corne qui détourne, à son profit, une grande partie de la nourriture du pied et, aussi, de la pression exercée par l'os lui-même sur la sole.

Enfin, et pour terminer, le *lieu d'élection de la fourbure*, sur la région antérieure de la chair feuilletée, n'étonne pas, pour peu qu'on réfléchisse.

La congestion ne doit-elle pas s'effectuer aux régions où la chair est plus épaisse, plus vivante, plus spongieuse et peut facilement se gorger de sang? Et puis, le poids du corps et l'élasticité du pied exercent, en arrière, des pressions qui s'opposent à l'afflux du sang et à son épanchement en dehors des vaisseaux.

Le cheval atteint de fourbure chronique est incurable et souvent boiteux. Il peut cependant être utilisé à l'aide d'une bonne ferrure.

Oignon. — Les pieds de devant, plats ou combles, présentent parfois une *bosselure*, plus ou moins accusée, de chaque côté ou d'un seul côté, sur la sole des quartiers.

A cet endroit la corne est fort mince, jaunâtre, souvent infiltrée de sang et pousse peu; la plus légère compression sur l'oignon détermine une vive sensibilité et une boiterie.

L'oignon est dû à un gonflement du dessous de l'os du pied qui comprime et atrophie la chair veloutée, amincit et fait bomber la sole, à la région correspondante.

L'oignon est généralement la suite de la mauvaise ferrure. Les chevaux qui ont des pieds à oignons sont souvent boiteux.

Faux quartier. — On donne ce nom au quartier resserré, mince, à surface raboteuse et fendillée, formé *seulement* par la sécrétion de la chair feuilletée.

Le faux quartier est produit à la suite d'opérations et d'accidents, ayant mis à nu la chair sous-jacente. Le *faux quartier* disparait lentement par la force de l'avalure, mais il existe toujours si le bourrelet a été détruit.

Le pied à faux quartier est sensible et délicat à ferrer.

Avalure. — On donne ce nom à une pousse de corne nouvelle, qui chasse devant elle une masse plus ou moins étendue de vieille corne morte, désunie d'avec la chair, par suite de contusion, blessure ou maladie.

Ce travail réparateur se fait *par avalure :* c'est-à-dire en descendant.

Le cheval fait ainsi *pied neuf, quartier neuf.*

La région, siège d'une avalure, est très irrégulière, présente tantôt une dépression, tantôt une bosse circulaire et souvent une solution de continuité évidente entre la corne nouvelle et l'ancienne.

L'avalure disparait, le plus souvent, sans laisser de traces et sans faire boiter. Elle s'accompagne parfois d'une déformation plus ou moins grave du sabot.

Atteinte encornée. — L'atteinte encornée est une blessure que le cheval se fait en talon, à la région de la couronne, en frappant le pied de devant avec la pince du pied de derrière. Il existe alors un décollement, plus ou moins étendu, de la corne, d'avec la chair du bourrelet. L'atteinte encornée fait ordinairement boiter.

Javart encorné. — Le javart encorné est un furoncle qui se déclare au bourrelet, spontanément ou à la suite de contusions ; il amène le décollement de la paroi, la suppuration, la gangrène, etc.

La partie attaquée de javart se mortifie et constitue le *bourbillon*. Simultanément, les tissus sains environnants s'enflamment, se gonflent, suppurent, se séparent du bourbillon qui est expulsé. C'est la guérison.

Le javart encorné détermine une vive douleur et une boiterie intense.

Javart cartilagineux. — Le javart cartilagineux est une carie ou nécrose, plus ou moins étendue, du cartilage de l'os du pied. Il est caractérisé par un gonflement plus ou moins volumineux de la couronne, par l'existence d'une ou plusieurs fistules, s'ouvrant à l'extérieur, sous forme de plaies bourgeonneuses, entourées de poils hérissés et donnant issue à un pus de mauvaise nature et d'odeur fétide.

Cette maladie s'accompagne souvent de graves désordres, de décollement de la paroi, d'interminables suppurations, de déformations du sabot.

La mortification gagne souvent de proche en proche et opère la destruction lente du cartilage. Le javart cartilagineux détermine rarement une boiterie intense.

Maladie naviculaire. — L'os naviculaire est une poulie de renvoi, sur laquelle glisse le tendon fléchisseur du pied. Il existe entre l'os et le tendon une petite gaine remplie d'huile ; tant que la gaine est saine, la corde tendineuse frotte impunément contre le cartilage, dont l'os est revêtu. Mais, si la gaine tombe malade — par suite de frottements trop énergiques, ou de trop longue durée — son huile, péchant par la quantité et la qualité, protège mal les surfaces en contact ; le cartilage s'use, le tendon s'éraille, la sensibilité s'éveille et, finalement, l'os, mis à nu, se soude avec le tendon déchiré et aminci.

La maladie naviculaire, assez fréquente en Angleterre, a été définie, *une malédiction jetée sur la bonne chair de cheval.* Elle attaque, en effet, de préférence, les chevaux de sang, à grandes allures, à hautes actions et particulièrement les steppeurs ; c'est qu'ils projettent fortement, en avant, leurs membres antérieurs et se reçoivent sur les talons : de là, des commotions, des violences, de grands frottements sur l'os naviculaire.

Cette affection atteint les pieds antérieurs, l'un ou l'autre, parfois les deux ; elle est incurable et d'un diagnostic difficile. A l'écurie, le cheval pointe du pied malade ; en marche, il y a gêne, raccourcissement de l'allure, boiterie.

Après un temps plus ou moins long, l'exagération du mal rend le cheval impropre à tout service.

Fourchette échauffée et pourrie. — Quand le fond des lacunes médiane et latérales est le siège d'un léger décollement de la corne d'avec la chair, d'un suintement de matière purulente, noire ou grise, d'une odeur désagréable, *la fourchette est échauffée.*

Si le suintement est considérable et le décollement étendu, si la fourchette s'en va en lambeaux et répand une odeur infecte, il y a *pourriture.*

Ces altérations sont sans gravité et déterminent rarement une boiterie. D'après l'opinion générale, elles reconnaissent pour cause la malpropreté des pieds, leur séjour dans le crottin, l'urine, la boue âcre ; mais grand nombre de chevaux, dont les pieds reposent sur la litière sèche et sont curés avec soin, portent des fourchettes échauffées et pourries. Il y a donc une autre cause, dont la fréquence est grande : c'est le resserrement des talons. La fourchette, remontée et étranglée, manque d'air, se plisse, s'atrophie, s'échauffe et proteste, à sa manière, par la pourriture qui s'en empare et la mauvaise odeur qu'elle dégage.

Si, comme dans le pied plat, les branches de la fourchette sont seules comprimées, seules aussi elles sont malades.

Crapaud. — Le plus léger échauffement de fourchette est une porte ouverte à une maladie ignoble de nom, d'aspect, d'odeur : au *crapaud*.

C'est une dartre du pied qui occasionne d'épouvantables ravages. Elle gagne de proche en proche, décolle la fourchette, puis la sole, attaque même la paroi. La chair, mise à nu, suppure, exhale une odeur infecte, se couvre de bourgeonnements mamelonnés et grisâtres, dont l'aspect rappelle le dos rugueux du crapaud.

Sans fourchette pourrie, pas de crapaud. C'est que cette dégoûtante affection est produite par un champignon microscopique, un oïdium [1], qui se greffe sur la chair dépouillée de corne, se multiplie à l'infini et multiplie ainsi les désastres.

Crapaudine. — C'est une maladie particulière de la région antérieure du bourrelet périoplique et parfois du bourrelet principal, dont la nature et les causes sont encore peu connues, et qui est caractérisée par un vice de sécrétion de la corne.

La *crapaudine* est encore nommée *mal d'âne*, parce qu'elle est plus commune chez l'âne et le mulet que chez le cheval. Les régions de la couronne et du sabot atteintes par la maladie ont le plus vilain aspect; les poils sont hérissés, la corne est mamelonnée, très rugueuse, creusée de sillons transversaux plus ou moins profonds, d'où suinte souvent un liquide purulent. Parfois existe une plaie ulcéreuse, qui peut faire de profonds

---

1. Découvert par un habile micrographe, M. Méguin, vétérinaire militaire.

ravages et attaquer même les ligaments et les tendons, et déterminer une boiterie plus ou moins intense.

La crapaudine est très sujette à récidive et généralement incurable ; mais elle fait rarement boiter.

Cerise. — Quand la chair a cessé, sur un point très circonscrit, d'être maintenue et pressée, par son vêtement de corne, elle bourgeonne.

Aussi voit-on, parfois, apparaître, à la suite des plaies de la sole et de la fourchette, une végétation charnue, de couleur rosée, qui saigne facilement : c'est *la cerise*.

III. — BOITERIES.

Boiterie. — Toute affection des membres, accompagnée de douleur, détermine une irrégularité dans la marche : une boiterie. C'est que le nerf de la région malade fait un signal de détresse au cerveau, qui donne des ordres et modifie les allures, de manière à éviter, autant que possible, les sensations pénibles.

La boiterie n'est donc que le symptôme d'une maladie des ressorts moteurs. Elle a pour résultat de soulager le membre souffrant, en rejetant, sur les membres sains, le poids du corps, les chocs violents et les réactions intenses.

Le grand balancier antérieur, — tête et encolure, — dont les oscillations précèdent et déterminent tous les mouvements, joue un rôle capital dans la production de cette irrégularité calculée des allures.

Si le cheval boite du devant — à gauche par exemple — au moment pénible du poser, le balancier est rapidement porté en haut, en arrière et à droite, de manière à enlever une partie de la charge qui, normalement, incombe au membre souffrant, et à la jeter sur l'arrière-main. Puis tête et encolure retombent au moment du poser du membre antérieur sain, en s'inclinant vers lui.

Dans la boiterie à droite, le jeu du balancier est inverse, c'est-à-dire qu'il y a élévation, au moment du poser du pied droit, puis chute à gauche.

Quand le cheval boite de derrière, la tête et l'encolure tendent à s'abaisser et à s'étendre pour attirer le poids en avant, et soulager le membre postérieur boiteux. Les mouvements d'élévation et de chute du balancier ne sont pas aussi accentués que pour les boiteries de devant, et la chute s'effectue sur le membre antérieur du même côté.

Le jeu du balancier et les mouvements des ressorts moteurs sont combinés de telle sorte, que la rencontre du membre malade, avec le sol, est aussi légère et aussi rapide que possible ; l'oscillation en l'air de ce membre, durant laquelle il souffre peu ou pas, est élevée et lente. Le pied reste donc peu de temps à terre et longtemps en l'air.

Inversement, le membre sain vient au secours du voisin malade, en prolongeant son appui, en abrégeant, par la rapidité et le peu d'élévation de ses mouvements, son séjour en l'air. Il court au devant du poids et des chocs, en embrassant davantage de terrain, à chaque temps de la marche.

Quand le jeu des membres est régulier, le cheval est *droit*; dans le cas contraire, il *feint, tire, boite, boite tout bas, marche à trois jambes;* autant de qualifications exprimant le degré d'intensité de la boiterie.

Toute boiterie accuse une douleur. Plus la souffrance est vive, plus la boiterie est intense. Le trot, qui développe la douleur à un haut degré, se trouve ainsi être une allure essentiellement favorable à la perception des boiteries. C'est que toute la masse est alternativement portée sur chaque bipède diagonal[1], et qu'elle tombe vite et de haut sur le sol; de là, de fortes commotions, péniblement ressenties par le membre souffrant, et de suite accusées par l'exagération de la boiterie.

Au pas, le poids est trop divisé, les mouvements sont trop lents et les réactions trop douces, pour que les boiteries légères puissent être distinguées.

Au galop, les membres se meuvent si rapidement qu'il n'est pas possible de bien voir.

---

1. La jambe droite de devant et la gauche de derrière forment le bipède diagonale droit : le bipède diagonal gauche est formé par la jambe gauche de devant et la jambe droite de derrière.

Même au trot, ce n'est pas toujours chose facile que de reconnaître une boiterie.

Un fait peu connu complique le problème. On sait qu'à l'allure du trot, les membres se meuvent par paires diagonales et que chaque paire se trouve, alternativement, en l'air et à terre. Or, quand il y a boiterie, la jambe malade entraîne, dans son mouvement, celle qui est saine et lui correspond diagonalement ; elle la fait ainsi participer à l'irrégularité de son jeu. De telle sorte que le bipède diagonal, auquel appartient la jambe souffrante, reste moins longtemps à terre et s'élève davantage que l'autre bipède. De là une difficulté : c'est que tout cheval boite, à la fois, du devant et du derrière ; il faut alors, savoir distinguer l'apparence de la réalité. Et la distinction repose sur ce seul fait, que la boiterie de la jambe malade est plus accusée que celle de la jambe saine.

Nombre d'auteurs, pleins de bonnes intentions, énumèrent les signes à l'aide desquels se reconnaissent les boiteries.

Tout en tenant compte des différences qui existent, entre le jeu du membre malade et celui des membres sains, les auteurs recommandent, tout particulièrement, d'étudier les mouvements de la tête et de la croupe et, à cet effet, de faire trotter le cheval *en lui donnant de la longe* : c'est-à-dire en laissant toute liberté au balancier antérieur.

D'après eux la boiterie de devant est caractérisée par la chute de la tête, lors du poser du pied sain ; le cheval boite du côté opposé au *coup de tête*. De plus, le coup de tête imprime une secousse aux oreilles ; elles tombent au moment du poser du membre sain, et l'oreille, qui correspond à ce membre, descend un peu plus bas que l'autre : le cheval est dit *boiter de l'oreille*.

La boiterie de derrière est signalée par l'élévation de la hanche de la jambe boiteuse et par le coup de tête donné, sitôt après, quand le membre antérieur du même côté arrive à terre.

D'après les auteurs, encore, à l'aide des moyens suivants, il est possible d'éviter les hésitations et les erreurs.

Se placer sur le côté du cheval et étudier le trot de profil : le cheval boite du membre qui embrasse le moins de terrain.

Faire monter le cheval : le poids du cavalier exagère la boiterie.

Faire gravir une pente ; une surcharge est jetée sur l'arrière-main et la boiterie, du derrière, devient plus apparente.

Inversement, la descente d'une pente exagère les boiteries de devant.

Faire trotter en cercle du côté présumé boiteux : il y a surcharge latérale et douleur plus vive.

Trotter le cheval sur le pavé et le sol meuble, alternativement, pour distinguer le siège de la boiterie : si la boiterie est du pied, elle augmente sur le pavé et diminue sur le sol mou ; si elle est des régions supérieures, l'effet contraire se produit.

Faire galoper : le cheval galope plus volontiers sur la jambe de devant qui est saine.

Écouter le rythme des battues du pas : elles ne sont plus également espacées ; le pied boiteux fait peu de bruit, son voisin en fait beaucoup.

Voir le cheval à l'écurie : le membre boiteux est fléchi ou, plus souvent, est tendu en avant[1], — positions qui l'exonèrent de sa charge normale.

Voilà des indications vraies ou à peu près vraies, mais qui, dans la pratique usuelle, ne signifient rien ou à peu près rien.

Ainsi, par exemple, porter l'attention sur la tête, l'oreille, la hanche, pour découvrir une boiterie, n'est guère plus raisonnable que de regarder en l'air, pour être renseigné sur ce qui se passe au ras du sol. C'est que, dans les boiteries légères, le coup de tête et l'élévation de la hanche sont bien souvent imperceptibles : ils ne signalent que des boiteries trop évidentes pour rendre possible une erreur.

D'autre part, nombre de chevaux et particulièrement ceux de sang n'accusent pas la boiterie par la chute de l'oreille ; seuls, les chevaux communs et mous ont ces appendices assez flasques, assez flottants, pour *boiter de l'oreille*.

---

1. Dans ce dernier cas, on dit qu'il *pointe*. (Expression tirée de deux mots anglais *to point*, montrer du doigt.) Pointer est un indice de souffrance.

Et puis, il est nécessaire de savoir distinguer une boiterie, à l'encontre de la volonté de celui qui conduit l'animal. Or, il faut savoir que les boiteries légères sont parfois notablement diminuées et même habilement masquées, par le groom qui monte, ou trotte en main, le cheval soumis à l'examen ; le jeu du balancier peut être empêché et le mouvement précipité du diagonal sain être ralenti. D'un autre côté, il est un fait évident, en formel désaccord avec certaines idées exposées plus haut : c'est que toutes les boiteries du pied et des régions supérieures augmentent en général sur le pavé et diminuent sur le sol mou. Enfin, l'observateur n'a pas toujours à sa disposition un terrain en pente, du pavé, un sol mou, un cavalier pour monter le cheval, etc...; aurait-il tout cela que la solution du problème n'en serait guère facilitée.

C'est indéniable ; les boiteries légères et surtout celles de derrière échappent à beaucoup. Pourquoi ? A tout homme qui demande son chemin, il suffit d'en indiquer un : le plus court est le meilleur ; au contraire, le moyen de l'égarer est de lui décrire longuement tous les chemins différents, qui mènent au but désiré. Eh bien, de même — quand il s'agit d'initier les gens au mode de constatation d'un fait — charger la mémoire et diviser l'attention sont choses fâcheuses : trop de science égare la pratique. Il faut uniquement s'attacher à bien démontrer le caractère le plus saillant du fait soumis à l'examen. La faculté de perception, ainsi concentrée, conduit rapidement et sûrement au résultat.

C'est là une manière de faire dont on ne doit pas se départir dans la présente question.

Pour reconnaître une boiterie, il suffit de se remémorer le jeu des membres dans le trot, de s'initier à un certain *modus faciendi* et de féconder ce léger savoir par une pratique intelligente.

Il faut se rappeler qu'en marche, à l'état normal, les deux pieds de devant, comme ceux de derrière, s'élèvent à la même hauteur, et restent un temps égal sur le sol ; que le cheval boite du bipède diagonal et davantage de la jambe malade ; que le poids du corps tombe alors visiblement sur le membre *sain, voisin du membre boiteux;* que de ces deux membres, le premier précipite son jeu, rase le sol, embrasse du terrain, se jette au devant du poids en quelque sorte, tandis que la jambe boiteuse ralentit et restreint son jeu ; que le cheval doit être trotté sur un terrain plat, par ce fait que toute inclinaison entraîne l'abaissement d'un bipède latéral et peut tromper l'œil; enfin que le sol dur, le pavé, le poids du cavalier exagèrent la boiterie.

Pour se former l'œil rapidement, le débutant fait trotter le cheval doucement, droit devant lui, en ne regardant que les pieds de derrière et la surface du sol; il le fait ensuite revenir en examinant les membres antérieurs.

Si, par exemple, le pied postérieur gauche s'élève davantage et que le poids de l'arrière-main retombe sur le droit : il y a *boiterie à gauche derrière ou à droite devant.*

Si le pied antérieur s'élève plus que son voisin, et si la chute du corps se fait sur celui-ci : il y a *boiterie à droite devant ou à gauche derrière.*

Or, il est facile de voir si c'est devant ou derrière que le mouvement qui caractérise la boiterie est le plus accusé : de là, toute possibilité de se prononcer.

Cet examen successif, du bipède postérieur et antérieur, donne de la précision et de la sûreté au coup d'œil. Le débutant, qui regarde les quatre membres à la fois, éprouve un véritable effet de mirage : tout cela danse et se meut sans signification pour lui.

Quand, par la pratique, l'expérience arrive, il devient moins nécessaire de procéder ainsi. D'un seul coup d'œil, jeté sur les quatre membres, l'observateur doit voir le pied sur lequel le cheval *tombe, appuie davantage ; il en conclut que le membre voisin est boiteux.*

Un fait curieux a été signalé. On a dit que le cheval trotté à l'anglaise semblait boiter, parce que les mouvements d'élévation et d'abaissement du corps du cavalier produisaient une illusion. Le fait est vrai, l'explication est erronée.

Le cheval monté à l'anglaise semble boiter du diagonal opposé à celui sur lequel il est trotté. Ainsi, voilà un cheval trotté sur le membre droit de devant, — c'est-à-dire qu'au moment du poser de ce membre, le corps du cavalier tombe sur la selle, —

eh bien, le poids suffit seul pour surcharger le diagonal droit et le retenir, sur le sol, un peu plus de temps. De là, pour un œil exercé, une irrégularité dans l'allure qui peut faire croire à une boiterie.

Enfin et pour terminer, toute boiterie, qui enrave la flexion des rayons du membre, s'effectue d'une manière particulière.

La jambe ne peut se porter en avant sans se fléchir, autrement dit, sans se raccourcir; dès l'instant où ce mouvement est rendu difficile, l'extrémité inférieure du membre embrasse le terrain en décrivant un cercle en dehors : le cheval *fauche*, suivant l'expression consacrée.

Les boiteries sont plus fréquentes en été. C'est que le sol dur ébranle davantage les membres et que le sabot tend à se dessécher et à se resserrer.

CHAPITRE IV

LES APLOMBS

A l'état de nature l'aplomb du membre commande celui du pied.

Inversement, sur le cheval ferré, l'aplomb du pied commande, dans certaine limite, celui du membre.

I. Aplombs des membres. — II. Aplombs du pied. — III. Aplombs en marche. — IV. Accidents de la marche.

I. — APLOMBS DES MEMBRES.

Définition des aplombs. — On entend par *aplombs* la direction des membres par rapport à la verticale. Les *aplombs* ont une influence considérable sur la vitesse et la sûreté de la marche, la douceur des réactions, la bonté et la durée du cheval.

Au premier abord, il semble que le maréchal ferrant ne doit avoir à s'occuper que de l'aplomb du pied; mais, si l'on considère que l'aplomb du membre doit commander celui du pied et que, dès lors, le maréchal a pour mission de préparer le pied de manière à en faire concorder l'aplomb avec celui du membre ; si l'on considère, de plus, que les aplombs irréguliers des membres occasionnent souvent des blessures et des tares, qui peuvent être prévenues par une ferrure raisonnée : il sera facile de comprendre combien la connaissance des aplombs est indispensable au maréchal ferrant, qui veut exercer son art avec intelligence et succès.

On juge les aplombs *en station*, et *en marche*. En station, le cheval étant sur un terrain horizontal et préalablement placé[1], on voit la bonne ou mauvaise direction des membres par rapport à la verticale, le degré d'écartement qui existe entre les membres de devant, ainsi qu'entre ceux de derrière, les blessures, engorgements et tares osseuses, les défectuosités et maladies du pied qui sont causés par des aplombs vicieux.

Les aplombs des membres sont réguliers ou irréguliers, bons ou mauvais.

Ils se jugent, pour les membres antérieurs, de *profil* et de face et, pour les membres postérieurs, *de profil* et par derrière. L'observateur doit se placer à quelques mètres de distance et bien en face des deux membres ou du membre qu'il examine.

1° APLOMBS DES MEMBRES ANTÉRIEURS

Vus de profil, les membres antérieurs bien d'aplomb sont verticaux du haut de l'avant-bras au boulet[2], d'une inclinaison et d'une longueur moyennes du boulet au sol (fig. 29).

Il est évident, d'abord, que les membres, bien perpendiculaires au sol, se trouvent dans les conditions les plus favorables au support et au transport de la masse ; puisque la première qualité d'une colonne, destinée à porter du poids, est

Fig. 29.

---

1. C'est-à-dire se portant régulièrement sur ses quatre membres et chaque pied formant, sur le cheval bien conformé, les quatre coins d'un rectangle.
2. La méthode classique d'appréciation des aplombs des mem-

d'être verticale, et que, d'autre part, cette même direction place le membre au centre des mouvements qu'il est appelé à exécuter.

En ce qui concerne l'extrémité inférieure du membre, à partir du boulet, il est facile de démontrer qu'elle doit avoir une *longueur* et une *inclinaison moyennes*, un peu plus grandes, cependant, aux membres antérieurs qu'aux postérieurs.

En effet, le pied, les os de la couronne, du paturon et les grands sésamoïdes font partie d'un même levier du deuxième genre dit *levier phalangien*[1], qui s'étend du boulet au sol. Quand le pied est à l'appui, la charge qui échoit à chaque membre est transmise, par le canon, à la surface articulaire inférieure du boulet, constituée, en avant, par l'extrémité supérieure du paturon et, en arrière, par les grands sésamoïdes. Or, cette surface articulaire, dans son ensemble, étant oblique de haut en bas, et d'avant en arrière, le poids transmis se divise en deux parties: l'une est reçue, en avant, par la colonne osseuse, l'autre par les grands sésamoïdes, suspendus derrière le boulet à l'aide du ligament suspenseur, soutenu lui-même par les deux tendons fléchisseurs[2]. Par suite d'un mécanisme curieux, facile à saisir sur une préparation anatomique fraîche, le suspenseur

bres, à l'aide des *lignes* dites *d'aplomb*, n'est pas pratique et doit être absolument rejetée; il faut plus de temps à un hippologue pour abaisser les nombreuses perpendiculaires jugées indispensables par tous les auteurs, qu'à un bon connaisseur pour acheter une paire de chevaux.

1. Contrairement à l'opinion émise par Bourdelet et adoptée par H. Bouley, — que le levier phalangien est un levier de 1er genre ou interfixe, — et d'accord avec Mignon et F. Lecoq, nous considérons le *levier phalangien* comme un levier du 2e genre (fig. 30) ABC; le point d'appui est au sol A, la résistance présentée par le poids du corps est en B et la puissance, qui réside dans les tendons fléchisseurs et le ligament suspenseur du boulet, a son point d'application, sur la poulie de renvoi des grands sésamoïdes en C. Le bras de levier de la résistance est AB et celui de la puissance AC.

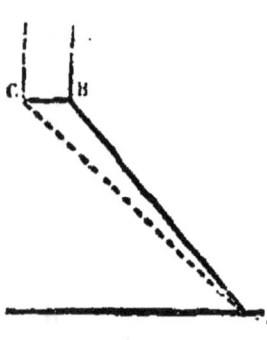

Fig. 30.

2. Le suspenseur du boulet est un puissant ligament élastique

peut s'allonger et se raccourcir sans que les tendons inextensibles, appliqués derrière lui, participent à ce mouvement qui, d'ailleurs, leur serait impossible.

De plus, l'articulation de l'os de la couronne avec l'os du pied et le petit sésamoïde présente une disposition identique à celle de l'articulation du boulet. C'est-à-dire que, là aussi, le poids du corps se divise : une partie de ce poids est supporté par l'os du pied, l'autre partie par le petit sésamoïde « qui est aussi suspendu à l'os supérieur par des ligaments fibreux, et soutenu en dessous par le tendon fléchisseur profond ».

Cette articulation fonctionne donc « comme appareil d'amor« tissement, à la manière de la grande jointure du boulet, « dont elle reproduit presque identiquement la disposition ». (H. Bouley.)

Étant donné que le poids du corps est supporté à l'articulation du boulet, partie par la colonne osseuse, partie par les grands sésamoïdes, ou plutôt par le suspenseur et les tendons fléchisseurs ; qu'il est supporté à l'articulation inférieure, partie par l'os du pied, partie par le petit sésamoïde ou plutôt par le fléchisseur profond : il est facile de comprendre que plus les surfaces articulaires sont obliques, plus le poids est jeté en arrière sur le suspenseur et les tendons.

Donc, à l'extrême vitesse, l'élasticité du boulet est seule mise en jeu et la charge reçue par le petit sésamoïde tombe tout entière sur le coussinet plantaire et met largement en jeu l'élasticité du sabot.

Les considérations qui précèdent permettent de conclure, *à priori*, que plus le levier inférieur est long et rapproché de l'horizontale, plus le poids est jeté sur les tendons qui, dès lors, fatiguent proportionnellement. Inversement, l'appareil

qui part de la face postérieure du genou et du jarret, s'applique derrière le canon, entre les péronés, se bifurque et vient s'attacher, par chacune de ses branches, en dessus et en dehors des grands sésamoïdes.

Les tendons fléchisseurs, au nombre de deux, descendent du bras et de l'avant-bras, s'accolent en haut du canon, derrière le suspenseur dont ils s'écartent en bas pour passer sur la poulie de renvoi des grands sésamoïdes.

suspenseur porte d'autant moins, que le levier est plus court et plus vertical.

F. Lecoq expliquait la fatigue des tendons, résultant de la longueur du levier phalangien, à l'aide de la figure 31 et comme suit :

Si, dans ce levier, le bras de la puissance P A est 10, celui de la résistance R A étant 8 et que le pied s'allonge de 1, le premier sera alors 11, le second 9, et la résistance se trouve favorisée ; puisque 9/11 est plus grand que 8/10.

M. Peigné, chef d'escadron d'artillerie, démontre que l'obliquité du levier phalangien surcharge les tendons, à l'aide de la figure 32 et ainsi qu'il suit :

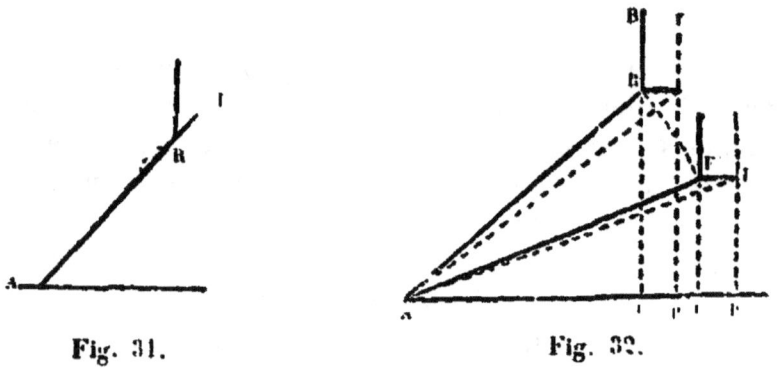

Fig. 31. Fig. 32.

B R représente le canon, R A l'extrémité inférieure du membre à partir du boulet, R P le boulet et P le point d'application de la force (tendons fléchisseurs et ligament suspenseur) qui s'opposent à la fermeture de l'angle du boulet.

Le point d'appui est au sol en A ; les directions de la puissance et de la résistance sont verticales ; les bras de levier sont donc Ar et p pour une première position A R P du membre, et Ar' et Ap' pour une autre position A R' P'.

Le rapport de ces bras de levier est variable, puisque leur différence rp ou $r'p'$ est constante ou à *peu* près constante.

Supposons que rp soit égal à 2, et que Ar prenne successivement les valeurs 1, 2, 3.... 8, 9...., le rapport $\dfrac{Ar}{Ap}$ prendra

les valeurs $\dfrac{1}{3}, \dfrac{2}{4}, \dfrac{3}{5}, \dfrac{4}{6}, \dfrac{5}{7}, \dfrac{6}{8}, \dfrac{7}{9}, \dfrac{8}{10}, \dfrac{9}{11}$, etc.

Donc, la fatigue du tendon suspenseur du boulet augmente lorsque le paturon se rapproche du sol.

Mais, si un levier court et vertical soulage les tendons, il entraîne à sa suite un inconvénient d'un autre ordre : le poids tombe trop directement sur les os et, dans la marche, ils subissent des chocs dangereux pour leur intégrité ; que celui-là, qui en doute, saute et se reçoive sur les talons.

De là nécessité d'une longueur et d'une inclinaison calculées du levier inférieur, de ce puissant ressort qui, en s'affaissant, décompose l'effort exercé par le poids du corps et amortit les réactions du sol. Alors s'effectue une répartition régulière de la charge, partie sur les os, partie sur les tendons ; par là sont évitées les commotions et maladies des os, la fatigue et la déchirure des tendons et du suspenseur du boulet et l'usure prématurée des membres.

La *longueur* et *l'inclinaison* moyennes que doit avoir le levier phalangien ne peuvent être fixées d'une manière précise.

Relativement à la *longueur*, il importe de remarquer que l'extrémité inférieure du membre est formée de deux parties : le paturon et le sabot : la longueur du paturon doit être proportionnée à celle du membre ; celle du sabot est nécessairement variable, puisqu'elle est dépendante de la pousse et de l'usure de la corne, et que le maréchal ferrant est le maître de laisser le pied long ou de le raccourcir.

En ce qui concerne *l'inclinaison* de l'extrémité inférieure du membre, d'après H. Bouley et tous les hippologues, « l'obliquité moyenne des phalanges, qui fait que le sabot se rencontre avec le sol sous un angle de 45° environ, est la disposition qui paraît le mieux convenir.

Il est certain que l'inclinaison à 45° du levier phalangien a pour effet de partager également la charge entre les os et les tendons, mais il est non moins certain que cette inclinaison, si chère aux théoriciens, est trop forte et qu'un cheval ainsi conformé est un peu *bas jointé*.

En effet, est-il donc nécessaire que, dans la station, la charge supportée par le levier phalangien soit également partagée entre les os et les tendons. La théorie dit oui ! mais, dans la circonstance, la théorie est tout à la fois en désaccord avec le raisonnement et l'observation pratique. Il est évident qu'en station, les commotions sur les os n'étant pas à craindre et le support par la colonne osseuse, se faisant sans fatigue, c'est celle-ci qui, logiquement, doit alors porter la plus forte partie de la charge et soulager d'autant les tendons et l'appareil suspenseur du boulet. Inversement, en marche, lorsque le membre retombe sur le sol chargé du poids du corps, augmenté des effets de la vitesse acquise, ce sont les tendons et l'appareil suspenseur qui prennent la plus grande partie et même, au galop de course, la presque totalité de la charge ; ils évitent ainsi à la colonne osseuse des chocs qui la briseraient infailliblement.

D'autre part, l'observation pratique démontre que, sur les chevaux reconnus comme ayant de beaux aplombs, le levier inférieur fait avec le sol un angle un peu moindre de 50°, pour les membres de devant et égal ou même un peu supérieur à 50°, pour ceux de derrière.

L'observation pratique démontre, en outre, que la longueur et l'inclinaison du levier phalangien sont normalement un peu plus grandes aux membres de devant, qu'à ceux de derrière.

Il devait en être ainsi, puisque les membres de devant, plus chargés de poids, subissent des réactions plus considérables et que la longueur et l'obliquité du paturon sont des conditions essentiellement favorables à l'amortissement des réactions.

Il importe d'ajouter que l'inclinaison du levier phalangien est sujette à varier, suivant que les membres sont plus ou moins chargés de poids.

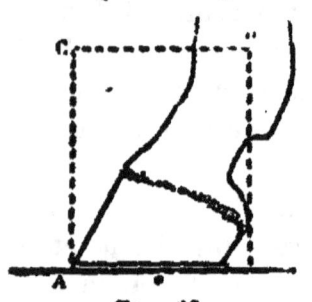

Fig. 33.

En levant un pied, par exemple, on amène une descente évidente du boulet du membre opposé ; en faisant monter un cavalier sur le cheval, les quatre boulets s'affaissent visiblement.

L'inclinaison du levier phalangien varie, enfin, suivant la longueur du pied et l'inclinaison relative de la pince et des talons.

C'est ce que M. Sergent a démontré par les expériences suivantes (fig. 33) :

Le cheval étant placé, la ligne AC = 153^{mm} et CB 97 ^{mm}.

L'autre pied étant levé, AC = 133ᵐᵐ et CB 107ᵐᵐ.
Le cheval étant de p's monté, AC = 123ᵐᵐ et CB 116ᵐᵐ.
Donc la ligne AC diminue en raison directe de la surcharge qui incombe au membre.
Inversement et dans les mêmes conditions la ligne CB augmente de longueur.

Vus de profil, les membres de devant ne sont pas toujours verticaux du haut de l'avant-bras au boulet, d'une *inclinaison* et d'une *longueur moyenne* du boulet au sol.

Ils peuvent être inclinés en avant ou en arrière ; alors le cheval est dit : *sous lui du devant, campé du devant*. Les genoux sont parfois portés en avant ou en arrière de la verticale : cheval *brassicourt, arqué, genoux de veau, effacés, creux*.

Il en est de même des boulets et le cheval est dit : *droit jointé*, droit sur *ses boulets, bouleté, bas jointé*.

Enfin les paturons peuvent être trop courts ou trop longs : *court jointé, long jointé*.

Sous lui du devant. — Les membres ont une direction oblique de haut en bas et d'avant en arrière (fig. 34).

Leur inclinaison, sous le corps, a l'inconvénient de rétrécir la base de sustentation et de rendre l'équilibre moins stable, d'imposer aux membres de devant une surcharge et de leur rendre en même temps le support plus pénible ; en marche, le cheval sous lui du devant a plus de difficulté à soulever ses membres et plus d'espace à leur faire parcourir pour embrasser du terrain ; les mouvements en hauteur sont moins faciles et l'allure est souvent rasante ; il est exposé à butter, à forger, à se donner des atteintes.

Ce vice d'aplomb entraîne la fatigue et l'usure des membres, les prédispose à l'arcure et à la bouleture, surtout chez le cheval de selle, dont l'avant-main se trouve encore surchargé par le poids du cavalier.

Campé du devant. — Les membres ont une direction oblique de haut en bas et d'arrière en avant (fig. 35).

La stabilité est grande du devant, puisque les membres sont

arc-boutés en avant de la masse à porter ; mais la base de sustentation n'est généralement pas plus grande, de ce fait que le cheval campé du devant est ordinairement sous lui du derrière.

L'avant-main est moins chargé du poids du corps ; la charge agit plus sur les tendons que sur la colonne osseuse, plus sur les talons du pied que sur la pince.

L'équilibre est donc détruit au détriment de l'arrière-main, qui subit une notable surcharge portant, surtout, sur les reins et les jarrets.

Ce vice d'aplomb est généralement acquis ; le cheval qui souffre des pieds de devant se campe ordinairement et engage,

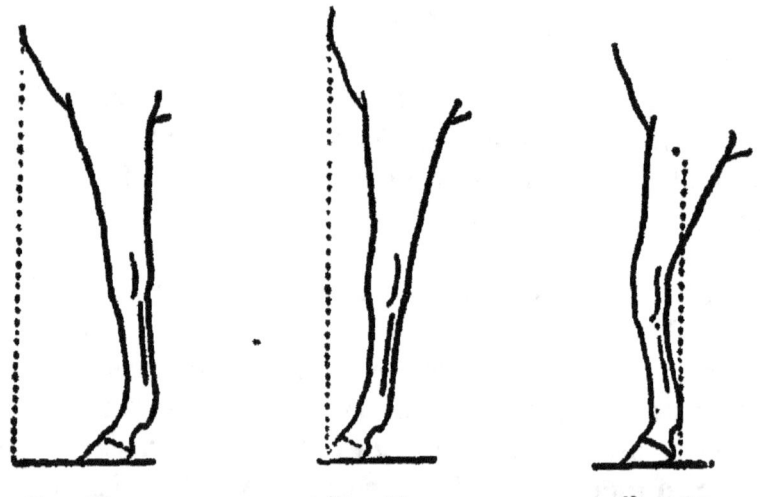

Fig. 34. — Sous lui du devant.   Fig. 35. — Campé du devant.   Fig. 36. — Brassicourt.

sous lui, ses membres postérieurs pour rejeter sur eux la plus forte partie de la charge.

Il a l'inconvénient de raccourcir l'allure, puisque le membre, déjà incliné en avant, ne peut entamer beaucoup de terrain ; la marche est généralement gênée, surtout au départ, les mouvements sont répétés, mais peu étendus.

Le camper du devant et du derrière est parfois une simple attitude obtenue par le dressage, dans le but de rendre le cheval tranquille au montoir et à l'arrêt.

Brassicourt. — Le cheval brassicourt a, de naissance, les genoux portés en avant de la ligne d'aplomb (fig. 36). Il est évident que cette disposition diminue la force du membre, comme support, et occasionne de la fatigue aux muscles et liens fibreux, chargés de maintenir le genou en place.

Quand la déviation du genou est naturelle, peu accusée et *non le résultat de l'usure*, quand les membres sont forts, nets, bien proportionnés et supportent franchement le poids du corps sans que le genou tremble ou vacille, le vice d'aplomb n'a pas grand inconvénient, surtout si le cheval a du sang.

Beaucoup de chevaux de sang ont le défaut d'être brassicourts ; ils n'en sont pas moins très solides et très sûrs ; le sang rachète facilement ce léger vice d'aplomb.

Arqué. — Le cheval est dit *arqué* quand les genoux sont portés en avant, par suite d'usure. Les membres présentent des signes évidents d'usure, tels que : tremblements et vacillations des genoux, engorgements des tendons, tares osseuses, molettes articulaires et tendineuses.

La colonne d'appui, brisée au genou, manque de force pour le support et tend à fléchir sous le poids ; la puissance musculaire et les liens fibreux tendent au contraire à ramener et à maintenir les genoux en position.

L'arcure est due à l'usure des membres, à de mauvais aplombs qui tiraillent et fatiguent les tendons, aux maladies des tendons et des pieds. L'arcure n'est d'abord qu'une attitude prise d'instinct par le cheval, pour porter le poids du corps sur la colonne osseuse et soulager d'autant ses tendons ; il est facile de comprendre que la flexion du genou diminue la tension, amène le relâchement des cordes fibreuses qui descendent de l'avant-bras, s'infléchissent en arrière du boulet et se fixent aux os de la couronne et du pied. Le même résultat est obtenu, d'ailleurs, lorsque le cheval a les boulets portés en avant, est *bouleté*. L'attitude calculée du cheval, qu'elle se traduise par l'arcure ou la *bouleture* et même par les deux, ne tarde pas à devenir un vice d'aplomb grave qui fatigue beaucoup l'animal et le prédispose à s'abattre et à se couronner.

L'arcure se manifeste surtout sur les chevaux brassicourts et sur ceux qui, ayant les paturons longs et inclinés, ne peuvent se bouleter; par contre la bouleture se remarque plutôt que l'arcure sur les chevaux à paturons courts et droits.

Genou de veau, effacé, creux. — Le genou, au lieu de faire une légère saillie en avant et d'être dans une direction verticale, est incurvé en arrière, *renvoyé*, comme on dit en Normandie; cette déviation, défavorable au support, est bornée en arrière par la résistance des appareils ligamenteux et tendineux (fig. 37).

Le genou *de veau* manque d'épaisseur et conséquemment de force; il met plus de temps à se fléchir et sa flexion n'entraine pas de suite le lever du pied.

Le cheval, qui a les genoux *renvoyés*, se fatigue plus vite, butte parfois, se rattrape difficilement alors et peut se couronner gravement.

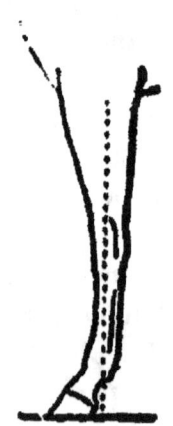
Fig. 37.
Genou de veau.

Fig. 38.
Cheval droit jointé.

Droit jointé, droit sur ses boulets, bouleté, bouté. — Le boulet doit être *bien placé*; il en est ainsi lorsque la jointure est formée par un canon vertical et un paturon incliné de manière à former, avec le sol, un angle un peu inférieur à 50° pour les membres de devant, et de 50° environ pour ceux de derrière.

Si le boulet est porté en avant, le cheval est dit *droit jointé, droit sur ses boulets, bouleté, bouté*.

Ces expressions désignent le même vice d'aplomb, successivement plus accusé et conséquemment grave ; vice d'aplomb qui a pour conséquence de porter le poids du corps sur la colonne osseuse, de soulager d'autant les tendons et le ligament suspenseur, de diminuer l'élasticité du boulet et de rendre les réactions plus dures (fig. 38).

Le cheval est *droit jointé* de naissance ou le devient, par suite d'attitude calculée ou de commencement d'usure.

Ce vice d'aplomb présage la ruine rapide des boulets et prédispose aux *suros* et aux *formes*.

Le cheval est *droit sur ses boulets* par suite d'usure. Il est exposé à broncher, à butter, à s'abattre ; les allures sont raccourcies et la fatigue arrive vite.

Enfin, le cheval *bouleté, bouté* (fig. 39) a le boulet tout à fait porté en avant ; l'angle du boulet est retourné et le paturon, au lieu d'être incliné d'arrière en avant, est perpendiculaire, et même incliné d'avant en arrière ; si la bouleture se remar-

Fig. 39. — Cheval bouleté.   Fig. 40. — Cheval bas jointé.

que sur un cheval panard, les boulets sont déviés et déjetés en dehors et plus écartés l'un de l'autre que ne le comporte la direction d'ensemble du membre.

L'usure est alors complète ; en station, comme en marche, le malheureux animal fait peine à voir.

La colonne d'appui, complètement brisée au boulet, manque de force pour le support ; cette jointure a perdu toute élasticité pour le transport de la masse et l'amortissement des réactions. Ici ce sont les tendons extenseurs qui s'opposent à la chute du boulet en avant.

La *bouleture* reconnait absolument les mêmes causes que l'arcure ; quoique ce vice d'aplomb se remarque plus ordinairement sur des chevaux court jointés, il n'est pas rare cependant de le constater sur des chevaux ayant des paturons de longueur moyenne.

Bas jointé. — Le paturon est trop incliné et le boulet déjeté en arrière (fig. 40).

C'est un vice d'aplomb *congénial*, qui coexiste le plus souvent avec des paturons longs.

Sur le cheval bas jointé, le poids du corps étant porté en arrière, les tendons et le suspenseur, chargés d'arrêter le mouvement de descente du boulet, fatiguent en raison directe de la surcharge qu'ils subissent.

Ce vice d'aplomb augmente l'élasticité du boulet et donne plus de souplesse aux allures; mais il entraine la fatigue et la ruine rapide des boulets et des tendons, diminue la vitesse et expose le cheval à forger et à se donner des atteintes.

Court jointé. — Le paturon est court, la jointure du boulet a moins d'élasticité, les réactions sont plus dures et la colonne osseuse fatigue davantage.

D'après Bouley, on dit qu'un cheval est *court jointé* « lorsque son paturon a peu de longueur et que sa direction se rapproche de la verticale ».

Le cheval court jointé a, il est vrai, une tendance marquée à devenir droit jointé et bouleté; mais, d'autre part, l'observation journalière démontre qu'avec des paturons courts on rencontre fréquemment des boulets *bien placés*.

Le cheval court et *droit* jointé est exposé aux suros et *surtout* aux *formes*.

Long jointé. — Le paturon est long (fig. 41); cette longueur donne plus d'élasticité à la jointure du boulet, plus de souplesse aux allures, mais elle impose plus de fatigue aux tendons et au ligament suspenseur.

D'après H. Bouley, la longueur du paturon implique « que l'angle du boulet est fermé proportionnellement ».

Un cheval long jointé est donc nécessairement *bas jointé*.

C'est là une opinion qui est en désaccord avec les faits.

Les chevaux de pur sang, en grande majorité, sont long

jointés, et cependant leurs paturons sont, très généralement, bien dirigés et leurs boulets bien placés.

Il y a plus, les paturons longs sont nécessaires au cheval de vitesse pour l'amortissement des réactions. La longueur du paturon ne constitue donc pas un *vice d'aplomb*. Mais il y a vice d'aplomb grave si le cheval est tout à la fois *long* et *bas jointé*.

Vus de face. — Les membres antérieurs, *bien d'aplomb*, présentent entre eux un *écartement moyen* égal à celui des membres de derrière et sont *verticaux* du haut de l'avant-bras au sol (fig. 42).

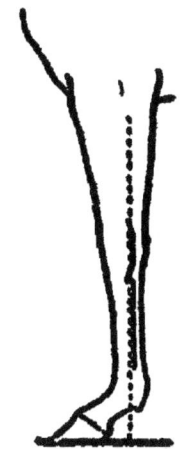

Fig. 41. — Cheval long jointé.

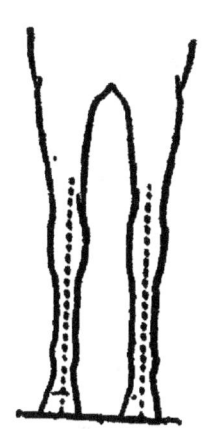

Fig. 42.
Cheval long jointé, membres antérieurs vus de face.

Un *écartement moyen* des membres est nécessaire, afin que le cheval puisse facilement se porter au repos et en marche, avoir de la solidité dans l'appui, de l'aisance et de la sûreté dans les mouvements et ne soit pas exposé à se heurter les membres, l'un contre l'autre.

L'écartement existant entre les membres antérieurs doit être égal à celui des membres postérieurs.

Quand il y a rapport à peu près exact, en station, le cheval étant *placé*, la base de sustentation est représentée par un parallélogramme ; chaque bipède latéral est placé sur une même ligne parallèle au grand axe du corps, et l'impulsion du membre postérieur se transmet au membre antérieur dans la direction de cet axe ; cette disposition favorise le support du poids du corps, la stabilité de l'appui, le jeu régulier des membres.

Les membres de devant ne présentent pas toujours entre eux un écartement moyen, égal à celui des membres de derrière, ni une direction verticale du haut de l'avant-bras au sol ; alors les aplombs sont *irréguliers, défectueux*.

Les membres peuvent être trop rapprochés ou trop écartés, déviés en dehors ou en dedans ; le cheval est dit : *serré du devant, trop ouvert du devant, panard, cagneux*.

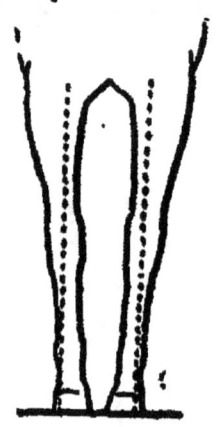

Fig. 43. — Serré du devant.   Fig. 44. — Trop ouvert du devant.

Serré du devant. — Le cheval serré du devant a le poitrail étroit, les membres trop rapprochés et, conséquemment, une poitrine relativement peu développée et une base de sustentation trop rétrécie (fig. 43). Il en résulte moins de puissance de respiration, moins de solidité en station et en marche, moins d'aptitude à porter du poids.

On admet généralement que les chevaux serrés du devant sont exposés à se blesser, à se contusionner le dedans des membres dans la marche.

Cependant, beaucoup de chevaux serrés du devant et particulièrement ceux de sang ne présentent pas l'inconvénient signalé, quand leurs membres sont bien verticaux.

Mais quand ceux-ci sont tout à la fois *serrés et déviés en dehors*, la rencontre est à craindre[1].

1. Voir *Panard*, page 97.

Le cheval peut n'être serré du devant que *par en bas*, vice d'aplomb moins grave, puisque le poitrail a sa largeur normale et que souvent, alors, les membres s'écartent dans la marche.

Trop ouvert du devant. — Le cheval est trop ouvert du devant quand l'écartement des membres de devant, entre eux, est notablement supérieur à celui des membres de derrière.

C'est un défaut d'aplomb purement relatif au point de vue de l'ensemble ; le poitrail est trop large, les membres trop écartés ; il en résulte une poitrine développée, une base de sustentation étendue, une grande solidité en station et en marche, pas de rencontre possible entre les membres et une bonne aptitude à porter du poids ; mais, par contre, cette disposition rend le cheval plus lourd et détermine parfois un mouvement de bercement d'une jambe sur l'autre, qui est disgracieux, ralentit l'allure et entraîne une usure plus rapide de la ferrure.

Le cheval *trop ouvert par en bas* (fig. 44) a le poitrail étroit, les membres plus écartés par en bas, et déviés en dehors.

Panard. — Le cheval panard a généralement le poitrail étroit, les coudes serrés au corps, la partie libre des membres tournée plus ou moins en dehors : c'est un vice d'aplomb fréquent (fig. 45).

La panardise du membre est souvent régulière ; c'est-à-dire que le membre dans son entier est tourné en dehors, sans que le vice soit plus apparent à une région qu'à une autre ; parfois au contraire la panardise du membre est plus accusée au genou, au boulet, au pied ; parfois, même, elle se remarque seulement au pied.

Mais il n'existe pas, dans les conditions de nature, des chevaux panards seulement du genou, du boulet, du pied ; puisque la panardise d'une articulation est due à la déviation des rayons osseux qui la composent et que cette déviation, qui vient des rayons supérieurs, s'impose à l'extrémité inférieure du membre.

La nature ne pouvait d'ailleurs commettre l'inconséquence

de placer un genou, un boulet, un pied panards, à l'extrémité d'un membre d'aplomb. Qu'on fasse marcher les chevaux présentant ces variétés de panardise, il sera facile de constater que *tous marchent en chevaux panards*[1].

Et si, en fait, un pied panard se trouve souvent à l'extrémité d'un membre d'aplomb ; si un pied à aplomb régulier et même cagneux termine parfois un membre panard ; nous verrons que ces vices d'aplomb sont dus au maréchal ferrant[2].

Les membres panards, régulièrement déviés en dehors, dans leur ensemble, sont, à partir du poitrail, rapprochés par en haut et écartés par en bas.

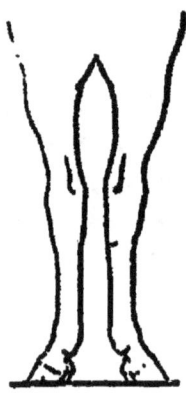 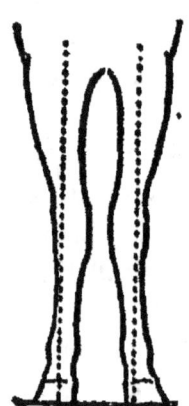

Fig. 45. — Panard.   Fig. 46. — Genoux de bœuf.

Certains hippologues disent du cheval ainsi conformé qu'il est *trop ouvert* du devant ; expression impropre, puisque les membres étant serrés par en haut, le poitrail manque de largeur.

Quand la panardise est plus accusée aux genoux et aux boulets, le cheval a des *genoux de bœuf*, est *serré des boulets*.

Genoux de bœuf. — Comme chez le bœuf, les membres rapprochés aux genoux sont écartés et déviés en dehors, par en bas (fig. 46).

Ce vice d'aplomb, disgracieux à l'œil, est, d'ailleurs, assez rare ; il entraîne la fatigue, le ralentissement des allures, et la maladresse dans la marche.

1. Voir : *aplombs en marche*.
2. Voir : *puissance du maréchal sur le pied*.

Serré des boulets. — Les membres relativement écartés aux genoux sont rapprochés, serrés aux boulets, puis écartés et déviés en dehors, à partir de cette région.

Les membres très panards, longs et bas jointés sont souvent *serrés des boulets ;* les chevaux ainsi conformés sont très exposés à se blesser, à se contusionner dans la marche.

Inconvénients de la panardise. — La panardise et ses variétés ont des inconvénients d'autant plus sérieux que les vices d'aplomb sont plus accusés.

La panardise nuit au support de la masse, parce que les colonnes d'appui, au lieu d'être verticales, sont placées obliquement sous le corps, ou brisées au genou, au boulet, ou déviées à leur base, c'est-à-dire au pied.

Dès lors, le dedans des articulations et du pied subit une notable surcharge, tandis que le dehors est proportionnellement allégé.

La panardise nuit à la régularité et à la vitesse des allures, parce que les jointures étant tournées en dehors, les membres ne jouent plus en droite ligne, dans le sens du mouvement en avant, — c'est-à-dire parallèlement à l'axe du corps, — mais bien obliquement à cet axe : de là irrégularité des allures, parfois bercement, vitesse moindre, et, enfin, fatigue inutile : puisque la force employée à jeter le membre, en dedans ou en dehors, est perdue pour la progression.

L'irrégularité des allures a aussi pour conséquence d'amener des rencontres fréquentes, entre les membres ; le pied en l'air vient assez souvent heurter, contusionner, blesser le membre à l'appui ; de là, parfois, apparition de *suros* en dedans des canons des membres de devant et engorgements des boulets.

Par contre, les chevaux panards ont la réputation, justement méritée, en général, d'avoir le pied très sûr ; les chevaux de montagne, si adroits dans les sentiers difficiles, sont généralement panards.

Mais cette qualité appartient seulement aux chevaux panards de tout le membre, dont les colonnes d'appui sont, conséquemment, arc-boutées par en haut et largement écartées par en bas.

Au contraire, les chevaux panards à *genoux de bœuf* ou *cambrés*, *serrés* ou *trop ouverts des boulets* laissent à désirer comme solidité et sûreté dans la marche et sont exposés à butter et à s'abattre.

Cagneux. — Le cheval cagneux a généralement le poitrail large, les coudes écartés du corps, les membres écartés l'un de l'autre, légèrement rapprochés par en bas, plus ou moins tournés en dedans.

Quand la *cagnardise* est plus accusée aux *genoux* ou aux boulets, les genoux sont *cambrés* et les boulets *trop ouverts*.

Genoux cambrés. — Le membre, au lieu d'être vertical, est *cambré* du genou, dévié en dehors, incurvé à cette région.

C'est un vice de conformation assez rare, qui se remarque sur aussi certains chevaux arqués et panards *du genou* (fig. 47).

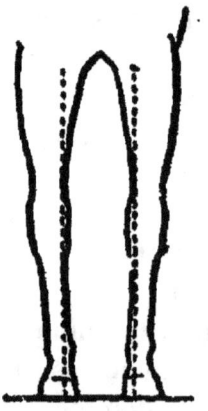 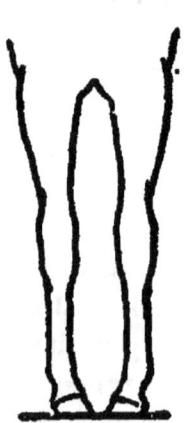

Fig. 47. — Genoux cambrés.   Fig. 48. — Cagneux du boulet.

Trop ouvert des boulets. — Les chevaux cagneux ont parfois les boulets sensiblement cambrés, c'est-à-dire plus écartés l'un de l'autre, *plus ouverts* que ne le comporte la direction générale du membre; le cheval est alors *cagneux du boulet* (fig. 48).

Il importe cependant de faire remarquer que la cambrure des genoux et des boulets se remarque aussi et bien plus fréquemment sur les chevaux panards, particulièrement du genou et du boulet; mais elle est alors la conséquence de l'*arcure* et de la *bouleture*.

Chez les chevaux panards, atteints d'arcure ou de bouleture, les genoux ou les boulets ne sont pas seulement portés en avant : ils sont encore fortement déjetés en dehors et conséquemment très écartés l'un de l'autre, autrement dit : *cambrés, trop ouverts.*

La *caguardise* est un vice d'aplomb, plus rare que la panardise ; il a l'inconvénient d'amener une surcharge sur le dehors des articulations et du pied.

Le jeu des membres est irrégulier : d'où il résulte plus de fatigue et moins de vitesse ; les membres ne sont pas exposés à se rencontrer dans la marche, mais, l'appui du pied étant défectueux, des faux pas sont à craindre.

Les chevaux cagneux sont souvent maladroits ; avec leurs membres rapprochés par en bas, ils ont de la difficulté à se rattraper, après un faux pas, et certains tombent comme une masse en se couronnant gravement.

2° APLOMBS DES MEMBRES POSTÉRIEURS.

Vus de profil. — Les membres postérieurs, bien d'aplomb, sont verticaux du haut de jarret au boulet, d'une inclinaison et d'une longueur moyennes du boulet au sol (fig. 49).

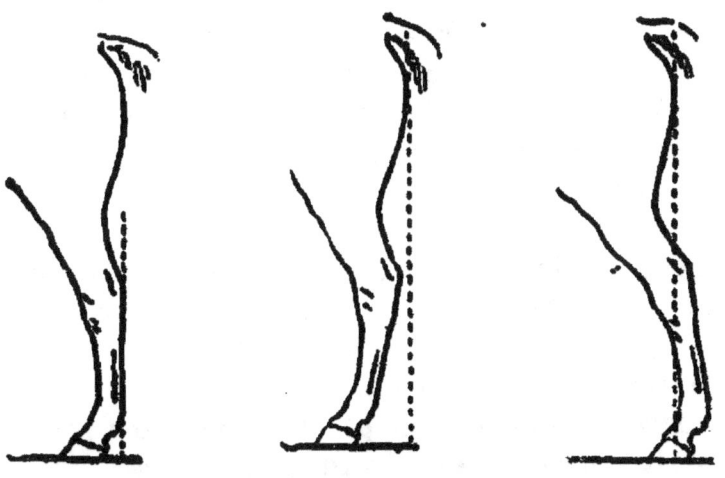

Fig. 49. Fig. 50. Fig. 51.
Aplomb des membres postérieurs. Sous lui du derrière. Campé du derrière.

Cependant, il importe de signaler que les paturons sont, en général, moins inclinés aux membres postérieurs ; ce qui s'explique de ce fait que, ces derniers étant surtout des agents d'impulsion, la jointure du boulet n'a pas besoin d'autant d'élasticité et de souplesse.

Les membres postérieurs ne sont pas toujours verticaux du haut du jarret au boulet, d'une inclinaison et d'une longueur moyennes du boulet au sol.

Ils peuvent être inclinés d'arrière en avant ou d'avant en arrière : alors le cheval est dit *sous lui du derrière* (fig. 50), *campé du derrière* (fig. 51). Les boulets sont parfois portés en avant ou en arrière de la verticale; de là les qualifications de *droit jointé, droit sur ses boulets, bouleté, bouté, bas jointé*; quand les paturons sont trop courts ou trop longs, le cheval est *court jointé, long jointé*; enfin, le levier phalangien est parfois voussé en contre-haut; alors le cheval est dit *pinçard*.

Sous lui du derrière. — Quand les membres postérieurs sont engagés sous le corps, la base de sustentation est rétrécie, l'équilibre est moins stable, l'arrière-main est surchargé de poids et l'avant-main proportionnellement allégé, les jarrets éprouvent une grande fatigue.

En marche, le cheval *sous lui du derrière* peut avoir de l'élévation, du brillant et de la souplesse dans les allures; mais il manque de vitesse et la fatigue produite par les mouvements en hauteur entraîne une usure rapide des jarrets et des boulets. Ce vice d'aplomb, qui coexiste avec des jarrets coudés, et un pied à talons bas, prédispose à l'*éparvin*, à la *jarde*, aux *vessigeons* et aux *molettes*.

Campé du derrière. — Le cheval campé du derrière a une base de sustentation étendue, l'arrière-main relativement allégé, les jarrets droits. L'avant-main étant surchargé est plus promptement atteint par l'usure.

En marche, le cheval campé peut embrasser beaucoup de terrain; il a souvent de la chasse et de la vitesse.

Le camper est une attitude naturelle ou acquise.

Droit jointé, bouleté, bas jointé, court et long jointé. — Quant aux aplombs défectueux du boulet, à l'insuffisance ou à l'excès de longueur du paturon, leur effets sont identiques à ceux décrits pour les membres antérieurs.

Cependant ces vices d'aplomb n'ont pas la même gravité aux membres postérieurs, qui sont moins chargés de poids et dont les faux pas n'entraînent pas la chute du cheval.

Pinçard. — Le levier phalangien, au lieu d'être en ligne droite, est voussé en contre-haut et comme brisé à l'articulation du paturon avec l'os de la couronne. A l'extrémité du levier, ainsi dévié, se trouve toujours un pied pinçard ou rampin (fig. 59).

Vus par derrière, les membres postérieurs, bien d'aplomb, doivent présenter entre eux un écartement moyen, égal à celui des membres de devant et être verticaux de la pointe du jarret au sol (fig. 52).

Les considérations relatives au bon aplomb des membres antérieurs étant absolument applicables aux aplombs des membres postérieurs, toute nouvelle démonstration semble inutile.

Cependant il importe de faire observer que la verticalité du canon s'accompagne, pour les membres postérieurs, d'une légère déviation en dehors; les charnières ne sont pas complètement dirigées et ne jouent pas tout à fait dans le sens du mouvement en avant, et la pince des pieds est légèrement tournée en dehors. En d'autres termes, le cheval est très généralement un peu panard du derrière; cette disposition, facile à constater et démontrée encore par les pistes laissées sur le sol, est d'ailleurs favorable à la bonne exécution des allures; puisque le pied de derrière est moins exposé à rencontrer celui de devant; chez les grands trotteurs, il peut venir se poser à côté et en dehors de ce dernier.

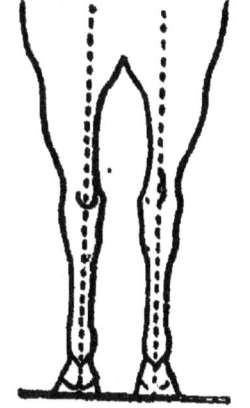

Fig. 52. — Pinçard.

Les membres postérieurs ne présentent pas toujours, entre eux, un écartement moyen égal à celui des membres de devant, ni une direction verticale du haut du jarret au sol : alors les aplombs sont *irréguliers, défectueux*.

Les membres peuvent être trop rapprochés ou trop écartés, déviés en dehors ou en dedans; alors le cheval est dit: *serré du derrière, trop ouvert du derrière, panard, cagneux.*

Serré du derrière. — Le cheval serré du derrière a les membres trop rapprochés par en bas, les cuisses peu musclées: au repos, la base de sustentation est rétrécie; en marche, il se croise souvent et peut se couper (fig. 53). Il est cependant des chevaux serrés du derrière qui marchent large: certains chevaux panards par exemple.

Trop ouvert du derrière. — Le cheval est *trop ouvert du derrière*, quand il y a disproportion entre l'écartement des

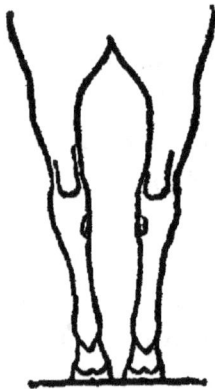

Fig. 53.
Serré du derrière.

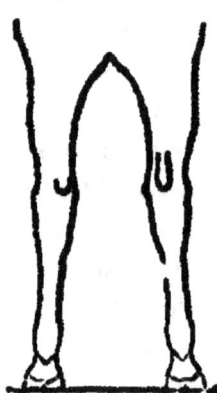

Fig. 54.
Trop ouvert du derrière.

membres de derrière et celui des membres de devant; c'est donc un défaut d'aplomb simplement relatif (fig. 54).

La croupe est généralement large, les masses musculaires des cuisses très développées, la base de sustentation étendue.

Le cheval ouvert du derrière a souvent une grande puissance dans l'arrière-main, beaucoup de chasse et parfois une grande vitesse au trot; alors, il marche large et en ligne. Mais il est des chevaux ainsi conformés manquant de sang et conséquemment d'énergie dans le mouvement qui, en marche, se bercent disgracieusement de l'arrière-main: d'où perte de temps, diminution de la vitesse, dépense inutile de force.

Panard. — Normalement les membres de derrière sont légèrement panards; mais l'expression de panard est seulement appliquée pour désigner une *déviation accusée* du membre en dehors. Il est facile de comprendre, dès lors, pourquoi les chevaux se coupent plus fréquemment du derrière que du devant (fig. 55).

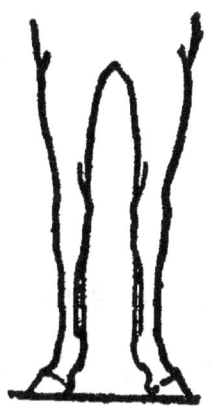 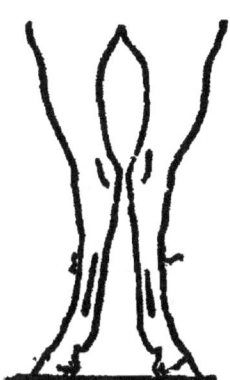 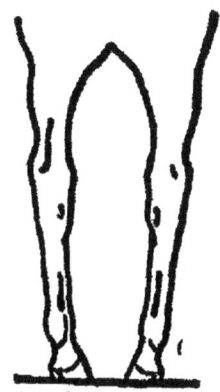

Fig. 55. — Panard.   Fig. 56. — Panard.   Fig. 57. Cagneux.

Le cheval panard a généralement les jarrets très rapprochés par leurs pointes et les extrémités inférieures des membres largement divergentes. Quand ce vice d'aplomb est très accusé le cheval est dit *crochu, clos*, à *jarrets crochus, clos* (fig. 56). Parfois aussi les boulets sont rapprochés à se toucher, et les pinces très divergentes; alors le cheval est dit : serré des boulets, panard des boulets.

En somme et par analogie avec les membres de devant, le cheval peut donc être également panard de tout le membre : parfois, au contraire, la panardise est plus accusée à partir des jarrets ou à partir des boulets.

La panardise du derrière a les mêmes inconvénients que celle du devant.

Cependant, il importe de signaler que si les chevaux à jarrets clos ou crochus sont sujets à se bercer, par contre leur marche est très solide et très sûre. Les chevaux des pays de montagne présentent généralement cette conformation.

Cagneux. — Le cheval étant normalement un peu panard du derrière, on comprendra que le vice d'aplomb opposé doit se rencontrer assez rarement.

Le cheval cagneux du derrière a souvent les jarrets et les boulets *trop ouverts*; les premiers sont écartés légèrement par leurs pointes et comme ployés en dehors, la pince des pieds est tournée en dedans : ou marche, les jarrets *trop ouverts* sont généralement vacillants; souvent le membre semble manquer de force, flageole lors de l'appui et oscille sur la pince qui se tourne alors en dedans (fig. 57).

Ce vice d'aplomb est défavorable à la solidité et à la vitesse.

II. — APLOMBS DU PIED.

Influence de l'aplomb du membre sur l'aplomb du pied et réciproquement. — A l'état de nature, *l'aplomb du membre commande l'aplomb du pied*. L'usure produite par la marche maintient le sabot dans ses dimensions normales, ses aplombs réguliers, et sait même faire disparaître les inégalités accidentelles de la surface d'appui, autrement dit : *le membre a toujours la base qui lui convient*.

C'est ainsi qu'à l'extrémité d'un membre bien d'aplomb ou panard, ou cagneux, se trouve un pied bien conformé, ou panard, ou cagneux; que le cheval, sous lui du devant ou du derrière, a des pieds antérieurs ou postérieurs à talons bas; que le cheval campé du derrière a des pieds à talons hauts; qu'à l'extrémité d'un levier phalangien voussé en contre-haut se trouve un pied pinçard, etc.

Mais, sur le sabot ferré, la corne n'use plus; c'est alors le maréchal qui, à chaque ferrure, a mission de ramener le pied à sa longueur normale et à son aplomb régulier. Les erreurs commises peuvent avoir les conséquences les plus graves; car l'aplomb du membre ne commande plus l'aplomb du pied; c'est au contraire celui-ci qui, dans certaines limites, commande l'aplomb du membre.

Nous allons le démontrer.

A cet effet, il importe de rappeler que les articulations *par genou* de l'épaule et de la hanche permettent des mouvements en tous sens; que toutes les autres articulations sont *à char-*

nière et exécutent seulement deux mouvements : extension et flexion ; que, cependant, certaines d'entre elles dont les charnières sont peu accusées — l'articulation rotulienne, et *celle du pied avec le paturon* — peuvent exécuter, en outre, de très légers mouvements de rotation et de latéralité.

Ces mouvements sont faciles à démontrer, pour cette dernière surtout; en prenant le boulet d'une main, la pince du pied de l'autre main, on détermine à volonté un léger mouvement de rotation du pied ; de plus, en exerçant une traction par côté, sur l'extrémité du levier à l'extension, le pied se fléchit légèrement soit en dedans, soit en dehors.

Il est facile de constater, alors, que le centre de ces mouvements est à la jonction du pied avec le paturon.

Étant démontré que le levier phalangien est flexible, il tombe sous le sens que, lors de l'appui, sa flexibilité peut être mise en jeu par le poids du corps.

Ce poids qui, à la jointure du boulet, est réparti entre la colonne osseuse et l'appareil tendineux et oscille de l'un sur l'autre, se trouve finalement supporté par le pied. Pour que l'aplomb soit parfait, la charge doit être régulièrement répartie *entre la pince et les talons*, d'une part, *entre l'un et l'autre côté du sabot*, d'autre part ; alors le levier phalangien conserve sa direction normale. Mais certaines défectuosités de l'aplomb du pied peuvent surcharger telle ou telle région, et alléger relativement telle ou telle autre.

Tout excès de poids, jeté en arrière, surcharge les tendons et les talons et a pour résultat immédiat d'amener une descente du boulet, d'incliner le membre du haut en bas et d'avant en arrière et, de plus, de *ployer le levier phalangien en contre-bas*[1].

---

[1]. Étant donné un cheval bien d'aplomb, si on trace une ligne noire du genou à terre, de manière à couper le membre en deux parties égales, et qu'ensuite le dedans du sabot soit fortement abattu, on remarque que la ligne qui était perpendiculaire au sol se brise au niveau de la couronne et se dévie en dehors; tandis que si le côté externe est abattu, la ligne se brise au même endroit, mais se dévie en dedans. En même temps, on observe que le cheval s'ouvre légèrement du devant et marche plus large dans

Si la surcharge porte sur la colonne osseuse et la pince, des effets absolument inverses se remarquent.

Si le poids est jeté sur un côté du sabot, le levier est visiblement tordu de ce côté[1].

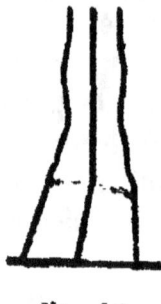
Fig. 58.

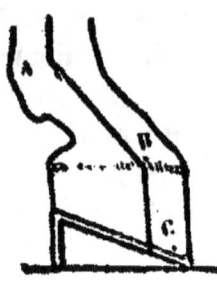
Fig. 59.

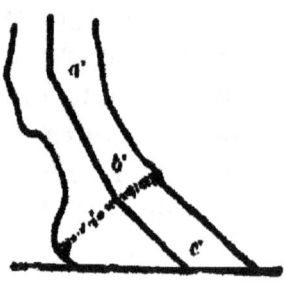
Fig. 60.

Mais il importe ici de le proclamer hautement, les modifications, par côtés, de la base du pied ont peu ou pas d'influence sur la direction générale du membre ; parce que tout mouvement de latéralité est impossible, pour les articulations du boulet, du genou, du coude, aux membres antérieurs, et pour celles du boulet et du jarret, aux postérieurs.

Aussi, on constate que les déviations par côtés de la base n'amènent qu'un rapprochement ou un écartement léger entre les boulets de devant, et un peu plus accusé entre les boulets de derrière.

Les maréchaux commettent donc une très lourde faute,

le premier cas, se serre légèrement dans le deuxième et marche plus serré. Ce qui confirme en tous points les expériences de Moorcroft sur les chevaux qui se coupent (fig. 58.)

On observe aussi, dans l'aplomb de profil, que le levier phalangien se brise au niveau de la couronne, lorsque les talons sont élevés ou abaissés. Si les talons sont trop élevés, soit naturellement, soit artificiellement au moyen de crampons, ou d'une cale, l'angle du boulet s'ouvre d'abord, lorsque l'élévation est modérée ; puis le levier phalangien se brise pour former un angle obtus en arrière ABC, comme dans la figure 59, lorsque la dimension de hauteur entre la pince et les talons est augmentée. Le levier phalangien se brise dans le sens opposé a'b'c', c'est-à-dire en avant, lorsqu'on abaisse les talons et que trop de longueur est laissée à la pince (fig. 60.)

quand ils essaient de redresser, par la ferrure, un cheval panard ou cagneux du membre.

Pour tenter, avec quelque apparence de raison, une telle opération, il faudrait que le levier phalangien fût absolument *rigide* ; or, il est doué d'une flexibilité assez marquée.

Les maréchaux arrivent donc tout simplement à tordre le levier phalangien et ajoutent, ainsi, un vice d'aplomb très grave à un vice de conformation assez léger.

Répartition du poids entre la pince et les talons. — La répartition du poids entre la pince et les talons est essentiellement dépendante de la *longueur du pied*, de son *obliquité* par rapport au sol, de la *hauteur relative de la pince et des talons*.

Longueur du pied. — Le pied forme l'extrémité du levier phalangien ; dès lors, sa longueur s'ajoute à celle de ce levier qui est allongé ou raccourci, suivant que le pied est long ou court.

L'excès ou l'insuffisance de longueur du pied a donc pour résultat — déjà démontré — de surcharger les os ou les tendons, la pince ou les talons.

De là, nécessité d'une *longueur moyenne* du pied ; longueur impossible à préciser — parce qu'elle varie avec la taille du cheval et la conformation du sabot, — mais qu'il *est facile d'apprécier avec un peu de pratique*.

Obliquité du pied par rapport au sol. — Lorsque le pied, à l'appui et vu de profil, forme par sa ligne de pince un angle trop fermé ou trop ouvert, avec l'horizontale, il est dit : *trop ou pas assez oblique*.

Sous l'influence de ces défauts d'aplomb, le paturon, entraînant le boulet, s'abaisse ou s'élève, s'infléchit en contre-bas ou en contre-haut.

Alors, la répartition du poids du corps n'est pas régulière ; les tendons et les talons, d'une part, la colonne osseuse et la pince, d'autre part, subissent une surcharge plus ou moins considérable ; de plus, des tiraillements sont exercés sur les liens articulaires et tendineux, et déterminent fatigue et souffrance.

Il importe donc beaucoup, en maréchalerie, que les conditions de l'obliquité normale du sabot soient aussi exactement déterminées que possible.

En principe et d'une manière générale, le paturon et le pied, qui constituent le levier phalangien, doivent avoir une obliquité concordante, autrement dit présenter à peu près la même direction, la même inclinaison par rapport au sol.

L'observation démontre qu'alors l'obliquité du pied, mesurée à la ligne de pince, est un peu plus accusée aux pieds de devant qu'aux pieds de derrière et légèrement inférieure à celle du paturon.

Outre cette différence légère entre la direction du pied et celle du paturon, on remarque encore que la ligne qui profile la pince du pied, bien conformé, est généralement un peu plus oblique que celle du talon, — autrement dit : les deux lignes qui profilent le sabot ne sont pas tout à fait parallèles, mais bien légèrement écartées par en bas. Ces deux dispositions concourent, d'ailleurs, au même résultat; elles portent un peu le poids sur les os et la pince et soulagent d'autant les tendons; l'inclinaison moindre des pieds de derrière, relativement aux pieds de devant, porte aussi le poids en avant et favorise la détente impulsive des membres.

Hauteur relative de la pince et des talons. — Cette hauteur a une influence évidente, facile à vérifier expérimentalement, sur la direction du paturon, la position du boulet, l'obliquité du sabot.

Relativement à cette dernière, il est facile de comprendre qu'elle augmente ou diminue suivant que la pince est longue ou courte, que les talons sont bas ou hauts.

Il est évident, de plus, que des talons hauts et une pince courte raccourcissent le levier phalangien, jettent une surcharge sur la colonne osseuse et produisent un allègement proportionnel pour les tendons et les talons; que les effets inverses sont produits par des talons bas et une pince longue.

Les oscillations de poids ainsi produites, entre la pince et les talons, démontrent l'importance qu'on doit attacher à la hauteur relative de ces régions du sabot.

De prime abord, il semble que ladite hauteur est facile à apprécier et à formuler d'une manière précise : soit en comparant la longueur des deux lignes qui profilent, l'une la pince, l'autre le talon ; soit à l'aide de perpendiculaires abaissées l'une de la couronne de pince au sol, pour mesurer la hauteur de la pince, l'autre de la couronne du talon, pour mesurer la hauteur du talon.

Il n'en est rien cependant, parce que le rapport de hauteur entre la pince et les talons est essentiellement variable et change suivant que le pied est plus ou moins oblique, par rapport au sol ; suivant qu'un pied a le bourrelet plus ou moins incliné, puisqu'alors les talons sont moins ou plus élevés ; suivant, enfin, que les lignes qui profilent la pince et les talons convergent ou divergent par en bas.

Mais, s'il n'est pas possible de formuler théoriquement une règle d'appréciation générale et applicable à tous les cas, il est du moins facile de déterminer rigoureusement la hauteur relative que doivent avoir la pince et les talons, sur un pied type.

Répartition du poids entre l'un et l'autre côté du sabot. — La répartition du poids, entre l'un et l'autre côté du sabot, est essentiellement dépendante de l'*étendue*, de la *régularité* et de l'*horizontalité* de la surface d'appui.

Étendue de la surface d'appui. — Le pied est la base du membre.

Le plus ou moins d'étendue de cette base produit nécessairement des effets favorables ou défavorables au support et au transport de la masse ; puisque, suivant que le pied est grand ou petit, l'étendue de sa surface d'appui et sa mobilité varient. Si le *grand pied* est favorable au support, il est nuisible à la facilité, à la légèreté de la marche ; le *petit pied* est dans des conditions inverses.

Donc le pied doit être d'un volume moyen et présenter une surface d'appui d'une étendue moyenne.

Il en est ainsi quand il est bien conformé et d'un volume en rapport avec la masse du cheval et le volume du membre.

Régularité de la surface d'appui. — Une étendue

moyenne de la surface d'appui ne suffit pas pour assurer une bonne assiette au membre et au pied.

Il faut encore que les deux moitiés du sabot qui constituent ladite surface soient sensiblement égales.

Étant donné qu'un pied bien conformé est aussi large que long, il est logique d'admettre qu'à l'état de nature la résultante du poids du corps passe juste par le centre du pied, c'est-à-dire à l'intersection des axes longitudinal et transversal (fig. 61).

Dès lors, il est évident que toute réduction de la surface d'appui en avant et en arrière, d'un côté ou de l'autre, a pour

Fig. 61.
Centre du pied.

Fig. 62.
Triangle de la surface d'appui.

conséquence de rapprocher du centre de gravité la région réduite; elle se trouve donc surchargée, puisque chaque unité de surface porte plus de poids.

Les resserrements si fréquents du pied ont donc pour conséquence de surcharger le côté resserré. Par contre, l'équilibre n'est pas rompu si le pied est également resserré d'un côté et de l'autre. Chaque moitié du sabot est, il est vrai, chargée proportionnellement à la diminution de la surface d'appui, mais, la charge étant égale, l'aplomb du pied est régulier.

Cependant, pour être dans la vérité, nous devons dire que sur le beau pied l'axe longitudinal ne sépare pas exactement la surface d'appui en deux parties égales : la moitié du dehors est un peu plus grande. Cette disposition est due à l'obliquité légèrement plus accusée du dehors du sabot.

La nature paraît donc tendre à charger un peu plus le dedans du sabot; ce qui, d'ailleurs, est logique, car la paroi du dedans, plus verticale, est mieux disposée pour le support.

Il importe ici de signaler un fait d'une haute importance pratique : c'est que l'étendue de la surface d'appui est surtout donnée par l'écartement des talons.

En effet, la surface d'appui peut être considérée comme formant un triangle (fig. 62), dont le sommet est au centre de la pince et dont la base est représentée par une ligne réunissant les deux talons ; on comprend que le triangle, ainsi déterminé, a d'autant plus de surface que les talons sont plus écartés, et inversement ; et qu'en somme, les réductions opérées sur le pourtour du sabot ne produisent, en comparaison, que des effets insignifiants, au point de vue de la répartition de la charge.

Enfin, la surface d'appui du pied doit encore être exactement nivelée ; alors, le pied porte sur le sol, par tout son pourtour.

Par contre, les inégalités de la base ont pour résultat évident de soustraire à l'appui les régions les plus saillantes, de surcharger d'autant les plus basses, et d'amener ainsi la détérioration de la paroi.

Horizontalité de la surface d'appui. — Sur un pied bien conformé à l'extrémité d'un membre vertical, l'aplomb transversal est parfait quand les deux côtés du sabot sont d'une égale hauteur ; alors la surface d'appui est située dans un même plan, coupant à angle droit la direction verticale du membre : autrement dit, est horizontale.

Inversement, lorsque les deux côtés du sabot sont de hauteur inégale, la charge est jetée sur le côté le plus bas et l'autre se trouve relativement allégé ; mais la surface d'appui n'en est pas moins horizontale. C'est que l'horizontalité de la base est *naturelle* ou *forcée*.

Elle est *naturelle*, quand le levier phalangien conserve, lors de l'appui, sa direction normale ; alors l'aplomb du pied concorde avec celui du membre.

Elle est *forcée*, lorsque l'appui entraîne la torsion du levier phalangien, soit en dedans, soit en dehors ; il en résulte des tiraillements, de la fatigue et de la souffrance pour les liens articulaires latéraux et de nombreuses défectuosités et maladies du pied.

Aplombs du pied type. — Les considérations qui précèdent et les faits d'observation journalière permettent d'établir les règles de l'aplomb du pied type.

Le pied bien conformé, de longueur moyenne, terminant un membre bien d'aplomb est d'aplomb lui-même quand, étant à l'appui, il présente les conditions suivantes :

Vu de profil, la ligne de pince forme avec l'horizontale un angle de 50 à 55°; la hauteur relative de la pince et des talons, jugée par la longueur comparée des lignes qui les profilent, est comme 2 : 1 ; autrement dit la hauteur des talons est égale à la moitié de celle de la pince ; alors, la charge se trouve régulièrement répartie entre les os et les tendons, la pince et les talons (fig. 15).

Vu de face, une ligne droite abaissée du milieu du boulet sur le centre de la pince, coupe le paturon et le sabot en deux parties égales. Par ainsi, l'arc de cercle formé par le bourrelet se trouve situé, directement, au-dessus de l'arc de cercle décrit par le bord inférieur de la paroi, les deux côtés du sabot étant alors d'une égale hauteur.

Vu en dessous, le pied d'aplomb est aussi large que long et une ligne droite, tirée de la fente postérieure du sabot au centre de la pince, passe par la pointe de la fourchette et coupe la surface d'appui en deux parties égales ; de plus, le pourtour de ladite surface doit être exactement nivelé, autrement dit, être situé dans le même plan.

Alors et étant donné l'égalité de hauteur déjà constatée entre les deux côtés du sabot, l'aplomb transversal est parfait et la charge régulièrement répartie entre chaque côté.

Les conditions de l'aplomb type sont utiles à connaître, non pas qu'il soit souvent possible, ni même rationnel, de chercher à ramener un pied à la forme et à l'aplomb type ; mais parce qu'elles donnent le sentiment exact de ce qui est bien et constituent des points de comparaison nécessaires pour juger les aplombs défectueux.

Aplombs réguliers. — L'aplomb type est nécessairement régulier; mais il est des pieds à aplomb régulier qui diffèrent beaucoup du pied type : par exemple, le pied trop grand ou trop petit; les pieds panards ou cagneux qui terminent un membre panard ou cagneux; le pied pinçard à l'extrémité d'un levier phalangien voussé en contre-haut; un pied également resserré à chacun de ses côtés, etc...

En principe, et ce principe ne supporte pas d'exceptions, l'aplomb du pied est régulier, quand il concorde avec celui du membre ou plutôt avec celui du levier phalangien : alors l'appui du pied n'entraîne aucune déviation de la direction dudit levier.

Aplombs défectueux. — L'aplomb du pied est défectueux, toutes les fois qu'il ne concorde pas avec celui du levier phalangien qui, alors, est tordu en contre-haut ou en contrebas, dévié en dehors ou en dedans.

La pince peut être trop longue ou trop courte, les talons trop hauts ou trop bas, le pied resserré plus d'un côté que de l'autre et aussi de travers, etc...

L'aplomb défectueux n'a pas seulement pour conséquence une répartition irrégulière du poids du corps, sur le pourtour du sabot; il a encore, ainsi que démonstration en a été faite, une haute influence sur la sécrétion et l'usure de la corne; de plus, les déviations par côtés de la base amène un léger rapprochement ou écartement entre les boulets, suivant que le côté abaissé est celui du dedans ou du dehors. Enfin, c'est à l'aplomb défectueux du sabot que doivent être attribués les neuf dixièmes des défectuosités et maladies du pied.

Rectification de l'aplomb du pied. — Dans la pratique, il importe surtout de connaître et de juger avec une exactitude mathématique les conditions de l'aplomb régulier : afin d'être en mesure de le conserver ou de le rétablir en parfaite connaissance de cause.

Les règles de l'aplomb transversal du sabot ont été formulées pour la première fois dans la première édition de cet ouvrage.

On les retrouve dans le manuel de maréchalerie à l'usage des maréchaux ferrants de l'armée, rédigé par les soins de la commission d'hygiène hippique et approuvé par le ministre de la guerre ; ce qui leur donne une consécration officielle.

Nous n'y ferons d'autres changements que de les expliquer mieux et de les rendre plus précises.

Nous exposerons simplement ici le principe sur lequel lesdites règles ont été établies.

Étant donné, d'une part, que le levier phalangien est flexible et que, dès lors, l'aplomb du pied n'a d'action que sur la direction du levier dont il fait partie et qu'il termine ; que, par ainsi, la seule indication est de faire toujours concorder l'aplomb du pied avec la direction naturelle dudit levier ;

Étant donné, d'autre part, qu'il est difficile de juger avec précision l'aplomb du pied, à l'appui ; parce que les légères déviations dans la direction du levier, qui en sont la conséquence, peuvent passer inaperçues ; que, d'ailleurs, la constatation d'un défaut d'aplomb ne suffit pas : il faut encore fixer de la manière la plus précise les règles d'après lesquelles doivent se faire les rectifications ;

Étant donné, enfin, qu'il est facile sur le membre levé et plié au genou de mettre le pied à l'extension et, alors, de voir le levier phalangien dans son ensemble et sa direction naturelle et en dehors de l'influence exercée par le poids du corps ;

Nous concluons, qu'en principe, l'aplomb transversal du pied doit être jugé *sur le membre levé*, et d'après les règles et un manuel opératoire qui seront exposés ultérieurement.

III. — APLOMBS EN MARCHE.

Le cheval en marche. — La connaissance des aplombs de pied ferme ne suffit pas au maréchal ferrant ; il doit encore savoir quelle est la conséquence des aplombs bons ou mauvais, sur la régularité ou sur l'irrégularité des allures.

Généralement, il est vrai, l'étude des aplombs de pied ferme permet à l'homme expérimenté de se prononcer, avec assez de certitude, sur la manière de marcher du cheval; de plus, les accidents de la marche peuvent être facilement constatés sur le cheval en station : puisqu'ils s'accompagnent de cicatrices, de plaies, de tumeurs et d'engorgements dont l'existence seule donne souvent la certitude d'un défaut d'aplomb et la mesure de sa gravité.

Cependant, les renseignements ainsi puisés manquent parfois de précision et sont souvent sujets à l'erreur.

C'est que la tendance générale est de juger l'aplomb du membre par celui du pied; on oublie trop que si, à l'état de nature, l'aplomb du membre commande celui du pied, il n'en est plus de même lorsque le cheval est ferré.

D'autre part, il n'est pas rare de voir certains défauts d'aplomb, peu accusés en station, devenir très évidents en marche ; de plus, on voit des chevaux serrés marcher large, des chevaux paraissant d'aplomb rapprocher et même croiser leurs membres dans la marche, des chevaux panards ou cagneux du pied marcher régulièrement, etc.

Il est d'autant plus important d'étudier l'influence des aplombs sur la marche que, si l'inconvénient des mauvais aplombs est grave en station — puisque la répartition du poids à l'articulation du boulet et au pourtour du pied ne se fait plus régulièrement — il est plus grave encore en marche, alors que le poids, qui incombe à chaque membre, est augmenté des effets de la vitesse acquise, et que le jeu irrégulier des membres entraîne perte de temps, fatigue inutile et même des collisions.

A cet effet, il faut faire marcher le cheval droit devant soi, droit sur soi, puis le voir par le travers, au *passage*, suivant l'expression reçue.

Le cheval marche *en ligne*, en *panard*, en *cagneux*, *billarde*, *se croise*, *se berce*, *rase le tapis*, *steppe*, *trousse*, *fauche*, *harpe*; le cheval en marche peut *se toucher*, *se couper*, *s'entretailler*, *forger*, *se déferrer*, *s'atteindre*, *butter*[1].

---

1. Voir *Accidents de la marche*, p. 124 et suivantes.

Marche en ligne. — Le cheval bien dans ses aplombs *marche en ligne*; ses membres se fléchissent et s'étendent dans le sens du mouvement en avant, parallèlement au grand axe du corps (fig. 63).

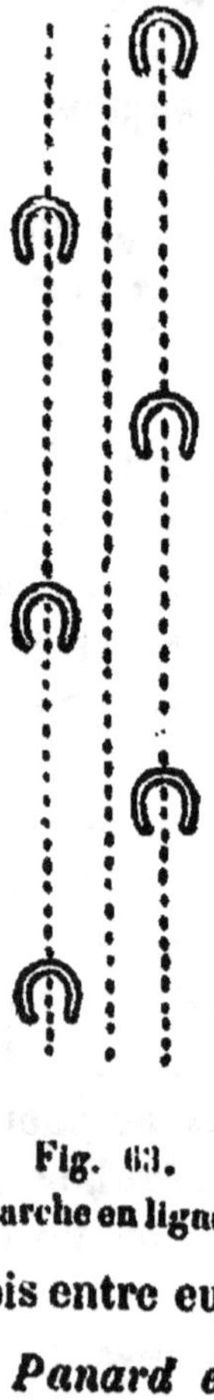

Quand le cheval est *vu par derrière*, le membre postérieur couvre l'antérieur; s'il est *vu par devant*, le membre de devant couvre celui de derrière.

Une distance suffisante existe entre les membres du côté droit et ceux du côté gauche.

Vu au passage, le cheval présente un accord parfait entre le jeu de ses membres de devant et de derrière qui, dès lors, se succèdent sans se rencontrer; l'animal ne lève ni trop, ni trop peu les jambes : il n'y a donc ni perte de temps, ni danger de chute.

Irrégularités de la marche. — Le cheval qui pèche dans ses aplombs, qui a de mauvais aplombs, des aplombs défectueux, des vices d'aplomb, ne marche pas régulièrement; ses membres, au lieu de jouer en droite ligne, suffisamment écartés et moyennement élevés, de se succéder avec accord, se rapprochent en dedans ou se jettent en dehors, s'élèvent trop ou pas assez, se rencontrent et se blessent, se contusionnent parfois entre eux.

Fig. 63. Marche en ligne.

Panard en marche. — Tout cheval panard des membres est panard en marche. Le cheval *panard en marche*, en fléchissant les membres de devant, jette alternativement les genoux en dehors de la ligne d'aplomb et, du même coup, ramène le pied correspondant sous le corps; lors de l'extension, le pied décrit un arc de cercle, à convexité intérieure, qui le rapproche du membre à l'appui et l'en écarte au moment du poser (fig. 64).

La panardise du derrière se caractérise de la même manière : la flexion porte le pied en arrière et en dedans, et l'extension lui fait décrire un arc de cercle à convexité intérieure qui, finalement, porte le pied en dehors [1].

Tout cheval marchant en panard est nécessairement panard du membre et doit avoir un pied panard.

Cagneux en marche. — Tout cheval cagneux des membres est cagneux en marche. La cagnardise du devant est caractérisée par la projection du pied en dehors de la ligne d'aplomb, lors de la flexion du membre (fig. 65).

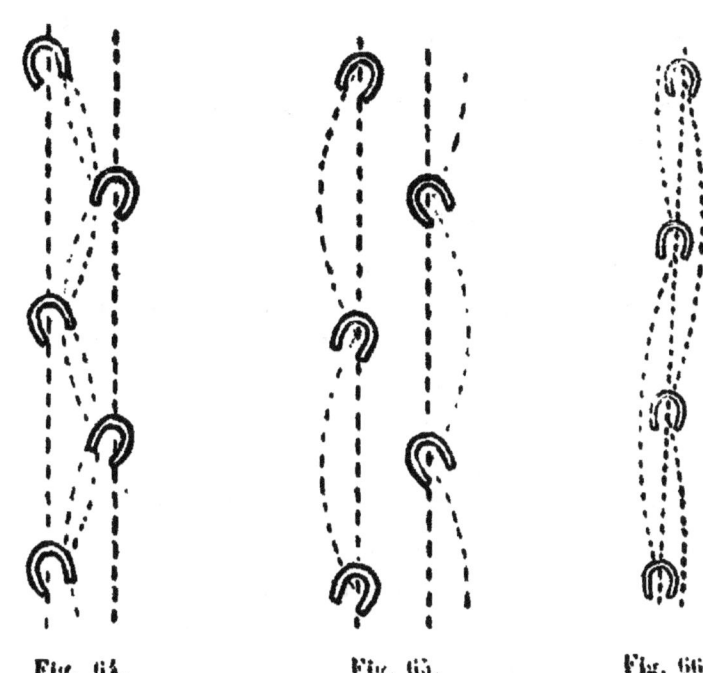

Fig. 64.   Fig. 65.   Fig. 66.
Panard en marche. Cagneux en marche. Se croiser.

La cagnardise du derrière étant rare et peu accentuée, l'irrégularité de l'allure est peu marquée.

Tout cheval marchant en cagneux est cagneux du membre et doit porter un pied cagneux.

Billarder. — En jargon hippique, *billarder* se dit du cheval qui jette ses pieds de devant en dehors, lors de la flexion.

Tous les hippologues s'accordent à répéter que les chevaux panards et ceux à genoux de bœuf sont sujets à *billarder*.

1. Voir *Accidents de la marche*, p. 124 et suivantes.

C'est là une singulière erreur : les chevaux panards et les bœufs sont panards en marche, c'est-à-dire ramènent leurs pieds sous le corps.

Par contre, tous les chevaux cagneux des membres billardent toujours plus ou moins.

Se croiser. — Le cheval marche *large* ou *serré*; parfois même, dans ce dernier cas, les pieds de devant et plus souvent de derrière viennent se poser l'un devant l'autre; le pied en l'air se rapproche donc trop du pied à l'appui et passe même, pour ainsi dire, par-dessus (fig. 66). On dit alors que le cheval *se croise*; celui qui se croise du devant est exposé à s'abattre et à se couronner; celui qui se croise du derrière se coupe souvent.

Se bercer. — Le cheval, au lieu de soutenir l'allure du trot en droite ligne, peut effectuer un mouvement disgracieux, par côtés : *se bercer du devant ou du derrière*.

Les chevaux panards, trop ouverts du derrière, à croupe très large et à membres rapprochés par en bas, mous et à rein long, se bercent fréquemment.

Le bercement est disgracieux, ralentit l'allure, entraîne des mouvements par côtés qui occasionnent de la fatigue et une perte de temps préjudiciables à la progression; enfin, le cheval qui se berce coupe rapidement ses fers.

Raser le tapis. — Le cheval *marche haut*, a de *l'action*, *steppe*, *trousse*, *bataille*; ou bien manque d'action, a *l'allure rasante*, *rase le tapis*.

Le cheval sous lui, usé, souffrant des membres ou des pieds, *rase le tapis*; le cheval à l'entraînement, auquel on a donné un pas très allongé, a aussi l'allure rasante. Cette manière de marcher expose à *buter*.

Harper. — Quand la flexion du jarret est brusque, saccadée et élève fortement l'extrémité inférieure du membre, on dit que le cheval *harpe, éparvine*. Le mouvement de *harper*, très apparent au sortir de l'écurie, diminue et disparaît même pendant l'exercice.

La cause de cette singulière irrégularité de l'allure n'est pas encore bien connue.

Faucher. — Le membre, au lieu de se porter en droite ligne, décrit un arc de cercle en dehors.

Le cheval *fauche*, lorsque la flexion du membre est rendue pénible, douloureuse par suite d'usure complète, d'engorgements des boulets et surtout des tendons, de blessure ou de contusion grave ; dans ces conditions le pied, ne s'élevant pas suffisamment du sol, ne peut être porté directement en avant, il décrit alors un arc de cercle en dehors qui lui évite la rencontre du sol.

Le mouvement de faucher, qui résulte d'une maladie passagère, disparait avec la maladie. Mais si le cheval fauche des deux membres de devant, par suite d'usure complète ou d'efforts de tendons anciens, il marche péniblement, butte et tombe souvent.

Influence de l'aplomb du pied sur la marche. — Les déviations de l'aplomb du pied n'ont pas d'influence sur le jeu d'ensemble du membre, commandé par la disposition des charnières des jointures. Toujours et quand même le cheval continue à marcher en ligne, en panard, en cagneux, à billarder, à se croiser, à se bercer, etc.

Donc, pour mettre fin à toute incertitude, en fait d'aplomb, il suffit de faire marcher le cheval.

Mais, si les défauts d'aplomb les plus exagérés, apportés à l'assiette du pied, ne peuvent modifier le jeu d'ensemble du membre, par contre, ils ont un fâcheux effet sur les allures.

Le ralentissement de la marche en est toujours la conséquence.

Etant donné, en effet, que le pied qui se lève oscille sur la pince et quitte le sol quand l'oscillation est terminée, il est évident que plus l'oscillation sera longue, plus le pied mettra de temps à se lever et à se poser : ainsi, par exemple, des talons bas et une pince longue seront un obstacle à la vitesse.

Un effet analogue sera produit si le pied est incliné en dedans ou en dehors ; avant d'osciller sur la pince, il devra au préalable se redresser ; de même, l'appui se fera pour ainsi dire en deux temps : d'abord sur le côté le plus haut du sabot, puis, par un léger mouvement de bascule, sur le côté le plus bas.

L'expérience démontre encore que les allures perdent en étendue, élévation et franchise ; avec le temps et pour les membres antérieurs surtout, leur jeu devient de plus en plus gêné; l'allure est courte, répétée, rasante et le poser manque de franchise: on dit, alors, que le cheval est *pris dans les épaules*, a les *épaules chevillées*, expressions fausses qui trompent sur la cause réelle du mal.

De plus, les inégalités du côté du sabot qui, de pied ferme, amènent un écartement ou un rapprochement léger des boulets, produisent un effet analogue en marche.

Si le dedans des deux pieds de devant, par exemple, est abaissé, les pistes laissées sur un sol préparé deviennent un peu plus écartées et les boulets s'infléchissent visiblement en dedans; si les côtés du dehors sont abaissés, des effets inverses se produisent.

Ces faits s'expliquent facilement. Toute répartition irrégulière du poids ayant pour effet d'amener, soit des commotions sur les os, soit des tiraillements sur les tendons, ou encore sur les

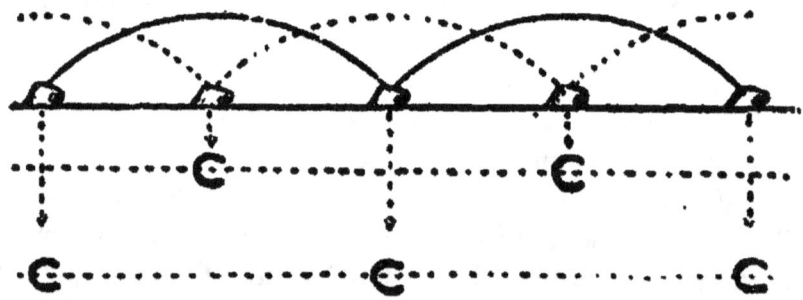

Fig. 67. — Marche normale au pas.

liens articulaires de l'un ou l'autre côté du levier phalangien: le cheval fatigue, souffre et calcule ses attitudes et ses mouvements de manière à diminuer ses fatigues et ses souffrances. Or, il est tout naturel, par exemple, qu'il essaie de marcher plus large, lorsque le dedans de ses sabots est abaissé: à une surface d'appui taillée obliquement de dedans en dehors, il faut un membre incliné dans le même sens.

Mais, le cheval ne commande le jeu de ses membres que d'une manière très restreinte, et absolument insuffisante pour remédier au mal; aussi, toutes les modifications apportées par le maréchal à l'aplomb régulier, qu'elles soient inconscientes ou calculées, ont les plus funestes conséquences: elles sont la cause de l'usure prématurée du cheval, des déformations et maladies du pied.

On ne saurait trop le répéter: *l'aplomb du pied doit toujours concorder avec celui du membre.*

En marche, au pas, les membres, vus de profil, décrivent une ligne courbe régulière du lever au poser, et la perpendiculaire élevée sur le milieu de la corde de l'arc correspond au point le plus élevé de la courbe (fig. 67).

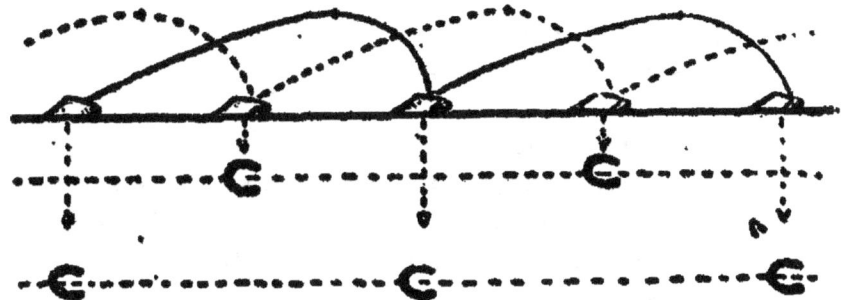

Fig. 68. — Marche du cheval dont les talons sont abattus.

Si les talons sont abattus, le pied décrit une courbe irrégulière : il se lève d'abord assez brusquement et s'abaisse lentement pour éviter une secousse (fig. 68).

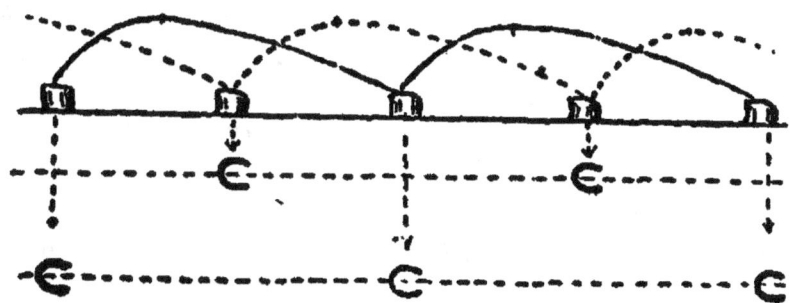

Fig. 69. — Pinçard en marche.

La perpendiculaire élevée dans les conditions indiquées plus haut laisse en arrière le point le plus élevé de la courbe.

Lorsque le cheval est pinçard ou a la pince trop abattue, le contraire a lieu, le pied s'élève lentement et s'abaisse brusquement : la partie la plus élevée de la courbe se trouve en avant de la perpendiculaire (fig. 69).

Donc l'irrégularité des aplombs du pied entraîne des irrégularités dans la marche[1].

IV. — ACCIDENTS DE LA MARCHE.

Beaucoup d'accidents qui se produisent en marche doivent être attribués aux mauvais aplombs des membres ou simplement du pied.

Forger, se déferrer, s'atteindre. — Au pas et au trot, quand le pied de devant quitte le sol, après avoir oscillé sur la pince, à la place qu'il abandonne vient immédiatement se poser le pied de derrière du même côté. Normalement, les pieds se succèdent ainsi sans se rencontrer. Mais, il est certains chevaux dont les membres antérieurs ne se meuvent pas assez vite et sont percutés par les postérieurs qui, en terminant leur évolution, ne trouvent pas la place libre : ces chevaux *forgent, se déferrent, se donnent des atteintes.*

Le cheval *forge*, quand la pince du fer de derrière frappe le fer de devant ; alors se produit un bruit analogue à celui du marteau tombant sur l'enclume. Il est admis que les chevaux forgent *en voûte* ou *en éponges*, c'est-à-dire que ces régions du fer de devant sont percutées par la pince du fer, ou le devant du sabot du pied du derrière. La vérité est que le cheval forge généralement sur la région du fer comprise entre la mamelle externe et la voûte du même côté et, aussi, sur la branche et l'éponge du dehors.

Un bruit désagréable n'est pas le seul inconvénient de ce martelage ; la solidité du fer en est ébranlée ; souvent aussi, la pince du pied de derrière fait effort, sur l'extrême bout de l'éponge et *déferre* le pied de devant ; le cheval peut, enfin, *butter* et *tomber*, de ce fait que la pince de derrière s'introduit et se fixe entre les branches du fer de devant.

Les talons et même le bourrelet peuvent également être frappés. Dans ce dernier cas, il y a *atteinte encornée* ou *sourde* ;

---

[1]. Ce fait a déjà été signalé par Pellegrini (voir Brambilla, note 11°).

la paroi est souvent désunie d'avec le bourrelet. Un javart grave résulte, quelquefois, d'une forte atteinte contusionnant le cartilage.

Enfin, le cheval *s'attrape* encore derrière le paturon, le boulet, le canon. Mais, c'est durant des mouvements désordonnés produits par des accès de gaieté ou de rébellion, par les à-coups de la main, les violences de l'éperon, le saut des obstacles, etc.

Ces mêmes régions sont aussi parfois contuses aux membres postérieurs ; les atteintes sont alors données par un cheval mal mené qui, de trop près, emboîte le pas à un autre et le frappe du bout de son pied.

Toutes les causes, qui ralentissent le lever des pieds de devant, favorisent, déterminent même un conflit avec les pieds de derrière. Ainsi sont disposés à forger, se déferrer, s'atteindre, les chevaux jeunes, faibles, mal nourris, maladifs, confits dans la graisse, amollis par la chaleur, engourdis par le repos, poussés au delà de leurs moyens, mis sur les épaules, épuisés par la fatigue, qui, à grand'peine, déplacent leurs membres antérieurs, toujours plus chargés du poids du corps. Et aussi ceux dont l'avant-main présente ou supporte un excès de poids; parce qu'ils sont sellés en avant, mal-montés, bas du devant, sous eux du devant, bas-jointés, à talons bas ou fuyants. De même le cheval, à rein long et faible, enlève difficilement son avant-main. Inversement, les quatre extrémités, trop rapprochées, du cheval court, facilement se heurtent.

Se toucher, se couper, s'entretailler. — Lorsque les membres se meuvent *en ligne* — c'est-à-dire se fléchissent et s'étendent parallèlement au corps, — toute rencontre entre eux est impossible. Mais, trop souvent, le pied du membre en mouvement frôle, heurte, contusionne, met en sang le dedans du boulet et du genou du membre à l'appui.

Alors le cheval *se touche, se coupe, s'entretaille.*

Il se touche, si le poil est hérissé, usé, souillé de poussière et de boue. Il se coupe, quand il existe à un seul membre une plaie sanglante, une croûte desséchée, une cicatrice. Il s'entretaille, lorsque ces dernières lésions se remarquent en dedans des deux boulets et des deux genoux.

Nombreuses sont la causes de ces accidents. Ce sont souvent le manque de force, la fatigue, le pavé gras ou plombé qui font flageoler les supports, jettent du désordre dans la marche, détraquent les allures et, finalement, entraînent les rencontres et les collisions des membres.

L'étroitesse de la poitrine et de la croupe, la grande largeur du pied y prédisposent encore.

Il y a aussi, et surtout, la panardise des membres.

Le cheval panard des membres antérieurs se coupe souvent au boulet et, plus rarement, au genou.

L'accident est presque toujours produit par la moitié antérieure de la branche interne du fer, ou par la partie correspondante du sabot, mamelle interne et région antérieure du quartier. Voilà qui est en complète contradiction avec l'opinion reçue. On dit : le cheval panard a la pince tournée en dehors, les talons rapprochés, donc il se coupe avec les éponges ; le cagneux a la pince tournée en dedans, il se frappe avec la mamelle interne du fer.

Tout cela est vraisemblable, en effet, mais ce n'est pas vrai. La vérité est qu'un cheval ne se coupe pas parce que son pied est panard ou cagneux : c'est la direction des articulations qui amène la collision. Et, seule, la panardise du membre détermine les accidents ; jamais un cheval cagneux des articulations ne se coupe.

L'erreur accréditée vient de ce que, par la faute du maréchal, il existe souvent un pied cagneux à l'extrémité d'un membre panard ; le cheval se coupe alors, non parce qu'il est cagneux du pied, mais bien par le fait de la panardise du membre.

Rien de plus facile à démontrer : prenez un cheval panard des membres, qui se coupe au boulet ou en haut du canon[1], appliquez sur l'endroit contus une couche de craie délayée, faites trotter et regardez le bord interne du pied — de la ma-

---

[1]. C'est le cheval très panard et à actions hautes qui se frappe à cet endroit.

melle au milieu des quartiers — et vous verrez là un point quelconque blanchi par l'enduit crayeux.

C'est surtout du derrière que les chevaux s'attrapent. La fréquence des heurts vient de ce que le cheval est toujours, peu ou prou, panard de derrière; souvent aussi, les membres, rapprochés davantage, se chevauchent, s'entre-croisent et se rencontrent. Si le cheval lève peu les pieds en marchant, le sabot subit les frottements; la corne du pied est usée, en haut et au milieu du quartier interne, près du bourrelet. Mais, ordinairement, le boulet seul est touché en dedans et même en arrière; jamais le jarret n'est atteint.

Enfin, la ferrure peut déterminer ces mêmes accidents. Baisser le dedans des pieds, c'est rapprocher les boulets et mettre du désordre dans le jeu des membres; un pied trop long et vieux ferré, dont la corne dépasse le fer, se meut maladroitement; de la garniture à la mamelle et au quartier du dedans, des rivets saillants, un fer déplacé occasionnent parfois des rencontres : le crampon interne d'un cheval qui se croise peut blesser la couronne du pied opposé.

Dans l'appréciation pratique de la gravité de ces collisions, les blessures qui en résultent, se guérissant rapidement, n'entrent guère en ligne de compte.

Mais, ce qui mérite d'attirer l'attention, c'est la cause d'où dérive la lésion, le plus ou moins de probabilité des récidives, l'influence sur la stabilité de la machine. En faisant marcher l'animal, il est facile de voir si le jeu des ressorts moteurs amène forcément un conflit, entre le pied en l'air et le membre à l'appui. Dans ce cas, les contusions se succèdent sans interruption et toujours au même endroit; alors apparaissent des engorgements des boulets et des plaies persistantes, qui entravent le service du cheval.

Plus les traces des collisions sont situées derrière les boulets, plus leur signification est sérieuse; c'est que les chevaux qui se heurtent ainsi en plein, surtout aux membres de devant, sont sujets à *broncher* et à *s'abattre*.

Enfin, et pour terminer, il est d'autres méfaits qui, trop souvent, doivent être imputés à l'inintelligente intervention de l'homme.

La mauvaise ferrure a parfois une part contributive au développement de certaines maladies des membres, telles que : *efforts, entorses, tares dures et molles, crevasses.*

Avec la pince longue et les talons bas, aux allures rapides, sur un sol dur, le cheval attrape facilement un *effort de tendons* (*nerf-ferrure*).

De même, une inégalité de l'assiette du pied, tiraillant d'un côté ou de l'autre les liens articulaires du boulet, dispose cette région à contracter une *entorse* (*effort de boulet*).

Le défaut d'aplomb du pied peut encore, en occasionnant des atteintes, des commotions sur les os, le tiraillement des ligaments de telle ou telle articulation, déterminer l'apparition de *suros, formes, éparvins, jardes, courbes.*

La même cause, en jetant sur les articulations du boulet et du jarret, la fatigue, la souffrance, l'inflammation, est pour une grande part dans le développement des *molettes* et des *vessigons*.

Et, chose bizarre, les *crevasses* du paturon proviennent souvent d'une ferrure irrationnelle ; c'est que celle-ci entraîne le resserrement du pied et qu'alors la peau des talons, devenue trop ample, se plisse profondément derrière le paturon : or, ces plis, déchirés par la marche, se transforment en *crevasses*.

DEUXIÈME PARTIE

LA MARÉCHALERIE

ANCIENNE ET MODERNE

CHAPITRE PREMIER

HISTORIQUE DE LA FERRURE

I. Importance de la ferrure. — II. Appareils protecteurs du pied, chez les Grecs et les Romains. — III. Ferrure celtique. — IV. Ferrure gallo-romaine. — V. Ferrure du moyen âge.

I. — IMPORTANCE DE LA FERRURE.

Le cheval esclave, non ferré, est soumis à des travaux qui entraînent souvent une usure exagérée de ses sabots.

Avant l'invention de la ferrure, on voyait souvent l'usure des sabots d'un quadrupède arrêter la marche des armées; des conquérants étaient forcés d'interrompre le cours de leurs succès, pour laisser croître les *ongles* de leurs chevaux.

Rendre le pied inusable, tel était le problème à résoudre pour avoir un parfait moteur.

Il fut résolu par l'invention de la ferrure à clous, qui fit du cheval un précieux instrument de travail et un puissant engin de guerre.

Cette invention, si humble en apparence, a donc joué un grand rôle dans les destinées de l'humanité; c'est grâce à elle que l'homme s'est trouvé affranchi, en partie, de ses plus durs labeurs, que l'agriculture, l'industrie et le commerce ont pu prendre un large développement, que les moyens de communication et les relations commerciales se sont multipliées et étendues, que la marche des armées a été rendue plus rapide.

Aujourd'hui encore la ferrure est un art de première nécessité ; il est facile de prouver par des faits contemporains son importance dans la vie des peuples, en temps de paix comme en temps de guerre.

Une bonne part du désastre subi par la Grande-Armée, pendant l'hiver de 1812, a eu pour cause le manque absolu de fers à crampons et de clous à glace.

« Napoléon quitta Dorogobouge le 6 novembre. Toute l'armée suivit le 7 et le 8. Le froid, devenu plus sensible, fit ressortir de nouveau l'oubli bien regrettable des vêtements d'hiver, et un autre oubli *plus fâcheux encore, celui des clous à glace pour les chevaux*..... A chaque montée rendue glissante par la glace, nos chevaux d'artillerie, même en doublant et en triplant les attelages, ne parvenaient pas à tirer les pièces du plus faible calibre. On les battait, on les mettait en sang, ils tombaient les genoux déchirés, et ne pouvaient surmonter l'obstacle, privés qu'ils étaient de forces et de moyens de tenir sur la glace. On avait abandonné des caissons, au point de n'avoir presque plus de munitions, bientôt il fallut abandonner les canons, etc.[1] »

En 1830, à Paris, les ouvriers maréchaux se mirent en grève, pour obtenir une augmentation de salaire ; les conséquences de cette grève ont été décrites ainsi qu'il suit par H. Bouley :

« Au bout de trois à quatre semaines, ce fut un curieux spectacle que celui de la ville... le bruit retentissant des voitures ne s'y faisait plus entendre que par intervalles de plus en plus éloignés. Toutes les industries qui exploitent le cheval comme moteur étaient condamnées presque à l'inaction. Partout le silence et l'immobilité succédaient au bruit et au mouvement par lesquels s'accuse la vie d'une cité industrieuse. »

Enfin, en janvier 1871, la retraite de l'armée de Bourbaki fut changée en un véritable désastre, par suite du manque absolu de fers à crampons et de clous à glace.

---

1. Thiers, *Histoire du Consulat et de l'Empire*.

Ce fait prouve, une fois de plus, combien il est important, pour un chef d'armée, d'assurer les approvisionnements nécessaires à la ferrure de ses chevaux.

II. — APPAREILS PROTECTEURS DU PIED, CHEZ LES GRECS ET LES ROMAINS [1].

Les Grecs et les Romains ne connaissaient pas la ferrure, pendant la période classique qui s'étend d'Hésiode et d'Homère aux Empereurs.

Aussi la dureté de la corne — considérée comme la première et la plus indispensable des qualités du cheval — fut-elle célébrée par Homère, Virgile, Horace et par le prophète Isaïe [2].

Des historiens, Diodore de Sicile, Cinnamus, Appien, citent des faits qui démontrent que l'usure des sabots des chevaux entravait les opérations militaires et arrêtait même la marche des armées.

« Les chevaux de l'armée souffraient beaucoup dans les longues expéditions. Pendant leur marche, à travers l'Asie, la plupart des chevaux d'Alexandre, qui portaient ses cavaliers et traînaient ses chars, usèrent leur corne ou la perdirent et devinrent boiteux [3].

« Il ordonna que les autres troupes resteraient dans l'Attalie et que les chevaux seraient soignés; car une maladie, à laquelle ces animaux sont sujets, avait atteint la plante des pieds et les avait gravement affectés [4].

« Il envoya en Bythinie, par des chemins éloignés de l'ennemi, les chevaux alors inutiles, affaiblis par le manque d'ali-

---

1. D'après les recherches de Bracy-Clark, des archéologues modernes, de M. Mathieu, vétérinaire à Sèvres, et de MM. Mégnin et Sergent, vétérinaires militaires.

2. Le prophète Isaïe parle des armées romaines qui doivent détruire Jérusalem : « Leurs flèches sont aiguisées, leurs arcs sont déjà tendus, la corne des pieds de leurs chevaux est dure comme le diamant. »

3. Diodore de Sicile.

4. Cinnamus.

ments, boitant faute de garniture à leurs sabots et par l'usure de leur corne[1]. »

Les auteurs grecs et latins, militaires, agriculteurs, hippiatres, ne font aucune mention de la ferrure. Végèce Flavius[2] décrit la forge de campagne de l'armée romaine et son outillage; mais il ne cite ni les fers à cheval ni les clous.

On ne retrouve, d'ailleurs, nulle trace de fers à cheval sur les bas-reliefs de Castor et Pollux et de la colonne Trajane, sur la frise du Parthénon, sur les statues équestres trouvées à Pompéi, sur la mosaïque du musée de Naples représentant la défaite de Darius par Alexandre, etc.

Enfin, ce qui prouve encore que la ferrure était inconnue des Grecs et des Romains, c'est que nombre d'auteurs anciens enseignent longuement les procédés à employer pour durcir les sabots des chevaux, les moyens à mettre en pratique pour remédier à l'usure de la corne, ainsi que les inconvénients et blessures résultant de l'emploi de ces moyens.

Xénophon, l'illustre capitaine de cavalerie qui commandait la retraite des Dix-Mille, a écrit :

« Afin que les pieds du cheval soient le plus durs possible, il faut, je le dis par expérience, faire recouvrir de pierres, du poids d'une livre environ, le sol sur lequel le cheval doit se tenir, au moment où on le panse, en dehors de l'écurie. Placé sur ce lit de pierres, le cheval ne cesse de piétiner, pendant qu'on l'étrille ou qu'on le bouchonne, et s'y arrondit les sabots. »

Columelle recommande de recouvrir le sol des écuries d'un plancher de bois de chêne, parce que « cette espèce de bois durcit les pieds des chevaux à « la manière des pierres ».

Malgré la préférence accordée dans le choix des chevaux aux sabots durs, ronds et concaves et les précautions en usage pour augmenter la résistance de la corne, celle-ci ne s'en usait pas moins pendant un travail actif ou longtemps soutenu, comme nous l'indique les expressions : *ungulæ attritæ, detritæ,* sub-

---

1. Appien.
2. Végèce, *De re militari*, écrit au IVe siècle de notre ère.

APPAREILS PROTECTEURS CHEZ LES GRECS.

tritæ, qui reviennent souvent sous la plume des écrivains spéciaux (Apsyrte, Eumèle, Théomneste et Végèce).

Quant aux appareils protecteurs employés pour remédier à l'usure des sabots, il en est fréquemment question dans les auteurs anciens qui, sans les décrire, les citent comme des appareils usuels.

Xénophon recommande de mettre aux chevaux des *embataï*, ou bottes de cuir.

Aristote parle de *carbatinaï* que l'on plaçait sous les pieds des chameaux utilisés à la guerre.

Apsyrte, vétérinaire grec, signale les accidents graves déterminés, parfois, par les courroies fixant les *ippopodes*.

Columelle, Théomneste et Végèce prescrivent l'usage d'appareils confectionnés avec des tiges de genêt tressées, pour remédier à l'usure des pieds, — appareils appelés σπάρτον par les Grecs et *spartea* par les Romains.

Il est possible que des appareils de ce genre aient été très usités ; puisque, de nos jours, les Japonais placent souvent, sous les sabots de leurs chevaux, des espèces de semelles en paille de riz, qui s'attachent autour du pied et du paturon par des lanières. Une de ces semelles suffit, par pied, pour une journée de marche (fig. 70).

Fig. 70. — Semelle japonaise.

Enfin, les Romains faisaient un fréquent usage de *solea*, plaques métalliques, fixées sous les pieds, à l'aide de courroies.

Suétone raconte que l'empereur Vespasien « dans un voyage, ayant soupçonné qu'un palefrenier était descendu sous le prétexte de chausser les mules, mais en réalité pour donner à un solliciteur le temps et le moyen de s'approcher, lui demanda combien avait été payée sa peine et il exigea une partie de son gain. »

D'après Suétone, Néron, en voyage, avait, à sa suite, mille voitures traînées par des mules, dont les pieds étaient garnis d'argent.

Et d'après Pline, les mules de Poppée, femme de Néron, portaient des semelles d'or.

Les découvertes archéologiques nous ont rendu ces *solea*, ainsi que les instruments employés pour le raccourcissement des pieds.

Ces *solea* ont été appelées *hipposandales*, par l'abbé Cochet[1], et *mulo-sandales* et *bo-sandales* par M. Delacroix[2], lorsqu'elles s'adaptent au pied du mulet ou du bœuf.

On les rencontre en France, en Angleterre, en Allemagne, partout où les Romains avaient établi leur domination, mais jamais avant leur arrivée. La plupart des musées de ces contrées en possèdent quelques échantillons, trouvés avec des objets divers, établissant l'époque à laquelle ils remontent et, parfois même avec des fers à cheval celtiques ou celto-romains.

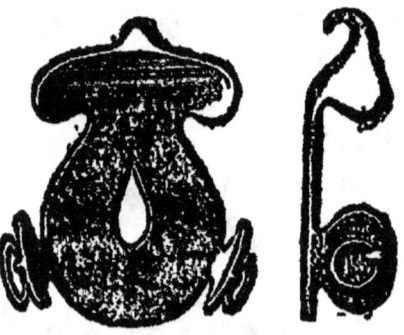

Fig. 71. — Solea, vue de face et de profil.

Fig. 72. — Solea avec oreillettes à crochets.

Les solea se composent d'une plaque ovalaire, pleine ou percée à son centre, pourvue d'une talonnière à sa partie postérieure et d'oreillettes latérales (fig. 71). Pour donner prise aux courroies destinées à maintenir ces *solea*, les oreillettes sont, ou terminées par des crochets (fig. 72) ou munies d'anneaux (fig. 71) et la talonnière se prolonge en arrière par un éperon (fig. 71). Mais l'éperon et la talonnière ne sont pas indispensables ; lorsqu'ils manquent, ils sont remplacés par des rivures encore apparentes sur quelques spécimens (fig. 73) et dont il ne reste plus que les trous sur d'autres.

1. Cochet, *Tombeau de Chilpéric Iᵉʳ*, Paris, 1862.
2. Delacroix, *Mémoires de la soc. d'émul. du Doubs*, 1864.

Certaines *solea*, dont la plaque est plus étroite, sont remarquables par la hauteur de leurs appendices, qui leur donne l'aspect d'une galère antique ; les oreillettes sont simples et la talonnière est repliée en arrière pour former cran d'arrêt (fig. 74).

 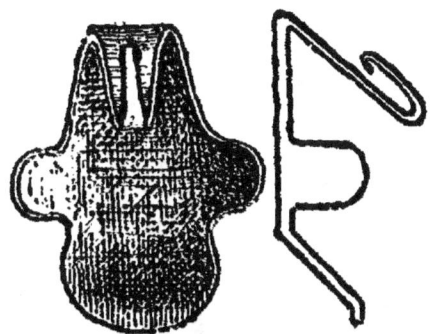

Fig. 73. — Solea avec oreillette à anneau.

Fig. 74. — Solea avec talonnière à éperon.

Enfin il est des *solea* qui portent deux crochets, l'un en avant, l'autre en arrière, et deux oreillettes.

M. Delacroix pense qu'elles étaient destinées à des bœufs (fig. 75 et 76).

Fig. 75. — Solea à 2 crochets et à 2 oreillettes.

Fig. 76. — Solea à 2 oreillettes.

A l'appui de cette manière de voir, on peut citer, avec Quicherat[1], la stèle funéraire que possède le musée de Nancy. C'est un bas-relief mutilé représentant un homme de la campagne, qui tient dans sa main droite un bâton pointu par un

---

1. Quicherat, *Revue des soc. sav. des dép.*, t. VI, 1873.

bout et terminé de l'autre par un pommeau, pareil à l'aiguillon des anciens, dont Rich[1] donne le dessin. Dans sa main gauche, il soutient une courroie au bout de laquelle pend un sabot pour mettre au pied de l'une de ses bêtes (fig. 77.)

Fig. 77. — Stèle funéraire de Nancy.

A coup sûr, en raison de leur mode d'attache, les hipposandales ne pouvaient convenir qu'aux animaux utilisés aux allures lentes, et dont les sabots étaient menacés d'une usure trop rapide.

Toutefois, s'il restait quelques doutes sur l'usage de ces antiques, ils seraient levés par la découverte faite à Granges (canton de Vaud, Suisse), par M. Troyon, qui a rencontré, sous les ruines d'un établissement romain, les quatre pieds d'un cheval munis de semblables appareils [2].

A cette époque, pour raccourcir le pied trop long, on se servait déjà de l'instrument appelé aujourd'hui *boutoir*; Végèce, Apsyrte, etc., en font mention.

Fig. 78. — Boutoirs antiques.

Plusieurs instruments ressemblant au boutoir actuel ont été retrouvés à Gastra-Peregrina[3] (fig. 78), à Pompéi, à Masium[4] (fig. 79), etc.

En résumé, les deux peuples les plus civilisés de l'antiquité, les Grecs et les Romains, ne con-

---

1. Rich, *Dictionnaire des antiquités romaines et grecques*, art. STIMULUS. Paris, 1859.
2. Abbé Cochet, *loco citato*. Fred. Troyon, *Habitations lacustres des temps anciens et modernes*, Lausanne, 1860, in-8.
3. Montfaucon, *Antiquités expliquées*, t. III, 197.
4. Charles Robert, *Revue d'archéologie*, juillet 1876.

naissaient pas la ferrure à clous et les moyens dont ils se servaient, pour protéger contre l'usure les pieds des chevaux, mulets ou bœufs, étaient imparfaits ou insuffisants.

Non protégé, le pied, malgré tous les soins, était réduit en poussière durant les longues marches; s'il était protégé par

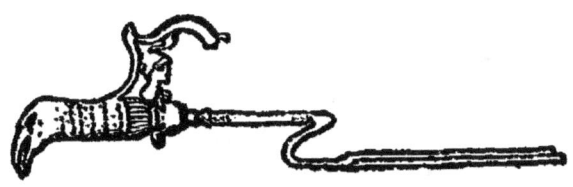

Fig. 79. — Boutoir antique.

des chaussures incommodes et sans solidité, il en résultait des blessures graves, occasionnées par les courroies, et aussi la perte fréquente de ces chaussures dans les fondrières[1].

Par suite de l'imperfection de ses points d'appui, la machine cheval se trouvait donc incapable de fournir régulièrement des courses longues et rapides ou de traîner de lourds fardeaux.

III. — FERRURE CELTIQUE.

Avant l'ère chrétienne, la ferrure à clous était en usage en Gaule, en Bretagne, en Germanie.

Les peuples de ces contrées, que Rome avait stigmatisés du nom de *barbares*, étaient loin de mériter une telle qualification. La Gaule surtout avait une agriculture avancée et prospère, une marine active, un commerce étendu, des arts florissants et des mines en pleine exploitation[2].

Les Gaëls étaient d'excellents cavaliers et se battaient mieux à cheval qu'à pied, rapporte Strabon. Ils faisaient aussi un usage fréquent de chars; ceux qu'ils employaient à la guerre étaient armés de faulx. César nous apprend que Cassivelanus, ayant perdu tout espoir de résister aux Romains, licencia son

---

1. Et abandonner son âme avilie dans une boue épaisse, comme la mule laisse sa chaussure ferrée dans une fondrière profonde. -
(CATULLE.)

2. H. Martin, *Histoire de France*, t. Ier, p. 90.

armée et ne garda avec lui que 4,000 essedaires (chars de guerre).

La passion du cheval était poussée si loin chez les Gaulois, que plusieurs de leurs tribus avaient ce noble animal pour emblème et qu'on retrouve son image sur la plupart de leurs médailles.

Les Gaulois, comme beaucoup de peuples du Nord, croyant retrouver, après la mort, leurs occupations, plaisirs et habitudes favorites, se faisaient ensevelir avec des armes, des objets divers et même avec leurs animaux préférés.

Cette coutume a permis aux archéologues de reconstituer, en partie, les mœurs de ces peuples, de déterminer et recueillir les types variés de leur industrie, parmi lesquels se trouvent des fers à cheval avec leurs clous.

Dans les environs d'Alaise (Doubs), où existent des milliers de tombes, M. Castan[1] a trouvé dans une d'elles deux squelettes, des ferrures de roues et, près d'ossements de cheval, deux morceaux de fers en bronze, coupés en pince par l'usure (fig. 80).

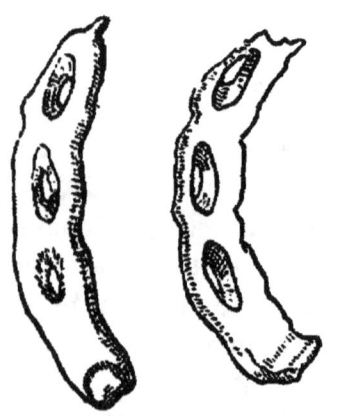
Fig. 80.
Fers trouvés à Alaise.

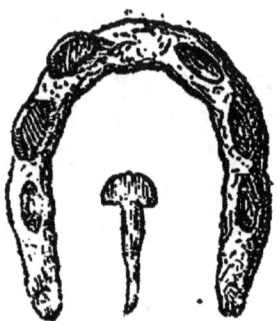
Fig. 81.
Fer et clou gaulois.

Fig. 82.
Fragment de fer et clou gaulois.

Un certain nombre de clous, à forme de *clef de violon*, ont été trouvés sans fers; ils sont semblables à ceux d'un fer rencontré au même endroit (fig. 81).

---

[1]. Castan, *Mémoires de la Société d'émulation du Doubs*, 1858.

Le même archéologue a découvert un *cairn*, qui semble être un atelier celtique complet; au milieu d'ossements d'hommes, de chevaux, de porcs et d'ours, de cendres de charbon, se trouvaient : une lime triangulaire, un fragment de lime plate, un petit ciseau, des scories de fer, deux morceaux de bronze coulés, un gros marteau pesant 2 k. 1/2, une boucle en fer, une *section de fer à cheval* pourvue d'un *clou à tête oblongue* (fig. 82), le tout mélangé à des fragments de grossière poterie celtique.

A Montsaugon, entre Langres et Dijon, où se sont probablement livrés les derniers combats qui ont précédé le siège d'Alésia[1] et donné la Gaule à César[2], on a trouvé, à deux ou trois pieds de profondeur, une assez grande quantité de fers à cheval, petits et rainés, dont un certain nombre portaient encore des clous en forme de T, garnis de leurs rivets; ce qui prouve que ces fers étaient fixés aux pieds de chevaux, dont les corps se sont décomposés dans le sol.

Des fers semblables ont été découverts au pied de monuments celtiques par M. Fouquet[3], en Suisse par M. Troyon[4], et dans le Jura-Bernois par M. Quinquerez[5], etc.

Ce dernier a pu, approximativement, donner un âge à un de ces fers, à bords ondulés, qui a été trouvé dans une tourbière, immédiatement placée sur le sol primitif, à côté des ossements d'un cheval.

« Cette même tourbière, écrit-il, a restitué des monnaies de la première moitié du quinzième siècle, jusqu'en 1480. Elles n'étaient recouvertes que par 0,60 centimètres de tourbe, encore spongieuse, qui n'avait pas mis moins de quatre siècles à se former. Or, au cas particulier, en prenant cette donnée de 0,15 centimètres par siècle, et elle est beaucoup trop faible,

---

1. Alise-Sainte-Reine, Côte-d'Or.
2. 52 ans avant Jésus-Chist.
3. Fouquet, *Bulletin de la Soc. polymatique du Morbihan*, 1865, p. 67.
4. Troyon, *Habitations lacustres*, Lausanne, 1860.
5. Quinquerez, *Les anciens fers de chevaux dans le Jura*, Besançon, 1861.

en raison de la densité que prend la tourbe à mesure qu'elle vieillit, ou qu'on descend dans ses couches inférieures, ce fer devait être là depuis plus de 2400 ans. Cela correspond bien au sixième siècle avant J.-C., c'est-à-dire à l'époque de l'arrivée des Kimris dans les Gaules et des Helvètes en Suisse. »

Tous ces fers ont pour caractère général d'avoir leurs bords ondulés, au niveau des étampures, larges et oblongues, dont

Fig. 83.
Fer gaulois.

ils sont percés[1]; d'être petits, minces (de 3 à 5ᵐᵐ), étroits (de 15 à 17ᵐᵐ), à six étampures, du poids de 90 à 120 grammes, et de porter ordinairement des crampons, formés avec l'extrémité de l'éponge amincie et repliée en dessous.

Les clous à tête aplatie par côtés et arrondie en haut ont une certaine ressemblance avec une *clef de violon*; les lames courtes, carrées et toujours munies de leur pointe, indiquent qu'alors on brochait bas et en rabattant la lame du clou sur le sabot, sans la couper (fig. 83).

Outre ces fers dont la forme est toujours identique, il en existe d'autres d'un aspect plus moderne.

D'après M. Mathieu[2], vétérinaire à Sèvres, ces fers sont aussi minces que les précédents, ajustés, à 6 étampures rectangulaires et percées à gras, couverts en pince, étroits en éponges et, le plus souvent, pourvus de crampons.

Les clous sont cuboïdes, à lame aplatie et à collet volumineux.

Ces fers ont été trouvés, les uns à Alise-Sainte-Reine, dans les fossés de contrevallation et de circonvallation établis par César les autres au Mont-Auxois, en 1850, dans une tranchée faite pour avoir les matériaux d'un remblai ; d'autres encore dans les vallées de la Brenne et de l'Armençon, où l'abbé de Courte Epée et M. Maitre placent le combat, qui précéda l'investissement d'Alésia.

---

1. Ces ondulations ou festons sont produites par l'étampe qui en perçant un fer étroit, repousse nécessairement le métal d chaque côté de l'étampure.
2. Mathieu, *Recueil de méd. vét.*, 15 février 1877.

Lors de la construction de la nouvelle manufacture de Sèvres, M. Mathieu annonça qu'on découvrirait, en creusant les fondations, des fers pareils aux précédents ; parce que les Gaulois, commandés par Camulogène, et défaits par Labiénus, n'avaient pu s'échapper que par la vallée de Sèvres et de Meudon. Sa prévision se réalisa en tous points; les fers furent découverts à 3 mètres de profondeur.

Il résulte, de ce qui précède, que la ferrure à clous était pratiquée bien avant la conquête de la Gaule ; qu'à cette époque, il existait déjà plusieurs espèces de fers à cheval et, conséquemment, plusieurs centres de fabrication. Il est donc permis de croire que, si les Celtes n'en sont pas les inventeurs, c'est par eux, du moins, qu'elle s'est répandue en Occident.

L'art de ferrer les chevaux, qui a probablement pris naissance chez les peuples cavaliers de l'Asie centrale, doit avoir été importé en Europe par les Kimris, — peuple celtique qui vint, entre le septième et sixième siècle, sous la conduite de Hu le Puissant, s'établir dans le nord de la Gaule, en Belgique et en Bretagne.

Il y a lieu de croire, d'après MM. Rossignol[1], A. Thierry[2], H. Martin[3], Pictet[4] et d'Ekstein[5], que, dans tous les pays gaëliques, les druides s'étaient réservé le monopole de l'exploitation des métaux.

A cette époque reculée, la profession de forgeron, anoblie par le sacerdoce, devait donc avoir un caractère mystérieux et sacré et être entouré d'honneurs.

Des pièces celtiques, au type du forgeron, recueillies dans plusieurs localités, semblent démontrer le bien fondé de ces opinions. Une d'elles, qui provient du Pin en Mauge[6], canton de Cholet (fig. 84), présente, sur une de ses faces, un personnage portant d'une main la crosse des augures et tenant de l'autre un gros marteau, emblème de ses fonctions; devant lui,

---

1. Rossignol, *Origines religieuses de la métallurgie.*
2. Aug. Tierry, *Dix ans d'études historiques.*
3. H. Martin, *loco citato.*
4. Pictet, *Origines indo-européennes.*
5. D'Ekstein, *De la poésie des Gaëls islandais et écossais.* p. 252.
6. Godard, *Monnaie celtique au type du pontife forgeron.*

se trouve un signe, en forme d'X fermé, qui semble représenter une enclume.

Il est donc permis de croire que la fabrication des fers et des clous à cheval a dû, tout d'abord, être faite par les druides.

Quant à l'application du fer sous le pied, c'était une opération facile à cette époque reculée, où les routes n'étaient ni empierrées, ni pavées, où les chevaux étaient de petite taille et probablement ferrés seulement du devant, où les fers usaient peu et n'avaient pas besoin d'être fixés très solidement.

Il s'agissait tout simplement d'attacher au pied un fer très léger, très étroit, plat, sans ajusture ni pinçon, sous un pied fort, peu ou pas paré, avec des clous à lame courte et forte, rivés très bas.

Fig. 84. — Monnaie celtique au type du forgeron.

Il est donc plus que probable que le guerrier gaulois ferrait lui-même son cheval, coutume qui, d'ailleurs, était encore en honneur parmi les chevaliers du moyen âge, alors que les fers étaient plus grands, plus lourds et, conséquemment, bien plus difficiles à fixer solidement sous les pieds.

IV. FERRURE GALLO-ROMAINE.

Si les fers à cheval celtiques sont rares, il n'en est plus de même des fers de la période gallo-romaine. On les trouve en grande quantité dans les ruines des établissements remontant à cette époque, pêle-mêle avec des armes, des monnaies, des hipposandales, etc.

Ces fers, dont des spécimens nombreux existent dans les musées de France, de Belgique, d'Allemagne, d'Angleterre, sont semblables aux fers ondulés gaulois. Quoique plus grands et plus lourds (180 à 250 grammes) et évidemment destinés à des chevaux plus forts et de taille plus élevée ; ce qui prouve que l'espèce chevaline avait été déjà perfectionnée et rendue plus propre à la guerre.

La tête des clous gallo-romains est moins saillante, les lames toujours carrées sont, ou bouclées à la pointe, ou repliées sur la paroi, sans jamais être diminuées de longueur par un instrument tranchant.

Fig. 85. — Char de l'époque gallo-romaine, bas-relief du musée d'Avignon.

D'après M. Delacroix[1], qui a vu un grand nombre de ces fers, la forme des festons semble s'effacer assez vite à partir de l'époque contemporaine de la ruine de Besançon antique (quatrième siècle); 5 à 6 pièces, tout en ayant des trous fraisés oblongs, affectent davantage le bord uni de nos jours.

Les fers gallo-romains trouvés en Suisse, en Allemagne et en Belgique présentent généralement une rainure assez accusée, dans laquelle sont percées 6 ou 8 étampures ; leurs bords sont néanmoins festonnés comme ceux des fers non rainés. Leur pince est souvent large, avec une ajusture plus ou moins prononcée ; quelques types ont les éponges étroites et nourries, mais, le plus souvent, ces dernières sont repliées en dessous de manière à former crampon ; parfois même un crampon existe aussi en la région antérieure du fer.

1. Delacroix, *loco citato*.

M. le colonel Hennebert a vu retirer des ruines de Pompéi un fer, qui est actuellement au musée de cette ville. Or Pompéi a été ensevelie en l'an 79 de notre ère.

On trouve des chevaux ferrés sur des sculptures remontant à l'époque gallo-romaine.

Au musée d'Avignon existe un bas-relief qui date au plus tard du deuxième siècle, représentant un char traîné par deux chevaux et portant trois personnages : un cocher le fouet à la main, un personnage habillé à la gauloise et un licteur armé de sa hache (fig. 85).

On distingue très bien les fers, sur les pieds de devant du premier cheval ; sur le pied gauche même, on voit quatre rivets, très apparents.

Au musée du Louvre se trouve un bas-relief qui provient de la villa Borghèse et représente Hector, traîné derrière le char d'Achille ; son style rappelle la sculpture romaine au temps des premiers empereurs. Le premier cheval de l'attelage est ferré des quatre pieds et les clous sont repliés sur les sabots.

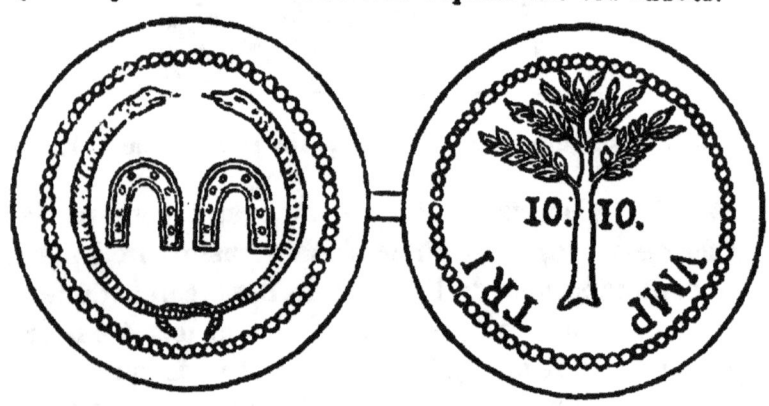

Fig. 86. — Fers à cheval d'après une médaille romaine.

Enfin, M. Cohen[1] donne le dessin d'une médaille en bronze, qui, d'après lui, a été frappée au temps de Domitien et probablement à l'occasion d'une victoire remportée sur la cavalerie. D'un côté (fig. 86) sont deux fers à cheval au milieu d'un *torques*, et de l'autre un rameau d'olivier avec la légende IO. IO. TRIVMP.

---

1. Cohen, *Description des monnaies frappées sous l'empire romain.*

Il est certain que sous la domination romaine, comme pendant la période celtique, tous les chevaux n'étaient pas ferrés et il est permis de croire que beaucoup étaient seulement ferrés du devant, ainsi qu'on le voit encore en Algérie.

La ferrure était probablement réservée aux chevaux des grands personnages, à la cavalerie en campagne, et aux chevaux des pays à sol dur et rocailleux ; en un mot, dans toutes les circonstances où on voulait obtenir un service sérieux et durable.

A cette époque, la ferrure, dédaignée des Romains qui appréciaient peu le cheval, était pratiquée par des Gaulois esclaves ou affranchis.

V. — FERRURE DU MOYEN-AGE.

Parmi les peuples barbares qui envahirent l'empire romain, certains d'origine germanique — tels les Suèves et les Burgondes — avaient leurs chevaux ferrés.

Les Francs ne paraissent pas avoir fait usage de la ferrure pour leurs petits chevaux. Dans leurs sépultures si nombreuses, sur le cours inférieur du Rhin, on a trouvé des ossements de cheval, des mors de bride, des armes, etc., et jamais de fers à cheval.

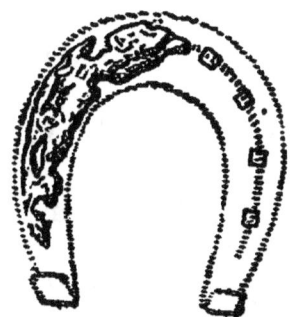
Fig. 87. — Fer mérovingien.

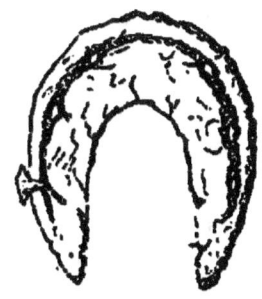
Fig. 88. — Fer du v° siècle.

Ils n'ont probablement employé la ferrure, qu'à la suite de leurs rapports avec les Gallo-Romains. Le plus ancien fer de l'époque mérovingienne, qui ait une date positive, a été découvert par le fils du médecin Chifflet, en 1665, à Tournay, dans le tombeau de Childéric, roi de France, mort en 481[1] (fig. 87).

M. Chevrier a trouvé dans une sépulture de la même époque deux fers à cheval : l'un festonné, à étampures et sans crampons ; l'autre bigorné, à étampures percées dans une rainure, et muni de crampons.

D'après M. Quiquerez[2], ces deux variétés de fers se rencontrent surtout dans les tombeaux du cinquième siècle, dans les ruines des septième et huitième siècles, comme aussi dans les habitations du moyen âge (fig. 88).

Ces fers sont très couverts, à six clous, avec ou sans rainure.

Sur le passage de l'ancienne voie d'*Avendicum*, à Augusta-Rauracorum, dans la vallée de la Byrse, on a recueilli un fer, dont les crampons sont constitués par l'extrémité renflée de chaque branche (fig. 89).

Fig. 89.
Fer de la vallée de la Byrse.

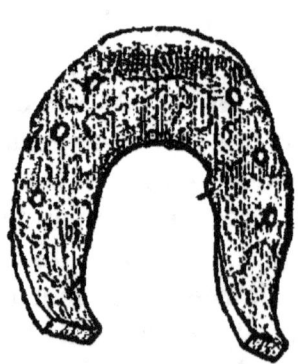

Fig. 90.
Fer du château de Logron.

Les fers authentiquement du moyen âge, antérieurs au quinzième siècle, sont caractérisés par les spécimens provenant du château de Logron et par ceux d'Azuel et du Vorbourg, qui leur ressemblent. L'un d'eux présente la particularité d'avoir un pinçon très primitif, constitué par la pince un peu allongée et recourbée, et ses éponges sont relevées en sens inverse des crampons (fig. 90).

Les fers ondulés existent encore ; mais l'étampure est rec-

---

1. *Monuments de la monarchie française*.
2. Quiquerez, *loco citato*, p. 27.

tangulaire, comme celle de la fig. 91, qui représente un fer découvert à Angers. Ce fer était avec d'autres fers, une hache d'armes, des objets divers, autorisant à supposer qu'il date de l'occupation de cette ville par les Anglais. Des fers pareils ont été recueillis sur le champ de bataille de Crécy.

 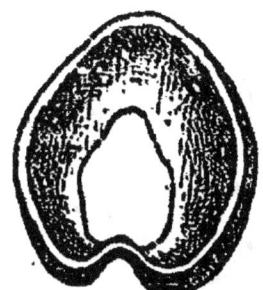

Fig. 91. — Fer ondulé.   Fig. 92. — Fer de 1300.

Lafosse fils[1] donne le dessin de deux fers, cloués à la porte d'une chapelle de Saint-Saturnin comme chefs-d'œuvre ou *ex voto*. L'un (fig. 92), date de 1300, sous Philippe-le-Bel, et l'autre (fig. 93) de 1473, sous Charles VII; dans cette même église se trouvait un morceau du manteau de saint Martin, lequel était fréquemment invoqué pour la guérison des maladies des chevaux, comme saint Roch et saint Antoine pour celle des chiens et des cochons.

Les fers du moyen âge, surtout ceux de l'époque où les armures furent augmentées d'épaisseur pour résister aux projectiles des armes à feu, étaient d'un poids considérable et dépassaient parfois un kilogramme :

Large fer à cheval, à talons moult crochus.

C'est que les chevaux de guerre étaient alors corpulents et de grande taille et qu'on jugeait, avec raison, que la ferrure devait être en rapport avec le poids et la charge du cheval.

Ils étaient ferrés avec des fers larges et pesants, prolongés en pointe et relevés en pince, munis aux talons d'une cheville

---

1. Lafosse, fils, *Cours d'hippiatrique*, 1798.

de fer acérée, haute et forte, qui assurait la solidité dans les charges. Un spécimen de cette espèce de fer est représenté dans une brochure très rare, imprimée en 1485¹ (fig. 94).

La coutume de mettre des chaussures, en or ou en argent, aux mules des impératrices et des empereurs romains s'est continuée pendant l'époque fastueuse de la chevalerie. Parfois

Fig. 93.
Fer de 1473.

Fig. 94. — Fer de 1485.

les fers à cheval étaient dorés, comme ceux dont il est question dans le *Roman de la rose* :

> Pour fère gens parler de soi,
> Fist tous les quatre fers dorer
> Ne vaut mie dire ferrer.

Lors de l'entrée à Paris de James Hayes, qui fut plus tard lord Doncaster, son cortège était ainsi composé :

« Six trompettes et deux maréchaux ouvraient la marche, couverts d'une riche livrée de velours, galonnés d'or. Venait ensuite l'ambassadeur, entouré d'une troupe nombreuse de pages et de valets de pied, revêtus de la même livrée. On dit que son cheval était ferré avec des fers d'argent, peu solidement attachés aux sabots, et que, lorsqu'il arriva au lieu où étaient réunies des personnes de distinction, il se cabra, se livra à de gracieuses courbettes, et rejeta ainsi ses fers, dont s'emparèrent ceux des assistants qui comprirent l'intention de son maître. Alors un maréchal, ou plutôt l'argentier de

---

1. *Recueil de médecine vétérinaire*, 1850.

l'ambassadeur, se détacha de sa suite, prit dans un sac de velours d'autres fers d'argent qui furent fixés de la même manière sous les pieds du cheval, et le même fait se reproduisit jusqu'à l'arrivée au Louvre[1]. »

Quand l'empereur entrait dans la ville de Besançon, le maréchal de l'archevêché ferrait son cheval, avec des fers d'argent, et recevait le cheval comme récompense[2].

En Norwège, à la cour de Oluf Kyrre, tous les seigneurs devaient avoir leurs chevaux ferrés d'or.

Une particularité digne de remarque, ce sont les idées de superstition qui se sont attachées au fer à cheval pendant le moyen âge.

Dans le Devonshire et le pays de Cornouailles, on voyait fréquemment des fers fixés sur les portes des églises, du côté de l'ouest, pour éloigner les sorciers, dont l'amusement, disait-on, était de déchaîner les vents et de les envoyer assaillir ces monuments[3].

« Il en existe encore quatre sur la porte de la cathédrale d'Embrun, qui passent pour avoir appartenu au cheval de Lesdiguières (né en 1543, mort en 1626).

L'église d'Embrun possédait certainement cet *ex voto* avant le règne de Henri IV.

Un fer, désigné sous le nom de fer à cheval de Saint-Georges, fut jadis l'une des reliques le plus renommées de Leipsick.

Il est fait mention de la ferrure dans les chants et récits des bardes, dans les lois, codes et actes de ce temps, dans les ouvrages de tactique militaire, et, enfin, dans des documents historiques nombreux.

Dans les chants populaires bretons, dus à des bardes des cinquième et sixième siècles et recueillis par M. de Villemarqué, se trouve le passage suivant :

« Et toutes les maisons qu'il voyait étaient remplies d'hom-

---

1. *Recueil de médecine vétérinaire*, 1850.
2. *Société d'émulation de Besançon*, 1859.
3. *Recueil de médecine vétérinaire*, 1850.

mes d'armes et de chevaux, et chacun d'eux fourbissait son épée et lavait son armure et *ferrait* son cheval. »

Il est question également de la ferrure dans le chant du barde *Merlin* : « Il a équipé son poulain rouge ; *il l'a ferré d'acier poli* ; il l'a bridé et lui a jeté sur le dos une housse légère, et lui a attaché un anneau au col et un ruban à la queue, et il l'a monté, et il est arrivé à la fête nouvelle. »

Dans l'ouvrage de *Tactique de l'empereur Léon VI* (886-991), il est fait mention « *des fers en forme de croissant* et de leurs clous » comme objets à l'usage de la cavalerie.

Les fers à cheval sont aussi indiqués dans la *Tactique* de Constantin Porphyrogénète.

Dans la loi appelée la *Trêve de Dieu*, qui fut proclamée en 1027 dans les États de Bourgogne, il est dit : « Je n'assaillirai ni le clerc, ni le moine désarmé, ni ceux qui les accompagnent sans arme ; je ne m'emparerai point du bœuf, de la vache, de la chèvre, de l'âne, de l'ânesse, ni de leurs fardeaux ; je respecterai également les oiseaux, le coq, la poule, à moins que je n'en aie besoin pour mes éperviers, et, dans ce cas, je les achèterai 2 deniers ; je n'enlèverai pas la *jument non ferrée*, ni le poulain indompté[1]. »

D'après les documents relatifs à une des plus mémorables époques de l'histoire — l'invasion de l'Angleterre par Guillaume le Conquérant (1066) — la ferrure était alors d'une grande importance dans les armées.

A l'époque gallo-romaine, la ferrure était pratiquée par des Gaulois esclaves ou affranchis ; mais, par suite du rôle considérable que la cavalerie ne tarda pas à jouer dans les combats[2] et de l'utilité de plus en plus grande de la ferrure pour les chevaux de guerre, la position de maréchal grandit rapidement en importance, et ceux qui exercèrent cette profession, ou, plutôt, eurent la direction et la surveillance de la ferrure, y trouvèrent honneur et profit.

Les rois de la dynastie mérovingienne, et surtout Charle-

---

[1]. Quicherat, *Revue des sociétés savantes des départements*, 1873.
[2]. C'est à la cavalerie austrasienne que Charles Martel dut en grande partie sa victoire sur les Sarrasins (Henri Martin).

magne et ses successeurs, imités par leurs grands feudataires, donnèrent tous leurs soins à l'entretien et à l'élevage du cheval ; ils eurent à leur service des maréchaux.

Les maréchaux étaient sous les ordres du comte de l'étable (connétable), comme l'apprend l'histoire de Leudaste, qui fut maréchal, puis comte de l'étable à la cour de Caribert (561)[1]. A la même date il y avait aussi un maréchal à la cour de Chilpérie : « Le nain Régin s'enfuit à la cour de Hiapreck (Chilpéric), qui régnait sur les bords du Rhin, et y remplit les fonctions de maréchal (au sens propre du mot)[2]. »

Le cartulaire de Besançon nous apprend que l'archevêque Hugues Ier, seigneur de cette ville au dixième siècle, avait neuf grands officiers qui possédaient chacun, dans la ville, un hôtel fortifié ; le maréchal ou *marescalus* était du nombre. « A la suite d'un noble de grande maison, il y avait un écuyer de corps — c'était le plus élevé en grade — un écuyer de chambre ou chambellan, un écuyer de table ou tranchant, un écuyer d'écurie ou maréchal[3]. »

Mais il est évident que si la dénomination de maréchal avait été conservée à ce *grand officier*, à cet *écuyer*, il n'en remplissait plus les fonctions, qui devaient être livrées à des manœuvres placés sous sa surveillance.

Les codes et lois de la Grande-Bretagne, avant la domination saxonne, prouvent cependant que le maréchal, au sens propre du mot, occupait une position au-dessus du commun du peuple. Dans ce recueil de lois, il est fait mention de trois arts que le fils d'un vilain ne pouvait apprendre sans la permission de son seigneur. Ces arts sont : la scholastique, la forge et la poésie.

Il y est dit que le forgeron, qui forge les fers et leur assortiment et qui place les premiers sous les pieds des coursiers du roi, se trouve sous la protection du groom de la cour.

Il y est dit encore que le seigneur ne peut plus faire esclave

---

[1]. Aug. Thierry. *Récits des temps mérovingiens*, p. 331.
[2]. Albert Réville, *Épopée des Niebelungen* (*Revue des deux mondes*, 1866.)
[3]. *Dictionnaire encyclopédique*, article ÉCUYER.

l'escholier qui a la tonsure, le forgeron en possession d'une forge et le barde qui a fait une chanson.

Avant la conquête de l'Angleterre par les Normands, la charge de maréchal était exercée à la cour saxonne par un chef nommé Gumebere, propriétaire de Webeck, dans le comté de Nothingham.

Comme tenancier de la couronne, il était tenu de ferrer les palefrois du roi, toutes les fois que celui-ci venait coucher au manoir de Mansfield, et de remplacer ceux qu'il rendait boiteux.

Au temps de Guillaume le Conquérant, le maréchal ou plutôt l'écuyer chargé de la ferrure avait une haute situation et des avantages considérables lui étaient faits. « Ce prince donna à Simon Saint-Liz, un Normand de sa suite, la ville de Northampton et le district de Falkley, à la condition qu'il pourvût à la ferrure de ses chevaux : et Henry de Ferrers, qui faisait aussi partie de sa suite, fut nommé, par lui, surintendant des ferreurs. Les comtes de Ferrers, descendants de ce Henry, portaient dans leurs armes six fers à cheval, indices de la fonction première du chef de leur race. A Oakham, dans le comté de Rutland, où résidait cette famille des Ferrers, un usage singulier et tyrannique a longtemps persisté. Lorsqu'un baron du royaume traversait la ville, on lui confisquait un des fers de son cheval, à moins qu'il n'aimât mieux le racheter par une amende ; le fer ainsi saisi, était cloué aux portes du château avec l'indication du nom de son propriétaire. Par suite de cette coutume, ces portes, avec le temps, se couvrirent d'un très grand nombre de fers, dont quelques-uns étaient d'une grandeur inusitée et d'autres dorés. » (Bracy-Clarck.)

A l'époque de la féodalité, la ferrure devint d'un usage général. C'est que, sans elle, l'utilisation du cheval de guerre d'alors, si lourd et si lourdement chargé, eût été impossible.

Les pieds, non ferrés, des puissants destriers caparaçonnés de fer et montés par des hommes couverts de pesantes armures, eussent été réduits en poussière, après quelques jours de marche.

En réalité donc, comme l'a fait observer H. Bouley, la société féodale n'a dû son existence qu'à la ferrure. C'est grâce à elle que les chevaliers et hommes d'armes ont pu se couvrir de fer, se rendre à peu près invulnérables et maintenir sous le joug, pendant des siècles, les serfs et les vilains. Aussi l'art de ferrer était tenu alors en haute considération, et faisait partie des connaissances que devait posséder tout gentilhomme.

Solleysel écrivait encore en 1664 : « On a vu des rois sçavoir forger un fer, et il est peu de personnes de qualité qui ne sachent brocher des clous pour s'en servir dans la nécessité. »

CHAPITRE II

LES MAITRES DE L'ART

I. Auteurs italiens. — II. Auteurs français. — III. Auteurs anglais.

I. — AUTEURS ITALIENS.

On doit entendre par *maîtres de l'art* les hippiatres, écuyers et vétérinaires qui, par leurs travaux et enseignements, ont exercé une influence sérieuse, bonne ou mauvaise, sur la ferrure de leur époque.

Les peuples d'origine celtique et germanique n'ayant laissé aucun document écrit, nous ne saurions rien de la ferrure de ces temps reculés, sans les recherches archéologiques qui, chaque jour, étendent le champ de nos connaissances sur les arts pratiqués dans l'antiquité.

Il y a lieu d'être surpris du silence gardé, au sujet de la ferrure à clous, par les nombreux auteurs latins et grecs, militaires, agriculteurs et hippiatres. Cependant, quelques-uns d'entre eux, Végèce et Hiéroclès, par exemple, devaient connaître cette ferrure, puisque l'un et l'autre vivaient, au dixième siècle, à la cour de Constantin Porphyrogénète, c'est-à-dire à une époque postérieure à la *Tactique militaire* de Léon VI.

Les quelques citations éparses que l'on rencontre à ce sujet dans différents écrits se bornent à mentionner l'usage de la ferrure, sans indiquer la forme des fers, ni le manuel opératoire.

Il faut arriver jusqu'au seizième siècle pour trouver les premiers éléments de l'enseignement de la maréchalerie.

Ce furent les écuyers italiens, héritiers de la science des hippiatres byzantins chassés de leur pays par la conquête turque (1453), qui, les premiers, cherchèrent à déterminer les règles de la bonne ferrure et s'ingénièrent à décrire les moyens convenables pour remédier aux affections du pied.

Ainsi parurent, en peu de temps, les ouvrages dont les noms suivent :

Hippiatrica sive marescalia, de Laurentius Rusius, Venise 1553 ;

Traité de la manière de bien emboucher, manier et ferrer les chevaux, de César Fiaschi, 1539 ;

Tratato di mascalcia, par Philippo de Loghacozzo, Venize 1553 ;

Gloria del cavallo par Claudio Corte, 1567 ;

Anatomia del cavallo, infirmita et suoi rimedii, par Carlo Ruini, Venise 1599 ;

Perfectione del cavallo, par François Liberati, etc., Rome 1669.

LAURENTIUS RUSIUS.

Laurentius Rusius, le premier en date, dit peu de chose de la ferrure ; il se borne à indiquer que le fer doit avoir un contour semblable à celui du bord plantaire, et des éponges minces pour favoriser le lever des membres et la pousse de la corne en dehors. Cet auteur s'occupe surtout des maladies du pied.

CÉSAR FIASCHI.

Dans la dernière partie de son ouvrage, le savant écuyer étudie la corne et le pied, décrit les fers et les appendices, traite de la parure du pied, de la garniture et de l'ajusture du fer, de la forme des clous ; il termine par l'examen des défectuosités du pied, des irrégularités de la marche et des fers qui leur conviennent.

A propos de la parure, il indique de bien nettoyer le dessous du sabot, sans aller jusqu'au vif, et d'ouvrir les talons de devant, sans pousser trop loin.

Au sujet des fers, il a soin de dire, qu'ils doivent parfaitement suivre le contour du pied, depuis l'avant jusqu'au milieu ; que de cet endroit jusqu'aux talons où les branches s'arrêtent net, ils doivent le déborder pour soutenir la corne ; qu'ils ne doivent être appliqués que si l'adaptation est exacte, pour que le maréchal ne soit pas obligé de frapper à coups redoublés, pour l'obtenir.

Il accorde une préférence marquée aux clous à lames minces ; déclare que huit à neuf sont nécessaires aux fers ordinaires ; mais que six à sept suffisent souvent ; que, si leur nombre est impair, il faut en placer plus en dehors qu'en dedans.

Cet exposé succinct suffit pour établir que Fiaschi avait des connaissances étendues en maréchalerie. Aussi son traité a-t-il servi de modèle aux auteurs venus après lui.

Les figures de fers qui se trouvent à la fin du livre de C. Fiaschi sont toutes en double (pied droit et gauche), nous nous bornerons à un seul exemplaire de chacun d'eux avec la légende explicative.

FERS ANTÉRIEURS.

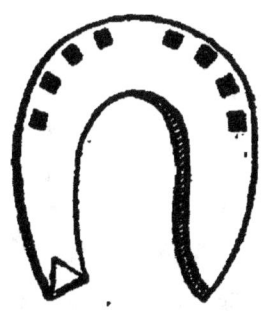 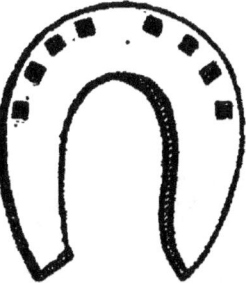 

Fig. 95. — Fer avec crampon à l'aragonaise.   Fig. 96. — Fer ordinaire sans crampon.   Fig. 97. — Fer à lunette.

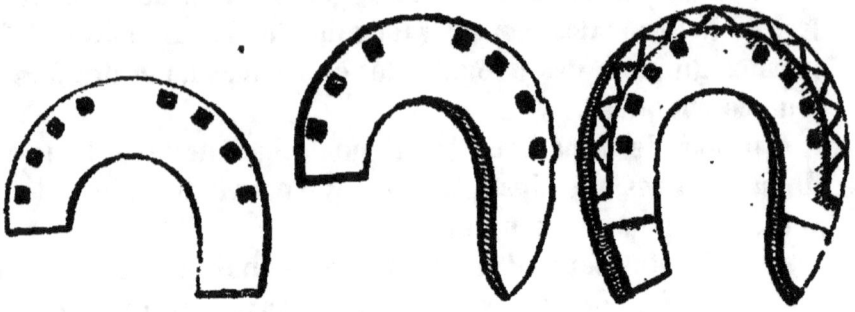

Fig. 98-99. — Fers avec quart en moins.

Fig. 100. — Fer dentelé renforcé en éponges.

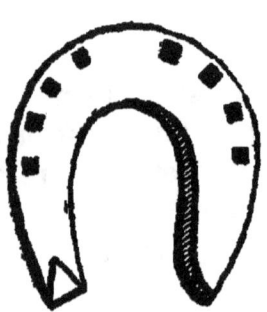 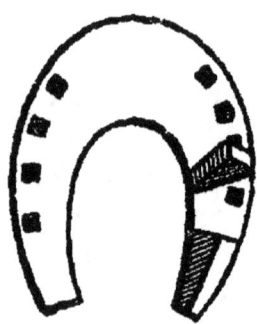 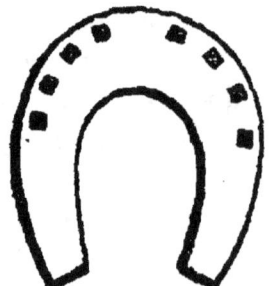

Fig. 101. — Fer couvert et ajusté, avec un crampon en dehors et une branche interne plus épaisse.

Fig. 102. Fer à bosse sur la branche interne, renforcé sur l'extrémité du même côté.

Fig. 103. — Fer couvert en pince et plus mince d'éponges.

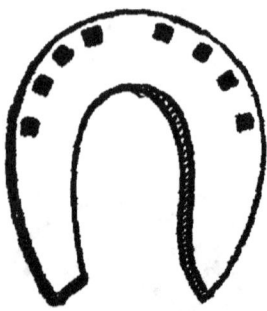 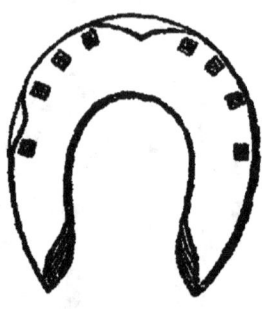 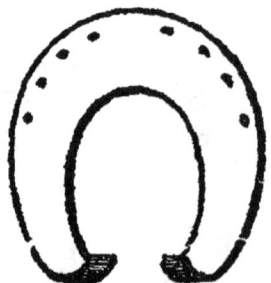

Fig. 104. — Fer plus épais au quartier du dedans (à la turque).

Fig. 105. — Fers avec pinçons en pince, par côté et barbettes.

Fig. 106. — Fer retourné aux éponges.

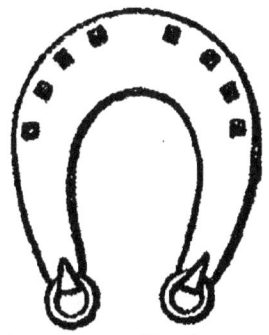
Fig. 107. — Fer à crampons repliés pour maintenir des anneaux.

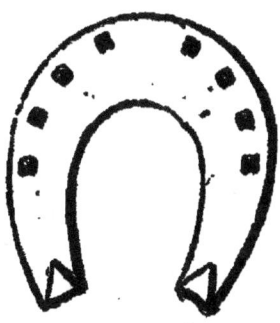
Fig. 108. — Fer avec deux crampons.

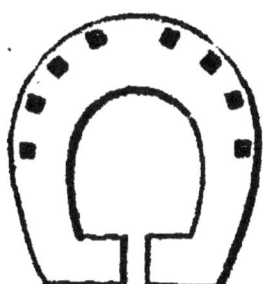
Fig. 109. — Fer bordé avec éponges rapprochées. (Planche.)

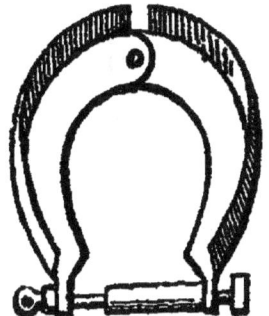
Fig. 110. — Fer sans clous.

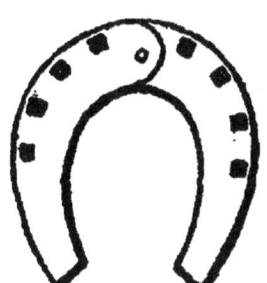
Fig. 111. — Fer à tous pieds.

FERS POSTÉRIEURS

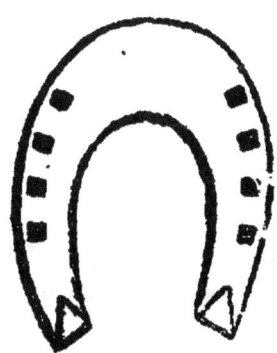
Fig. 112. — Fer de derrière à crampons.

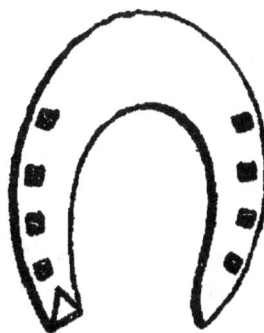
Fig. 113. — Fer de derrière à crampons à la branche externe.

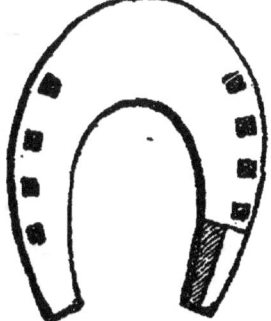
Fig. 114. — Fer plus épais et plus étroit au quartier du dedans.

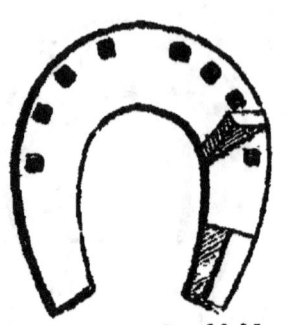
Fig. 115. — Semblable au n° 102.

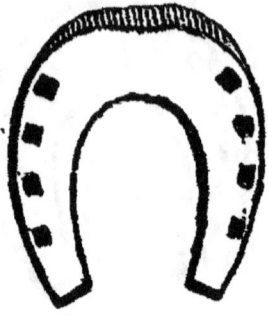
Fig. 116. — Fer sans pinçon, plus épais en cet endroit.

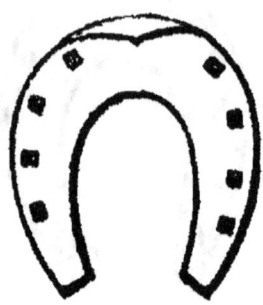
Fig. 117. — Fer à barbette en pince.

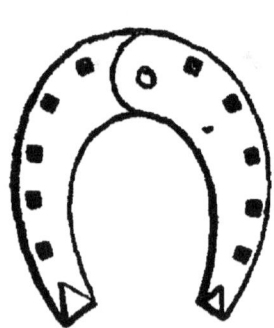
Fig. 118. — Fer à tous pieds.

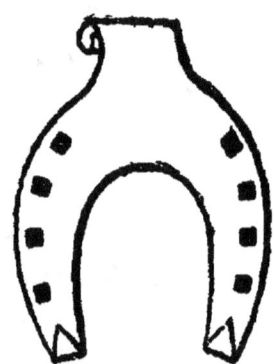
Fig. 119 — Fer prolongé et renversé à la pince.

CARLO RUINI

L'anatomia del cavallo, du sénateur bolonais Carlo Ruini, est une œuvre remarquable à plus d'un titre. Cet auteur s'élève bien au-dessus de tous les écrivains antérieurs à son époque et, après lui, rien n'a été fait de mieux jusqu'à la création des écoles vétérinaires.

Ses enseignements, sur les maladies et défectuosités du pied et leur traitement par la ferrure, constituent un progrès réel sur César Fiaschi.

Déjà, il s'élève contre la pratique meurtrière, encore usitée de nos jours, d'ouvrir les talons et de parer la sole à pellicule; il condamne aussi et avec raison les crampons élevés.

Il recommande l'emploi du fer à lunette ou du fer à éponges minces pour amener les régions postérieures du pied au contact du sol.

Au chapitre de l'encastelure, il préconise des moyens de dilatation du pied, qui ont le plus grand rapport avec les fers désencasteleurs de Jarrier, Defaye, Vatrin, etc.

BRAMBILLA.

L'ouvrage intitulé : *Théories sur les défauts du pied*[1], par M. Brambilla, professeur à l'École vétérinaire de Milan, est divisé en trois parties.

Dans la première partie se trouve la description du pied type et de son élasticité. L'auteur prétend à tort, selon nous, que le pied du cheval sauvage présente un cercle parfait; attendu que la mamelle du dehors est toujours plus saillante que celle du dedans.

En ce qui concerne l'élasticité, M. Brambilla admet, sans en donner la preuve expérimentale, que le sabot, comprimé par le poids du corps, se dilate par en bas, tandis que, par en haut, il s'affaisse en pince et en talon et se serre sur les côtés.

En outre, il n'étudie l'élasticité que sur le pied nu et bien conformé, et passe sous silence l'influence de la ferrure sur cette propriété du sabot.

Dans la seconde partie, les conditions normales de l'appui du pied sur le sol sont bien exposées, ainsi que les modifications produites par les défauts d'aplomb.

On doit signaler comme nouvelles les descriptions des brisures antérieure et postérieure du levier phalangien, et les remarques de M. Pellegrini sur les changements apportés dans le jeu des membres, par un appui rejeté sur la pince ou sur les talons.

En ce qui concerne les moyens proposés par l'auteur pour remédier à tous les défauts de conformation, de proportion et d'aplomb du pied, ils consistent dans l'emploi de fers à plans et à arêtes inclinées concentriquement ou excentriquement, et à plans inférieurs coupés en biseau (fig. 120).

---

1. Milan, 1870.

Ces fers, difficiles à fabriquer et à appliquer, sont sans grande portée pratique.

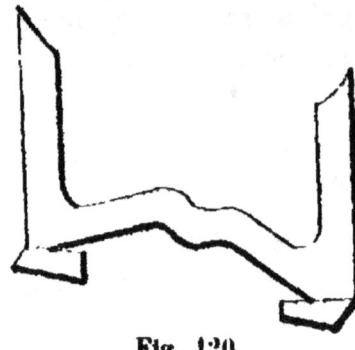

Fig. 120

Dans la troisième partie se trouvent formulés les préceptes sur la ferrure corrective des défauts du pied.

« 1° *Régler les proportions du pied et égaler les hauteurs des régions homonymes de la muraille, sans égard pour l'obliquité qui en peut résulter.* » M. Brambilla recommande ici une pratique funeste qui exagère les défauts d'aplomb au lieu d'y porter remède.

« 2° *La forme du fer, et la direction selon laquelle le fer sera appliqué, doivent être comme si le pied n'avait aucun défaut.* » C'est ce que le professeur de Milan appelle *centraliser le fer*. Toutefois nous ferons remarquer qu'il est souvent impossible dans la pratique d'appliquer ce précepte dans toute sa rigueur.

« 3° *Donner à l'épaisseur du bord excentrique du fer une direction opposée à la direction défectueuse de l'ongle.* » Une pareille disposition est d'une application difficile et l'usure progressive du fer détruit peu à peu les plans inclinés et diminue leur action. Elle est loin de produire les effets utiles de la *garniture française* bien comprise.

« 4° *Incliner excentriquement l'assiette du fer là où la paroi est atrophiée; incliner concentriquement l'assiette du fer là où la paroi est hypertrophiée.* » Il suffit, à notre avis, de rectifier l'aplomb et de donner de la garniture du côté atrophié pour remédier à cette défectuosité.

« 5° *Amincir en biseau, aux dépens de la face inférieure la branche du fer qui correspond à la portion de paroi déprimée.* » Ce cinquième précepte complète la série des plans inclinés proposés par l'auteur.

« 6° *Prolonger le talon du fer du côté correspondant au quartier ou au talon fatigué.* Ce principe est bon, mais si l'on en juge par la figure 148 de son livre, l'auteur en fait une application exagérée qui doit amener les chevaux à se déferrer

En somme, il résulte de cette analyse que M. le professeu

Brambilla a bien classé et décrit les défauts d'aplomb et de conformation du pied, mais qu'à notre point de vue les moyens qu'il préconise pour les combattre laissent à désirer.

II. — AUTEURS FRANÇAIS.

SOLEYSEL.

Le *Parfait Maréchal* de Soleysel, qui parut en 1664, fut traduit dans toutes les langues et réédité un grand nombre de fois ; c'est un ouvrage remarquable pour l'époque.

Dans cette œuvre, si les notions scientifiques font défaut à son auteur, s'il fait trop de polypharmacie et recommande en chirurgie des opérations inutiles et barbares ; par contre, il sait, tout en s'inspirant des auteurs italiens, se montrer de beaucoup supérieur à eux, dans l'enseignement pratique de la ferrure.

Soleysel reconnait deux genres de ferrure : l'une qui a pour but de conserver le pied, s'il est bon, et de le rendre meilleur s'il ne l'est pas ; l'autre qui en déguise la forme et active la ruine.

Son intention est seulement d'enseigner la première qu'il résume en quatre maximes :

1° Pince devant, talons derrière ;
2° Ne pas ouvrir les talons ;
3° Employer des clous déliés de lames ;
4° Faire usage de fers aussi légers que possible pour la taille du cheval.

Il recommande de laisser les talons hauts, surtout ceux de devant, de ne pas amincir la fourchette, ni de creuser la sole, ni de séparer la fourchette des talons. Il appelle cette dernière mutilation le plus grand des abus.

Le fer qu'il conseille est le fer demi-anglais, c'est-à-dire ni trop couvert, ni trop découvert, lequel doit rappeler exactement la forme du sabot, et dont les éponges débordent fort peu et s'arrêtent à l'extrémité des talons ou les dépassent d'une faible quantité. Ce fer ne doit porter que sur le pourtour du pied, qui est de la largeur du doigt.

Au sujet de l'encastelure, il conseille le fer à pantoufle inventé, d'après lui, par de la Broue, écuyer de Henri III.

Si les préceptes de Soleysel avaient été mis en pratique, la ferrure aurait fait, dès ce moment, un pas considérable.

De même que, si ses critiques sur la parure exagérée, la pesanteur et la couverture des fers, les éponges trop longues et les larges crampons avaient été écoutées, les Lafosse père et fils n'auraient pas eu à les renouveler un siècle plus tard.

Nous ne ferons pas une étude détaillée des auteurs français qui ont précédé ou suivi Soleysel ; les premiers ne disent presque rien sur la ferrure et les derniers ne font que copier les écrivains italiens et Soleysel lui-même.

Ces ouvrages classés dans l'ordre de leur apparition sont :

Le maréchal expert, de Beaugrand, 1619 ;
Le grand maréchal français, de Prôme, 1828 ;
La grande maréchalerie, de Lespinay, 1628 ;
Nouveau parfait maréchal, de Beaumont, 1660 ;
Grand maréchal expert et français, anonyme, 1701 ;
La parfaite connaissance des chevaux, de Saunier, 1734 ;
Le parfait maréchal, de Saunier, 1741 ;
L'école de cavalerie, de la Guérinière, 1736 ;
Le nouveau parfait maréchal, de Garsault, 1741.

LAFOSSE [1].

Malgré le grand nombre d'ouvrages parus en peu de temps, sur la maréchalerie, la ferrure était restée massive et grossière.

C'est alors que Lafosse père, maréchal des petites-écuries du roi Louis XV, entreprit de réformer la ferrure de son temps et fit paraître, en 1756, la *Nouvelle manière pratique de ferrer les chevaux de selle et de carrosse.*

---

1. Sous le nom de Lafosse on entend généralement le père et le fils, ce dernier ayant complètement adopté les idées du premier et l'ayant aidé dans tous ses travaux.

Lafosse père est encore l'auteur du *Guide du maréchal* (1766) et Lafosse fils du *Cours d'hippiatrique* (1772) et du *Dictionnaire d'hippiatrique,* où les mêmes principes de ferrer sont exposés.

Dans ce traité, Lafosse père fait une critique extrêmement vive de la ferrure en usage et lui reconnaît trente-trois défauts : fers trop lourds, trop forts d'éponges, à crampons volumineux et inégaux, etc.

Après s'être étendu sur ces défauts, dont il semble exagérer souvent la gravité, Lafosse expose sa propre méthode.

Pour lui, le pied doit poser autant que possible par toutes ses parties ; il est inutile et même nuisible de mettre du fer sous la partie de la corne qui « peut se conserver par elle-même, « comme est celle des talons et de la fourchette ».

D'après lui, on doit, sur le pied du cheval en mouvement, remarquer deux choses essentielles : l'une, que l'effort de la pesanteur ne se fait, ni sur la pince, ni sur les talons, mais entre les deux ; l'autre, que plus la fourchette est éloignée du sol, plus la poussée de l'os coronnaire sur l'os de la noix fatigue le tendon. Il est donc indispensable, tant pour la facilité que pour la sûreté de la démarche de cet animal, que la fourchette porte sur la terre, et le seul moyen de lui procurer cette aisance et cette facilité est de le ferrer selon sa méthode.

Cette méthode consiste à ne pas parer la sole et la fourchette, à faire porter d'aplomb sur le terrain la fourchette et les talons et à employer trois fers particuliers ayant en outre l'avantage, d'après lui, d'empêcher les chevaux de glisser : fer à croissant, fer à demi-cercle ordinaire, fer à demi-cercle enclavé.

Nouvelle manière de ferrer. — « Pour empêcher les chevaux de glisser sur le pavé sec et plombé, il faut mettre un fer en croissant, c'est-à-dire un fer qui n'occupe que le pourtour de la pince, et dont les éponges viennent, en s'amincissant, se terminer au milieu des quartiers ; en sorte que la fourchette et le talon portent d'aplomb sur le terrain, tant du devant que du derrière, mais surtout du devant, parce que le poids du corps du cheval y est plus porté ; et plus le fer est court, moins le cheval glisse, la fourchette faisant, pour lors, le même effet que ferait sur la glace du vieux chapeau que nous aurions sous nos souliers (fig. 121).

« Il ne faut jamais parer la sole, ni la fourchette ; on doit se contenter d'abattre seulement la muraille, si on la juge trop longue.

« Pour que le fer tienne longtemps, il faut se servir du clou que j'ai inventé, dont la tête est en forme de cône.... »

Lafosse ne s'en tient pas au fer *à croissant*; il[1] décrit de nouvelles manières de ferrer pour empêcher les chevaux de glisser[2] :

Ferrure à demi-cercle pour les chevaux de selle. — « Le demi-cercle doit être de deux ou trois lignes de largeur, sur une d'épaisseur; il doit avoir dix étampures également semées et contre-percées; les clous doivent être très petits. Le cheval, ainsi ferré, est plus léger, ses mouvements sont plus liants, plus fermes sur le pavé sec et plombé (fig. 122). »

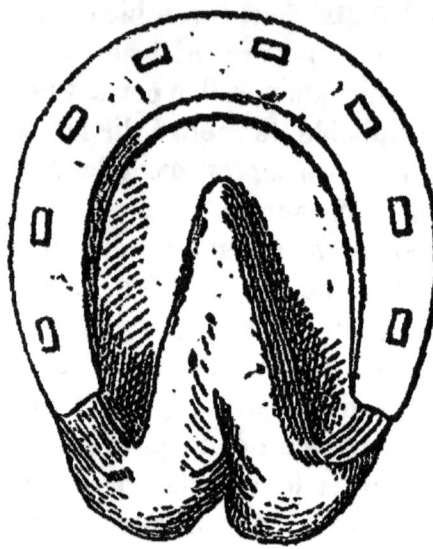

Fig. 121. — Fer de Lafosse.

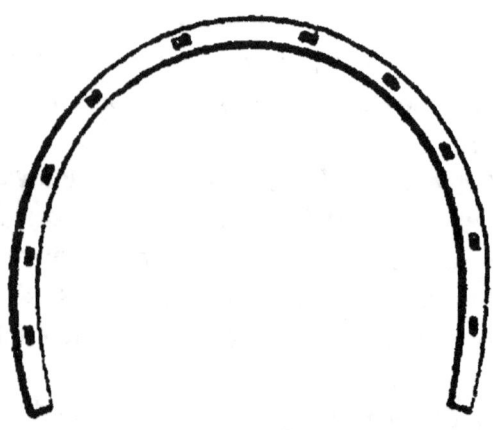

Fig. 122. — Ferrure de Lafosse.

Ferrure à demi-cercle pour les chevaux de carrosse. — « Comme la ferrure précédente ne saurait empêcher le cheval de glisser, dans le premier temps qu'il porte son pied sur le terrain plombé, ou que la pince porte la première, et qu'elle est garnie totalement de fer, on mettra le fer à demi-cercle, mince du côté de l'étampure, plus juste que le pied paré, de manière que toute la muraille déborde de la moitié de

---

1. Lafosse père, *Guide du maréchal*, 1766.
2. Lafosse fils, *Dictionnaire d'hippiatrique*.

son épaisseur dans son pourtour. Après avoir raisonnablement abattu le pied, on cornera avec la cornière du boutoir le dedans de la muraille, dans cette partie qui avoisine la sole de corne, on fera ensuite porter son fer à chaud, puis on l'attachera avec des petits clous, dont la tête sera à moitié enfoncée dans l'étampure; on râpera les bords de la muraille en rond, afin qu'elle ne puisse pas éclater lorsque le cheval marchera (fig. 123).

Lafosse est très supérieur à ses devanciers par ses connaissances anatomiques et physiologiques.

Le principe qu'il pose de faire marcher le cheval sur ses talons et sur sa fourchette, pour conserver au pied l'intégrité de ses formes et de ses fonctions, est rationnel en théorie, mais généralement impossible à appliquer dans la pratique.

Son fer à *croissant* ne présente pas les conditions voulues, pour se substituer au fer ordinaire : d'une part, parce qu'il ne convient pas à la généralité des pieds (plats, combles, à talons bas, à talons fuyants, etc.); d'autre part, parce qu'il ne protège pas suffisamment les talons, dont la corne, surtout lorsqu'elle est ramollie par les pluies, s'use rapidement sur les routes ferrées; alors que la pince, protégée par le fer, pousse sans entrave, rejette le poids du corps en arrière, et fausse les aplombs au détriment de l'appareil suspenseur.

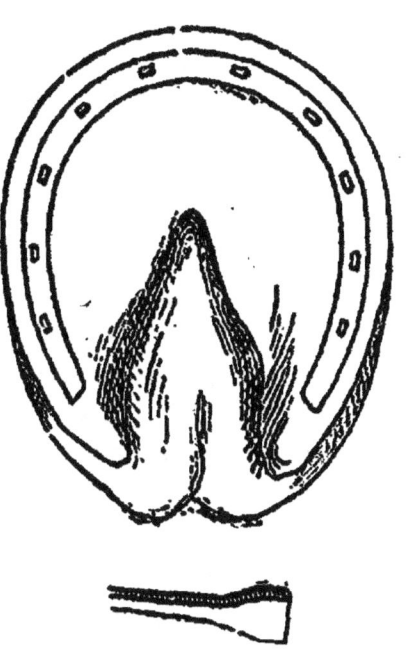

Fig. 123. — Ferrure de Lafosse.

Le fer à *demi-cercle ordinaire* et le fer à *demi-cercle enclavé*, qui permettent à la partie inférieure du pied de concourir à l'appui, l'un à cause de sa minceur, l'autre par son encastrement dans la paroi, n'étaient destinés, d'après l'auteur, qu'à empêcher les glissades et à remplacer les crampons, qui reportent le poids sur la pince et exposent aux atteintes. Le peu de résistance à l'usure de ces deux fers, et les difficultés pratiques qu'entraînait l'application du dernier ont été, sans doute, des obstacles sérieux à leur utilisation en grand.

La réponse que les maréchaux de Paris firent aux critiques de Lafosse, qu'ils taxèrent d'exagération, ainsi que le petit nombre de cas dans lesquels la *ferrure à croissant* peut être utilisée avec succès, furent les raisons principales de l'oubli dans lequel tomba la nouvelle méthode dont l'existence ne dépassa guère celle de son auteur.

On a soutenu à plusieurs reprises que Lafosse avait découvert l'élasticité du pied parce que, à propos des arcs-boutants et de la fourchette, il parle de *leur liant, de leur flexibilité*. Nous croyons, qu'en employant ces termes, il ne lui est jamais venu à la pensée de citer autre chose qu'une propriété physique de la corne.

Cependant, il savait que la fourchette s'abaisse pendant l'appui et va chercher le contact du terrain. Il dit même à ce propos : « c'est une corne molasse et compacte, qui prend sa nourriture de la fourchette charnue, et qui est destinée par sa nature *à se prêter à ses mouvements* et à la garantir des impressions extérieures. »

BOURGELAT.

Bourgelat, l'éminent fondateur des écoles vétérinaires, fit paraître en 1771 un *Essai théorique et pratique sur la ferrure*.

C'est dans cet ouvrage, écrit avec le génie méthodique qui caractérise les autres productions de cet auteur, que l'on rencontre pour la première fois une étude des aplombs et de la sécrétion cornée.

Malheureusement les idées de Bourgelat, à ce sujet, fausses à plus d'un point de vue, l'ont conduit à des conclusions erronées et à des pratiques irrationnelles.

Son ingénieuse description du levier phalangien est le complément nécessaire de son étude sur les aplombs[1].

---

1. Bourgelat, *Explication des proportions géométrales du cheval*, etc., 1770.

Dans cette étude, il examine aussi l'aplomb de la face plantaire et apprend que le maréchal peut faire osciller cette face sur un de ses axes, dans le but de donner tel ou tel biais à la coupe pour rétablir les articulations dévoyées.

A propos de la nature et de la sécrétion de la corne, il expose que cette matière n'est que la continuation des fibres cutanées et qu'on peut y distinguer trois parties : la *première*, ou *partie vive*, tissue de fibres et de vaisseaux, dans laquelle s'effectue l'accroissement ; la *deuxième*, ou *demi-vive*, où finissent les vaisseaux qui ne laissent plus transsuder qu'une lymphe excessivement ténue ; la *troisième*, ou *partie morte*, qui ne reçoit plus de nourriture et que la partie vive, celle où l'accroissement a lieu, chasse vers l'extrémité du pied avec la partie demi-vive; de sorte que l'accroissement peut être retardé ou accéléré selon la résistance présentée, résistance d'autant plus difficile à surmonter que le volume de la corne est plus considérable.

Et comme conséquence de tout cela, il avance que moins on parera, moins l'ongle croîtra et que plus les coupes seront fréquentes, plus la pousse sera prompte. C'est, selon lui, sur ces principes que le ferreur doit baser son raisonnement pour parvenir à se rendre maitre de la forme de tous les pieds défectueux. Aussi recommande-t-il d'abattre les talons bas, d'attaquer vigoureusement la pince des pieds rampins, etc.

Bourgelat a eu le tort de vouloir réglementer les dimensions que doivent avoir les fers ; il a voulu ferrer géométriquement, comme le dit Lafosse.

D'après lui « le fer ordinaire pour les pieds antérieurs doit être tel que sa longueur totale soit quatre fois la longueur de la pince mesurée, de sa rive antérieure, entre les deux premières étampures, à sa rive postérieure ou à la voûte.

« La distance de la rive externe de l'une et l'autre branche, mesure prise entre les deux premières étampures en talon, sera trois fois et demie cette longueur, et la moitié de cette longueur donnera la juste dimension de la couverture des éponges à leur extrémité la plus reculée...

« Un quart de la longueur de la pince fixe l'épaisseur qui doit régner dans toute l'étendue du fer.

« Les éponges auront une fois et demie la longueur de la pince à partir de la dernière étampure, etc., etc. (fig. 124).

Ce savant écuyer, qui conseille avec raison de forger le fer pour l'ongle, et non d'ajuster et de couper l'ongle pour le fer, n'a pas su se rendre compte qu'un véritable ouvrier doit avoir le compas dans l'œil, que rien ne peut remplacer le coup d'œil ; que d'ailleurs, il est impossible d'établir des proportions exactes pouvant servir de guide au praticien.

A propos de l'ajusture, il écrit ce qui suit : « La pince doit se relever en bateau, dès les secondes étampures, de deux fois l'épaisseur du fer, à compter du sol à sa rive supérieure en cet endroit ; il faut donc que, dès ce même lieu, les éponges perdent terre, du côté des talons, de la moitié de son épaisseur ; et, dès lors, la convexité de la partie inférieure

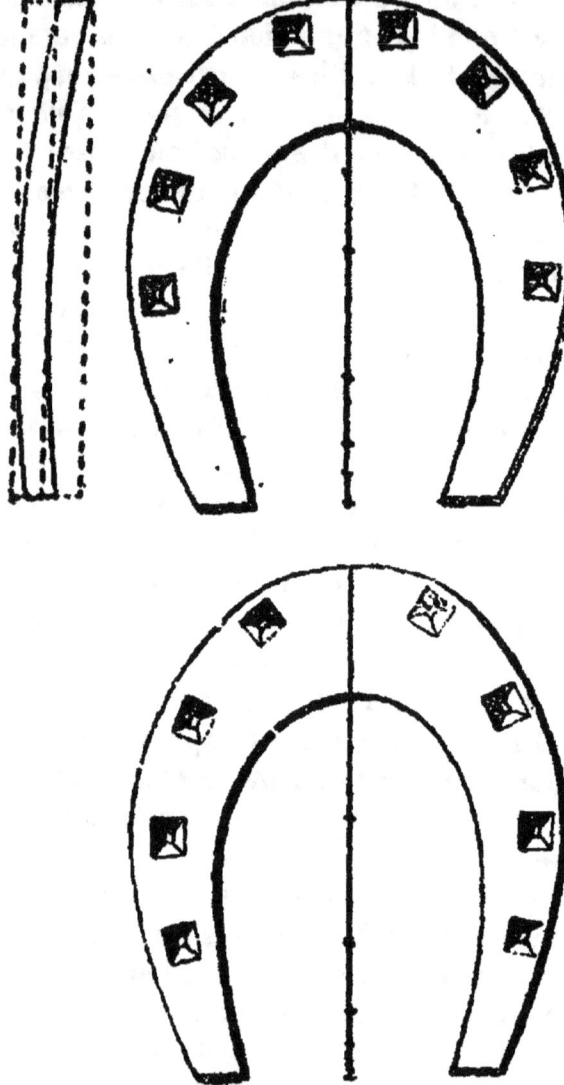

Fig. 124. — Ferrure de Bourgelat.

du fer sera d'une fois et demie son épaisseur. »

Cette ajusture en bateau compromet la solidité de l'appui en station et en marche.

Bourgelat partant de principes souvent justes est arrivé à

des applications pratiques fausses et son influence sur l'art de ferrer n'a pas toujours été heureuse.

Après Bourgelat est venu Chabert, puis Girard [1], Gohier [2] et Jauze [3]. Tous ces auteurs ont plus ou moins copié le maître et généralement respecté même ses erreurs.

REY.

Le professeur Rey [4] a émis l'opinion discutable que le rôle de la fourchette consiste à empêcher les talons de se rapprocher. Il admet à tort que le pied, pendant le poser, tout en se dilatant en arrière et en bas, *se resserre dans sa partie supérieure*, et que, pendant le lever, le mouvement contraire a lieu. Le rôle du coussinet plantaire est passé sous silence.

A propos du fer de devant, il écrit [5] : « L'épaisseur est partout la même, excepté à l'extrémité des éponges où elle est moitié moindre. » Une telle règle, si elle était appliquée, entrainerait la ruine rapide des membres.

Au sujet des inconvénients des crampons, l'auteur expose « qu'ils écrasent les talons en reportant sur eux une partie du poids du corps, attendu qu'ils reçoivent le premier appui du pied. » La vérité est que les crampons reportent l'appui sur la pince quand leur hauteur est modérée, et sur eux quand elle est exagérée ; car alors il y a brisure du levier phalangien.

Au sujet de l'ajusture, Rey dit que « la face inférieure du fer sera relevé en bateau ; en pince dans son tiers antérieur de l'épaisseur du fer seulement... » C'est là une règle difficile à justifier. Ainsi, par exemple, l'épaisseur du fer est généralement calculée sur le plus ou moins d'usure ; dès lors, les

---

1. Girard, *Traité du pied considéré dans les animaux domestiques*, Paris, 1814. — 2° édition, 1828.
2. Gohier, *Tableaux synoptiques des différentes ferrures le plus souvent pratiquées aux pieds des animaux monodactyles ou solipèdes*, Lyon, 1803.
3. Jauze. *Cours théorique et pratique de maréchalerie vétérinaire*, Paris, 1817-1818, avec 110 pl.
4. Rey, *Traité de maréchalerie vétérinaire*, qui a eu deux éditions, dont la première a paru en 1852.
5. Au chapitre IX.

chevaux, qui usent beaucoup, devraient porter des fers beaucoup plus ajustés que ceux qui usent peu. Pourquoi?

Sur la manière de parer le pied, ce professeur blâme avec raison les maréchaux habiles qui parent trop les pieds, et, contradiction singulière, il dit plus loin que « la flexibilité de la corne que l'on presse avec le doigt indique les limites de l'opération ».

Au sujet de la position du fer sous le pied, l'auteur, en n'admettant la garniture que du côté externe, rejette sans s'en douter le poids sur le côté interne, qui se trouve ainsi écrasé.

Rey décrit de nombreux fers successivement recommandés ; parmi ceux dont il se montre partisan, bon nombre sont inutiles et même nuisibles, par exemple : les fers à bords renversés, à tous pieds, à la turque, les fers à bosse, etc.

A propos des ferrures à appliquer aux pieds défectueux, cet auteur a pleinement raison de s'élever, avec énergie, contre la pratique de lever des crampons ou de laisser les éponges épaisses, aux fers destinés aux pieds à talons bas. Mais, par contre, il a grandement tort de recommander, pour le pied à talons hauts, d'employer un fer épais en pince, mince en éponges, de ménager la pince et d'abattre les talons ; pour le pied panard, de prétendre que le cheval est exposé à se couper avec l'éponge interne, et de recommander l'usage du fer à la turque ou du fer à bosse; pour le cheval cagneux, d'affirmer qu'il se coupe avec le quartier, la mamelle ou la pince ; pour le cheval arqué, d'abattre les parties postérieures du pied, de mettre un fer épais en pince, mince d'éponges ; pour le cheval court jointé, de parer les talons, de ménager la pince, de mettre un fer épais en pince et mince d'éponges; pour les chevaux rampins et pinçards, de diminuer les talons et de mettre un fer épais en pince et mince d'éponges ; pour le cheval qui forge, d'abattre les talons des pieds de devant ; pour le cheval qui trousse, de retarder le lever des pieds antérieurs et d'accélérer celui des extrémités postérieures, de baisser les talons devant et de les raccourcir derrière, de mettre un fer à pince mince aux fers antérieurs et épaisse aux postérieurs ; pour les chevaux de manège, d'abattre les talons pour accélérer le lever, augmenter le soutien et diminuer le temps d'appui, etc.

Henri BOULEY.

Henri Bouley[1] a très heureusement rassemblé, coordonné et complété les travaux de ses devanciers. Son œuvre magistrale, très consciencieusement étudiée et remarquable à tous égards, est divisée en deux parties : *Anatomie, Physiologie*.

L'anatomie du pied est très bien traitée, de belles planches ajoutent encore à la clarté des descriptions.

La physiologie du pied y est étudiée longuement. En ce qui concerne la question si importante de l'élasticité du pied, le savant inspecteur des écoles vétérinaires s'est inspiré « des idées principales que Bracy-Clark a formulées sur ce point si important de la physiologie du cheval. » Mais, ajoute-t-il, « nous nous sommes efforcé de les dépouiller de tout ce qu'elles présentaient d'exagéré dans l'exposé qu'en a fait ce célèbre vétérinaire. »

Les passages suivants, extraits de l'ouvrage de H. Bouley, expriment son opinion sur l'élasticité du pied :

« .... Lorsque la phalange s'enfonce, pour ainsi dire, sous le poids qu'elle supporte dans la cavité inférieure du sabot, elle tend à en opérer la dilatation *dans une limite excessivement restreinte*. »

« .... Le jeu d'élasticité du pied, *si imperceptible dans l'état naturel*, est à peu près annulé dans les conditions ordinaires de la ferrure. »

« .... Le sabot, considéré dans son ensemble, n'est pas *complètement immuable* dans sa forme ; il peut, dans une certaine limite très restreinte, il est vrai, mais réelle, se prêter à l'effort des pressions intérieures... »

Ces citations peuvent autoriser à penser que le savant professeur, préoccupé d'éviter les exagérations de Bracy-Clarck, n'a pas reconnu au pied toute l'élasticité dont il est réellement doué.

Quant au mécanisme de l'élasticité, il est certaines opinions exprimées qui nous paraissent contestables, par exemple : la

---

1. H. Bouley, *Traité de l'organisation du pied du cheval* (Paris, 1851).

descente de l'os du pied dans la boîte cornée qui serait arrêtée,... « enfin, par la résistance même de la sole cornée[1] ». Une partie de la somme considérable des pressions serait déversée sur la « face supérieure de la sole » par la descente de l'os du pied[2].

Les cartilages de l'os du pied, entraînés par le mouvement d'abaissement de l'os, « font effort pour pénétrer, à la manière d'un coin, dans l'intérieur de la boîte cornée[3], doivent pour ainsi dire se frayer de vive force un passage à travers l'ouverture du cône tronqué que représente le sabot ».

La fourchette contribue aussi à l'expansion latérale, « parce que la compression de la portion du coussinet plantaire, logé dans la cavité de la fourchette, s'aplatissant sous les pressions, tend à élargir la fourchette, qui exerce sur les barres une pression de dedans en dehors, dont le mouvement d'expansion latérale se communique aux barres et exerce sur elles un nouvel effort dilatateur. »

Enfin, d'après H. Bouley, la fourchette jouerait un autre rôle dans l'élasticité quand, « ce qui est l'exception, elle porte sur le sol ».

Les objections suivantes peuvent être présentées au savant professeur :

La descente de l'os du pied dans la boîte cornée, avant d'être admise, aurait besoin d'être démontrée : d'abord, parce qu'il a été prouvé expérimentalement que ce mouvement de descente n'avait pas lieu, après arrachement de la sole, alors que cependant rien ne s'y opposait plus. En outre, il est inadmissible que l'os puisse descendre suffisamment pour venir presser la sole ; une telle pression aurait, d'ailleurs, pour résultat évident d'écraser un tissu de sensibilité exquise entre deux corps durs : l'os et la corne. Et si une empreinte transversale est creusée par le petit sésamoïde, sur les branches de la sole, sans dommage pour le tissu velouté, c'est que ce tissu est protégé à cette région par le fléchisseur profond et la pointe du coussinet plantaire. Quant aux cartilages de l'os, ils sont tout naturelle-

1. Page 190.
2. Page 190.
3. Page 191.

ment logés dans le sabot, et la petite portion émergente étant la plus mince, la plus élastique, on comprend difficilement qu'elle puisse faire office d'un coin. Enfin la fourchette, qui ne pose pas sur le sol, est bien loin d'avoir une expansion latérale lors de l'appui; elle effectue, au contraire, *un mouvement accusé de descente vers la terre*[1].

Au point de vue des aplombs, Bouley[2] expose que l'aplomb est régulier seulement quand le canon est perpendiculaire et se réunit « à la première phalange, en formant avec elle un angle obtus de 135 à 140 degrés environ, ce qui suppose que le sabot rencontre la terre sous un angle variable entre 45 et 40 degrés.

Il adopte, décrit et commente longuement le levier de Bourgelat, et, au point de vue pratique, en tire les remarquables conclusions suivantes[3] :

« Mais ce n'est pas seulement lorsque les rayons phalangiens ont une longueur exagérée que le levier qu'ils forment par leur ensemble peut avoir de trop grandes dimensions, relativement au bras de levier des sésamoïdes et à la force des tendons qui s'y attachent. Dans un cheval, d'ailleurs harmoniquement conformé, et dont les rayons du pied ont une direction parfaitement régulière, le bras de levier phalangien peut acquérir une longueur anormale par le fait, soit de l'accroissement exagéré de la totalité de l'ongle, soit de la trop grande longueur de la pince, relativement au peu d'élévation des talons, soit enfin des modifications que la forme, l'épaisseur et l'étendue du fer, considéré dans son ensemble ou dans quelques-unes de ses parties, peuvent imprimer à l'assiette du pied sur le sol.

« Un effet analogue est produit, lorsque la partie antérieure du sabot, ayant, du reste, sa longueur normale, on diminue considérablement la hauteur des talons: car le défaut de hauteur de cette région a pour effet de déterminer une inclinaison plus forcée des phalanges sur le boulet, et conséquemment une augmentation de la longueur du levier qu'elles représentent.

« Même effet sera produit si on applique sous le sabot un

---

1. Voir : page 33.
2. Bouley, *Nouveau Dictionnaire*, article FERRURE.
3. Bouley, *Traité du pied*.

fer plus épais en pince qu'en talons, ou prolongé au delà de la limite de la paroi en avant; car le bras du levier phalangien se trouvera augmenté, dans l'un et l'autre cas, par le fait et de la plus grande inclinaison des phalanges sur le boulet, et de l'addition au sabot du prolongement du fer qui augmente matériellement sa longueur.

« Il résulte des considérations dans lesquelles nous venons d'entrer, que l'ouverture de l'angle articulaire du boulet se trouve étroitement dépendante de la longueur, de la direction et de l'assiette du sabot sur le sol, puisque, suivant les dimensions de l'ongle en longueur et les hauteurs relatives de ses parties, le levier phalangien tend à devenir plus ou moins oblique sous le rayon perpendiculaire du métacarpe...

« Dans l'état de nature, le sabot est maintenu dans une longueur régulière et toujours égale, à peu près, par les déperditions constantes que lui font éprouver les frottements de la marche; et, conséquemment, la répartition du poids du corps se fait toujours, dans l'articulation du boulet, suivant les conditions normales de sa structure et les nécessités de sa fonction, car jamais le levier phalangien n'éprouve d'allongement exagéré par la présence d'un excès de corne à l'extrémité du sabot. Mais, dans l'état de domesticité, il n'en est plus de même : l'usure régulière du sabot est presque constamment empêchée par l'interposition d'un fer entre la corne et le sol. Le sabot éprouve, en conséquence, un allongement continuel que ne suffit pas à compenser la diminution lente de l'épaisseur du fer par le frottement ; et, pour peu que quelque temps s'écoule avant qu'un nouveau fer soit appliqué sous le pied et que l'intervention du maréchal ait fait disparaître l'excédent de corne que le sabot a acquis, l'articulation du boulet ne tarde pas à ressentir les effets des actions plus violentes qu'exerce sur elle, à l'aide d'un levier plus puissant, la force qui fait antagonisme aux tendons, c'est-à-dire la réaction du sol. De là cette gêne d'abord de la locomotion, puis cette hésitation de l'appui, puis cette douleur réelle de la région des tendons, manifestée par la claudication : puis, en fin de compte, ces altérations de la structure des cordes tendineuses, ces déviations si complètes des aplombs des régions phalangiennes, ces allures irrégulières, inégales, raccourcies, empêchées, qui deviennent si souvent le triste apanage des chevaux fatigués, ruinés sur leurs membres, par suite de la répartition trop constamment exagérée du poids du corps sur l'appareil tendineux du boulet.

Enfin, au sujet de l'aplomb transversal du pied, Bouley écrit seulement les quelques lignes suivantes : « Si l'assiette du sabot est rendue irrégulière par l'irrégularité des hauteurs de ses parties latérales, il est facile de comprendre que les ligaments d'union des rayons articulaires subiront une traction d'autant plus forte que l'inclinaison des surfaces articulaires, dans un sens ou dans l'autre, fera déverser sur l'un ou l'autre côté une plus grande somme de pression. »

Tout en rendant un juste hommage à l'auteur de ces belles pages, il nous semble utile cependant de présenter quelques observations.

L'étude journalière des faits permet d'affirmer que la direction régulière du levier phalangien n'est pas de 40 à 45°, mais bien de 50° environ.

De plus, l'auteur en écrivant : « *le levier phalangien tend à devenir plus ou moins oblique, sous le rayon perpendiculaire du métacarpe,* » semble dire implicitement que le canon reste perpendiculaire quand le boulet s'abaisse ou s'élève : or, il n'en est pas ainsi : visiblement, par exemple, quand le boulet s'abaisse le canon devient oblique de haut en bas et d'avant en arrière; il suffit de lever un pied de devant pour mettre le cheval *sous lui* du membre opposé.

Enfin, tout en reconnaissant que Bouley a hautement raison de signaler les inconvénients « de la répartition trop constamment exagérée du poids du corps sur l'appareil tendineux du boulet », nous croyons devoir faire des réserves :

Il nous sera facile de démontrer que, de son enthousiasme pour la théorie du levier de Bourgelat, est né un excès de sollicitude pour les tendons, qui lui a fait exagérer les fâcheux effets de la ferrure, recommander de ferrer trop souvent les chevaux et attribuer à l'excès de poids, jeté sur les tendons, l'usure du cheval, les boiteries et les maladies des membres, qui sont le plus souvent le résultat de *l'inégalité des côtés du sabot*.

En ce qui concerne la sécrétion cornée, H. Bouley a brillamment exposé et complété les travaux de ses devanciers Girard fils, Delafond et surtout Renault.

Des citations, empruntées au *Traité de l'organisation du pied*, et relatives à la pousse de la corne, à la puissance de réparation des blessures du pied et des brèches du sabot, ont déjà été faites.

Ces citations vont être suivies et complétées par quelques extraits pris à l'article *Ferrure*, du *Nouveau dictionnaire pratique vétérinaire*.

« Il est tel animal chez lequel le sabot ne pousse qu'avec une désespérante lenteur, au point que d'une ferrure à une autre, c'est à peine s'il s'est formé assez de corne, pour que le maréchal puisse rafraîchir seulement le bord inférieur de l'ongle et changer les clous de place. Il en est d'autres, au contraire, sur lesquels la pousse de la corne est tellement active qu'en *moins de trois semaines*, le sabot a acquis une trop grande longueur pour la régularité de la ferrure [1]. »

H. Bouley explique cette plus ou moins grande activité de la sécrétion cornée « par les différences d'épaisseur, de qualité et de couleur de la corne. Relativement à l'influence de l'exercice et du repos sur la pousse plus ou moins rapide des sabots, il écrit ce qui suit : « A supposer, par exemple, que la pousse des ongles soit également active, dans deux chevaux de même race, de même âge, de même robe et de même poids, si l'un travaille tout un mois, et si l'autre reste pendant tout ce temps dans le repos le plus absolu, il faut, à la fin de cette période, enlever plus de corne au premier qu'au second, pour restituer à leurs sabots leur longueur régulière et rétablir la rectitude des aplombs. Cette plus grande activité de la pousse de l'ongle, dans le cheval qui travaille, est assez considérable pour permettre le renouvellement de la ferrure, JUSQU'A DEUX ET MÊME TROIS FOIS DANS UN MOIS... »

Tout en reconnaissant que la pousse de la corne est plus ou moins rapide suivant les chevaux, il est important d'observer que si les pieds sont sains, la différence est peu accusée, et que

---

[1]. *Nouveau dictionnaire vétérinaire*, page 615.

les pieds qui, suivant l'expression de H. Bouley, « poussent avec une désespérante lenteur » sont resserrés, souffrants, ou rendus douloureux, par un raccourcissement exagéré.

Et la preuve, c'est qu'on peut à volonté ralentir la pousse de la corne des meilleurs pieds en les *parant à fond*.

Quant aux pieds qui « en moins de trois semaines » ont acquis une trop grande longueur, quant aux chevaux qui travaillent et dont l'ongle pousse « de manière à permettre le renouvellement de la ferrure, jusqu'à deux et même trois fois, dans le mois » : il y a là une manifeste et regrettable exagération, contraire à la vérité, nuisible au pied et à la conservation des chevaux et contre laquelle on ne saurait protester trop énergiquement.

Étant donné que les ouvrages scientifiques, sur l'organisation du pied du cheval, ne peuvent avoir d'autre but et d'autre utilité que de faire progresser la chirurgie du pied et l'art de ferrer, il importe d'étudier les résultats obtenus et les progrès réalisés, à ce double point de vue, par H. Bouley.

Il est certain d'abord que cet ouvrage, en complétant les connaissances anatomiques relatives au pied du cheval, a guidé utilement le chirurgien dans la pratique des opérations nécessaires à la guérison des défectuosités et maladies du pied.

Mais, par contre, la vérité oblige à dire que l'auteur, dans son enthousiasme de physiologiste, a exagéré la puissance de réparation du pied et, de ce fait, a mis les grands délabrements à la mode en chirurgie vétérinaire.

N'a-t-il pas dit, par exemple, qu'un cheval auquel on arrachait un lambeau de la paroi pouvait au bout d'un mois « marcher sans souffrance et reprendre son service » ; que huit jours après l'arrachement de la sole, la sole nouvelle a « déjà une épaisseur suffisante pour servir de plastron protecteur » et, qu'après un mois, elle a « presque récupéré son épaisseur normale ».

N'a-t-il pas recommandé la *dessolure* en cas d'encastelure extrême ?

Mais le savant professeur a omis de dire que de telles opérations jettent la fièvre dans le pied et amènent le resserrement du sabot, que la paroi se cercle et que la corne de nouvelle formation est sèche, cassante et infiltrée de sérosité sanguinolente, que le pied reste longtemps sensible et douloureux et le cheval longtemps boiteux.

On a vu et on voit encore aujourd'hui des praticiens — encouragés, il faut l'avouer, par des écrits et des exemples partis de haut — arracher la sole pour traiter le clou de rue, arracher un large lambeau de la paroi pour opérer un javart ou guérir une seime, terminer l'exploration d'un membre boiteux en creusant une profonde tranchée, entre la paroi et la sole, ou en donnant l'ordre de *vider la sole*; se livrer, en un mot, à des opérations souvent plus graves que les maladies et faire, en quelques minutes, des délabrements que la nature met des mois à réparer, trop souvent imparfaitement.

Les vétérinaires militaires ont été les premiers à réagir contre ces funestes pratiques, qui mettent un cheval sur la litière pour plusieurs mois et parfois même occasionnent la réforme ou l'abatage; alors que la maladie aurait souvent pu être guérie par d'autres moyens, en quelques semaines.

Il est vrai que ces abus finiront par disparaitre, et alors, cet ouvrage, que certains amis enthousiastes, dans un langage hyperbolique, ont cru devoir qualifier de *monument impérissable élevé à la science*, ne rendra plus que des services.

En ce qui concerne l'influence du *Traité du pied*, sur les progrès de la maréchalerie, elle sera facile à apprécier. Les conclusions pratiques de cet ouvrage ont été formulées par l'auteur lui-même, dans plusieurs articles du *Nouveau Dictionnaire pratique vétérinaire*, concernant la ferrure du cheval, le traitement des défectuosités et maladies du pied. Nous allons suivre, pas à pas, l'homme de haut savoir dans son exposé des principes et des règles, qui doivent guider le maréchal ferrant dans l'exercice de son art.

Dans les considérations générales sur la ferrure [1], H. Bouley établit en axiome qu'on « ne saurait être véritablement intelligent et habile dans l'art de ferrer, en connaître toutes les ressources et en faire une application raisonnée dans toutes les

---

1. Page 583.

circonstances, si nombreuses et si diversifiées, de la pratique, si l'on ignore l'anatomie du pied et la physiologie de la locomotion...... »

Qu' « il est impossible d'acquérir, dans un art quel qu'il soit, une véritable supériorité, et la ferrure ne fait pas exception à cette règle, si l'on ne connait tout à la fois sa spéculation et sa pratique. »

Que « la connaissance pratique de l'art de ferrer est donc, nous ne disons pas seulement utile, mais encore nécessaire à ceux qui se destinent à la profession de vétérinaire, et il serait essentiel, pensons-nous, qu'avant leur entrée dans les écoles, leur apprentissage fût plus complet et plus achevé qu'il ne l'est aujourd'hui.

Ici nous trouvons H. Bouley trop absolu.

Nous ignorons si le savant professeur pourrait être rangé parmi *le petit nombre de vétérinaires* « qui aient fait à la forge un suffisant apprentissage pour... se montrer capables de tenir dans un atelier la place d'un ouvrier ».

Mais nous savons qu'il existe beaucoup d'excellents ouvriers qui ne connaissent pas *l'anatomie du pied et la physiologie de la locomotion*.

Et, d'autre part, nous avons vu des vétérinaires, incapables de tenir un ferretier, enseigner et diriger la ferrure, ordonner et juger le travail du maréchal d'une manière très satisfaisante.

Est-il donc nécessaire d'être peintre et sculpteur, pour devenir bon connaisseur en peinture ou en sculpture ? Nous ne contestons pas cependant l'utilité, pour les vétérinaires, d'être initiés à la pratique de la ferrure; aussi regrettons-nous profondément que *l'épreuve de la forge* ait été supprimée pour l'entrée dans les écoles vétérinaires.

Le *Manuel de la ferrure et de ses règles*[1] n'ajoute rien aux connaissances acquises et contient certaines prescriptions très contestables.

Dans sa description du fer à derrière employé usuellement,

---

1. *Nouveau dictionnaire vétérinaire pratique*, article FERRURE, pages 620 et suivantes.

l'auteur signale que la branche externe est plus longue et plus épaisse que l'interne ; que le maréchal « place le fer sous le pied... de telle sorte... que sa rive interne longe, sans le dépasser, le contour du bord de la paroi... tandis que, au contraire, la rive du dehors déborde un peu la limite de la muraille depuis l'étampure externe de la pince jusqu'au talon. »

Que la garniture « a pour usage d'élargir la surface de frottement du fer et d'augmenter ainsi les conditions de sa résistance à l'usure. »

Qu'il ne doit pas y en avoir « du côté interne, car si le fer débordait en dedans, le cheval serait exposé à se couper et à s'entretailler. »

En signalant sans commentaires des pratiques vicieuses, l'auteur leur donne une approbation tacite.

La plus grande épaisseur de la branche du dehors, la garniture réservée en dehors du sabot ont pour effet de détruire l'aplomb régulier en jetant le poids sur le dedans du pied. Et c'est méconnaître les effets de la garniture que de lui reconnaître uniquement pour usage de prolonger la durée du fer.

En ce qui concerne la manière de parer le pied, H. Bouley recommande de restituer au sabot sa forme naturelle, celle qu'il « aurait prise de lui-même, si naturellement il avait frotté et s'était usé sur le sol... Donc, il faut que le maréchal ait le soin... de ménager plus de hauteur au quartier et à la mamelle internes qu'à la mamelle et au quartier externes, et d'abattre plus la pince que les talons, car lorsque le pied use naturellement, il se raccourcit bien plus en avant qu'en arrière et plus aussi en dehors qu'en dedans. »

L'auteur formule ensuite comme un aphorisme « que plus les pieds du cheval sont courts, mieux il est dans son aplomb et plus à l'abri des fatigues qui résultent des distensions outrées de l'appareil suspenseur du boulet... »

Il ajoute que cette pratique est seulement suivie dans les ateliers des grandes villes...

Tout en recommandant de parer *autant que possible, sans éveiller toutefois la sensibilité des parties vives*, il reconnaît qu'une « dernière raison s'oppose souvent à ce que les sabots soient parés aussi *à fond* que cela devrait être, c'est que cette manière de faire augmenter les chances immédiates de claudication... Il est clair, en effet, que plus, en raccourcissant la corne, on se rapproche des parties vives, et plus on court le risque d'éveiller leur sensibilité ; que plus courte la paroi a été coupée, plus il y a des chances pour que les clous qu'on doit y brocher compriment et blessent... »

À notre avis, le savant professeur n'aurait pas dû prendre pour type le pied usé à la pâture ; car l'animal qui pâture dans un espace restreint est presque toujours au pas et, dès lors, l'usure attaque surtout la pince et la mamelle externe.

Mais il n'en est plus de même quand le cheval pâture dans de vastes espaces, ou travaille déferré comme en Algérie. Si, au pas, l'usure attaque principalement les parties antérieures du sabot, par contre, au trot et au galop, elle s'exerce surtout sur les régions postérieures.

Il résulte de là que la régularité de l'aplomb du pied est sans cesse rétablie, par l'alternance des allures lentes ou rapides.

D'ailleurs, il semble peu rationnel d'admettre qu'à l'état de nature l'aplomb du sabot est irrégulier et que tous les chevaux sont cagneux du pied.

De plus, il importe de faire observer que, formuler comme règle « de ménager plus de hauteur au quartier et à la mamelle internes », c'est recommander aux maréchaux de mettre un pied de travers à l'extrémité de membres généralement d'aplomb.

Enfin, d'après H. Bouley, plus le pied est paré, mieux il est dans son aplomb. Voici un aphorisme, tout à la fois faux et vrai qui, dans les grandes villes surtout, a causé la ruine de milliers de chevaux.

C'est que l'action de parer les pieds *à fond* n'a pas seulement l'inconvénient de rendre la ferrure plus difficile et les accidents plus fréquents ; mais encore le pied devient douloureux, se resserre et se déforme.

D'autre part, nous ferons remarquer que H. Bouley, partisan d'imiter l'usure naturelle dans la manière de parer le pied, fait, à propos de l'ajusture, des recommandations qui le mettent en désaccord avec lui-même et avec les faits.

Il a écrit ce qui suit : « Le fer destiné à être appliqué sous le sabot » doit présenter « une assiette aussi plane que possible... »

« Le fer anglais répond parfaitement à cette indication : l'assise qu'il représente sous le pied est complètement horizontale... »

Or, il est facile de constater que, sur les chevaux non ferrés, la paroi de pince et de la mamelle externe est largement entamée par l'usure et éloignée du sol de 3 à 4 millimètres et plus. Donc, pour imiter l'usure naturelle, il faut donner au fer une bonne ajusture : *relever la pince*, comme on dit, en terme de métier.

De plus, l'ajusture française n'a pas seulement pour but, ainsi que l'expose le savant professeur, d'empêcher le fer de porter sur la sole — car ce contact est inoffensif et doit même toujours exister sur les bons pieds, laissés forts par le maréchal — mais surtout de faciliter la marche et de donner plus de durée au fer.

En ce qui concerne la tournure du fer, H. Bouley a écrit : « Le fer, destiné à être placé sous un pied de forme régulière, doit avoir une *tournure* telle que sa mamelle interne soit un peu plus accusée que l'externe...

« Si le sabot a une conformation parfaitement régulière, le fer doit être fait d'après lui, c'est sur lui exactement que le maréchal doit le modeler... Mais quand le sabot, chose si commune, n'a plus sa conformation normale, le maréchal doit s'efforcer de l'y ramener, en le façonnant... avec les instruments dont il dispose, autant qu'il le peut sans intéresser les parties vives. Dans ce cas, ce n'est pas le fer qui doit être fait pour le pied, mais bien le pied pour le fer. »

Les règles qui précèdent nous paraissent erronées et même dangereuses dans la pratique. Il est certain, par exemple, qu'un pied de forme régulière est toujours plus évasé à la mamelle du dehors qu'à celle du dedans : donc la mamelle interne doit être *moins accusée* que l'externe. La disposition contraire a pour effet évident de détruire la régularité de l'aplomb et de rendre le cheval cagneux.

D'autre part, que le pied soit régulier ou non, le fer doit toujours être fait pour le pied.

Recommander de ramener le pied à sa conformation normale — de *faire le pied pour le fer* —, c'est exposer l'ouvrier à commettre les fautes les plus graves.

Doit-il donc abattre les talons du pied encastelé à talons hauts, creuser la sole et diminuer la fourchette du pied plat, diminuer le volume du pied trop grand, abattre les talons du cheval pincard, etc.?

H. Bouley explique, ainsi qu'il suit, la fréquence des bleimes sur les pieds larges, à talons bas et évasés : l'os du pied « n'étant plus soutenu par la convexité de la sole et par le bord supérieur du sabot sur lequel devraient s'appuyer ses ailes cartilagineuses, s'abaisse fortement en arrière à chaque temps de l'appui et presse par ses apophyses rétrossales, et sur une grande surface, les tissus qui lui sont sous-jacents ; d'où une cause incontestable de meurtrissure de ces tissus. »

A propos des bleimes essentielles qui se remarquent principalement dans les sabots hauts et serrés, à talons encastelés... l'auteur écrit :

« Ces sortes de pieds demandent à être parés très à fond, au moins tous les quinze jours, et ils doivent êtres ferrés à plat, la concavité de la sole ne nécessitant pas d'ajusture[1]. »

« Pour les bleimes essentielles... ce qui nous paraît le mieux convenir en pareil cas, c'est de parer le pied jusqu'à la rosée, pour diminuer le plus possible la longueur de la zone de corne qui dépasse les limites du vif. »

Aux citations qui précèdent nous ferons les objections suivantes :

Il suffit de jeter les yeux sur les planches 8, 9 et 21 du *Traité du pied du cheval*, par H. Bouley, pour constater que les *apophyses rétrossales* sont à deux centimètres, environ, du lieu ordinaire d'élection des bleimes et que, conséquemment, l'opinion exprimée par le savant professeur est inacceptable.

On sait, en outre, que les talons bas sont généralement faibles et, dès lors, plus faciles à contusionner ; le choc des éponges du fer, sur les pieds à talons faibles ou amincis, est la cause la plus ordinaire des bleimes.

---

1. Article BLEIME du *Nouveau dictionnaire vétérinaire*.

Quant à parer, *jusqu'à la rosée* et tous les quinze jours, les pieds bleimeux, il n'est pas de pratique plus irrationnelle et plus meurtrière : c'est le moyen infaillible de donner des bleimes aux meilleurs pieds. Nous ne pensons pas nécessaire de démontrer un fait aussi évident et aussi connu.

Bouley écrit au sujet des chevaux qui se coupent [1] : « Les chevaux panards et cagneux se coupent... les premiers, par le talon interne du membre en action, et les seconds par la mamelle du même côté.

« Ainsi, il y a certitude que les chevaux panards et cagneux s'atteignent, les premiers, avec la partie postérieure, et les seconds avec la partie antérieure de leurs sabots. »

Il est regrettable de voir H. Bouley se montrer aussi affirmatif, dans une question où il est absolument en contradiction avec les faits. Que le savant professeur, ainsi que les nombreux vétérinaires et maréchaux, pour lesquels il est une autorité indiscutée, étudient la question pratiquement, sur les chevaux qui se coupent, en les faisant trotter, après avoir, au préalable, placé une couche de blanc d'Espagne délayé dans l'eau, en dedans des boulets ; ils constateront infailliblement que le cheval panard se coupe souvent avec le centre du quartier, rarement un peu en arrière de ce centre, très souvent en avant de ce centre et avec la mamelle, *jamais avec l'éponge du fer, et le talon du pied ;* ils constateront, en outre, que le cheval cagneux des articulations ne se coupe pas. On comprend, dès lors, que partant de données fausses, H. Bouley ait cru devoir recommander la ferrure à la turque ordinaire et la ferrure à la turque renversée : deux ferrures absurdes, aussi barbares que leur nom, qui ont causé la ruine de beaucoup de chevaux et sont condamnées à disparaître.

H. Bouley a écrit [2] : « Si le cheval forge en *voûte*, cela doit impliquer une plus grande lenteur, dans les actions du membre antérieur, que lorsque c'est à l'éponge que la percussion se fait sentir.

---

1. *Nouveau dictionnaire pratique vétérinaire*, page 146.
2. Article FORGER du *Nouveau dictionnaire pratique vétérinaire*, page 224.

« Si le pied de derrière atteint le pied de devant en éponge, c'est que déjà celui-ci a quitté la terre et entamé son pas..., il est atteint dans sa partie postérieure, c'est-à-dire alors que sa surface plantaire est redevenue parallèle au sol.

« Mais, il y a une autre manière de forger... c'est celle qui s'effectue de telle sorte que le pied de derrière vient atteindre... soit sur le sommet des arcs-boutants, soit plus haut sur les bulbes cartilagineux ; soit encore sur les parties latérales des phalanges ; soit même, fait plus rare et qu'on n'observe guère qu'à la suite du galop de course, sur la région tendineuse.

« Et comme, en définitive, ce contact ne dépend souvent que d'une cause très minime, un retard, par exemple, dans le jeu des membres antérieurs d'*une, deux ou trois secondes à peine*, un défaut d'espacement de quelques millimètres entre ces membres et ceux de derrière... »

Ainsi donc, forger en voûte est plus grave que de forger en éponges. Quand le cheval forge en éponges, le pied de devant est en l'air et parallèle au sol.

Le vice de forger vient d'un retard de une, deux, trois secondes, à peine, dans le jeu du membre antérieur.

S'atteindre, s'attraper, c'est pour le cheval une autre manière de forger qui s'effectue aussi le pied de devant étant en l'air.

Nous avons le regret de le constater, le savant que chacun admire, planant dans les sphères constellées de la théorie, a commis ici erreur sur erreur.

Tout homme qui a regardé un cheval marcher sait qu'au lever, alors que le membre se fléchit à partir du genou, le pied oscille sur la pince : les talons quittent donc les premiers la terre et s'élèvent de plus en plus, puis la pince perd terre à son tour et le pied se trouve en l'air. A ce moment, le mouvement d'élévation des talons s'accentue encore, au point que la surface d'appui du pied — qui était horizontale lors de l'appui — se rapproche progressivement de la verticale qu'elle atteint et même dépasse aux allures rapides.

Lors du poser, alors que le membre, à partir du genou, se met à l'extension, le pied redescend progressivement vers le sol et les talons oscillent de haut en bas, de manière que la surface d'appui se rapproche de plus en plus de l'horizontale.

Donc, quand le cheval forge en éponges, le membre antérieur est plus en retard que si le choc a lieu en voûte : puisque, dans le premier cas, l'oscillation sur la pince n'est pas commencé ; tandis que, dans le second cas, elle est presque terminée.

Donc, le cheval ne forge pas, en éponges, quand le pied est en l'air et horizontal : puisqu'alors les talons sont en avant et bien au-dessus de la piste, que le pied a laissée sur le sol et sur laquelle vient se placer le pied postérieur. D'ailleurs, le pied en l'air n'est pas horizontal.

Enfin, lorsque le cheval en marche s'arrache un fer de devant, avec le pied de derrière, nul n'ignore que la pince de ce dernier vient appuyer sur l'éponge du fer de devant, alors que le pied de devant est encore à terre.

En ce qui concerne le retard, dans le lever du membre antérieur, qui occasionne l'action de forger, il est de 1/6 de seconde environ.

On doit savoir, en effet, que le pas complet de *pas* et de *trot* — autrement dit l'évolution complète des quatre membres — s'effectue en une seconde environ, pour le pas, et en moins d'une seconde pour le trot.

Il suffit, d'ailleurs, d'écouter un cheval forger, pour constater immédiatement, qu'en une seconde, on entend deux fois le choc retentissant du fer de derrière contre celui de devant.

Enfin, il n'est pas exact de dire que, pour le cheval, s'atteindre est une manière de forger, qui aurait lieu le pied étant en l'air.

En effet, il suffit de regarder un cheval au trot pour constater que l'*atteinte* est matériellement impossible, quand le pied est levé ; car il est alors éloigné du pied de derrière, qui est à l'appui. En une demi-seconde, le pied de devant est à $1^m,20$ et plus de ce dernier.

D'autre part, l'homme qui a vu une *atteinte encornée* et trouvé profondément dans la plaie du sable ou de la terre, doit comprendre qu'une pareille lésion, qui entraîne le décollement de la paroi d'avec le bourrelet, ne peut être produite que par un choc violent de la pince du pied de derrière, s'exerçant de haut en bas sur le pied à l'appui.

De même, celui qui a vu, sur un tendon *feru*, la peau coupée, comme avec un instrument tranchant, ne peut admettre qu'une telle blessure puisse se produire autrement que sur les tendons raidis d'un membre à l'appui.

D'ailleurs, tout homme de cheval sait que les atteintes ne se produisent pas seulement sur les chevaux qui forgent ; elles se remarquent surtout à la suite de mouvements désordonnés produits par les attaques du cavalier, par les défenses, les écarts, les accès de gaieté du cheval.

Nous terminons ici l'analyse des écrits de H. Bouley, sur le pied et la ferrure.

Étant donné que les vérités, comme les erreurs, sont d'autant plus utiles ou plus nuisibles qu'elles partent de plus haut, nous avons cru qu'il était de notre devoir de dire ce que nous croyons être la vérité, sans parti pris comme sans faiblesse.

En cela, d'ailleurs, le savant professeur nous a donné l'exemple en portant sur Bourgelat un jugement bien sévère, qu'il nous semble opportun de rappeler ici : « *Mais Bourgelat, en matière de ferrure, était surtout un théoricien* », il « *n'était pas assez un homme du métier pour avoir ce sentiment du vrai que donne seule la pratique des choses*[1]. »

III. — AUTEURS ANGLAIS.

En Angleterre, au temps de la chevalerie, la ferrure était aussi lourde et aussi massive que celle du continent. Les branches du fer allaient en s'élargissant, pour couvrir la sole, laissant seulement, en arrière, un espace vide pour loger la fourchette. Les crampons étaient fréquemment employés, tant aux fers de devant qu'à ceux de derrière.

Mais nos voisins comprirent rapidement, paraît-il, qu'une ferrure étroite et légère était préférable, puisque Soleysel dit préférer une ferrure *demi-anglaise* à la ferrure large de son temps.

Nous passerons sous silence les ouvrages de Thomas Blun-

---

[1]. Page 646.

dewil, de Michael Baret, de Markham, de Snape, de Jérémiah Brides, qui diffèrent peu de ceux parus en Italie et en France, pour nous occuper immédiatement de W. Osmer, de Clark et des auteurs de ce siècle.

W. OSMER.

Osmer, contemporain de Lafosse, a fait de larges emprunts au célèbre hippiatre français.

Comme ce dernier, il est d'avis de ne pas ouvrir les talons et de ménager la sole et la fourchette.

M. Lagriffoul, vétérinaire en premier, qui a bien voulu nous traduire, en grande partie, le remarquable ouvrage, *Fers et ferrure*, de M. Fleming, vétérinaire militaire anglais, a pris dans cet ouvrage les citations suivantes qui permettent de juger le savoir pratique d'Osmer.

« ... Après avoir nivelé tout le bord plantaire, le fer sera fait entièrement plat et d'une égale épaisseur à tout son bord externe, ouvert et plus étroit en éponges pour la généralité des chevaux (ceux dont les fourchettes souffrent, veulent un fer plus couvert en éponges); et pour empêcher ce fer plat de presser sur la sole, la partie extérieure du fer sera la plus épaisse et ira en s'amincissant graduellement vers le bord interne. Avec un tel fer, la fourchette est admise à toucher le sol, nécessité de l'appui que nous avons déjà démontrée ; ajoutons ceci : que les chevaux se tiennent plus solidement sur le terrain, ayant les mêmes points de support qu'en l'état de nature.

« ... Que le fer soit plus large à l'extrémité des talons que le pied lui-même, autrement, dans un temps très court, la corne en croissant déborderait le fer qui se porterait en dedans des talons du cheval, ce qui ferait éclater la corne et produirait une bleime. Dans toute espèce de pieds *on rendra la pince aussi courte que possible* (de façon cependant à ne pas aller au vif), car, avec une pince longue, le pied devient mince et faible, les talons bas, et les talons fléchisseurs du membre sont tiraillés ; la pince courte aide aussi à l'élargissement des talons serrés...

Les éponges, sur les pieds forts et à talons étroits, seront elles-mêmes étroites, la forme du fer aidant en quelque mesure à dilater les talons du cheval. ... Nous avons déjà dit que ni la fourchette, ni la sole ne doivent être parées, néanmoins on doit comprendre qu'il est impossible de parer la muraille sans enlever un peu de la sole adjacente. Cette parure de la sole est également nécessaire pour obtenir une surface unie partout où porte le fer, mais pas plus loin. Quand la fourchette se sépare par parcelles, on enlève ces parcelles avec un couteau pour empêcher les cailloux et les graviers de se loger dans les interstices, mais si on laisse au maréchal le soin de cette opération, on peut être sûr qu'il en enlèvera plus en une fois qu'il n'en poussera en beaucoup de semaines... Il admet les crampons, en hiver seulement, quand le sol est glissant. » ... Plus loin, en parlant de son fer : « Ce fer, plat, n'a pas une surface unie comme dans la méthode française, mais il présente une cannelure qui en fait le tour, appelée rainure (*fullered*), d'après la manière anglaise. » Il admet le bénéfice du fer à lunette ou à croissant de Lafosse, dans certains cas, principalement dans l'encastelure :

« Avec un tel fer, les talons du cheval reposent sur le sol, reçoivent une part de pressions et se conservent ouverts ou s'élargissent ; au moyen de cette expansion des talons, la compression exercée sur les parties internes des sabots contractés, cesse, et tel cheval qui était boiteux se guérit progressivement, grâce à cette expansion progressive, à moins qu'il n'ait une affection de l'intérieur du pied. Avec cette ferrure, quand les talons sont bas et faibles, ils s'améliorent par degrés et deviennent plus hauts ; pourtant un maréchal anglais ne comprendra jamais que des talons, bas et faibles, puissent devenir plus forts en restant en contact avec des objets durs. On doit s'attendre à ce que des chevaux à pieds faibles et malades, qui ont été accoutumés à porter des fers longs et larges, souffrent d'abord en portant des fers à la fois courts et étroits. Mais, beaucoup qui sont boiteux avec des affections variées de leurs pieds, guériraient par des fers Lafosse, si la fourchette, la sole et les barres n'étaient pas parées, mais quand ces choses que le Divin artiste a destinées à servir de défense naturelle aux parties internes sont parées, de par la haute sagesse de nos artistes d'ici-bas, alors, sans aucun doute, les fers Lafosse ne réussissent pas, parce que le cheval a besoin d'une défense artificielle pour remplacer celle qu'on lui a si malencontreusement enlevée. »

JAMES CLARK.

James Clark [1] a aussi protesté contre la manière destructive et cruelle de parer les pieds des chevaux et d'appliquer des ferrures vicieuses.

En décrivant l'anatomie du pied, il expose que : « Au milieu de la fourchette est une fente longitudinale ou ouverture par où les talons ont un léger degré de contraction et d'expansion à chaque pas que fait le cheval sur la terre » ;

Pour lui « les maréchaux, en général, sont trop désireux de faire ce qu'on appelle un ouvrage propre, en parant la sole jusqu'à ce qu'elle cède *sous la pression du pouce*... » On doit observer que, lorsque la sole est ainsi parée, sa résistance est surmontée par la forte corne de la muraille qui se contracte (encastelure).

Le fer recommandé par James Clark est celui d'Osmer, bien qu'il dise l'avoir employé plusieurs années avant la publication du traité de ce vétérinaire :

« Le fer doit être plat, si l'élévation de la sole ne s'y oppose pas ; il doit être d'une égale épaisseur à tout son bord externe (environ 1/2 pouce pour un cheval de trait et moins pour un cheval de selle) ; à sa face supérieure du côté du sabot, se trouve une bande étroite ou marge qui n'excède pas la largeur de la muraille sur laquelle elle repose, et qui est percée dans son milieu par les étampures ; à partir de cette marge, le fer s'amincit graduellement vers son bord interne. »

A Osmer et Clark revient donc le mérite de l'invention du fer *à siège*.

Clark a signalé le premier les propriétés élastiques du sabot. C'est donc à tort que cette découverte a été attribuée exclusivement à Bracy-Clark.

1. J. Clarck, *Observations on the Shoeing of Horses*, 1782. Extrait de l'ouvrage de M. Fleming, et traduit par M. Lagriffoul.

COLEMAN.

Coleman [1], directeur du collège vétérinaire de Londres et chirurgien en chef de l'armée anglaise, chercha à propager dans son pays un système de ferrure semblable à celui de Lafosse.

Mais il resta inférieur à son modèle, quoique ses connaissances sur l'anatomie et le mécanisme du pied fussent plus étendues.

Coleman a traité assez longuement l'élasticité du sabot. Pour lui, la muraille s'écarte, lors du poser, par suite de l'action simultanée de la sole, qui descend vers les talons, des barres qui s'ouvrent et de la fourchette qui s'épanouit et entraîne l'expansion des cartilages et par suite celle de la paroi.

Pour lui, l'application de la ferrure consiste en deux règles principales : respecter les barres et la fourchette, amincir la sole qui ne doit jamais être en contact avec le fer.

Il préconise un fer trois fois plus épais en pince qu'en éponge, parce que l'usure est trois plus forte dans la première de ces régions que dans la seconde ; les branches vont en s'amincissant et s'arrêtent, sous le pied, avant les angles formés par la paroi, sièges ordinaires des bleimes (fig. 125).

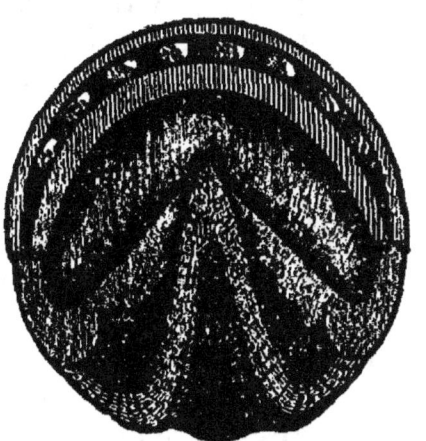

Fig. 125 [2].

La face inférieure du fer est creusée par le martelage, pour imiter la nature dans la conformation du pied vierge et pour lui donner plus de prise sur le sol ; les étampures sont éloi-

---

1. Coleman, *Observations sur la structure normale du sabot du cheval, principe et pratique de ferrure*, Londres, 1798.
2. Fleming, *Fers et ferrures*.

gnées des talons et en plus grande quantité du côté externe pour ne pas gêner l'écartement de ces parties.

Coleman est encore l'inventeur de plusieurs autres fers ; 1° un fer à fourchette artificielle ; 2° un fer avec un prolongement partant de la voûte et s'étendant jusqu'aux éponges, et 3° un fer à éponges épaisses, munies de petits pinçons étirés obliquement sur leur rive interne.

Coleman eut malheureusement quelques adeptes, entre autres White, Delabère-Blaine et Peall.

MOORCROFT.

C'est en 1800 que Moorcroft publia un excellent petit ouvrage intitulé « Examen rapide des différentes méthodes de ferrures mises en usage jusqu'aujourd'hui, avec quelques observations à leur sujet. »

Ayant remarqué que les boiteries proviennent moins souvent du mode d'utilisation du cheval que des circonstances qui se rattachent aux procédés de ferrure, il a exposé les conditions que le fer doit réunir pour résister à l'usure et pour ne pas gêner les fonctions du pied.

Ses essais l'ont amené à reconnaître que le fer doit être assez fort, pour durer un temps raisonnable, assez large pour offrir à la muraille toute la surface d'appui nécessaire; qu'il ne doit pas altérer la forme du sabot, ni presser la sole, ni mettre obstacle aux fonctions naturelles du pied.

Cet auteur accorde la préférence au fer à siège (*the seated shoe*), c'est-à-dire au fer dont la surface supérieure est divisée en deux bandes : l'externe plate, laissant sur chaque éponge une partie élargie pour l'appui de l'arc-boutant, et l'interne inclinée en biseau vers la rive intérieure (fig. 126).

Il reconnaît que ce fer est celui d'Osmer et de J. Clark.

Pour lui le fer à siège ne convient que pour les pieds antérieurs, les pieds postérieurs, dont la sole est plus creuse, pouvant sans inconvénient porter des fers à face supérieure plate.

Pour la préparation du pied, il veut : 1° que la muraille soit abattue exactement au niveau de la sole souple et vivante, et parée parfaitement à plat, afin qu'elle puisse se mettre en contact dans toute son étendue avec la surface plate du fer à siège ;

« 2° Que la sole soit exactement polie par l'enlèvement de la corne sèche et fendillée qui rend sa surface irrégulière, mais

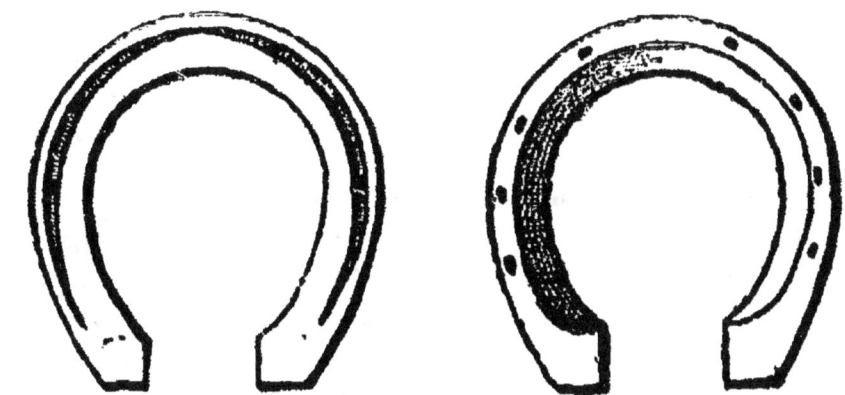

Fig. 126. — Fers de Moorcroft.

qu'aucune partie de sa substance souple et solide ne soit enlevée, car on doit être bien convaincu qu'il est préférable de laisser, sous le pied du cheval, un peu plus de corne en excès, que d'enlever la plus petite partie de celle qui est nécessaire pour l'exécution de ses fonctions ;

« 3° Que les barres soient parées à plat de telle façon que leur surface soit mise sur le même niveau que la sole ; mais il ne faut jamais qu'elles soient amincies à l'excès, soit vers la fourchette, soit au niveau de la sole ;

« 4° Que les lambeaux de la fourchette soient enlevés à sa surface, mais sans intéresser sa substance souple et vivante. »

Moorcroft connaissait l'élasticité, puisqu'il indique d'éloigner les clous des talons de un pouce et demi à deux pouces pour permettre « *l'élargissement naturel, quoique peu considérable que l'on remarque lorsque le pied frappe le sol.* »

Les observations qui précèdent sont excellentes : il y a peu de chose à y ajouter. Le fer à siège a des avantages réels, aussi est-il resté dans la pratique après avoir subi de très légères modifications.

BRACY-CLARK.

Bracy-Clark est l'auteur de plusieurs ouvrages sur le pied du cheval : le premier, qui parut en 1810, est intitulé : *Structure du sabot du cheval*; le second, *Hippodomie*, et le troisième, *Stereoplea*.

Dans son premier traité, il s'étend longuement sur l'élasticité du sabot, sans citer ni James Clark, qui l'avait constatée, ni son professeur Coleman qui l'avait décrite, ni Moorcroft qui l'avait mentionnée; si bien que tous les auteurs français lui ont pendant longtemps attribué cette découverte.

Il est vrai que Bracy-Clark a une manière particulière de comprendre l'élasticité du sabot. Pour lui, lorsque le cheval est en action, toutes les parties de la muraille cèdent comme les faibles branches de l'osier et, en revenant à leur état naturel, l'aident dans sa course; les barres forment une muraille interne qui défend et fortifie la sole et la fourchette et empêche qu'elles ne rencontrent trop durement le terrain; en même temps que par leurs faces inclinées en dehors et en bas, elles rejettent le poids sur les parties externes et concourent à la dilatation; la sole disposée en voûte, interrompue par une séparation qui s'étend jusqu'à son centre, fléchit sous la pression et contribue à l'expansion latérale.

Quant à la fourchette, elle jouit de mouvements assez étendus près de sa base, mouvements qui décroissent à mesure que l'on se rapproche de sa pointe. Loin d'agir à la façon d'un coin pour forcer les talons à s'ouvrir, elle remplit les fonctions de la corde d'un arc turc, c'est-à-dire qu'elle attache les arcs-boutants et restreint leur action. De plus, sa position retirée en dedans des autres parties du pied, indique qu'elle est destinée à ne poser à terre, que dans les terres labourées ou sur le sol d'une prairie et qu'elle n'est pas destinée à une forte pression.

D'après cette exposition, on voit que Bracy-Clark s'est fortement exagéré l'élasticité dont jouit le sabot, et n'en a pas complètement saisi le mécanisme; puisqu'il ne l'attribue qu'à l'action combinée des barres et de la sole — sans rien dire de l'influence capitale du coussinet plantaire et de la fourchette — et qu'il n'accorde aux cartilages d'autres fonctions que de favoriser, par leur souplesse, le jeu imaginaire que l'os exécuterait, d'après lui, dans l'intérieur de la boîte cornée.

Cet auteur affirme, à tort, que les pieds les plus beaux sont de forme cylindrique presque parfaite.

Pour lui, la fourchette d'un pied vierge se trouve, sur un sol dur et uni, élevée de 3/8 de pouce au-dessus du niveau de la paroi. Aussi blâme-t-il Lafosse et Coleman, qui prétendent que, pour éviter les resserrements, la fourchette doit toucher le sol et y être comprimée par le poids du corps.

Pour lui encore la sensibilité des pieds, conséquence de leur déformation, provient seulement de la ferrure et des clous qui gênent le mouvement de latéralité.

Il appuie son opinion sur une expérience très longue, faite sur une jument de pur sang, restée jusqu'à l'âge de cinq ans sans être ferrée.

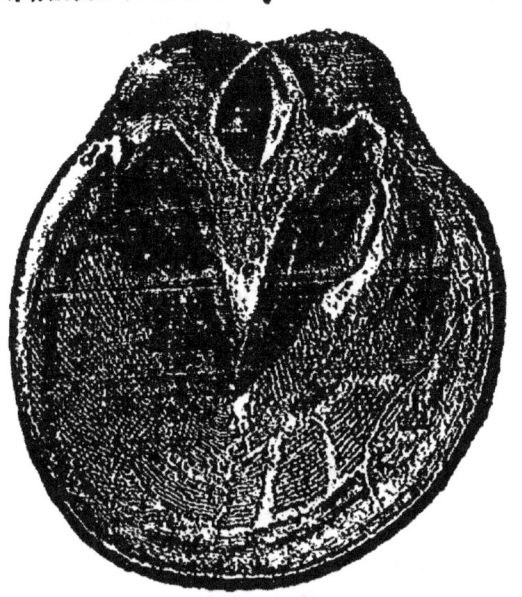

Fig. 127. — Pied d'une jument de 5 ans qui n'avait jamais été ferrée.

Fig. 128. — Le même, ferré depuis un an

Il prit l'empreinte des pieds antérieurs, avant l'application de la première ferrure, et d'année en année pendant six ans.

Lors du premier moulage, le pied était arrondi, les talons bien développés et le côté interne, un peu moins saillant que l'externe, était porté un peu plus en arrière. Le diamètre transversal mesurait 14 centimètres et la distance des arcs-boutants donnait 11 centimètres 1/2 (fig. 127).

A la suite d'une année de ferrure, une dessiccation évidente des parties qui jouissent de la plus grande somme d'élasticité se faisait remarquer : les contours étaient plus raides, les barres plus rapprochées et plus perpendiculaires et les lacunes plus étroites.

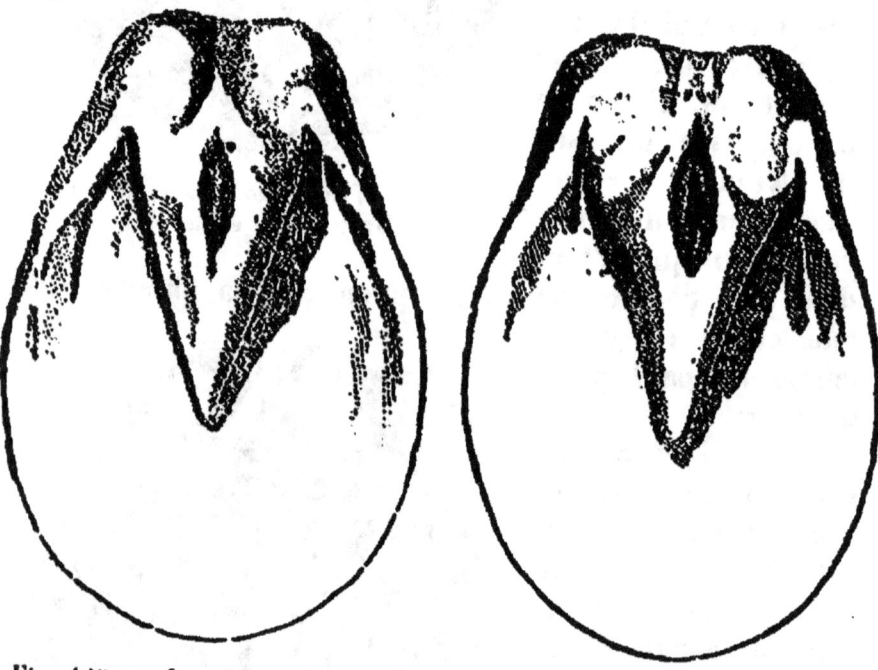

Fig. 129. — Le même, après 2 ans.   Fig. 130. — Le même, après 3 ans.

La longueur n'avait pas changé, mais le diamètre transversal était réduit à 12 centimètres 1/2 et la distance des angles à 8 1/2 (fig. 128).

A la fin de la deuxième année, le pied s'était allongé et les quartiers mesuraient de l'un à l'autre 13 millimètres de moins (fig. 129).

Au bout de la troisième année, le pied tendait à reprendre sa forme première, le propriétaire ayant eu soin de faire déferrer sa bête et de l'envoyer à la prairie (fig. 130).

L'année suivante, le rétrécissement avait reparu, la fourchette était devenue dure et sèche vers sa base (fig. 131).

La cinquième année, la forme ovalaire était bien accusée et la fourchette plus étroite encore laissait écouler une humeur fétide (fig. 131).

La sixième année, le pied avait éprouvé une diminution telle,

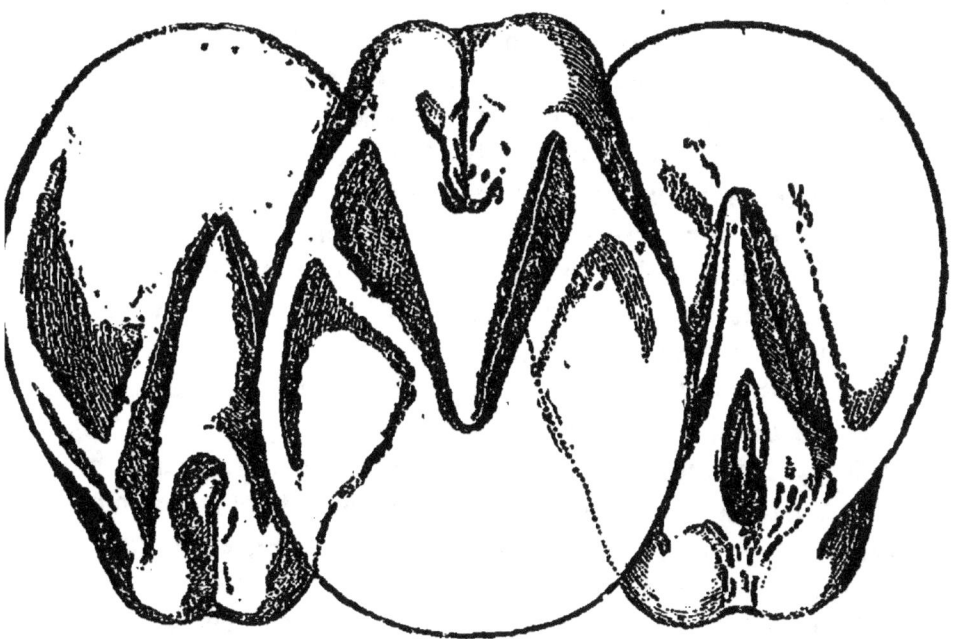

Fig. 131. — Le même, après 4, 5 et 6 ans.

que les tissus internes, sans en excepter l'os, avaient dû en subir une semblable (fig. 131).

Par cette expérience Bracy-Clark semble donner raison à ceux qui prétendent que la ferrure est *un mal nécessaire*. Cependant nous pensons qu'il y a là, comme ailleurs, une exagération évidente de cet auteur dont la tension d'esprit, dirigée du côté de l'élasticité, lui a fait oublier, ou mal comprendre, l'action pernicieuse du couteau et de la mauvaise ferrure.

Aussi, sommes-nous loin d'adopter ses conclusions, lorsqu'il dit que les pieds soumis à la ferrure et privés, par ce fait, de leurs mouvements, doivent fatalement s'atrophier; qu'il vaut mieux laisser le mal faire des progrès lents que de chercher à les guérir, car tout moyen de les ramener à leur état premier est inutile.

Voyons maintenant quel parti ce savant a su tirer de sa théorie. Il indique de parer bien horizontalement la paroi et la limbe de la sole, de nettoyer cette dernière et d'amincir les barres et enfin de laisser la fourchette dans son entier. Puis il recommande le fer à éponges épaisses pour mettre le cheval à son aise en éloignant la fourchette du sol ; mais il lui préfère le fer à une ou deux charnières, pour faciliter les mouvements du sabot.

Dans ce même but, il recommande le paratrite, espèce d'hipposandale de son invention, consistant en une garniture métallique en forme de fer, qui se fixe à la muraille par des languettes ascendantes et une petite chaine ou un ressort d'acier.

Il n'était vraiment pas besoin de dépenser tant de travail et d'érudition pour arriver à un pareil résultat.

L'influence de Coleman et de Bracy-Clark a été des plus pernicieuses pour la maréchalerie, qui, d'un seul coup, a fait un brusque mouvement en arrière.

Loin d'être utiles à la pratique par leur théorie exagérée de la descente de la sole, l'un et l'autre lui ont porté de graves atteintes ; le premier, en encourageant les manœuvres nuisibles de l'ouvrier sur le sabot ; le second, en cherchant à éloigner la fourchette du sol par un fer à éponges épaisses, et en proclamant l'inutilité de chercher à corriger les défectuosités du pied, qu'il considérait comme conséquence toute naturelle de la ferrure.

GOODWIN.

Goodwin[1] critique toutes les ferrures de son temps : ferrure à siège ; ferrure à éponges minces et courtes ; ferrure à charnière et ferrure française.

Cependant cette dernière lui parait de beaucoup préférable aux autres : il approuve surtout l'étampure et la forme relevée

---

1. Goodwin, *Unnouve au système de ferrer les chevaux*, Londres, 1820.

de la pince qui permet au pied de basculer facilement lors du lever. Il lui reproche la convexité de sa face inférieure qui, d'après lui, enlève toute stabilité à l'appui et toute sûreté à la marche.

Cet auteur a le tort de recommander un fer plus défectueux que ceux qu'il critique ; fer dans lequel l'ajusture française est renversée, c'est-à-dire dont la face supérieure est convexe et la face inférieure concave.

« Afin de lui donner cette forme, dit-il, on amincit en biseau la face inférieure du fer du bord externe au bord interne, jusqu'à un demi-pouce de l'extrémité de chaque éponge. Pour façonner un plan incliné de la face supérieure des éponges on donne une plus grande épaisseur au bord interne (fig. 132). »

Fig. 132. — Fer de Goodwin.

Goodwin ne conserve du fer français que la forme relevée de la pince et l'étampure qu'il rendait plus étroite dans le sens de la largeur de ses branches.

D'après la description qui précède, on voit que le fer recommandé par cet auteur n'est qu'une combinaison du fer à pantoufle de la Broue, et du fer à face inférieure concave de Coleman.

Dans ses principes de parure, il adopte presque entièrement la manière de faire de Coleman et de Bracy-Clarck.

« La préparation du pied, avant la ferrure, dit-il, consiste à enlever toute la corne superflue.

« La première partie à diminuer est la pince, qu'on pare avec le couteau ou la râpe, en lui conservant une incurvation indispensable ; puis on râpe les talons jusqu'à ce qu'ils soient de niveau avec la fourchette. Ayant procédé de cette façon à ces deux opérations, on voit de suite ce qu'il faut enlever aux quartiers, suivant une ligne droite depuis les talons jusqu'à la partie incurvée de la pince, ce qui permet au pied de poser sur une surface plane, comme s'il devait être ferré avec un fer à surfaces parallèles. Quant à la sole, les portions superflues, qui ont poussé depuis la dernière ferrure, sont enlevées, ce qui la rend concave et place la muraille sur un niveau inférieur au sien.

« M. Moorcroft nous fait observer que l'action de parer la sole détériore le pied, mais je ne suis point de cet avis, au contraire; quand on laisse à la sole trop d'épaisseur, elle perd ses propriétés élastiques, et la sole sensible souffre proportionnellement à cet accroissement d'épaisseur et à ce besoin d'élasticité. Si la fourchette est trop forte ou déchirée, elle doit être amincie. »

En résumé Goodwin a eu le tort de conseiller un fer peu pratique et de recommander de parer beaucoup la sole; par contre, il a eu grandement raison de condamner les fers à siège, à charnière, à éponges minces, de se montrer grand partisan du fer à planche et, enfin, de préférer la ferrure française à la ferrure anglaise.

FLEMING.

M. Fleming, vétérinaire en chef de l'armée anglaise, a fait l'histoire complète de la maréchalerie ancienne et moderne et exposé sa manière de voir et de faire en maréchalerie. La partie historique et analytique de ce travail, très bien traitée, est l'œuvre d'un savant; la partie pratique est évidemment due à un homme du métier, doublé d'un homme de cheval.

Nous différerons parfois d'avis avec M. Fleming; mais nous reconnaissons que la ferrure qu'il recommande est supérieure à la ferrure anglaise actuelle.

Notre première divergence est relative au jugement à porter sur Youatt.

M. Fleming, dans l'analyse qu'il a faite de la partie de cet ouvrage qui traite de la ferrure, a écrit[1]:

« Les principes de ferrure de M. Youatt sont entièrement basés sur ces propriétés *supposées élastiques* de certaines par-

---

1. Fleming, *Fers et ferrures*, traduction de M. Lagriffoul.

ties du pied : expansion des quartiers, aplatissement de la fourchette latéralement et descente de la sole. Graves erreurs, certes, résultant d'une étude imparfaite ou d'une mauvaise application de l'anatomie et de la physiologie du pied.

« On mutila le sabot de toutes façons pour favoriser cette idée indémontrable. Pendant plus de cinquante ans et même au jour présent, l'élasticité ou la *manie* de l'expansion latérale et de la descente de la sole, a jeté comme une malédiction sur la chair du cheval et a été la bête noire de la maréchalerie. »

Nous croyons avoir démontré expérimentalement que les prétendues erreurs de Youatt sont de grandes vérités : que l'expansion latérale existe, ainsi que le mouvement de descente de la sole et de la fourchette ; mais, malgré l'admiration que nous avons vouée à Youatt, nous reconnaissons qu'il s'est trompé en recommandant de « creuser profondément vers le centre » de la sole, « d'amincir avec soin la corne située entre la muraille et les barres, afin de s'opposer aux bleimes... »

Il s'est trompé en écrivant : « On peut dire en toute confiance, qu'on fait plus de mal en négligeant de parer qu'en parant trop. »

Nous différons encore d'avis avec M. Fleming, relativement à l'ajusture française et à l'emploi du trois-quarts de fer et du demi-fer.

« L'ajusture française (ou incurvation de la pince des fers en bateau...) pour les pieds de derrière, est un non-sens, parce que ces pieds, pendant la progression, prennent sur le sol un meilleur point d'appui, s'ils reposent sur une surface tranchante que sur une surface arrondie.

« Elle est à peine plus raisonnable aux pieds du devant..... Ces fers ne peuvent convenir qu'aux chevaux qui buttent ; mais, en tout autre cas, ils occasionnent une perte de puissance pour le cheval, font glisser, endommagent le sabot et rendent la base d'appui moins sûre...

« Je suis heureux de pouvoir assurer que la surface plane du fer anglais est meilleure à tous égards. »

Pour nous, au contraire, l'ajusture française, *bien pratiquée*, représente exactement la surface d'appui du pied qui a usé naturellement et n'a que des avantages à tous égards.

« Pour diminuer le poids et pour permettre à une portion des parties postérieures du pied et à la fourchette de porter sur le sol, on emploie souvent un trois-quarts de fer : c'est un fer dont on a enlevé une partie de la branche interne qui se termine en s'amincissant sur le quartier interne.. fer excellent pour les sabots fatigués des chevaux de selle ou pour les pieds bleimeux. »

« Ce fer ayant l'inconvénient évident de mettre le pied de travers et de jeter le poids sur le quartier et le talon internes, généralement plus resserrés et plus faibles, nous semble devoir être rejeté.

« On peut en dire autant des *Tips* ou demi-fers, fers à croissant... excellents... leur emploi limité vient de ce qu'on n'a pas su les appliquer. »

Nous sommes très partisan du *fer à croissant*; mais son emploi doit être *limité* aux pieds à talons *hauts* et à peu près *également serrés*.

Par contre, M. Fleming a grandement raison de s'élever avec énergie contre les « effets désastreux d'une mauvaise parure du sabot : Vient-il à l'idée de nos jardiniers de râper et taillader l'écorce de nos arbres fruitiers pour les aider à accomplir leurs fonctions naturelles ? et pourtant la corne de la face plantaire du sabot n'est pas moins utile au pied du cheval, que l'écorce à l'arbre fruitier. »

« De même que la force de Samson était concentrée dans la longueur de ses cheveux; de même celle du cheval réside dans l'intégrité de la corne de ses pieds. »

Dans *les règles de ferrure* qui guident la pratique de M. Fleming, nous extrayons ce qui suit : « Direction de la pince, 50 à 60°; elle a un tiers de plus que la longueur des talons..... *Il faut accepter comme une vérité que la surface inférieure du pied doit couper transversalement la direction du paturon, quels que soient les défauts du membre.* Lorsque le paturon et le canon sont en direction perpendiculaire et que les deux côtés du sabot sont égaux et directement transverses à cette première direction, il n'y a qu'à enlever de la muraille une quantité égale de chaque côté; mais si le paturon dévie en dedans ou en dehors, on doit alors enlever plus de corne d'un côté que de l'autre pour corriger la déviation. Cette opération, dit M. Goyau, doit s'accomplir avec une exactitude mathématique.... hauteur des talons les deux tiers de la pince...

« Les talons s'usent d'eux-mêmes sur les éponges du fer, aussi, règle générale, il y a peu de choses à faire dans le raccourcissement des talons... En pince on mettra la muraille au niveau de la sole et on parera jusqu'à apparition de la ligne blanche ou jaune, placée entre la sole et la paroi. »

Nous sommes heureux de voir un praticien de la valeur de M. Fleming, proclamer la vérité de nos principes sur l'aplomb du pied.

M. Fleming continue : «... On n'enlèvera de la sole que ce qui est absolument nécessaire pour donner au fer un emplacement uni et, comme le dit Osmer, pour obtenir une surface égale et unie partout où porte le fer, mais pas au delà. *La sole, la fourchette et les barres*, sous aucun prétexte, sauf des circonstances de nature pathologique, ne doivent être intéressées en aucune manière par le couteau ou la râpe...

« Elles supportent parfaitement le contact d'un sol, quel qu'il soit, dur, rugueux, ou parsemé de pierres aiguës, si elles ne sont point intéressées par le drawing-knife...

« La coutume de parer la sole jusqu'à ce qu'elle cède sous la pression du pouce est une coutume barbare ; le mal, bien que n'étant pas immédiat, n'en subsiste pas moins... la sole se dessèche, acquiert une dureté pierreuse et devient plus concave, le pied se resserre... toutes choses mises sur le compte des clous qui gênent les mouvements d'expansion... La grande habileté des hommes responsables de tels méfaits est ensuite de protéger artificiellement les parties qu'ils ont détruites... Leur esprit se met à la torture pour imaginer des fers à large couverture n'arrivant point en contact avec la sole... des soles de cuir, des compresses d'étoupe, etc...

« On ne doit pas toucher à la fourchette si ce n'est pour enlever quelques filaments qui sont presque détachés... ne pas ouvrir les talons...

« Tel est le traitement que j'ai fait subir aux sabots confiés à mes soins, ils demeurent si forts que, transformés en solides blocs de corne, ils peuvent supporter une marche de 10, 20 et même 30 milles, si, par accident, le cheval se déferre.

« Les animaux ainsi ferrés ne sont jamais encloués, et les maladies de pied sont, je puis le dire, à peine connues..... La grande qualité d'un fer est sa légèreté... Avec la méthode désastreuse de parer à fond, il est nécessaire de préserver les parties devenues sensibles à l'aide de fers larges... la face supérieure du fer doit être plate et doit s'appuyer sur la muraille et sur le limbe de la sole. On n'agit pas ainsi habituellement, le biseau du fer à siège s'oppose à tout contact avec la sole, parce que la sole a été amincie. L'emploi du fer plat que j'ai expérimenté pendant plusieurs années, dans des contrées variées du globe, sur des pieds de toute espèce et de toute qualité, m'a prouvé la bonté de cette pratique... le pied se rapproche ainsi de l'état de nature où la plus grande partie de la surface plantaire supporte le poids du corps...

« De tout ce qui a été dit, on comprendra que, par fer léger, nous entendons parler d'une bande de fer étroite et mince. L'étroitesse du fer empêche le cheval de glisser, donne un appui solide, et la minceur du fer permet à la sole, à la fourchette et aux barres de se rapprocher du sol... La forme du fer varie évidemment suivant les services : gros trait, trait léger ou selle... rappelons cependant qu'il vaut mieux avoir un fer *mince et large*, qu'un fer épais et étroit... La face inférieure du fer doit être parallèle à la face supérieure, c'est-à-dire que les deux faces doivent être planes et de la même épaisseur partout.

« Le fer anglais de chasse convient parfaitement pour les chevaux de trait léger et de selle, dont les sabots n'ont pas été mutilés, sa face supérieure est plate et sa face inférieure, concave : c'est le fer ordinaire renversé, la face supérieure qui était concave et qui présentait le siège et le biseau est devenue plane et la face supérieure qui était plane est la reproduction exacte de la face supérieure du fer à siège. Il y a quelque temps déjà, nous avons modifié la face inférieure de ce fer (de chasse) de la façon suivante : au lieu de faire diminuer le biseau progressivement jusqu'à l'approche des talons, ce biseau est plutôt moins profond à la pince et il se creuse à mesure qu'il se rapproche de l'éponge où il s'arrête brusquement, en formant une entaille profonde à un pouce de l'extrémité de la branche (fig. 133). Avantages présentés par ce fer :

« 1° La face supérieure repose à plat sur la muraille et sur la sole non parée, ne laissant aucun espace par où pourraient s'introduire des cailloux, des graviers, de l'argile desséchée.

« 2° Le fer est allégé sans être affaibli, puisqu'on enlève du métal partout où on peut le faire sans danger.

« 3° L'appui se fait bien à plat sur le bord externe du fer et sur les éponges, tandis que la profondeur du biseau et les deux arêtes brusques postérieures assurent un abri contre les glissades...

« On peut lever un pinçon pour les chevaux de selle et de trait léger...

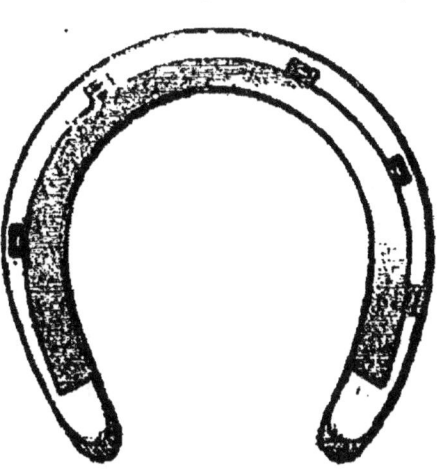

Fig. 133. Fer anglais de chasse.

« Pour la chasse on lèvera aux fers postérieurs deux pinçons, un de chaque côté, et on évitera toute arête aiguë à la branche interne afin d'empêcher le cheval de se couper, de forger, de s'atteindre, etc...

« La rainure du fer anglais est une faute, elle nécessite beaucoup de travail, affaiblit le fer, et ne rend aucun service, les étampures sont préférables, on peut les rapprocher ou les éloigner du bord du fer, à volonté...

« ... Le fer ordinaire à siège est mauvais, non seulement parce qu'il repose sur le sabot, sur une base étroite, mais parce que son poids et son instabilité nécessitent pour l'attacher un grand nombre de longs clous épais qui endommagent la paroi. Pour des fers de dimension moyenne de chevaux de trait, je ne place que six clous pour le devant et sept pour le derrière, ordinairement je place cinq clous aux pieds de devant, trois en dehors, deux en dedans, et six aux pieds de derrière. Les clous sont comparativement petits. Pour les chevaux de selle et les hunters, je ne place que quatre à cinq petits clous aux pieds de devant et cinq à six aux pieds de derrière La fixité du fer dépend moins du nombre des clous que du mode de coaptation exacte et solide qu'on fait prendre au fer sur la sole et la muraille. Pose du fer : toujours à chaud, et on n'enlèvera pas les parties carbonisées ; si on le fait, ce ne sera qu'à légers coups de râpe... avec notre manière de laisser les pieds forts, sans parer la sole, nos clous sortent après un court trajet, mais en prenant beaucoup de corne.

« ... On recommande habituellement de ne pas râper au-dessus des rivets ; ceux qui font cette recommandation ignorent qu'il est aussi nuisible de râper en dessous qu'en dessus des rivets... Les fibres cornées les plus résistantes sont superficielles et recouvertes d'un vernis protecteur, et ce sont précisément celles qui doivent supporter le fer par l'intermédiaire des clous que l'on affaiblit ou que l'on enlève totalement, ne laissant plus pour accomplir cet office que les fibres profondes, c'est-à-dire celles qui, semblables à la moelle d'un jonc, sont les plus molles, les plus spongieuses et les moins résistantes... Et ceci s'accomplit non seulement dans ce pays, mais sur le continent. Le maréchal qui, par sa négligence, n'a pas suffisamment diminué à la râpe le bord tranchant du sabot avant d'appliquer le fer, ou celui qui a cloué sur le sabot un fer trop petit, s'empresse d'enlever à la râpe toute la corne qui dépasse le fer, principalement en pince. Qu'arrive-t-il ? La muraille, au lieu de suivre de la couronne au fer une ligne droite, s'arrondit subitement à partir des rivets, donnant au pied l'apparence d'un moignon, ce qui diminue la surface d'appui.

« Le plus grand mal est occasionné par la perte de ces fibres cornées épaisses et dures chargées de supporter le fer et par l'exposition aux injures extérieures des fibres profondes qui se dessèchent promptement, se brisent avec facilité... Toujours le désir de faire de l'ouvrage propre... »

Nous trouvons excellentes les règles de la *ferrure hygiénique*, de M. Fleming, par cette raison que, comme lui, nous voulons des pieds forts[1], peu attaqués par la râpe[2],

---

[1]. Voir : *Ferrure du cheval*, pages 66 et suivantes. « Ainsi paré le pied a conservé toute sa force ; s'il vient à se déferrer, le contact du sol est impunément supporté. »

[2]. « Il faut râper *de court*, c'est-à-dire que la râpe ne doit pas remonter à la surface de la paroi et en détériorer le vernis. » Page 185.

des fers de même épaisseur partout[1], portant sur le limbe de la sole[2].

Nous reconnaissons, en outre, que son fer de chasse modifié, appliqué sur des pieds forts, est très pratique en Angleterre[3]. Comme lui, nous préférons les étampures à la rainure du fer anglais, et le fer ordinaire à siège a pour nous aussi des inconvénients.

Mais, par contre, nous préférons au fer plat de M. Fleming, qui forcément entraîne un excès de longueur du pied en pince, le fer à pince légèrement relevée ; le fer de dimension moyenne ne nous paraît pas suffisamment assujetti avec cinq clous pour le pied de devant et six pour celui de derrière. Enfin, nous sommes de ceux qui autorisent l'usage de la râpe à partir des rivets.

C'est qu'il est indispensable, d'une part, d'arrondir à la râpe le bord tranchant de la paroi en pince et en mamelles, pour imiter l'usure naturelle qui raccourcit la pince, renforce la paroi et l'empêche d'éclater ; d'autre part, il importe de faire disparaître les bavures de corne, produites par la sortie de la lame du clou et le dégagement du rivet, et de diminuer la saillie légère que ce dernier peut faire à la surface du sabot.

Donc l'usage de la râpe, à partir des rivets, s'impose absolument en pince et en mamelles ; mais il ne doit pas résulter de cet usage un arrondissement subit du sabot, à partir des rivets, transformant le pied en moignon ; pas plus qu'il n'est possible d'admettre, avec M. Fleming, que la muraille doit suivre une ligne droite de la couronne au fer.

La vérité est que l'arrondissement doit seulement porter, sur le bord tranchant de la paroi et ne pas dépasser la hauteur du pinçon.

1. « Tout bon fer de devant est également épais... à toutes ses régions. » Page 180.
2. « Toute la paroi et le bord de la sole doivent en plein porter sur le fer. »
« C'est à tort qu'un coup de boutoir est généralement prescrit pour enlever rapidement la corne carbonisée... » Page 185.
3. Il convient moins en France où les pieds des chevaux ont généralement besoin d'être protégés par une plaque.

L'opération, renfermée dans cette limite, est absolument rationnelle et nécessaire et ne justifie plus cette sévère critique de M. Fleming :

« *Le pied est rendu plutôt capable d'orner l'étagère d'un sportmann que de supporter le rude contact du sol ou les influences atmosphériques.* »

CHAPITRE III

INVENTEURS ET INVENTIONS

EN MARÉCHALERIE

I. Ferrure podométrique. — II. Système Perrier. — III. Ferrure Turner et Miles. — IV. Ferrure Chartier. — V. Ferrure Goodenough. — VI. Système de ferrure adopté par la Compagnie des Omnibus de Paris. — VII. Fers articulés, brisés, divisés. — VIII. Fers à la mécanique. — IX. Fers en cuir, en gutta-percha, en bois.

Nous allons passer en revue les systèmes de ferrure, que leurs inventeurs ou partisans, ont tenté de substituer à la ferrure ordinaire depuis une quarantaine d'années.

En général, tous ces novateurs en ferrure, partant de principes justes, sont arrivés à des applications fausses ; dès lors, ils ont fait plus de mal que de bien et leurs inventions, incapables de subir l'épreuve de la pratique, ont dû être abandonnées ou employées seulement dans certains cas spéciaux.

I. — FERRURE PODOMÉTRIQUE.

M. Riquet, vétérinaire principal, avec toute l'autorité qui s'attachait à son nom, a essayé de remplacer la ferrure à chaud par la ferrure à froid, dite podométrique. La ferrure à froid fut la seule employée, pendant des siècles. En effet, César Fiaschi ne parle de l'application du fer chaud, sous le pied, que pour ramollir la corne, dans le cas où les instruments du maréchal ne parviennent qu'avec peine à l'attaquer. La Guérinière indique seulement de chauffer le pinçon pour qu'il s'y encastre[1].

Il faut arriver jusqu'à Lafosse pour trouver la mention de la sole brûlée, dans les alinéas 21 et 22, des défauts de la ferrure actuelle. De son temps et depuis lors, la ferrure à chaud a été universellement pratiquée.

M. Riquet avait pour but, en substituant le procédé à froid au procédé à chaud, de préserver les chevaux de la brûlure de la sole et d'éviter qu'ils soient conduits à la forge, où le bruit, le feu, la fumée les effrayent et causent des accidents.

A ce sujet, il s'exprimait ainsi : « Les observations recueil-

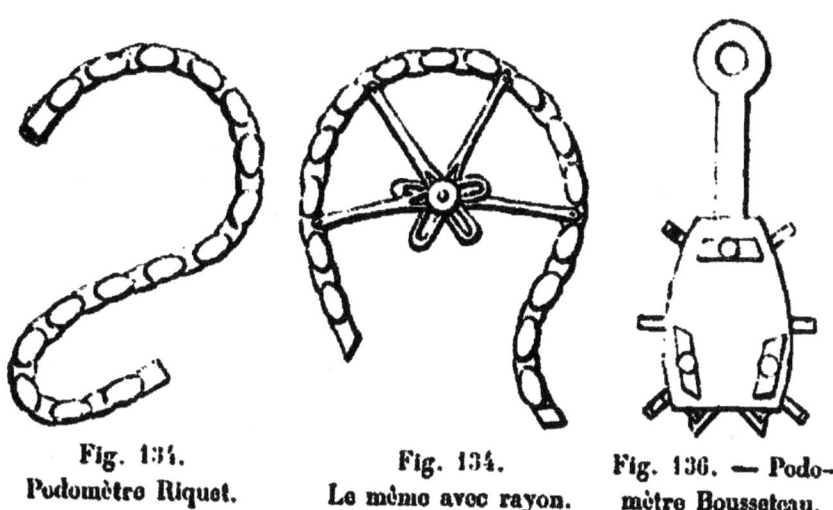

Fig. 134. Podomètre Riquet. — Fig. 134. Le même avec rayon. — Fig. 136. — Podomètre Bousseteau.

lies pendant plusieurs années, les expériences raisonnées ayant prouvé que la ferrure par tâtonnement pouvait être remplacée par un procédé imité de celui employé par l'ouvrier qui chausse l'homme, l'art vétérinaire a doté la maréchalerie d'un instrument ingénieux et simple, à l'aide duquel l'ouvrier obtient sur nature le patron du pied du cheval qu'il doit ferrer, compare avec le patron le fer qu'il façonne, et se dispense d'apposer le fer brûlant sur l'ongle. Cette découverte proscrit la ferrure à chaud, perfectionne la ferrure à froid, abrège les opérations et assure ainsi l'infaillibilité de l'ouvrier, dont le

---

1. La Guérinière, *Nouvelle manière de ferrer*, etc.

coup d'œil trop souvent imparfait exposait auparavant le cheval à des conséquences trop graves. »

Pour faciliter les opérations de la parure du pied, M. Riquet remplaçait le boutoir par le couteau anglais et une râpe perfectionnée.

L'instrument patron de M. Riquet consistait en une chaîne métallique de son invention qu'il nomma podomètre (fig. 134).

D'autres podomètres furent successivement inventés, en France, par Dabrigeon, Laborde, Belle, Havoux (fig. 135), etc., en Allemagne, par Rusken, Van Blen, Stickler, etc.

En 1876, M. Ewerloff, lieutenant de la cavalerie suédoise, a offert au ministre de la guerre un podomètre de son invention, tout à la fois simple et ingénieux (fig. 137).

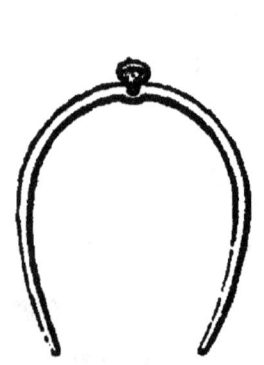

Fig. 135. — Podomètre Havoux, en plomb.

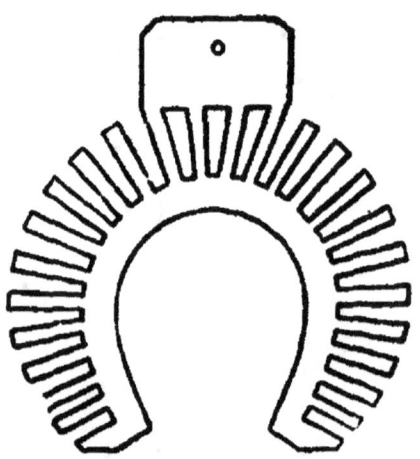

Fig. 137. — Podomètre Ewerloff.

Cet instrument est placé sur le pied, dont le contour est tracé à la craie. Il peut permettre à des hommes absolument ignorants en maréchalerie de donner à une barre de fer *préparée* le contour du pied ; on comprend donc son utilité en Suède où, le métier du maréchal étant peu répandu, les particuliers sont souvent obligés de ferrer eux-mêmes leurs chevaux.

A la suite d'expériences et de rapports favorables, la ferrure podométrique fut adoptée exclusivement pour les chevaux de l'armée en 1845.

Alors, le maréchal abonnataire d'un escadron ou d'une batterie devait tenir un registre sur lequel était inscrit :

1° Le nom du cheval et son numéro matricule ;

2° La configuration d'un pied de devant et d'un pied de derrière, représentés par des lignes pleines ;

3° Le degré de garniture de chaque fer, indiqué par des lignes ponctuées, placées à côté des lignes pleines ;

4° Le poids des fers ;

5° La conformation bonne ou mauvaise des pieds et la direction des aplombs ;

6° Les soins que demande la ferrure ;

7° La date de chaque ferrure.

Des expériences furent faites à l'école de cavalerie de Saumur, de 1841 à 1844 pour juger de la solidité comparative de la ferrure à froid et de la ferrure à chaud.

Les chevaux, soumis aux expériences, étaient ferrés à froid du bipède diagonale gauche et à chaud du diagonal droit.

Sur 22,579 pieds ferrés, 386 ferrés à froid se sont déferrés, et 134 seulement ferrés à chaud.

La ferrure podométrique eut peu de partisans, même dans l'armée, où elle fut définitivement supprimée en 1854.

C'est que, en dehors de l'infériorité reconnue de la ferrure à froid, le podomètre ne donne même pas la forme permanente du sabot, puisque le pied subit souvent des modifications rapides.

Et puis, le maréchal a besoin de renseignements bien autres. Il doit connaître la qualité, l'épaisseur, les détériorations accidentelles de la corne, la hauteur et la direction du sabot, les aplombs du membre et du pied, les irrégularités des allures, le genre de service ; toutes choses qui exigent des modifications incessantes du fer.

La loi du progrès est de tout simplifier : c'est le coup d'œil qui est le vrai podomètre du maréchal.

II. — SYSTÈME PERRIER.

Perrier[1] emprunta à Bourgelat son levier phalangien et

1. Perrier, *Des moyens d'avoir les meilleurs chevaux, ou de l'im-*

admit comme lui que la corne pousse plus rapidement en pince qu'en talons.

Il a décrit, à sa manière, le double mouvement de dilatation et de resserrement que le sabot éprouve, sous l'effort du poids du corps.

D'après lui, le pied se dilaterait, lors de l'appui, de la pince jusqu'au milieu des quartiers et se resserrerait depuis cette région jusqu'aux talons : la sole s'abaisserait dans sa première moitié, et dans sa deuxième rentrerait et se creuserait, par suite de la pression des éminences rétrosales sur les extrémités de cette partie du sabot, et la fourchette adoucirait, ainsi que les cartilages, la force de concentration de la portion postérieure de l'extrémité du membre.

Cette nouvelle théorie, absolument fausse, de l'élasticité du pied, sert de base à son système de ferrure.

Il recommande : 1° d'abattre la pince pour diminuer le bras de levier inférieur, et par cela même soulager l'appareil suspenseur du boulet et les tendeurs, et éviter que l'action contentive qui réside vers les talons ne soit trop fortement mise en jeu, ce qui pourrait porter ceux-ci à se resserrer ; 2° de ménager la sole, la fourchette et de ne pas toucher aux talons ; 3° d'employer un fer entièrement plat, mince en pince, où sont rapprochées les étampures, épais en éponges, avec une forte garniture en arrière.

Ce système de ferrure est défectueux, puisqu'il compromet la durée du fer en pince et qu'il éloigne la fourchette du sol ; il peut être cependant employé, avec avantage, pour les pieds à talons bas et pour les chevaux à paturons longs et inclinés.

En somme, Perrier, partant d'une théorie fausse, devait arriver fatalement à des applications pratiques fausses.

Néanmoins son système de parer le pied a du bon : de ce fait que, pour restituer au pied ferré son aplomb, il y a généralement beaucoup plus de corne à enlever en pince qu'en talons.

---

portance de la forme et de l'aplomb naturel du sabot du cheval pour la conservation de ses qualités. Paris, 1845.

III. — FERRURE TURNER ET MILES.

James Turner[1], s'inspirant des idées de Bracy-Clark sur l'élasticité du pied et sur la gêne que les clous apportent à la dilatation du sabot, essaya de remplacer la ferrure usuelle par la ferrure *unilatérale*.

M. Miles, esquire, gentleman anglais, fort riche et grand amateur de chevaux, trouvant que Turner, par son fer unilatéral, avait rempli toutes les conditions nécessaires pour ne pas gêner l'élasticité du pied, chercha à répandre ce système de ferrure comme une œuvre bienfaisante.

En 1850, il dit[2] que ses expériences sur l'élasticité lui ont

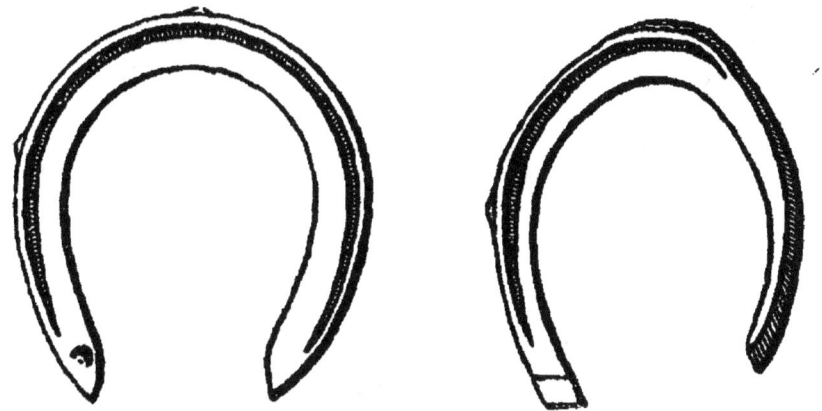

Fig. 138. — Fer Miles.

prouvé que le pied se dilate de 1/16 de pouce en pince, et que chez certains sujets la dilatation atteint 1/8, et même 1/4 de pouce en talons (le pouce anglais est de 0^m,25).

D'après lui, l'ongle doit être abattu et aminci de manière que la corne morte soit enlevée, et que la sole cède sous le doigt jusqu'aux arcs-boutants, siège ordinaire des bleimes. Il ne faut pas toucher à la fourchette, qui se dessécherait et ne formerait plus un coussin arrondi et élastique.

1. James Turner, *Treatise of the foot of the horse*, 1822.
2. Miles, *The horse's foot and how to keep it sound*, 1864, septième édition.

Il recommande le fer à siège suffisamment épais, couvert, sans garniture, percé de cinq étampures et à pince relevée comme le fer français (fig. 138).

Si le système Turner eut un ardent défenseur de l'autre côté de la Manche, il a eu, chez nous, un zélé partisan dans M. le docteur Guyton, traducteur de l'ouvrage de Miles.

Dans sa séance, du 22 avril 1864, la commission d'hygiène hippique s'est prononcée contre ce système de ferrure, pour les motifs suivants :

« L'inventeur base tout son système sur des données incomplètes de physiologie; sa ferrure est moins solide que la ferrure française, détériore davantage la paroi, dure moins longtemps, s'arrache avec plus de facilité, demande trois fois plus de temps, de combustible, de travail et d'adresse; coûte au moins une fois plus cher; exige, pour être pratiquée d'une manière convenable, des ouvriers excessivement habiles; détermine plus de boiteries de pieds et plus d'accidents que la ferrure ordinaire, etc., etc. »

IV. — FERRURE CHARLIER.

A partir de 1854, ont paru, en France et à l'étranger, différents systèmes de ferrures caractérisés par une étroitesse considérable du fer.

Tous ces fers sont à peu de chose près carrés, avec ou sans pinçons, sans ajusture ni garniture et à étampures étroites et pyramidales.

Les uns s'appliquent à plat sur le bord inférieur de la paroi; d'autres s'y incrustent d'une faible quantité, ou sont placés dans une rainure pratiquée pour les recevoir.

Lafosse père est le premier qui ait fait usage de fers étroits. Les croissants enclavés, qui avaient deux à trois lignes de largeur et une et demie d'épaisseur, devaient être placés dans une feuillure faite sur la partie interne du bord inférieur de la paroi, afin de laisser déborder la corne.

Son but était de faire concourir à l'appui la plus grande partie du dessous du pied, afin d'empêcher les glissades.

En 1854, M. Duluc, vétérinaire à Bordeaux, a commencé à faire usage de fers étroits et carrés, pour donner plus d'assurance à la marche des chevaux sur le pavé glissant de cette ville. D'après l'inventeur [1], deux à quatre clous et deux pinçons suffisaient pour fixer solidement son fer sous le pied.

A la même époque, M. Mavor, vétérinaire à Londres, employait un fer patenté, plus épais que large. Il le faisait appliquer à chaud de manière à obtenir une légère incrustation dans la corne.

Ce fer ne portait pas de rainure; les étampures étaient faites pour recevoir des clous anglais, ou à tête allongée de forme pyramidale.

M. Mavor recommandait sa ferrure pour les chevaux utilisés sur des terrains glissants, et pour les pieds plats.

Mais les fers étroits devinrent surtout à la mode, à partir de 1865, à la suite du bruit fait autour d'un nouveau système de ferrure de l'invention de M. Charlier, vétérinaire à Paris.

La *ferrure Charlier* est une demi-ferrure de devant.

Le principe de cette ferrure est de faire participer la sole et la fourchette à l'appui, comme à l'état de nature, et de laisser au pied ferré toute son élasticité.

La ferrure Charlier nécessite un fer, des clous, un outillage et un manuel opératoire spéciaux.

Le *fer* a la tournure exacte du pied; il est plus épais que large, d'une égale épaisseur partout, un peu moins couvert à la branche du dedans (fig. 139).

Fig. 139. — Fer Charlier.

Le fer est bigorné obliquement à son pourtour extérieur, de telle manière que sa face supérieure soit un peu plus étroite que sa face inférieure; la rive interne de sa face supérieure est arrondie à la lime.

On lève des pinçons au fer Charlier comme au fer français.

La face inférieure du fer porte six, sept ou huit étampures

---

1. M. Duluc prit un brevet d'invention en 1866.

de forme ovale, contre-percées obliquement et à gras, un peu plus à gras à la branche du dehors qu'à celle du dedans.

Les éponges sont justes, arrondies, inclinées suivant la direction de la paroi des talons.

Les deux *poinçons* destinés à étamper et contre-percer le fer sont très affilés.

Le *boutoir* est plus étroit que le boutoir ordinaire; il porte en dessous de sa lame un guide régulateur (fig. 140).

Manuel opératoire. — Le maréchal pratique, de la pince aux talons, de chaque côté du pied, une rainure, commencée

Fig. 140. Boutoir.   Fig. 141. Rainette.   Fig. 142. Pied préparé pour la ferrure Charlier.

avec le boutoir, continuée parfois avec la rainette (fig. 141), et complétée par l'application du fer chaud. Cette rainure, qui doit avoir partout la même profondeur, est destinée à loger le fer (fig. 142).

La rainure ne doit pas dépasser la moitié environ de l'épaisseur de la sole.

Le maréchal ne touche ni à la sole, ni aux barres, ni à la fourchette.

Après avoir paré le pied, il donne la tournure au fer, l'essaye à chaud, le fait porter, l'attache, et donne le coup de râpe final.

Le fer Charlier ne comporte pas d'ajusture, et n'est susceptible que d'une très faible garniture en talons.

Cette ferrure, d'après l'inventeur, favorise l'élasticité et, par là, conserve ou restitue au pied sa forme normale, développe la fourchette atrophiée, élargit les talons serrés, guérit les bleimes, les seimes, etc... Et, pour atteindre d'aussi grands résultats, il suffit de faire participer la sole et surtout la fourchette au support du poids du corps, de respecter la sole, les barres, la fourchette, dans l'action de parer.

Favoriser l'élasticité du pied : tout est là.

C'est le but poursuivi, avec autant d'opiniâtreté que d'insuccès, par plusieurs générations de chercheurs.

D'après l'inventeur, l'incrustation et l'étroitesse du fer, l'intégrité de la sole et de la fourchette mènent tout droit au résultat désiré. L'incrustation rapproche du sol le dessous du pied ; l'étroitesse du fer permet au sabot de participer à l'appui par une large surface ; enfin, la sole, conservant son épaisseur, et la fourchette son volume, se trouvent plus près de terre et bien disposées pour le support. Alors, la fourchette est au niveau de la surface d'appui du fer et fonctionne en permanence.

Voilà qui est parfait... en théorie.

Certes, il est parfois possible et avantageux d'amener la fourchette au contact du sol, à l'aide d'une incrustation rationnelle et en conservant l'aplomb normal du pied. Mais, bien souvent, un tel résultat ne peut être atteint qu'en incrustant profondément et davantage en talons qu'en pince.

Le premier de ces expédients doit surtout être absolument rejeté. C'est que, si l'épaisse soudure normale de la paroi et de la sole est attaquée, dans une trop grande partie de son étendue, la solidarité fonctionnelle des deux principales pièces du sabot se trouve détruite. Les pressions et les chocs, subis par la sole, sont mal transmis à la paroi et ont un retentissement douloureux au point d'union de ces deux régions : ainsi s'expliquent la gêne et parfois même les boiteries qui se manifestent chez certains chevaux.

Aussi, l'inventeur qui, primitivement, voulait une rainure seulement un peu moins profonde que l'épaisseur de la sole, recommande-t-il aujourd'hui de ne pas dépasser la limite du pied paré à la manière ordinaire. C'est aller d'un extrême à l'autre. Si cette prescription était suivie, à la lettre, adieu l'appui de la fourchette.

En effet, le fer nouveau — et c'est une conséquence forcée de son étroitesse [1] — a le double d'épaisseur du fer ordinaire; s'il est placé à la même hauteur de la paroi, la fourchette se trouve moitié plus éloignée du sol que par l'usage des fers français et anglais. Tout au plus ce désavantage est-il compensé par la plus grande épaisseur de la sole, le plus fort volume de la fourchette, l'étroitesse considérable du fer.

Il faut donc, nécessairement, qu'une bonne partie de l'épaisseur du fer soit noyée dans le pied. Aussi, pratiquement, l'incrustation — sans pouvoir être calculée d'une manière précise — est-elle toujours de la moitié, environ, de l'épaisseur de la sole : au delà, il y a danger; en deçà, le pied n'est pas assez rapproché de terre.

Le deuxième expédient, qui consiste à incruster davantage en talons, est très généralement usité. C'est que l'incrustation de pince présente des dangers bien autres que celles des talons, et que cette dernière rapproche bien davantage la fourchette du sol. Une telle pratique a pour conséquence de jeter une surcharge, sur les talons abaissés, et conséquemment sur les tendons.

Non seulement, il y a souvent des inconvénients sérieux à amener la fourchette au contact du sol, mais encore ce contact est parfois impossible et parfois inutile. Ainsi, par exemple, les pieds encastelés, très creux et à fourchette remontée, défient toute entreprise de ce genre.

Et puis, à quoi sert-il de faire porter une fourchette tout à fait atrophiée? Elle ne peut aucunement mettre en jeu l'élasticité du pied : dès lors, il ne se produit ni écartement des talons, ni développement de la fourchette.

---

[1]. Le fer étroit ne résistant pas à l'usure, une grande épaisseur peut seule en prolonger la durée.

Mais, toutes les fois, et cela arrive souvent, qu'il est possible, sans incrustation dangereuse, et sans dommage sérieux pour les tendons, de faire porter à terre une fourchette encore valide, ou même de l'en approcher assez, pour l'exposer au contact fréquent des aspérités du sol dur et des pressions du sol mou, le programme de l'inventeur est rempli; les avantages qu'il énonce sont atteints. Le pied est ramené à l'appui naturel, la fourchette prend sa part du poids et soulage d'autant les talons; l'élasticité est mise en jeu. Et alors d'autres conséquences se manifestent : le pied s'élargit beaucoup, la fourchette devient volumineuse; il y a amélioration sûre et prompte des pieds à talons serrés, faibles, sensibles.

La ferrure nouvelle respecte la sole, les barres, la fourchette; elle supprime ainsi les manœuvres barbares qui causent le resserrement du pied et, par là, se montre supérieure à la mauvaise ferrure française ou anglaise.

L'étroitesse et la légèreté du fer Charlier facilitent la marche; le cheval est plus solide dans son appui, plus léger à la main, plus libre dans ses mouvements, moins exposé à se couper, à se déferrer, à se botter dans la neige et la terre détrempée. Ainsi parlent les partisans du nouveau système.

Il y a du vrai dans tout cela.

L'étroitesse de la surface frottante et l'appui sur la fourchette — quand il se fait — préviennent les glissades sur le pavé gras et plombé, sur le bitume, l'asphalte, si souvent enduits d'une boue épaisse et grasse.

Ces avantages semblent surtout considérables, en face de la mauvaise ferrure française; l'ajusture entôlée, le fer trop couvert et trop lourd rendent forcément la marche pénible et incertaine. Le cheval bien ferré, avec un fer suffisamment dégagé et bien ajusté, supporte mieux la comparaison.

Par les temps de neige et de verglas, le cheval ferré à la Charlier marche difficilement et glisse beaucoup; il est vrai qu'avec la ferrure ordinaire, la difficulté et le malaise sont plus grands encore. Mais, dans ce dernier cas, rien de plus facile que d'employer des clous à glaces, de larges et forts crampons fixes ou mobiles. Tous ces moyens, d'une puissante efficacité, sont difficilement utilisables avec le fer nouveau : les étampures sont trop petites pour loger la tête des clous à glace ; les crampons fixes sont incommodes à lever, faibles et de peu de durée ; l'étroitesse du fer rend impossible la fixation des crampons mobiles.

Bref, la ferrure Charlier n'est pas une ferrure à glace.

Grand bruit a été fait de la légèreté du fer nouveau, les résultats signalés sont exagérés.

Primitivement, ce fer était beaucoup plus léger qu'il n'est aujourd'hui. Et puis, on prit alors, pour terme de comparaison, d'informes masses de fer, spécimens grotesques d'une maréchalerie en démence. Voilà, disait-on, les fers que tel cheval portait ; voici maintenant ses fers actuels. Il est trop commode, vraiment, de se placer en face de la mauvaise ferrure française.

Le fer Charlier est très dégagé ; mais il est aussi très épais, non seulement pour résister en suffisance à l'usure, mais encore pour ne pas s'ouvrir sous le poids du corps. C'est que — si un fer plat et mince conserve ses dimensions — le fer placé de champ s'ouvre souvent, au contraire, quand son épaisseur n'est pas assez considérable. Or, l'épaisseur donne du poids.

Il arrive ainsi que le véritable fer Charlier[1] est trop lourd pour les chevaux de course ; un tel fer ne peut se fabriquer avec 100 et 150 grammes de métal.

Ce même fer, appliqué sous des pieds petits, pèse tout autant que le fer français.

Il pèse un peu moins pour les pieds moyens et dépassant légèrement la moyenne. Enfin son poids est beaucoup moindre pour les grands pieds.

Et cette bizarrerie apparente s'explique facilement ; la couverture et, conséquemment, le poids du fer français augmentent avec les dimensions du pied, tandis que la couverture du fer nouveau est toujours fort minime.

Le fer Charlier comporte peu ou pas de garniture ; dès lors le cheval est moins exposé à se couper, à se déferrer, à se botter dans la neige et la terre détrempée. Mais, d'autre part, il est

---

1. Dont la largeur est égale, au moins, à celle de la paroi et qui est plus épais que large.

impuissant à augmenter la surface d'appui des pieds resserrés et à rétablir l'aplomb des pieds à quartiers inégaux — toutes choses faciles à faire à l'aide de la garniture française. Et puis, la garniture, étant chose facultative, peut être supprimée toutes les fois qu'elle a des inconvénients.

La ferrure Charlier est plus difficile à pratiquer que les ferrures française et anglaise.

Étamper, pratiquer la rainure, adapter bord à bord le fer et la paroi, sont opérations longues et délicates, surtout sur les pieds petits, à paroi mince ; le brochage des clous est impossible sans une bonne direction des étampures. De l'aveu de maréchaux, qui ont travaillé sous la direction de M. Charlier, cette ferrure ne peut être pratiquée que par de bons ouvriers et après un apprentissage de plusieurs mois.

C'est vraiment une ferrure exclusivement à chaud et, dès lors, elle ne convient ni aux chevaux de troupe qui, en campagne[1], doivent être ferrés à froid ; ni aux chevaux de pur sang, soumis à l'entraînement, pour lesquels tout déplacement est gros d'inconvénients ; ni aux chevaux impressionnables, intraitables à la forge et facilement abordables à l'écurie.

Ce n'est qu'une demi-ferrure de devant ; comme ferrure de derrière, rien ne peut compenser la couverture de pince des fers français et anglais ; ceux-là résistent à l'usure, tandis que le fer Charlier se coupe rapidement.

Cette ferrure ne convient pas à tout cheval qui, par la nature de son service, use beaucoup de devant et en pince : tel est le cheval de trait lent.

Il est enfin des circonstances spéciales où la ferrure Charlier ne peut être utilisée.

Le fer français et le fer anglais permettent seuls l'adaptation, sous le pied, d'une plaque en métal, en cuir, en caoutchouc vulcanisé, plaque indispensable pour protéger la sole et

---

[1]. Dans la cavalerie, en route et en campagne, il faut la ferrure française si facile à exécuter à froid ; la ferrure française qui, au besoin, permet l'adaptation d'un fer de derrière à un pied de devant, et inversement.

la fourchette de certains chevaux de chasse et pour guérir les plaies et maladies du dessous du pied.

De ce qui précède il résulte, jusqu'à l'évidence, que la ferrure nouvelle est loin de répondre à toutes les indications. Cette invention, qui a fait tant de bruit, n'est pas, à proprement parler, un système de ferrure.

C'est tout simplement, et dans certains cas parfaitement déterminés, une bonne demi-ferrure de devant, toujours plus difficile à pratiquer et plus coûteuse que la ferrure française.

Elle convient surtout aux chevaux dont la fourchette est assez forte pour mettre en jeu l'élasticité du pied, et peut porter à terre, sans notable dérangement d'aplomb. Sur les grands pieds, à talons bas, serrés, sensibles, ses succès sont incontestables et facilement s'expliquent, le fer est de beaucoup moins pénible à forger et plus léger; il s'applique, plus aisément, sur la paroi épaisse des pieds volumineux; la fourchette porte sur le sol, soulage et mobilise les talons, retarde l'usure du fer; le cheval glisse moins, la ferrure n'est guère plus coûteuse et dure autant, chez les chevaux qui usent peu, que les ferrures française et anglaise. Ici donc, il y a supériorité incontestable sur la ferrure française, qui est en état de conserver un bon pied, d'en améliorer un mauvais, mais qui ne peut restituer la forme normale aux pieds plats, à talons serrés, qu'à l'aide de fers pathologiques et de traitements divers.

Mais les avantages de la ferrure Charlier diminuent, en même temps que les dimensions des pieds sont moindres.

C'est qu'alors le fer français, de plus en plus dégagé et mince, est facile à forger, pèse peu et ne glisse pas autant. La ferrure nouvelle est donc relativement moins avantageuse. Le contact de la fourchette avec le sol est plus difficile à obtenir, moins étendu, moins efficace pour ce qui est de l'amélioration du pied; souvent même ce contact est impossible ou inutile. D'où il résulte que cette ferrure est incapable de guérir l'encastelure, les talons serrés à fourchette remontée et atrophiée; elle est impuissante encore à élargir la base d'appui des pieds resserrés, à rétablir l'appui des pieds à quartiers inégaux.

Conclusion. — La ferrure nouvelle restera comme bonne *demi-ferrure* de devant ordinaire et pathologique, particulièrement utilisable à la ville, sur les chevaux de luxe et de trait léger, porteurs de grands pieds. Et, de ce fait qu'elle est d'une pratique délicate, son emploi sera restreint à ceux de ces chevaux qui tiennent mal le pavé, ou sont affligés de pieds plats ou combles à talons serrés et sensibles; dans ces cas spéciaux sa supériorité est incontestable.

V. — FERRURE GOODENOUGH.

La ferrure Goodenough est pratiquée dans l'armée américaine concurremment avec la ferrure anglaise ordinaire.

Description du fer. — Le fer Goodenough, fabriqué à la mécanique, est de largeur ordinaire, moitié plus épais en pince qu'en éponges. La face supérieure présente l'ajusture anglaise avec siège et talus (fig. 143). La même disposition se retrouve

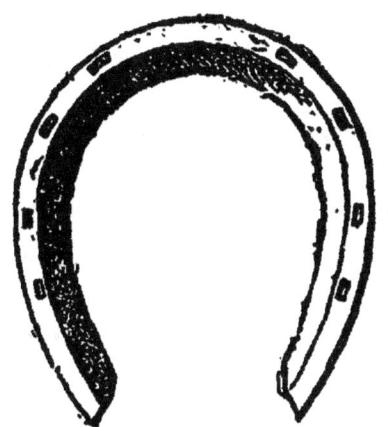
Fig. 143. — Fer Goodenough.

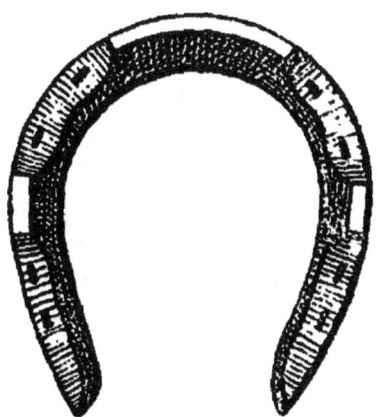
Fig. 144. — Fer Goodenough.

à la face inférieure; la portion plane porte des étampures anglaises et trois crampons (fig. 144). Le crampon de pince est de beaucoup le plus fort: les crampons latéraux sont peu saillants. Les fers de devant et de derrière sont de même épaisseur.

Le fer Goodenough est fait d'un métal malléable et peut être adapté, à froid, aux différentes formes du sabot.

Manuel opératoire. — « Ne jamais parer la fourchette ni

la sole. Couper une assise parfaitement de niveau, tout autour de la muraille du pied, juste la largeur de l'assise du fer; faire cette opération soit avec le butoir, soit avec la râpe, coupant ou râpant la corne graduellement, de la pince aux talons, de façon que la fourchette touche le sol lorsque le cheval est ferré.

« Cela n'est pas toujours praticable à la première ferrure, mais il faut arriver à ce résultat aussi vite que possible.

« Ajuster le fer, pour qu'il suive exactement la pente de la corne, en ayant soin qu'il ne dépasse pas la muraille aux talons, laissant le fer assez long pour couvrir la longueur du pied, et rien de plus.

« Ne pas chauffer le fer, il est fait parfaitement de niveau, et il suffit de parer ou râper l'assise, sur laquelle il doit s'appuyer, jusqu'à ce qu'il porte exactement tout autour de la muraille.

« Abaisser les pinces, les quartiers et les talons autant qu'il est prudent de le faire.

« Ne jamais râper le sabot plus haut que les rivets. »

Principes de cette ferrure. — On lit, dans la brochure Goodenough, les passages suivants :

« La fourchette d'un cheval, saine et bien développée, est le point d'appui naturel du cheval.

« Elle est effectivement le ressort placé à l'extrémité de la jambe, destiné à épargner au système nerveux des jointures (sic) les chocs et les secousses de la marche.

« Rendre au pied du cheval son action naturelle, en lui rendant le support ou point d'appui de la fourchette sur le sol, est le point principal du système.

« Par ce mode de ferrage, on peut obtenir, très promptement, que la fourchette touche le sol et devienne vite le point d'appui naturel et essentiel d'une bonne ferrure. »

Avantages d'après l'inventeur. — La ferrure Goodenough, en raison de son aptitude scientifique (sic), présente les avantages de favoriser le développement et la conservation du pied; d'activer la croissance de la corne; d'être légère, durable, économique; de pouvoir être adaptée à froid aux différentes formes de sabot, sans autre outil qu'un boutoir pour parer le pied et un marteau pour enfoncer les clous ; de permettre conséquemment la suppression de la forge, du charbon, de l'enclume ; de rendre possible la levée de crampons, à froid, en cas de glace venant subitement, etc., etc...

Valeur réelle du système Goodenough. — Tous ceux qui connaissent la ferrure anglaise ne se laisseront pas induire en erreur, par l'originalité plus apparente que réelle du fer Goodenough et ne le considéreront pas comme étant une invention nouvelle. En effet, la face supérieure de ce fer représente absolument celle du fer anglais ordinaire ; quant à la concavité de la face inférieure, on la trouve dans beaucoup de fers anglais fabriqués à la main.

Pour ce qui est des aspérités du dessous du fer, nul n'ignore que, de tout temps, on a utilisé des fers portant des grappes, crampons et bosses.

Relativement aux étampures et aux clous, il est facile de reconnaître l'étampure et le clou anglais.

Donc, le seul mérite de l'inventeur consiste à être arrivé à fabriquer, par des moyens mécaniques, un fer de forme très compliquée.

En ce qui concerne le manuel opératoire à suivre, pour appliquer la ferrure Goodenough, et aux principes sur lesquels elle repose, il demeure évident, pour les hommes de métier, qu'il n'y a absolument rien d'original et que l'inventeur n'a fait que s'approprier des règles connues et les principes sur lesquels a été établie une ferrure plus ancienne, la ferrure Charlier.

Enfin, c'est encore sur le même principe, de faire participer la fourchette au support du poids du corps, que s'appuient deux ferrures bien plus anciennes que la ferrure Charlier : la ferrure à croissant enclavé de Lafosse et la ferrure à planche.

Relativement aux nombreux avantages que Goodenough attribue à sa ferrure, il n'en est que deux qui méritent l'examen :

La participation de la fourchette à l'appui ;
La malléabilité du fer à froid.

Tout en admettant que le contact de la fourchette avec le sol favorise l'élasticité et conséquemment le développement et la conservation du pied ; tout en reconnaissant que les ferrures ordinaires de tous les pays ont l'inconvénient d'élever la fourchette au-dessus du sol et, par là, d'en diminuer le fonctionnement, nous ne croyons pas que la suppression du point d'appui, sur cet organe, entraine les graves conséquences signalées par Goodenough.

En effet, il est démontré, par la pratique journalière, que l'usage longtemps continué de la bonne ferrure française est parfaitement compatible avec la conservation de la forme, de l'intégrité et de l'aplomb du pied. Il est démontré encore que beaucoup de chevaux de sang, les chevaux des pays de montagnes, les mulets, les ânes qui ont des sabots hauts, concentrés et forts, dont la fourchette petite et remontée ne peut porter sur le sol, se servent cependant très bien de leurs pieds, les conservent en bon état, en souffrent rarement et durent longtemps.

Donc le support de la fourchette, quoique désirable, n'est pas indispensable.

Cette conclusion sera adoptée d'emblée par ceux qui admettent que la sole, par sa position et son épaisseur, constitue le principal obstacle au resserrement du sabot.

Une autre question de grande importance se présente : est-il possible de faire toucher, à terre, la fourchette d'un pied porteur d'un fer ordinaire, sans détruire l'aplomb normal du pied ? Nous répondons par la négative.

En effet, un pied d'aplomb étant donné, l'application, sur ce pied, d'un fer d'égale épaisseur partout, est rationnelle et ne modifie pas l'aplomb ; mais la fourchette qui, sur les bons pieds, est sur le même niveau que le bord inférieur de la paroi, se trouve alors élevée au-dessus du sol de toute l'épaisseur du fer.

Si maintenant on veut amener cette fourchette à toucher, il faut évidemment abattre les talons plus que la pince, d'une quantité égale à l'épaisseur du fer.

Mais si la fourchette est petite ou remontée, pour la faire toucher, il sera nécessaire d'abattre les talons bien davantage encore.

Enfin, il est évident que, sur un certain nombre de pieds à fourchette très petite et très remontée, ce résultat sera impossible à atteindre. Or, nul ne doit l'ignorer, abattre les talons plus que la pince, c'est affaiblir cette région, détruire l'aplomb du pied en jetant le poids en arrière ; c'est, conséquemment, exposer les talons aux resserrements et aux bleimes et ruiner les boulets et les tendons.

Et maintenant revenons au fer Goodenough. Si l'on considère, d'une part, que ce fer est près de moitié plus épais en pince qu'en éponges ; si l'on considère, d'autre part, que, pour amener la fourchette à terre, il faut abattre les talons plus que la pince de l'épaisseur des éponges ; on arrive à conclure que le fer Goodenough détruit complètement l'aplomb normal du pied, en donnant à la pince, au détriment des talons, une hauteur excédante égale à toute l'épaisseur de pince dudit fer, — c'est-à-dire à deux centimètres environ, — et, de plus, que tout cheval ferré à ce système, ayant forcément la pince longue, doit être exposé à butter du devant et à devenir pinçard du derrière. D'ailleurs, un procédé analogue à celui de Goodenough a déjà été condamné par la pratique.

Des vétérinaires militaires ont, bien avant qu'il fût question de la ferrure américaine, essayé dans leurs régiments le fer mince d'éponges ; ces essais ont dû être abandonnés, parce qu'ils entraînaient la fatigue des boulets et des tendons et l'usure rapide des membres.

Donc, en se basant tout à la fois sur des considérations théoriques et sur des faits pratiques, on est autorisé à conclure :

1º Que le contact de la fourchette avec le sol, tout en étant favorable au pied, n'est pas indispensable à la conservation de cet organe ;

2º Que, d'une manière générale, il n'est pas possible de faire participer la fourchette au support du poids du corps, avec un fer Goodenough ou avec un fer français à éponges minces, sans détruire l'aplomb du pied ;

3º Que, cependant, ce but peut être atteint sans dommage pour les aplombs, sur bon nombre de pieds, à l'aide de ferrures exceptionnelles, telles que : le fer à croissant enclavé de Lafosse, le fer à planche, la ferrure Charlier : c'est précisément là le secret du succès de ces ferrures dans certains cas pathologiques.

D'après l'inventeur, son fer est malléable à froid et d'une application simple et facile, la forge n'est pas nécessaire ; l'ouvrier peut le fermer, l'ouvrir, lui donner la forme du pied et même lever des crampons.

Mais, contrairement à ces dires et d'après nos essais, ce n'est pas avec le brochoir et *un instrument quelconque pouvant remplacer une enclume* que ce travail peut s'exécuter ; il faut nécessairement un fort marteau et une enclume.

De même, il ne suffit pas du boutoir et du brochoir pour appliquer ce fer, la râpe et surtout les tricoises sont indispensables.

Donc, si, pour pratiquer cette ferrure, il n'est pas besoin d'une forge, il faut, néanmoins, un outillage assez lourd.

Enfin, pour nous, la ferrure Goodenough n'est pas une ferrure à glace.

Il est évident que les aspérités du dessous du fer empêchent les glissades ; mais ces aspérités doivent s'user rapidement, probablement en quelques heures, sur le pavé.

Il est vrai que des crampons peuvent être levés à froid, mais c'est une besogne plus longue, plus difficile que de les lever à chaud ; le fer est toujours faussé à l'extrémité des branches qui, dès lors, ne portent plus sur le pied ; les crampons ne sont pas carrément relevés, et leur forme pointue n'est pas compatible avec une longue durée. De plus, lorsque la ferrure à glace devient nécessaire, *on ne peut lever des crampons aux fers que porte le cheval*, ces fers deviendraient alors beaucoup trop courts ; il faut donc, à cet effet, des fers nouveaux, trop longs pour le pied.

Dernier inconvénient, le fer Goodenough ne comporte pas l'usage des clous à glace, car il est le plus souvent impossible d'enlever un clou ordinaire, forcé dans l'étampure, pour le remplacer par un clou à glace.

VI. — SYSTÈME DE FERRURE ADOPTÉ A LA COMPAGNIE GÉNÉRALE DES OMNIBUS DE PARIS.

M. Poret, vétérinaire, chargé du service de la maréchalerie

de la Compagnie des Omnibus, a présenté à la Société centrale de médecine vétérinaire de Paris un rapport sur la *ferrure dans les villes*.

Comme les ferrures Lafosse, Charlier, Goodenough, la ferrure Poret a pour principe de faire concourir la fourchette à l'appui.

Fer Poret. — Le fer diminue progressivement de *largeur* et d'*épaisseur* depuis les mamelles jusqu'aux éponges qui, dès lors, sont minces et étroites. Ce fer ne porte que six étampures, percées régulièrement, aussi à gras en dehors qu'en dedans, *ce qui ne permet pas de donner de la garniture*, mais par contre ledit fer peut se mettre indifféremment au pied droit ou au pied gauche. Le fer est ajusté à l'anglaise pour les pieds de devant; l'ajusture est très légère pour les pieds de derrère.

Le maréchal pare les talons jusqu'à ce que les branches du fer soient exactement sur le même plan que la fourchette. D'après le rapport, ce système de ferrure présente les avantages suivants :

1° Elle est applicable *à tous les pieds;*

2° La fourchette se développe considérablement et guide le maréchal pour mettre le pied d'aplomb;

3° L'encastelure, les seimes quartes, les bleimes sont à peu près disparues;

4° La nouvelle ferrure supprime les glissades, les écarts, les chutes (le chiffre des timons cassés qui était de 741 en 1881 est de 150 en 1885);

5° Elle permet de réduire le poids du fer et de ne mettre que six clous au lieu de huit;

6° L'ancien fer était remplacé au tiers à peine de son usure, le nouveau fer peut supporter une usure de 60 à 65 0/0.

Les observations faites sur la ferrure Goodenough sont applicables au système de ferrure de la Compagnie des Omnibus. Il est certain que la Compagnie fait des économies de fer, de timons et de brancards; mais, il s'agit de savoir si la surcharge, *jetée sur les tendons*, n'amènera pas la ruine prématurée des chevaux.

VII. — FERS ARTICULÉS, BRISÉS, DIVISÉS.

L'invention des fers articulés, brisés, divisés, est très ancienne.

D'après les inventeurs, tous ces fers se prêtent au mouvement d'expansion et à la croissance du sabot, parce qu'ils sont formés : les uns, de deux ou d'un plus grand nombre de pièces articulées ; les autres, de deux pièces indépendantes.

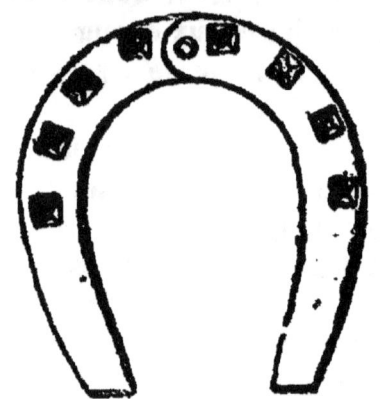

Fig. 145. — Fer de Bracy-Clark.

Fer à charnière de Bracy-Clark. — Le fer à charnière, perfectionné par Bracy-Clark, n'est pas pratique. Sa fabrication est difficile, sa solidité laisse à désirer, et on ne comprend guère que l'expansion latérale du sabot, à peu près nulle en quartiers, puisse mettre en jeu la charnière (fig. 145).

Fer articulé par charnières. — Le fer articulé de Bracy-Clark n'ayant pas répondu à l'attente de son inventeur, on a

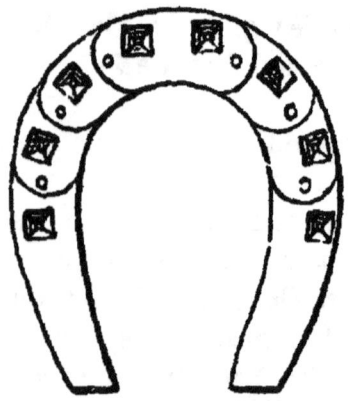

Fig. 146.
Fer articulé par charnières.

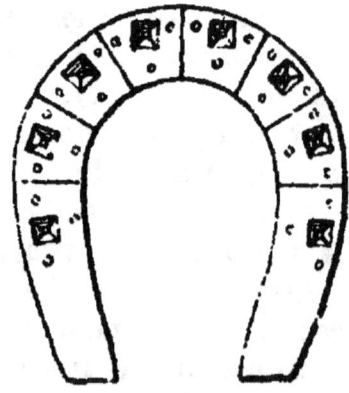

Fig. 147.
Fer articulé de Vatel.

cru devoir multiplier le nombre des pièces dont il se compose ;

de là, difficulté de fabrication plus grande, solidité moindre et prix de revient plus élevé encore (fig. 146).

Fer articulé de Vatel. — Vatel, professeur à l'École d'Alfort, a inventé un fer articulé de huit pièces fixées sur une lame de cuir, chaque pièce portant une étampure (fig. 147).

Il est bon à mettre sous la vitrine d'un cabinet de collections.

Fer Sempastous. — M. Sempastous, vétérinaire du haras de Pompadour, a inventé un fer dont les branches peuvent s'appliquer séparément (fig. 148).

Fer Peillard. — Les inconvénients de la ferrure ordinaire ont été très exagérés en 1867, par M. Peillard, capitaine de gen-

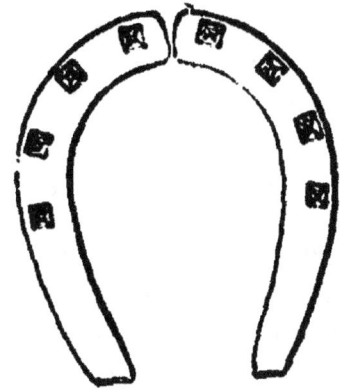

Fig. 148. — Fer Sempastous.

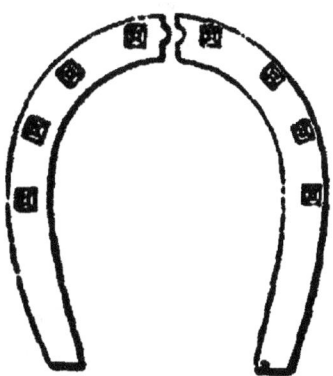

Fig. 149. — Fer Peillard

darmerie. Pour remédier à ces prétendus inconvénients, l'auteur a proposé un fer brisé en pince qui n'est autre que le fer Sempastous, légèrement modifié (fig. 149).

« Notre fer, dit-il, a la forme du fer ordinaire, mais il n'en a pas tout à fait la longueur, ses éponges devant se terminer à la naissance des arc-boutants. Il est coupé en pince par une section ayant la forme d'un V dont l'écartement maximum à sa partie antérieure est d'environ 3 millimètres.

« Les deux parties du fer se touchent dans le tiers postérieur de la section.

« Nous y pratiquons huit étampures espacées comme dans le

fer ordinaire, mais disposées deux à deux en face l'une de l'autre, celles en pince étant faites à un centimètre environ des bords de la section.

« Pour les pieds légers, six étampures peuvent exceptionnellement suffire.

« En résumé, c'est le fer ordinaire, plus une section en pince prompte et facile à obtenir. Il ne faut ni plus de temps, ni plus de chaudes, ni plus de soins pour le fabriquer, et son application ne présente pas plus de difficulté que celle du fer ordinaire, puisque ses branches font, pour ainsi dire, corps entre elles, parfaitement emboîtées qu'elles sont l'une dans l'autre.

« En principe, nous ne voulons pas d'ajusture, et nous la remplaçons par une espèce de biseau que nous donnons à la rive interne de la face supérieure du fer; nous obtenons ainsi un vide suffisant pour empêcher la sole de porter sur le fer, que nous voulons avant tout léger et dégagé. »

La Commission d'hygiène hippique a été appelée à se prononcer trois fois, sur le système de ferrure que M. Peillard a emprunté au vétérinaire Sempastous, et trois fois elle a repoussé « cette ferrure depuis longtemps connue, difficile à fabriquer, peu solide, d'un emploi impossible dans l'armée, cette ferrure qui repose sur des idées théoriques erronées et n'a aucune valeur pratique. »

L'inventeur, d'ailleurs, a condamné lui-même sa ferrure, lorsqu'il a dit en faisant la critique des autres systèmes : « Aucun de ces systèmes n'a pu pénétrer dans le domaine public, soit à cause de leur manque de solidité, soit en raison de la difficulté de leur fabrication et, par suite, de l'augmentation de leur prix de revient.... »

Malgré tout le bruit fait depuis 1866, à propos de cette prétendue invention, le système Sempastous modifié, ou plutôt compliqué par M. Peillard, « *n'a pu pénétrer dans le domaine public* ».

Ferrure Alasonière. — D'après M. Alasonière[1], le cous-

---

1. Alasonière, *Nouvelle manière de ferrer les chevaux pour prévenir l'encastelure et les autres maladies du pied*, etc.

sinet plantaire et la fourchette ne concourent pas à l'écartement des talons, comme on l'a cru jusqu'à lui; ces organes agissent, au contraire, comme moyens contentifs limitant l'écartement; la fourchette, dans le pied non ferré, vient constamment toucher le sol, lorsque le cheval est en mouvement.

Partant de ces données, ce vétérinaire propose, pour remédier aux défauts de la ferrure actuelle, de fixer, au moyen de clous carrés ou ronds, à tiges très courtes, à la face supérieure du fer et dans la région des talons, une traverse en acier (le frog-stay ou arrête-fourchette) disposée de manière à effleurer la fourchette, afin que celle-ci, dans son mouvement d'abaissement, rencontre un solide appui (fig. 150).

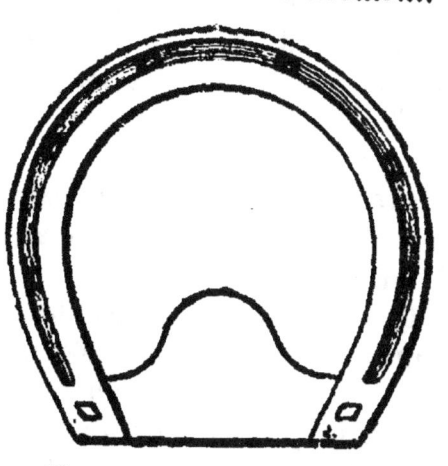

Fer. 150. — Fer Alasonière.

C'est, en somme, une modification du fer à fourchette artificielle de Coleman.

Le fer à planche ordinaire, ou à planche soudée sur les éponges d'un fer ordinaire, est de beaucoup préférable au fer de M. Alasonière.

VIII. — FERS A LA MÉCANIQUE.

Fers à cheval en fer. — Le forgeage à la main des fers à cheval est pénible, long, difficile et exige un sérieux apprentissage.

L'ouvrier y emploie d'autant plus de temps et de force, que les fers sont plus lourds; deux hommes, un forgeur et un frappeur, ne peuvent guère forger, dans leur journée, en fers bourgeois, que soixante-dix pièces, et en gros fer, cinquante à soixante seulement.

Aujourd'hui, que les professions manuelles pénibles sont de plus en plus délaissées, et que le prix de la main-d'œuvre devient de plus en plus élevé, le travail mécanique tend à se substituer au travail de la main, dans le forgeage des fers à cheval.

Le fer à cheval se fabrique de moins en moins avec la ferraille et les déferres (fers usés).

C'est le *fer en barres* ou *Guildin*, qui est préférablement employé, et ce fer en barres, pour faciliter le travail de l'ouvrier, reçoit, aux usines à fer, des dispositions particulières qui permettent de faire vite, mieux et à meilleur marché.

C'est particulièrement la fabrication des fers à devant qui est très simplifiée.

Avec des *lopins*, coupés dans ces barres calibrées et préparées, un ouvrier seul peut tourner et étamper une centaine de fers à cheval par jour.

Dans certains ateliers, les lopins sont chauffés dans un fourneau à coke et tournés à l'aide d'une machine à cintrer, mue à bras, à l'aide d'un levier ; ce dernier système ne se généralise pas, attendu qu'il ne donne pas de résultats sensiblement supérieurs au travail à la main.

Mais ces procédés ne sont pas d'un grand secours pour la fabrication des fers à derrière, dont l'épaisseur et la couverture sont variables suivant les régions.

Depuis longtemps déjà, on a essayé de fabriquer les fers à cheval à l'aide de machines et, de progrès en progrès, l'industrie est arrivée à faire des fers français de trait léger et de gros trait très supérieurs à ceux forgés à la main. Quant aux fers *bourgeois*, leur étroitesse en rend la confection si difficile par les machines, surtout pour les fers de derrière, que le travail à la main continue à être la règle.

Le Guildin, destiné à la fabrication des fers mécaniques, est toujours d'une épaisseur moindre du côté de la barre qui doit former la rive interne du fer ; en outre, pour la confection des fers à derrière, on se sert de fer dit *à bosse ;* la bosse correspond à la pince du fer et donne à cette région la couverture et l'épaisseur nécessaires.

Fers à cheval en fonte. — Pour réaliser une économie, l'industrie a cherché à employer la fonte malléable, dans la fabrication des fers à cheval.

Cette matière, moins chère que ses dérivés (fer et acier), se moulant facilement et presque sans main-d'œuvre, devait, si les expériences avaient réussi, abréger de beaucoup les difficultés de la forge et permettre de réduire le prix de la ferrure.

L'un de ces fers (fig. 151) à étampures arrondies, présente, entre chacune d'elles, un vide destiné à diminuer le poids et à empêcher les glissades.

La face supérieure, ajustée à l'anglaise, offre sur le siège

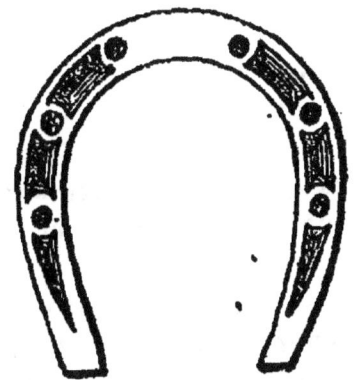 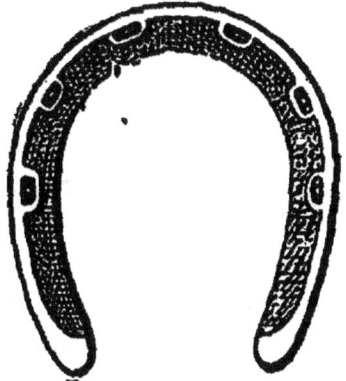

Fig. 151. — Fer en fonte. Fig. 152. — Fer en fonte.

des rayures pour établir un contact et une adhérence plus intimes entre le fer et la corne.

Un autre modèle, ajusté sur les deux faces, offre des étampures destinées à recevoir des clous anglais (fig. 152).

La fonte employée à faire ces fers peut être battue et contournée, après avoir été chauffée au rouge brun.

Jusqu'à présent les meilleures fontes n'ont pas encore donné des résultats suffisants pour faire abandonner le fer ; elles se travaillent difficilement, se cassent au moindre choc un peu violent, s'usent plus vite que le fer, perdent leur mordant sur le pavé, dès qu'elles sont usées, et exposent le cheval aux glissades.

Fers à cheval en acier. — On a essayé, à diverses reprises, de substituer l'acier au fer dans la fabrication des fers à cheval. Mais l'expérience a démontré que si l'acier résiste un peu plus à l'usure, par contre, il est d'un prix plus élevé, plus cassant et moins facile à travailler. D'ailleurs, la résistance à l'usure du fer à cheval, bien fait et de bonne qualité, est suffisante, en général, pour atteindre l'époque où le renouvellement de la ferrure devient nécessaire. De plus, en cas d'usure trop rapide, la pince seule étant coupée, il suffit d'*aciérer* cette région pour donner au fer plus de durée.

Emploi des fers à la mécanique dans l'armée. — A ce sujet, il nous semble utile de reproduire les considérants suivants :

Considérant qu'il n'est guère possible, en campagne, de forger des fers à cheval ; l'installation, les matières premières, le temps, tout fait défaut ;

Qu'il faut que l'armée ait de grands approvisionnements constamment renouvelés et soit suivie de quantités considérables de fers à cheval ;

Que dans les dernières guerres le travail à la main s'est montré impuissant, à constituer des approvisionnements suffisants ; que les fers manquaient, étaient fort chers et, en général, mal faits et difficiles à poser ;

Qu'il est possible de fabriquer des fers mécaniques d'une perfection de forme inimitable à la main, et qu'avec des fers bien faits la bonne ferrure est facile ;

Considérant, en outre, que les fers mécaniques, reproduisant invariablement les modèles types, donneront de l'unité à la ferrure de l'armée et développeront, chez l'ouvrier, le sentiment de ce qui est bien :

Il demeure évident que l'armée a un intérêt de premier ordre à favoriser et à entretenir l'industrie des fers à la mécanique : soit en faisant des commandes annuelles à un établissement de choix, auquel elle imposerait l'obligation d'avoir un matériel suffisant, pour faire face à toutes les éventualités, soit en créant des fabriques à son usage.

Cependant, généraliser l'emploi des fers mécaniques dans l'armée serait une faute.

Pour devenir un très bon ferreur, il faut, en général, savoir forger.

Et puis, que deviendraient les vieux fers ?

Au double point de vue de l'instruction des ouvriers et de l'économie, il faut que la moitié des fers nécessaires à l'armée soient forgés par les maréchaux.

Les fers à la mécanique ne doivent pas entrer dans la proportion de plus de la moitié, autrement dit de plus de six ferrures par cheval et par an.

IX. — SEMELLES EN CUIR, EN GUTTA-PERCHA, EN BOIS.

Semelles en cuir. — On a essayé d'appliquer sous les pieds des chevaux des semelles en cuir, garnies de clous à tête plate, comme la chaussure de l'homme (fig. 153).

Un inventeur a proposé de se servir d'un fer ordinaire mince et léger, et de lui superposer une bande de cuir comprimé, destinée à être remplacée après usure.

Enfin M. Jates, de Manchester, a tenté de substituer, au fer à cheval actuel, une semelle en peau de buffle, en triple épaisseur et fortement comprimée dans un moule en acier.

D'après l'inventeur, on obtient par ce moyen une semelle plus dure que la corne, que l'on fixe au pied avec des clous anglais, qui font corps avec le cuir et lui donnent une solidité parfaite?

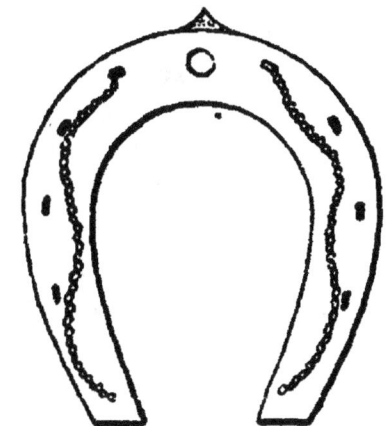

Fig. 153. — Semelle en cuir, garnie de clous.

Ces systèmes n'ont aucune valeur pratique.

Semelles en gutta-percha. — La gutta-percha, en raison de sa résistance et de sa souplesse, et dans le but de favoriser les fonctions du pied et d'empêcher les glissades, a aussi été essayée pour la ferrure des chevaux. Mais les semelles faites en gutta-percha durent peu de temps, et l'implantation fréquente de clous détériore la paroi à son bord inférieur.

Les chevaux, ainsi ferrés, marchent sans faire de bruit et sont dangereux pour les piétons.

Semelles en bois. — En ces derniers temps, un inventeur a imaginé d'appliquer, à l'aide de vis, sur un fer mince, une bande en bois destinée à être remplacé après usure. Ce procédé n'a pas même été jugé digne d'être essayé.

C'est surtout à propos de ferrure que le ministère de la guerre est assiégé par une foule d'inventeurs et d'industriels habiles à se placer sous de hauts patronages, et qui, par patriotisme, disent-ils, désirent faire profiter le pays de leurs prétendues découvertes et des produits de leur industrie.

A notre avis, l'armée n'est pas un champ d'expériences; elle doit simplement se tenir au courant des progrès de l'industrie civile, pour faire son profit des inventions utiles qui ont su déjà se faire place au soleil.

En résumé, parmi les milliers de systèmes ayant eu la prétention de se substituer à la ferrure ordinaire, deux seulement ont pu subir l'épreuve de la pratique : la *ferrure à croissant*, de Lafosse, et celle de *Charlier*.

Et l'expérience a démontré que ces deux ferrures peuvent seulement rendre des services dans certains cas spéciaux, pour les pieds encastelés ou plats, par exemple, mais que leur généralisation est impossible.

CHAPITRE IV

FERRURE FRANÇAISE ET FERRURES ÉTRANGÈRES

I. Ferrure française. — II. Ferrure anglaise. — III. Ferrure allemande. — IV. Ferrure espagnole. — V. Ferrures italienne et belge. — VI. Ferrure russe. — VII. Ferrure américaine. — VIII. Ferrure arabe.

I. — FERRURE FRANÇAISE.

De nos jours, l'art de confectionner des semelles métalliques et de les fixer sous les pieds, à l'aide de clous, est universellement répandu et pratiqué par des ouvriers appelés *maréchaux ferrants*.

La France et l'Angleterre ont adopté une ferrure différente et se disputent la suprématie.

La ferrure des autres pays participe tantôt du système français, tantôt du système anglais, parfois même de l'un et de l'autre ; généralement l'imitation est grossière.

Seuls, les peuples orientaux ont une ferrure originale, mais si défectueuse, si primitive qu'elle ne mérite pas de fixer l'attention.

Matières premières. Les matières premières utilisées en maréchalerie, sont : le fer, le charbon, les clous.

Fer. — On emploie à la forge :
Les déferres[1] et la ferraille pour former le lopin bourru ;
Le fer neuf, dit *fer en barres*.

Un lopin bien fait est d'égale épaisseur partout ; s'il est fait avec des déferres, les étampures sont extérieures, afin que les quartiers[2] s'appliquent bien sur le vieux fer.

Le bon fer, ou fer doux, présente dans sa cassure des lames aplaties, fibreuses, mêlées de petits grains de couleur bleuâtre.

Le bon fer, frappé à faux sur une enclume, plie et ne casse pas.

Le fer *cassant à froid* ou *à chaud* est mauvais ; il ne doit pas être employé en maréchalerie.

Charbon de terre. — Le charbon de terre de bonne qualité est friable, brillant dans sa cassure et d'un beau noir velouté.

Il flambe en brûlant, forme une croûte compacte, donne beaucoup de chaleur et peu de résidu.

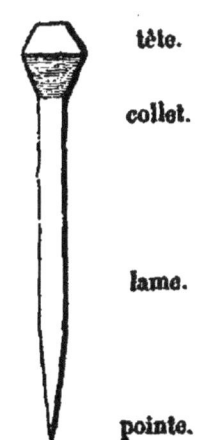

Fig. 154. Clou.

Clous. — Les clous servent à fixer le fer sous le pied du cheval.

---

1. Vieux fers usés.
2. Moitié d'un vieux fer.

Dans chaque clou on distingue : la *tête*, le *collet*, la *lame* et la *pointe* (fig. 154).

Pour être employé, le clou doit être affilé.

Le clou bien affilé est légèrement incurvé sur son plat ; sa pointe aiguë présente un talus, du côté de la concavité de la lame ; ce talus a pour but de déterminer la sortie du clou à une plus ou moins grande hauteur à la surface de la paroi (fig. 155).

Les clous en usage sont :

Le *clous français ordinaire*, à tête pyramidale, pour les étampures carrées et peu profondes du fer français ordinaire (fig. 154) ;

Le *clou à collet allongé* pour les étampures profondes du fer étroit et épais actuellement en usage dans les villes (fig. 156) ;

Le *clou anglais* à tête aplatie en forme de coin pour le fer à rainure (fig. 157) ;

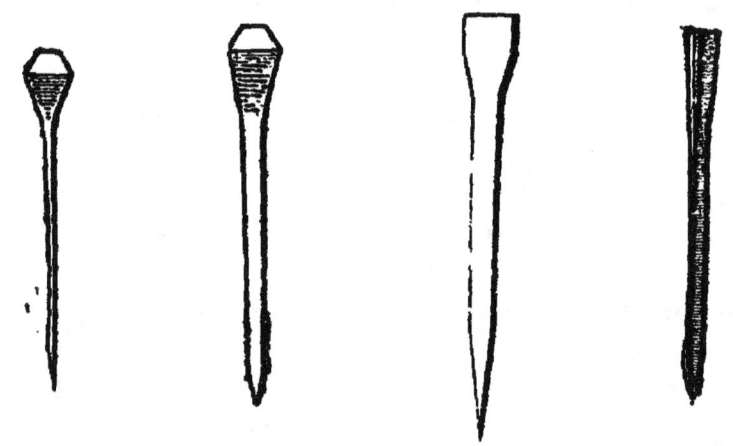

Fig. 155.   Fig. 156. — Clou à collet allongé.   Fig. 157. Clou anglais.   Fig. 158. Clou Charlier.

Le *clou Charlier* à tête ovalaire ou carrée ; cette dernière ayant quatre arêtes, s'implante plus solidement dans l'étampure (fig. 158) ;

Le *clou à glace* à tête carrée, tranchante, pointue, à la savoyarde (fig. 159, 160, 161 et 162) ;

Le *clou à tête plate* destiné à prolonger la durée du fer, se met en pince et en mamelle (fig. 163).

Les clous sont fabriqués à la main et à la mécanique.

Jusqu'à ces derniers temps, les clous à la main étaient supérieurs, comme qualité, à ceux à la mécanique.

Mais aujourd'hui on peut prédire que le clou à la main, ainsi que le travail long et bruyant de l'affilure, ont fait leur temps.

On fabrique aujourd'hui, à la mécanique, des clous parfaits

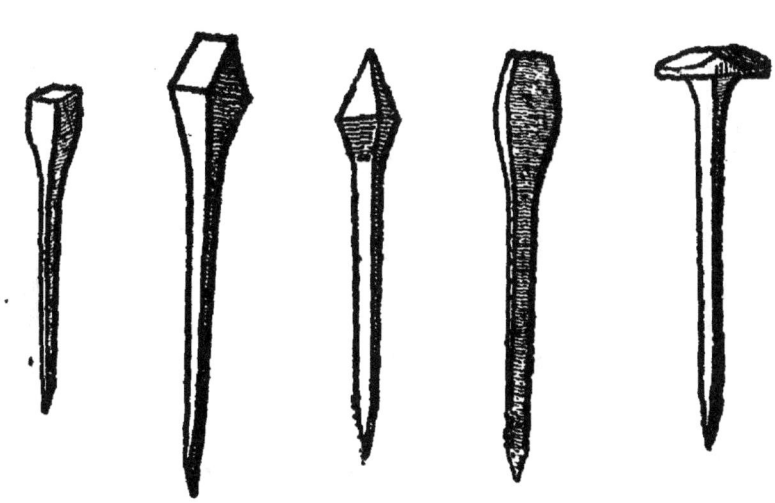

Fig. 159, 160, 161 et 162.
Clous à glace.

Fig. 163.
Clou à tête plate.

de forme, à surface brillante et lisse, tout affilés, d'un prix de revient peu élevé et d'une qualité supérieure.

La qualité du clou peut être facilement appréciée.

A cet effet, il faut chauffer le clou du côté de la tête, l'allonger rapidement en carré par le martelage, puis le disposer en tige ronde en abattant les carres ; si le fer est bon, en une seule chaude on arrive à tranformer le clou, en aiguille cylindrique : dans le cas contraire, il est impossible d'abattre régulièrement les carres, et des pailles apparaissent.

Les dimensions des clous correspondent à des numéros qui indiquent leur nombre à la livre.

Instruments de ferrure. — Les instruments de ferrure servent à appliquer le fer sous le pied du cheval.

Ces instruments sont :

1° Le *brochoir* (fig. 164) ou la mailloche (fig. 165 et 166), destiné à frapper sur le rogne-pied et à enfoncer les clous dans la corne.

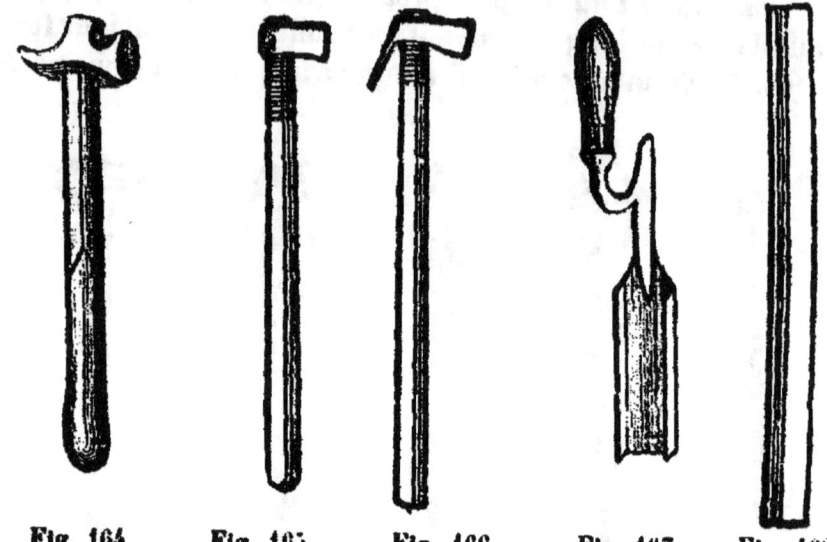

Fig. 164. Brochoir.   Fig. 165. Mailloche.   Fig. 166. Mailloche.   Fig. 167. Boutoir.   Fig. 168. Rogne-pied.

2° Le *boutoir*, instrument tranchant, servant à parer le pied (fig. 167).

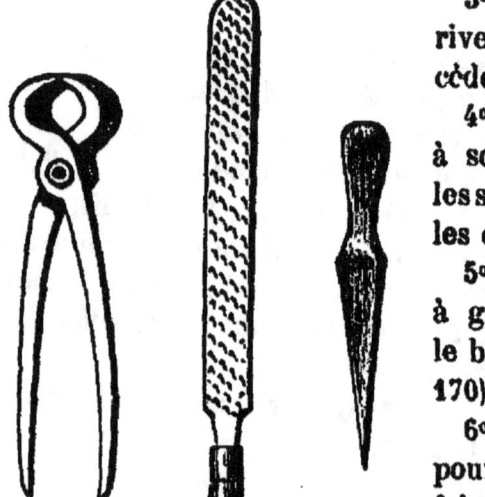

Fig. 169. Tricoise.   Fig. 170. Râpe.   Fig. 171. Repoussoir.

3° Le *rogne-pied*, pour dériver les clous et rogner l'excédent de la corne (fig. 168).

4° Les *tricoises*, qui servent à soulever le fer, à arracher les souches, à couper et à river les clous (fig. 169).

5° La *râpe*, sorte de lime à gros grains, pour arrondir le bord inférieur du sabot (fig. 170).

6° Le *repoussoir*, poinçon pour élargir la contre-perçure, faire sortir les vieilles souches restées dans la corne (fig. 171).

7° Le *tablier* de forge, pour garantir le maréchal.

8° Le *tablier à ferrer*, sorte de large ceinture en cuir, ayant des poches latérales dans lesquelles le maréchal met ses outils et les clous.

9° La *boîte à ferrer*, servant à contenir les instruments de ferrure et les clous.

10° Enfin, le maréchal militaire est muni de *sacoches* pour les routes et manœuvres.

Fer à cheval français. — Le fer est une lame métallique destinée à protéger le pied du cheval contre l'usure.

Le fer à cheval est contourné sur lui-même, sa forme est celle du bord inférieur du sabot.

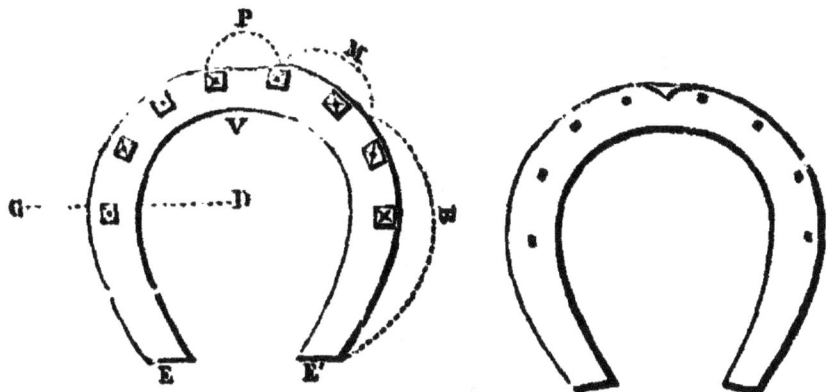

Fig. 172. — Fer droit de devant face inférieure.

Fig. 173. — Fer droit de devant, face supérieure.

Division du fer. — Le fer à cheval (fig. 172) se divise en plusieurs régions :

La *pince* (p), partie antérieure du fer, qui correspond à la pince de la paroi ;

Les *mamelles* (m) du dedans et du dehors, situées de chaque côté de la pince ;

Les *branches* (b) du dedans et du dehors, qui s'étendent des mamelles à l'extrémité du fer, et correspondent aux quartiers ;

Les *éponges* (e), extrémités des branches correspondant au talon.

Description. — Le fer à cheval présente à considérer :

1° La *face supérieure* (fig. 173), en contact avec le sabot.

2° La *face inférieure* (fig. 172), qui frotte sur le sol.

3° La *rive externe*, ou contour extérieur.

4° La *rive interne*, ou contour intérieur, dont la partie centrale s'appelle la voûte.

5° L'*épaisseur*, comprise entre les deux faces.

6° La *couverture*, largeur du fer comprise entre les deux rives : le fer est dit *dégagé* ou *couvert*, suivant qu'il est étroit ou large.

7° La *tournure*, forme donnée au fer pour lui faire prendre le contour du pied.

8° L'*ajusture*, incurvation régulière et calculée de la face supérieure du fer.

L'ajusture est dite :

Bonne : l'incurvation, suffisamment accusée en pince, diminue progressivement en arrière ; elle disparaît vers le milieu des branches pour laisser à plat les extrémités du fer.

Trop faible : elle est insuffisante.

Trop forte : elle est exagérée.

Entôlée : les deux branches, fortement ajustées, sont éloignées du sol par leur rive externe.

En bateau : les branches, au lieu d'être droites de la mamelle à l'éponge, sont incurvées de telle manière que la pince et les mamelles d'une part, les éponges de l'autre, ne portent pas sur le sol.

De mulet : la pince est relevée de court, et le fer porte à plat des mamelles aux éponges.

A éponges renversées : les éponges, au lieu d'être droites, sont contournées en dessous.

Mauvaise : quand elle est irrégulière ; les ajustures trop faibles, trop fortes, entôlées, en bateau, à éponges renversées, sont mauvaises.

9° La *garniture*, partie du fer débordant la paroi et élargissant la surface d'appui.

10° Les *étampures*, trous carrés au nombre de 6, 7 ou 8,

creusés à la face inférieure du fer et destinés à loger les clous.

Le fer est dit :

Étampé à gras, quand les étampures sont éloignées de la rive externe.

Étampé à maigre, dans le cas contraire.

11° Les *contre-perçures*, petites ouvertures pratiquées au fond des étampures et livrant passage à la lame des clous.

12° Les *crampons*, replis du fer levés en éponges. Les crampons élèvent les talons et empêchent le cheval de glisser.

13° La *mouche*, petit crampon de forme carrée levé à l'éponge du dedans.

14° Le *pinçon*, petite languette de fer levée en pince et quelquefois en mamelle. Le pinçon donne de la fixité au fer. D'où ce dicton en maréchalerie : *Un pinçon vaut deux clous.*

Il y a des fers à cheval de devant et des fers de derrière ;

Un fer droit de devant et un fer gauche de devant ;

Un fer droit de derrière et un fer gauche de derrière.

Tous ces fers ont une forme différente, comme les pieds sur lesquels ils s'appliquent.

Fer de devant. — Le fer de devant, comme le pied de devant, a une forme assez régulièrement arrondie ; il porte six, sept ou huit étampures, rapprochées en pince, également espacées les unes des autres ; quand ce fer est bien étampé, une ligne réunissant les deux dernières étampures entre elles le coupe en deux parties égales (fig. 172).

On lève rarement des crampons au fer de devant.

Fer de derrière. — Le fer de derrière (fig. 174), comme le pied de derrière, a une forme ovale ; il ne porte pas d'étampures en pince ; les deux dernières sont bien plus rapprochées des talons que celles du fer du devant.

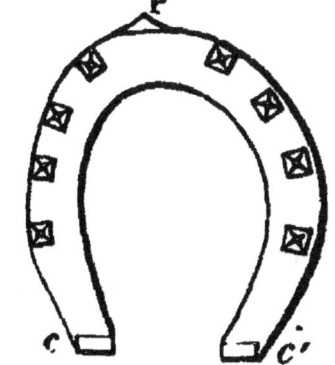

Fig. 174. — Fer de derrière.

C'est au fer de derrière qu'on lève ordinairement les crampons.

Fers droit et gauche. — Le fer droit se distingue facilement du fer gauche : la branche de dedans du fer à cheval est sensiblement plus droite et étampée plus à maigre que la branche du dehors.

Manuel opératoire de la ferrure. — La ferrure française nécessite plusieurs opérations successives : *déferrer — parer le pied — préparer, présenter* et *faire porter le fer — attacher le fer — rabattre le pinçon — râper.*

Déferrer. — Le pied étant levé et maintenu par un aide, le maréchal fait sauter les *rivets*[1] avec le rogne-pied et le brochoir. Il soulève le fer par ses extrémités, à l'aide des tricoises, et le rabat sur le pied ; les vieux clous ou *caboches* sont enlevés un à un et recueillis[2] ; les *souches*[3], restées dans la paroi, sont chassées par le repoussoir et extirpées par les tricoises.

Parer. — Parer ou raccourcir le pied s'exécute, d'abord, en faisant sauter tout le pourtour résistant et durci de la paroi, avec le rogne-pied, frappé par le brochoir. Puis, le boutoir, s'attaquant à la corne plus molle, continue la besogne, qui est achevée par un coup de râpe, destiné à arrondir fortement le bord tranchant de la paroi.

Préparer, présenter, faire porter le fer. — Le pied étant paré, le maréchal prend un fer approprié, le met au feu, lève crampon et pinçon, donne la tournure et l'ajusture.

Puis il présente ou essaye le fer chaud, sur le pied, et s'assure de la concordance de forme et d'une parfaite adaptation. En cas d'imperfection, le fer est modifié sur l'enclume et derechef essayé à chaud. De même le pied est rectifié par le boutoir, qui enlève facilement la corne ramollie et carbonisée par le feu.

Quand tout va bien, le maréchal *fait porter* ; c'est-à-dire

---

1. Extrémité du clou repliée, en forme de crochet, à la surface de la paroi.
2. Les caboches, semées sur le sol, peuvent blesser les pieds des chevaux.
3. Fragments de clous qui, laissés dans l'épaisseur de la paroi, ébrèchent les instruments et font parfois dévier vers la chair les clous nouveaux.

qu'il appuie fortement le fer chaud, sur le pied, pour déterminer l'intimité du contact entre le sabot de corne et sa chaussure de fer.

Le fer est ensuite refroidi dans l'eau ; les contre-perçures sont débouchées avec un poinçon ; la rive externe, le pinçon, les éponges sont polis à la lime [1].

Enfin le fer est représenté à froid, sur le pied, et un nouveau coup de râpe vient régulariser et arrondir le pourtour de la paroi.

Attacher le fer. — Le fer étant placé et maintenu en bonne position, le maréchal *broche* les clous, préalablement *affilés* [2] ; brocher, c'est enfoncer dans l'étampure le clou à cheval et en rabattre la pointe à la surface de la paroi.

Toutes les extrémités des clous sont ensuite tranchées, près de leur sortie ; puis, chacune d'elles est successivement repliée en crochet et incrustée dans une petite excavation faite à la paroi : les clous sont *rivés*.

Les clous *brochés en bonne corne* ont leur trajet également distant de la corne intérieure, trop molle, et de la corne extérieure, dure et cassante. Ils sont dits *brochés à gras, brochés à maigre* suivant leur rapprochement ou leur éloignement de la chair : dans le premier cas, le cheval peut être *serré par les clous*.

Brocher en musique, c'est faire sortir les clous à des hauteurs différentes, à la surface de la paroi, au lieu de les placer sur la même ligne.

Lors de l'implantation des clous, l'oreille renseigne sur la direction prise par la pointe de la lame. Le clou, frappé par le marteau, donne un son différent suivant la densité des couches cornées dans lesquelles il pénètre.

Quand les clous sont *rivés*, le maréchal fait poser le pied à terre et *rabat le pinçon*, c'est-à-dire qu'il applique exactement cet appendice, sur la paroi, à petits coups de brochoir.

Râper le pied. — Le coup de râpe final a pour but de ni-

---

1. Donner le fil d'argent n'est pas nécessaire, mais c'est propre et coquet.
2. L'affilure a pour but de faciliter l'implantation des clous.

veler le pourtour extérieur du pied, de faire disparaître les inégalités de la paroi.

II. — FERRURE ANGLAISE.

La ferrure anglaise diffère de la ferrure française, au point de vue de la disposition du fer et de la manière de l'appliquer sous le pied.

Fer de devant. — Le fer anglais de devant est du même coup forgé, ajusté et rainé.

L'ajusture prise aux dépens de l'épaisseur du fer, divise la face supérieure en deux parties (fig. 175) :

1° *Une surface* plane extérieure, appelée *siége*, sur laquelle doit s'appuyer la paroi ;

2° Un *talus* intérieur qui correspond à la sole.

La face inférieure est plane et creusée, près de la rive externe, d'une profonde rainure (fig. 176).

La rainure est pratiquée à l'aide d'une tranche, verticale sur

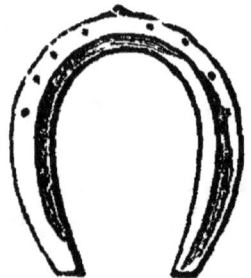

Fig 175. — Fer de devant ; ajusture.

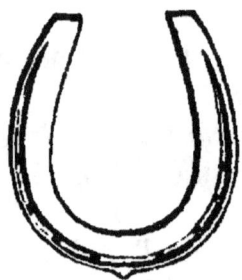

Fig. 176. — Face inférieure.

sa face gauche et taillée en biseau arrondi, sur sa face droite. Elle est creusée plus à maigre à la branche du dedans, qu'à la pince et à la branche du dehors.

Les étampures sont percées dans la rainure, à l'aide d'un poinçon.

Les contre-perçures doivent être à gras, en dehors et en pince, un peu plus à maigre en dedans.

Le fer de devant est également couvert et épais à toutes les régions, sauf en éponges.

Les éponges sont plus étroites et plus épaisses, arrondies à leur bout et disposées en biseau, de la face supérieure du fer à la face inférieure.

Fer de derrière. — Le fer de derrière (fig. 177 et 178), couvert et épais en pince, est très dégagé et plus mince en branches. La branche du dehors, notablement plus couverte et un peu plus longue que celle du dedans, porte un crampon.

La branche du dedans est très étroite, surtout en arrière, où elle se termine par un épaississement considérable et progressif de l'éponge. Cet épaississement donne à l'éponge du dedans une hauteur égale à celle de l'éponge du dehors, muni de son crampon.

L'éponge du dedans est, en outre, arrondie en biseau à son extrémité et un peu inclinée sous le pied.

Fig. 177. — Fer de derrière.

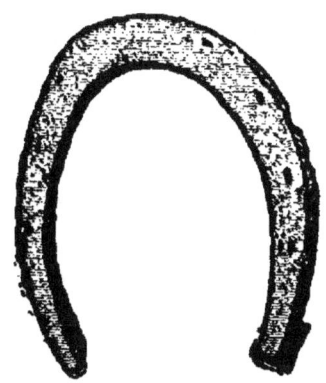
Fig. 178. — Fer de derrière.

Le fer anglais de derrière est rainé seulement en mamelles et en branches. Il porte généralement un pinçon à chaque mamelle, et plus rarement un seul pinçon en pince.

Instruments de ferrure. — Le maréchal anglais tient le pied et ferre tout à la fois, sans le secours d'un aide.

Les instruments sont : le brochoir, un petit rogne-pied, le couteau anglais (fig. 179) et une forte râpe.

Manuel opératoire de la ferrure. — *Ferrure du de-*

vant. — Le maréchal lève le pied du cheval, le droit, par exemple.

Il passe sa jambe droite en dedans du membre du cheval, de manière à tenir le boulet et le canon entre ses cuisses, en faisant appuyer le pied sur ses genoux, sans trop le tirer en dehors.

Déferrer. — Pour déferrer, prenant le brochoir de la main droite et le rogne-pied de la main gauche, il casse les rivets du dehors; puis il change de main pour casser les rivets du dedans.

A l'aide des tricoises, il soulève le fer avec précaution et l'enlève.

Parer le pied. — Le maréchal enlève d'abord la corne dure avec la râpe.

Il pare ensuite le pied avec la rainette, en commençant par le talon externe dans les pieds droits et par le talon interne dans les pieds gauches.

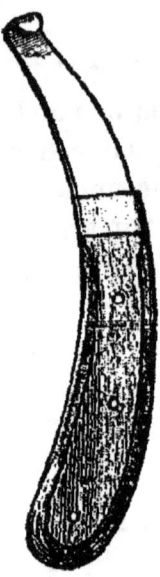

Fig. 170.
Couteau anglais

La rainette est tenue avec la main droite, les doigts en dessus, la lame bien parallèlement à la surface inférieure du pied, le tranchant tourné du côté droit de l'homme, les quatre doigts de la main gauche placés sur la paroi pour soutenir le pied; le pouce de la même main appuyé sur le dos de la rainette, pour la pousser toujours de gauche à droite du maréchal et lui servir de régulateur.

Le pied étant suffisamment paré est ensuite égalisé par la râpe.

Le maréchal prépare alors le fer et lui donne la tournure.

Il l'essaye, le lime avec un soin extrême et le fixe sous le pied, à l'aide de clous. La tête des clous disparait, assez complètement, dans la rainure pour ne pas dépasser la surface du fer; le collet est forcé dans l'étampure, de telle manière que le clou fait en quelque sorte partie du fer.

Brocher et river. — Pour brocher et river sur le quartier du dehors, le maréchal place sa jambe droite en avant de la gauche; pour le quartier du dedans, c'est la jambe gauche qui doit être en avant.

Ferrure du pied de derrière. — Pour lever et tenir le pied de derrière, le droit, par exemple, et agir sur le quartier du dehors, le maréchal place sa jambe gauche en arrière de la droite, sa cuisse droite dans une direction oblique et bien allongée, le genou fléchi pour servir d'appui au boulet ainsi qu'au pied.

Pour opérer sur le quartier du dedans, la jambe gauche est placée en avant de la jambe droite : la première sert d'appui au pied et l'autre au boulet. Le bras droit du maréchal doit être appuyé au tendon, afin de tenir plus facilement le pied et de parer avec plus d'aisance.

Pour parer, brocher et river, le manuel opératoire est le même que pour les pieds de devant.

La ferrure des pieds gauches s'exécute, en inversant les positions, de la même manière que celle des pieds droits.

La ferrure réglementaire, dans l'armée anglaise, n'est pas celle qu'on est convenu d'appeler *anglaise*.

Les fers ajustés à l'anglaise n'ont pas de rainure ; les étampures, au nombre de six, sont rectangulaires et de dimension à loger les têtes des clous anglais ordinaires.

Les fers de derrière, à pince tronquée et à pinçons latéraux, sont partout d'égale épaisseur.

Les fers de chevaux de trait, seuls, sont munis de crampons ; mais aucune modification spéciale n'est prescrite pour les temps de gelée ou de verglas, qui sont d'ailleurs très rares en Angleterre.

III. — FERRURE ALLEMANDE.

Le fer allemand, grossier et prétentieux, présente une rainure anglaise interrompue en pince, et une ajusture française exagérée, s'étendant de la pince jusqu'à l'extrémité des éponges (fig. 180).

Les fers ont six, sept ou huit étampures et sont munis de hauts et forts crampons fixes, au nombre de deux, trois ou quatre, étirés aux dépens du fer ou soudés à sa face inférieure.

Malgré leurs inconvénients, les crampons de fortes dimensions sont nécessaires aux chevaux des contrées du nord, où les hivers sont particulièrement longs et rigoureux.

Dans les grandes villes, on fait usage de crampons à vis, à tête plate ou à tête pointue, ou encore en forme de coin à arêtes vives.

Le *fer autrichien* porte cinq à six étampures ; une rainure, interrompue en pince et plus à gras que celle du fer anglais, un pinçon rond, pas d'ajusture et des crampons fixes ou mobiles, à vis, de forme plate, carrée ou pointue.

Fig. 180.   Fig. 181.
Fer allemand.   Fer espagnol.

Les chevaux de trait de l'armée sont ferrés à grappe, en hiver.

En *Suède*, en *Norvège*, en *Danemarck*, en *Hollande*, la ferrure est la même qu'en Allemagne.

Dans l'*armée danoise*, le fer réglementaire a neuf étampures, quoiqu'il ne soit jamais fixé par plus de six à huit clous. Les étampures laissées libres permettent de remplacer sans détacher le fer, ni détériorer la paroi, les clous qui se cassent ou se perdent.

IV. — FERRURE ESPAGNOLE.

En Espagne, on emploie le fer français, qui est en général mal fait, et le fer *bordé*, sans ajusture, léger et mince comme le fer oriental, ayant la forme, les étampures et les clous du fer français (fig. 181).

Les éponges sont, ou contournées en oreilles de chat, qui servent, ainsi que la bordure, à empêcher les glissades, ou rabattues en arrière pour protéger les talons.

Le maréchal espagnol emploie un fer doux et malléable, ferre à froid, se serre du boutoir français et pare le pied, des talons à la pince, en se plaçant à côté du teneur de pied.

En Portugal, la ferrure est loin d'être uniforme. On emploie tantôt des fers à planche minces, bordés à leur rive extérieure, dont la planche est droite, ou renversée par en bas pour former crampon; tantôt des fers ordinaires rainés, non bordés, pourvus ou non de crampons. Les têtes des clous sont arrondies.

V. — FERRURES ITALIENNE ET BELGE.

En Italie comme en Belgique, on ferre à la française.

Le fer italien est massif, trop couvert, mal ajusté, à éponges épaisses, à étampures trop grandes.

L'Italie, qui nous a donné les premiers maîtres en maréchalerie, est le pays où la ferrure a fait le moins de progrès depuis César-Fiaschi.

VI. — FERRURE RUSSE.

Le fer russe présente une rainure large et peu profonde, percée de sept à huit étampures, une pince couverte et des éponges étroites pourvues de crampons elliptiques (fig. 182.)

Les clous en usage sont les clous anglais, dont la tête est noyée dans la rainure.

En cas de glace ou de verglas, on aiguise le crampon externe de manière à rendre son arête parallèle à la rive du fer.

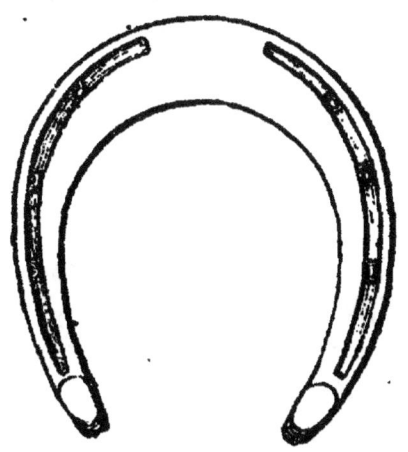

Fig. 182. — Ferrure russe.

Comme l'aiguisement du crampon oblige à déferrer le cheval et occasionne une perte de temps, les crampons à vis tendent à se substituer aux crampons fixes. Dans la garde russe, les chevaux sont toujours ferrés des quatre pieds ; ceux des régiments de la ligne ne sont ferrés que du devant et seulement pendant les manœuvres et en plein hiver. Les fers réglementaires sont pourvus de crampons mobiles à tiges filetées, cylindriques ou coniques. Tous les cavaliers ont une clé anglaise pour pouvoir les mettre, les remplacer ou les supprimer.

Les fers sont forgés d'avance, d'après trois mesures : la première prise sur la plus grande largeur du pied, la seconde aux talons et la troisième de la pince aux talons.

Le maréchal ferre seul et toujours à froid, à la manière anglaise. Tous les onguents de pied sont signalés comme nuisibles.

VI. — FERRURE AMÉRICAINE.

La ferrure américaine ressemble à la ferrure anglaise ; dans le Nord, les fers sont fréquemment pourvus de crampons et de grappe en pince ; la grappe, placée aux fers de derrière, est très large, et s'étend d'un côté à l'autre de la pince.

En Amérique, la fabrication des fers à la mécanique est très répandue.

Les deux systèmes, les plus en vogue dans l'armée, sont celui de Dunbard, qui ne diffère de la ferrure anglaise que par la manière de parer le pied, et celui de Goodenough, précédemment décrit (pag. 228).

VIII. — FERRURE ARABE.

La ferrure pratiquée dans les pays musulmans est très primitive.

Le fer est mince (3 à 4 millimètres environ), plat, couvert, de forme à peu près carrée, un peu plus large en avant qu'en arrière, à rive externe parfois bordée et à éponges contournées en dedans pour former une planche complète ou interrompue (fig. 183, 184).

Les étampures larges et rondes, au nombre de six, trois de chaque côté, sont percées à l'emporte-pièce.

Les clous, à lames fortes et carrées, ont des têtes aplaties qui n'entrent pas dans ces étampures (fig. 185).

Le maréchal arabe ouvre rarement boutique, un piquet près

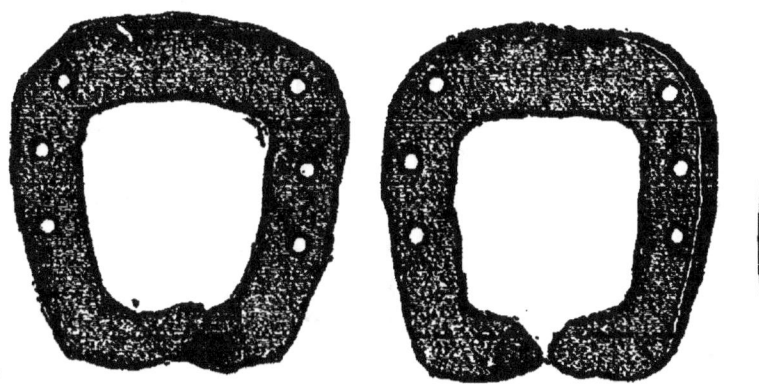
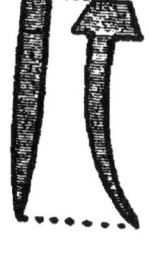

Fig. 183. — Fer arabe. Fig. 184. — Fer arabe. Fig 185. Clou arabe

d'une tente, un carrefour ou le coin d'une place lui suffisent. Ses instruments sont peu nombreux; il se sert : d'une petite tricoise, dont une des branches, contournée à son extrémité, fait office de cure-pied ; d'un petit brochoir, d'un boutoir de forme spéciale, qui se manie d'arrière en avant, à plat, en tirant à soi (fig. 186); d'un carré de fer pour affiler les clous, d'un billot et d'un deuxième boutoir pour raccourcir la pince (fig. 187).

Lorsqu'un cheval est amené à la forge, le maréchal choisit

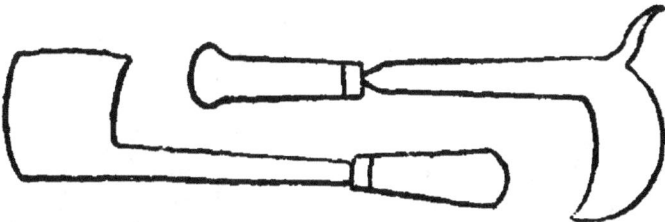

Fig. 187. — Boutoir.   Fig. 186. — Boutoir.

dans sa réserve un, deux, trois ou quatre fers de la grandeur voulue ; ces fers sont tous forgés sur le même modèle, sans distinction des pieds de devant ou de derrière, droit ou gauche ; il les applique à froid en laissant largement garnir la corne en pince et un peu en quartiers.

Les clous sont rivés bas, et les rivets, laissés longs, sont rabattus sur la paroi.

Après avoir frappé sur la planche, pour la mettre en contact avec la fourchette et les talons, le maréchal termine en plaçant le pied sur un billot, et en tronquant brusquement la pince avec son énorme boutoir.

Si le sang coule, ce qui arrive de temps à autre, un peu de poussière projetée sur la partie lésée constitue tout le traitement.

La ferrure n'est pas plus d'un usage général, en Asie qu'en Afrique. Dans les localités où le sol est meuble ou poussiéreux, le sabot épais et dur du cheval arabe et barbe résiste suffisamment à l'usure ; mais dans les pays à sol rocailleux et pour les grands déplacements, si fréquents dans les tribus nomades et guerrières, la ferrure est indispensable.

La ferrure arabe, quoique grossière et mal appliquée, est cependant une ferrure conservatrice. Sa minceur permet au fer de se plier, de se mettre en contact avec le dessous du pied et de présenter, au bout de quelques jours, une ajusture en sens inverse ; sa planche offre toujours un appui à la fourchette, et la parure à plat de la face plantaire prévient les rétrécissements

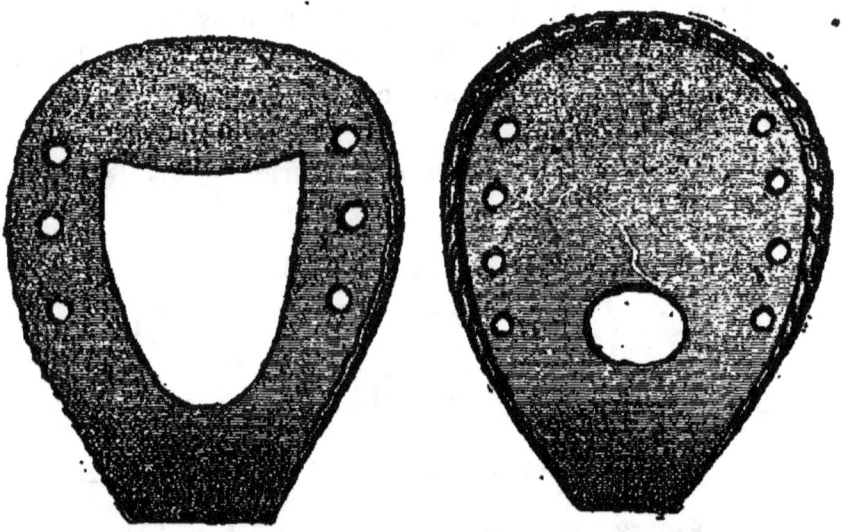

Fig. 188. — Fer turc.   Fig. 189. — Fer marocain.

du pied, si fréquents sur les chevaux arabes soumis à la ferrure européenne.

En Syrie, le fer est plus arrondi, très couvert, bordé sur tout son pourtour, à éponges contournées et chevauchées. On constate une légère différence de forme entre les fers de devant et les fers de derrière.

En Turquie, le fer présente une large plaque percée d'une ouverture en arrière. Il est bordé et denteló sur tout son pourtour et percé de huit étampures, quatre de chaque côté. Il se termine en arrière, par une partie allongée destinée à être rabattue sur les talons (fig. 188). Les clous ont, de chaque côté de la tête, une ailette, qui recouvre celle du clou suivant, de sorte qu'une fois implantés les clous se soutiennent mutuellement.

Le *fer marocain* a la forme du précédent, mais son ouverture intérieure est plus large (fig. 189).

Les éponges réunies et prolongées sont rabattues à froid sur les talons.

CHAPITRE V

LE POIDS, L'ÉPAISSEUR, LA COUVERTURE, LA GARNITURE, L'AJUSTURE DU FER, LES ÉTAMPURES ET LES CLOUS.

Poids du fer. — Le poids du fer mérite sérieuse considération ; du cheval de course au cheval de camion, il varie de 100 gr. à 2 kil. 500 gr.

Ce n'est pas une mince affaire, pour le cheval, de soulever, à chaque temps de la marche, la masse métallique fixée sous chacun de ses pieds. Ainsi, par exemple, en calculant sur le poids très ordinaire d'un kilo de fer, on arrive à trouver que le cheval, qui parcourt un kilomètre au pas et lève, à cet effet, environ 550 fois chacun de ses pieds, fait des dépenses successives de force dont la somme totale est de 2,200 kilog.

Le fer trop lourd détériore la muraille, occasionne gêne, fatigue et maladresse dans la marche.

En théorie donc, le fer doit être aussi léger que possible ; mais, dans la pratique, la condition de durée a d'impérieuses exigences.

Épaisseur du fer. — A égalité de couverture, plus le fer présente d'épaisseur, plus il pèse, plus il dure. Si le fer mince a l'avantage d'être léger, par contre son usure est rapide ; il se fléchit et se déforme rapidement. Le fer épais résiste à l'usure, mais il a l'inconvénient d'être lourd et d'élever par trop le pied au-dessus du sol.

La parfaite égalité d'épaisseur, de toutes les régions du fer, est évidemment indispensable à la régularité de l'aplomb du pied.

Cependant des fers d'inégale épaisseur et des crampons sont fréquemment employés pour modifier l'aplomb, pour augmenter ou diminuer la résistance à l'usure.

Avant d'épaissir une région de fer, il faut savoir :

1º Qu'une telle manœuvre entraîne des oscillations du poids du corps ; élever une région quelconque du pied, par une plus grande épaisseur du fer, c'est jeter la charge sur la région opposée, alléger un côté et surcharger l'autre ;

2º Qu'il est indiqué de rétrécir la branche, en proportion de l'épaississement, afin que le poids du fer continue à être le même à toutes ses régions ;

3º Il est une règle que le simple bon sens indique et qui, une fois formulée, ne sera plus méconnue : c'est de mettre sur le même plan toute la surface supérieure du fer, de façon que le pied y trouve un siège commode et régulier : l'inégalité d'épaisseur doit toujours faire saillie du côté du sol, et non du pied.

Et, malgré la stricte observation des indications les plus rationnelles, épaissir une région du fer, pour modifier l'aplomb, est le plus souvent une pratique funeste.

Ainsi, par exemple, si la branche du dedans est renforcée

pour jeter le poids sur le dehors, le pied repose mal à l'aise sur une surface oblique. Épaissir les éponges du fer de devant, pour élever des talons bas et faibles, est grandement périlleux. Le fer ne portant plus à terre que par la pince et les éponges, les talons du pied sont frappés, par les éponges du fer, à chaque temps de la marche.

Si les éponges sont étroites en proportion de leur épaisseur, les talons se trouvent juchés sur deux lames de couteau et privés de garniture.

Si, avec un excès d'épaisseur, la largeur normale est conservée, elles font l'office de deux pesants marteaux qui, régulièrement, s'en viennent frapper et contusionner les talons.

Augmenter ou diminuer la résistance du fer à l'usure, en épaississant ou en amincissant telle ou telle région, est aussi le plus souvent opération nuisible et blâmable ; les déviaitons et irrégularités d'aplomb qui en résultent ne sont pas les seuls inconvénients.

Ainsi, par exemple, le fer français de devant, épaissi à la rive externe, est nécessairement bombé en dessous, quand il est ajusté. Il dure indéfiniment, puisque la voûte du fer subit d'abord l'usure et préserve le pourtour extérieur[1] ; mais le pied est mal assis et l'appui vacillant.

L'épaississement exagéré du fer, aux régions qui s'usent avec excès, ne retarde pas autant l'usure que bien des gens se l'imaginent. C'est que les vices d'aplomb, qui en résultent, jettent précisément les frottements sur les régions épaissies. On oublie trop que le meilleur moyen de régulariser l'usure et de faire durer le fer est de mettre le pied d'aplomb.

Pour prolonger la durée d'une région quelconque, il est infiniment préférable et plus efficace de donner de la couverture à cette région.

Couverture. — Partant de cette idée, que la sole a besoin d'être protégée, la couverture est donnée comme moyen efficace de protection contre les chocs et les contusions ; par elle en-

---

1. Moyen frauduleux appliqué à la ferrure à l'abonnement.

core, le fer a plus de durée, — sa masse étant augmentée, ainsi que l'étendue de la surface du frottement.

Voilà les avantages admis de la couverture ; ils ne justifient nullement de condamnables exagérations qui s'observent fréquemment.

D'abord, la sole — partout où elle n'est pas amincie par le maréchal — se protège d'elle-même ; or, la sole ne doit être attaquée que sur une très petite étendue et à son pourtour seulement. La couverture exagérée n'est donc, le plus souvent, qu'un remède apporté à un amincissement blâmable.

D'autre part, si le fer couvert présente plus de masse, et partant plus de résistance à l'usure, si la dispersion des frottements sur une plus large surface en diminue d'autant l'intensité, ces avantages sont payés par de sérieux inconvénients. La couverture donne du poids ; de plus, le contact étendu du fer couvert avec le sol entraine forcément des glissades et, dès lors, des frottements plus grands sur le pavé, l'asphalte, la terre grasse, le gazon.

La fréquence des glissades s'explique aisément.

N'est-ce pas le poids du cheval, qui détermine l'adhérence du pied sur le sol ? Or, plus la surface du fer, en contact avec le sol, est étendue, moins la charge est forte sur chacun des points de cette surface, moins conséquemment il y a de stabilité dans l'appui.

De plus, une large surface lisse ne peut se cramponner, se fixer sur les légères inégalités du pavé, ni pénétrer et s'implanter dans le sol mou : de là encore, prédisposition aux glissades.

Les considérations inverses sont applicables au fer dégagé. Il est plus léger et donne davantage de stabilité dans la marche. Comme les glissades sont moins fréquentes, l'usure est moindre, relativement à la masse. Néanmoins, sous le rapport de l'usure, rien ne peut compenser la résistance de la masse : le fer couvert dure bien davantage.

La couverture est un peu dépendante de la forme de l'étampure ; l'étampure française tient plus de place que la rainure anglaise, laquelle nécessite plus d'espace que l'étampure du fer Charlier.

Garniture. — Élargir la surface d'appui, faciliter l'élasticité du pied, obvier à certains inconvénients de la croissance de l'ongle, voilà les effets reconnus de la garniture.

La garniture se donne, ordinairement, à partir du contre des quartiers et en augmentant vers les talons; elle est plus accusée à la branche du dehors. Prolonger, en avant, la pince du fer et, en arrière, les éponges, c'est encore donner de la garniture. Ainsi est augmentée la base de la colonne de support et, conséquemment, la solidité de l'appui.

La nécessité d'élargir la surface d'appui est contestée à tort. Le pied ferré perd de ses dimensions premières, peu ou beaucoup; n'est-il pas rationnel de chercher des compensations?

Là ne se bornent pas, du reste, les effets favorables de la garniture. Le pied s'ouvre en arrière, s'élargit et s'allonge en grandissant; il est utile que le jeu des talons s'effectue sur le fer et que le sabot ne déborde pas sa chaussure, ni par côtés, ni en arrière.

Il y a plus, et ceci est moins connu: la garniture détermine des oscillations du poids du corps[1]. Donner de la garniture à une région, c'est alléger cette région et jeter une surcharge sur la région opposée : ainsi la garniture du dehors déverse du poids sur le dedans et inversement; les éponges qui dépassent les talons chargent la pince; des éponges courtes fatiguent les tendons, etc...

La garniture a aussi des inconvénients. Elle expose le cheval à se déferrer : un pied, lors du poser, faisant parfois la rencontre de la portion du fer qui dépasse le pourtour du pied opposé. Sur le sol mou et dans la neige, le pied se botte davantage et le fer s'arrache plus aisément.

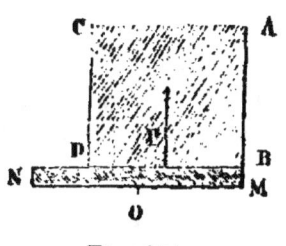

Fig. 190.

1. A B C D (fig. 190) est le pied, M N le fer, qui possède la garniture D N.
Si le poids du corps s'appliquait en O, milieu de la surface d'appui M N, l'appui serait le même en M et en N. Mais il n'en est pas ainsi, le poids s'exerce en P, centre du pied B D, c'est-à-dire à droite du point O ; donc l'appui aura une action plus considérable en M qu'en N, puisque la partie M O est plus chargée que la partie O N.

La garniture est d'autant plus facile à donner que le fer est plus couvert. Le fer français en comporte à volonté ; le siège du fer anglais et l'étroitesse du fer Charlier en permettent peu.

Ajusture. — L'*ajusture française* est imitée du mode d'appui du cheval libre. N'a-t-il pas la pince fortement arrondie par l'usure et aussi — mais à un degré progressivement moindre — le bord externe de la paroi, en mamelles ?

L'incurvation calculée, donnée à la face supérieure du fer français, a pour but de faciliter la marche, de retarder l'usure de la pince, de soustraire le pourtour aminci de la sole au dur contact du fer.

En marche, lors du lever, le pied oscille sur la pince et, durant ce mouvement, se passe le phénomène d'impulsion. Quand la pince et les mamelles sont incurvées et relevées, l'oscillation s'effectue sur toute l'étendue de ces régions ; le pied, plus aisément, se lève et risque moins de se heurter contre les inégalités du sol : il y a plus d'aisance et de sûreté dans la marche. De là, aussi, une durée considérable du fer, résultant de la dispersion des frottements sur une large surface. De plus, l'ajusture permet facilement de maintenir la sole à distance de la face supérieure du fer.

Les partisans de l'ajusture prétendent que le cheval, porteur de fers non ajustés, marche mal et parfois butte dans les premiers jours qui suivent la ferrure ; qu'il faut que l'usure vienne arrondir, *ajuster* la pince pour la facilité et l'aisance des mouvements ; que le fer se coupe rapidement, quand l'oscillation du pied se fait sur l'extrême sommet de la pince ; que, d'ailleurs, l'ajusture étant chose favorable et impossible à empêcher, mieux vaut en donner qu'en laisser prendre : ainsi est évitée la rapide destruction de la pince du fer, ainsi est notablement prolongée la durée de la ferrure.

Deux reproches fort graves sont adressés à l'ajusture française. De ce fait qu'elle rend concave la face supérieure du fer, et empêche la rive externe de poser sur le sol, l'ajusture est accusée d'amener fatalement le resserrement du pied et de compromettre la stabilité.

Ces reproches ne sont fondés que pour la mauvaise ajusture.

L'ajusture bien comprise diminue fort peu la surface d'appui, laquelle, du reste, est élargie par la garniture ; de plus, après quelques jours, le dessous du fer est usé et les branches portent à plat dans toute leur étendue ; et puis, on ne s'égare pas en suivant l'exemple de la nature : or, la pratique incriminée reproduit exactement la disposition du pied non ferré. Enfin, lorsque l'ajusture est rationnellement établie, toute la région postérieure du sabot se trouve assise parfaitement à plat sur les branches du fer ; rien ne s'oppose donc à la libre manifestation du phénomène d'élasticité.

Mais — il faut le dire bien haut — l'ajusture est une arme dangereuse à manier. Qu'elle soit, par exemple, exagérée en pince, le pied est élevé en avant et les talons surchargés d'autant. Si elle est exagérée de partout, le fer ne porte guère sur le sol que par sa rive interne ; le cheval est, en quelque sorte, juché sur des boules : de là, grande instabilité de l'appui et fatigue des membres. D'autre part, la concavité de la face supérieure du fer, très accusée ou simplement trop prolongée en arrière, fait subir au sabot un incessant effort de concentration et rend impossible le jeu des talons : de tous côtés, le pied tend à descendre une pente qu'il lui est interdit de remonter.

Il est enfin certains avantages et inconvénients *inédits* de l'ajusture française.

Pour les bien saisir, il faut se rappeler que les membres postérieurs sont principalement des supports et les membres antérieurs des ressorts impulsifs ; que le mouvement en avant est déterminé par ceux-ci et subi par ceux-là ; que sur les pieds antérieurs roule le poids du corps, tandis que les postérieurs servent de point d'appui à la détente.

On comprend, alors, que l'ajusture française favorise les pieds antérieurs dans leur double rôle de supports et d'agents moteurs. Ne permet-elle pas, en effet, de tronquer la pince ? Or, la pince courte attire le poids en avant et soulage les tendons.

Elle donne, de plus, souplesse et moelleux dans les allures, évolution plus rapide du pied : souplesse et moelleux, parce que le poids du corps oscille aisément sur toute la surface bombée de la pince et que, lors du poser, les talons tombent de moins haut, ce qui diminue d'autant l'intensité des chocs et des réactions; rapidité d'évolution, puisque le pied, étant court, se lève et se pose plus rapidement.

Mais l'ajusture française, appliquée aux pieds de derrière, a pour incontestable résultat de retarder le jeu des membres. En effet, quand le fer est complètement plat, la détente impulsive s'effectue en un point très circonscrit du sommet de la pince et à un moment précis de l'oscillation : de là l'obtention possible de rapidité dans l'évolution des membres et de tride dans l'allure. Si, au contraire, la pince est relevée, elle doit nécessairement descendre vers le sol pour servir de point d'appui à l'effort impulsif; or, cette descente préalable est nuisible ou utile; c'est une perte de temps qui a des inconvénients, lorsqu'il s'agit d'atteindre l'extrême vitesse; inversement, elle est favorable à certains services qui s'accommodent parfaitement d'une impulsion lente, soutenue, aisée.

Voilà des considérations qui indiquent clairement la nécessité de raisonner l'ajusture, suivant le rôle différent des membres antérieurs et postérieurs et, aussi, suivant les résultats poursuivis.

L'ajusture anglaise, avec son talus, son siège, la disposition plate du dessous du fer conduit à des résultats favorables en apparence.

Empêcher la sole d'être comprimée, alléger le fer, installer commodément la paroi sur une surface plane, asseoir le pied à plat sur le sol, favoriser le tride et la vitesse semblent être des avantages sérieux. Et, cependant, la critique trouve à s'exercer.

Ceux qui prétendent que le contact du fer avec la sole est parfaitement inoffensif, plutôt à désirer qu'à éviter, opinent pour le rejet de l'ajusture anglaise.

Le siège du fer, ne devant se trouver en rapport qu'avec la paroi, est forcément très étroit et ne comporte guère de garniture : de là, nécessité regrettable de ferrer juste.

De plus, il n'est pas commode de mettre en rapport exact deux surfaces aussi étroites que le siège et la paroi; or, toute imperfection a pour résultat de disperser, inégalement, les réactions du sol et de faire éclater la corne, aux points qui subissent les plus grands efforts.

D'un autre côté, le siège ne permet pas de tronquer la corne de pince et de relever le devant du fer; inévitablement donc, le pied est long, la pince droite et saillante : le poids est déversé sur les talons, et le cheval butte plus facilement.

Enfin, l'usure se jette sur un point très circonscrit du sommet de la pince et, à cet endroit, le fer est toujours coupé, alors qu'il est bon partout ailleurs.

Crampon et pinçon. — Les crampons sont funestes, aux pieds de devant, et souvent de grande utilité, aux pieds de derrière.

Ils sont funestes, parce que les talons de devant sont fortement chargés du poids du corps et que les branches du fer — surtout si elles sont peu épaisses — possèdent une certaine élasticité. Cette élasticité est mise en jeu par les crampons qui, sur le sol dur, reçoivent directement et transmettent violemment les réactions du sol; ils font alors l'effet de deux marteaux frappant les talons du pied à chaque temps de l'appui.

Au contraire, les crampons postérieurs se montrent inoffensifs, de ce fait que les pieds de derrière, surtout à la région des talons, sont incomparablement moins chargés du poids du corps.

Ceux-ci présentent, dit-on, le double avantage d'empêcher les glissades, d'élever les talons.

Les crampons arrêtent les glissades en s'enfonçant dans le sol mou, en se cramponnant aux inégalités du sol dur.

Quant à l'élévation des talons du pied par les crampons, elle ne peut avoir lieu que sur le pavé, le bitume, le macadam; alors l'égale répartition de la charge sur chaque talon exige deux crampons d'égale hauteur.

Le *pinçon* est indispensable pour donner de la fixité au fer, de la solidité à la ferrure; il vient en aide aux clous, qui s'ébranlent et s'arrachent bien plus difficilement, et prévient ainsi le déferrement et les éclats de corne.

Le pinçon de pince est universellement adopté.

Un autre pinçon est parfois levé, en dehors ou en dedans, pour empêcher le fer de se déplacer, de passer en dedans ou dehors.

Parfois même, trois pinçons sont appliqués au même fer

pour donner à la ferrure une solidité impossible à obtenir par d'autres moyens.

Étampures et clous. — Les étampures françaises sont éloignées des éponges, c'est une des nécessités de la garniture ; cette disposition empêche aussi les deux derniers clous — particulièrement celui du dedans — de se casser sous l'effort du jeu du fer.

La largeur de l'étampure et de la contre-perçure, l'affilure particulière de la pointe du clou permettent à l'ouvrier de brocher à gras ou à maigre, de diriger le clou vers les talons ou vers la pince, de le faire sortir à un point précis, à une hauteur déterminée, sur le pourtour de la paroi.

Des étampures mal disposées sont facilement rectifiées, en pratiquant les contre-perçures ; il suffit de pencher la tête du poinçon en dehors pour contre-percer à gras ; inversement, en inclinant le poinçon en dedans, l'étampure est contre-percée à maigre.

La tête du clou français remplit l'étampure en faisant une notable saillie à la surface du fer. Cette saillie est vivement attaquée ; des théoriciens prétendent qu'une telle disposition empêche le fer de porter également et par toute sa surface et que, dans la marche, le clou se casse facilement.

Raisons spécieuses ! Si le cheval marche sur la terre, la tête des clous fait son trou, l'aplomb est parfait ; si le travail a lieu sur le pavé, la saillie du clou ne dure que quelques heures et, pendant ce temps, l'animal glisse moins. De plus, les clous ne cassent que par le fait de leur mauvaise qualité et, aussi, quand la tête est trop grosse et déborde exagérément l'étampure. Enfin, il est facile, sans déferrer le cheval, de chasser le clou cassé et de le remplacer.

Un inconvénient doit être signalé : malgré le peu de profondeur des étampures et leur éloignement des talons, malgré la largeur de la contre-perçure et le mince collet du clou, la ferrure française est incontestablement solide, mais, à cause de tout cela, il y a un jeu très évident entre les talons du pied et les éponges : la large usure de la face supérieure du fer en est la preuve indéniable.

La rainure anglaise, les clous à tête rectangulaire et forts de collet, disparaissant dans la rainure, trouvent de nombreux partisans.

On dit que la rainure diminue les glissades, que les clous cassent moins et déterminent une plus solide union du fer avec le pied.

Mais la vérité est que la rainure disparaît d'autant plus vite, par l'usure, qu'elle diminue la résistance du fer précisément à la rive externe, toujours plus attaquée. Puis, les praticiens savent que les clous se cassent au rivet et non au collet ; les clous forts de collet se cassent donc tout aussi bien que les autres.

Cependant il existe vraiment un peu moins de jeu entre le fer et le pied.

CHAPITRE VI

FERRURE FRANÇAISE ET FERRURE ANGLAISE COMPARÉES

Favoriser l'élasticité, empêcher le jeu du fer sous le sabot, répartir régulièrement le poids du corps, protéger sans détériorer, donner de la solidité à l'appui, faciliter la marche, favoriser la vitesse, arriver à une ferrure facile à exécuter, solide, durable, économique : voilà l'idéal en maréchalerie.

Quel est, des systèmes français et anglais, celui qui s'éloigne le moins de la perfection ?

L'opinion générale est que les deux ferrures, bien exécutées, sont également bonnes. L'étude comparative sérieuse et impartiale infirme ce jugement et démontre l'incontestable supériorité de la ferrure française.

L'un et l'autre systèmes de ferrure entravent l'élasticité du pied, en empêchant la fourchette de porter à terre.

Amener la fourchette au contact du sol, en parant les talons et à l'aide d'un fer français ou anglais, à éponges minces, est une pratique qui a été essayée et préconisée : le bon sens et l'expérimentation réprouvent également ce procédé destructeur des tendons.

Sur le sol dur, l'immobilisation des talons est à peu près complète ; il faut s'y résigner.

Cependant, le fer anglais, plus épais, élève davantage la fourchette et, par ce fait, est moins favorable à la manifestation du phénomène d'élasticité ; de plus, les talons, assis à l'étroit sur un fer trop juste, ne jouent pas aussi aisément que sur le fer français pourvu de garniture.

Dans l'un et l'autre systèmes, le fer joue sous le pied et use la corne des quartiers et des talons. De là, tendance à la disproportion entre la hauteur de ceux-ci et la longueur de la pince ; de là encore, cette plainte, si souvent entendue : les talons ne poussent pas.

Avec le fer français, et quoique les moyens d'attache semblent permettre davantage de jeu, les effets de l'usure, étudiés sur la déferre, ne sont pas très sensiblement plus accusés.

La ferrure française a une réelle supériorité, en ce qui concerne la répartition du poids du corps. Avec elle, la pince est tenue aussi courte que possible ; avec le fer anglais, au contraire, la pince est nécessairement longue.

D'un autre côté, avec la garniture française, il est facile de répartir régulièrement le poids du corps sur le pourtour de l'ongle, d'alléger ou de surcharger telle ou telle région, suivant les indications.

Le fer français protège mieux et détériore moins. Il protège mieux par sa garniture : le bord inférieur des quartiers et des talons ne déborde pas le fer et se trouve constamment garanti.

La détérioration est moindre, parce que la ferrure dure davantage et qu'un large contact existe entre la surface du fer et le pied, — la sole, par son bord extérieur, participant directement au support du poids du corps. Il est vrai que ce dernier avantage disparait après quelque temps, le fer étant entraîné loin de la sole par la croissance plus rapide de la paroi ; alors, le fer français, lui aussi, ne porte plus que sur cette dernière, mais il y porte en plein.

Le fer anglais est forcément très juste ; son siège étroit se refuse à tout contact étendu et ne tarde pas à être débordé par la corne. La fréquence de la ferrure, l'insuffisance et l'irrégularité de l'assiette du pied sur le fer entraînent la détérioration de la paroi : nulle part, il n'existe autant de pieds dérobés qu'en Angleterre [1].

L'appui du fer anglais sur le sol est régulier et solide, puisqu'il porte par toute sa surface inférieure, tant que l'usure n'a pas ajusté la pince. Mais le fer français ne tarde pas non plus à porter à plat ; en quelques jours, l'usure attaque et nivelle le dessous du fer, ne laissant plus d'ajusture qu'en pince : l'assiette est alors tout aussi régulière. De plus, la garniture augmente l'étendue de la base et conséquemment la stabilité. Enfin, l'étampure, large et carrée, comporte, à l'encontre de la rainure, l'application de clous à forte tête, utiles sur le pavé plombé, par les temps de neige et de verglas.

Le cheval ferré à la française — par cela même que la pince du pied est courte, et le fer de devant ajusté — marche à l'aise de suite, l'oscillation du pied sur le sol peut s'effectuer plus facilement ; il y a du moelleux dans les mouvements et, les talons tombant de moins haut sur le sol, les réactions sont moins accusées. Le fer de derrière ne doit avoir que très peu d'ajusture ; alors la pince se cramponne sur le sol et sert de point d'appui à la détente impulsive, sans effectuer un mouvement préalable de descente : tout est donc pour le mieux.

Ferré à l'anglaise, le cheval ajuste lui-même ses fers ; tant que l'usure n'a pas accompli sa tâche, l'oscillation du pied de devant, sur la pince, s'effectuant sur un point trop restreint, est moins facile et moins assurée ; elle est moins prompte aussi, parce que le pied a plus de longueur. L'absence d'ajusture, au fer de derrière, est au contraire favorable.

Quelle est, des deux ferrures, la plus facile à exécuter, la plus solide, la plus durable, la plus économique ?

L'exécution présente des difficultés à peu près équivalentes. Cependant, la ferrure anglaise est plus méticuleuse ; faire porter en plein la paroi sur le siège, ferrer juste, brocher les clous d'un fer étampé à maigre ne sont pas toujours choses faciles.

Les deux ferrures sont solides et rarement les chevaux se déferrent, quand il y a, tout à la fois, bonne exécution, bon

---

[1]. La question est compliquée de ce fait, qu'il est difficile de ferrer à l'anglaise un pied dérobé.

entretien et clous de bonne qualité. Les moyens d'attache de la ferrure anglaise paraissent avoir plus de puissance, d'autre part, l'étendue et l'intimité du contact entre le fer et le pied sont moindres et la fréquente détérioration de la paroi s'oppose, parfois, à la solide fixation du fer.

Si la garniture française expose parfois le cheval à arracher ses fers, si, de son fait, le pied se botte davantage, nécessite plus d'efforts et parfois se déferre, sur un sol gras et détrempé, les accidents sont néanmoins trop rares, et les avantages de la garniture trop grands, pour qu'on puisse la condamner ; n'est-il pas, d'ailleurs, tout naturellement indiqué de ferrer juste en certaines circonstances ?

La durée de la ferrure ne dépend pas seulement de l'épaisseur et de la couverture du fer qui, toutes deux, exigent du poids ; elle dépend aussi de l'ajusture, qui donne en pâture à l'usure la rive interne du fer : ainsi se trouve augmentée la durée du fer français, sans exagération de son poids. La ferrure française dure davantage encore, parce que les fers sont souvent fabriqués avec de vieilles déferres et offrent une très grande résistance à l'usure[1].

Inversement, le fer anglais s'use et se coupe rapidement, par la raison que sa pince n'est pas relevée, que sa rainure lui enlève de la résistance, qu'il est toujours fabriqué avec du fer neuf, tendre à l'usure[2].

---

1. Avec six vieux fers français, il est facile de forger trois à quatre fers neufs excellents. Fabriquer le *lopin* demande, il est vrai, du temps et du charbon ; mais la ferraille coûte moins cher que le fer neuf et la durée des fers est augmentée de près d'un quart. Il y a donc grand avantage à utiliser les déferres et cela se fait, en province et à l'armée, partout où la main d'œuvre n'est pas d'un prix très élevé. A Paris, la besogne presse et le fer neuf, qui s'use vite, est avantageux pour la ferrure à la pièce ; les déferres sont vendues en partie et en partie utilisées pour la ferrure à l'abonnement.

2. Utiliser les déferres à l'anglaise n'est pas économique ; la rainure et l'étroitesse du fer rendent incommode, longue et coûteuse la fabrication des lopins. Quand le maréchal anglais veut prolonger la durée du fer, il soude en pince un morceau d'acier.

La ferrure française est moins coûteuse, surtout parce qu'elle dure davantage.

Le maréchal anglais ferre seul; mais rien n'empêche l'ouvrier français d'en faire autant : c'est même une pratique qui tend à se répandre dans les ateliers de Paris. Au point de vue économique, il y a avantage à supprimer le teneur de pieds; seulement la fatigue est plus grande pour l'ouvrier.

Un dernier mot encore. Il a été porté contre la ferrure anglaise de bien graves accusations.

L'ouvrier anglais, a-t-on dit, a toute facilité, avec son couteau, de parer la sole, la fourchette, les barres; il en abuse et détermine des resserrements, des bleimes, des boiteries. Il se sert trop de la râpe, pour enjoliver le pied, et de la lime, pour brillanter le fer : c'est là un raffinement nuisible et inutile.

Les éponges du fer de devant sont épaissies à tort.

Le fer de derrière, trop dégagé, porte généralement un fort crampon en dehors; la branche du dedans est exagérément épaisse et étranglée. Avec ce fer, les deux côtés du pied sont rarement à la même hauteur; celui du dedans est incommodément assis sur une branche tranchante et rentrée en dessous.

Aussi, après quelques années de cette ferrure, voit-on apparaître une déformation notable des pieds de derrière; le quartier et le talon internes sont serrés et rentrés en dedans.

Et cependant, toutes ces critiques ne prouvent rien contre la ferrure anglaise. Elles démontrent, tout simplement, que beaucoup de maréchaux anglais ont oublié les saines traditions, abandonné les bonnes pratiques. N'en est-il donc pas de même en France? Comment ceux-là, qui voient si bien la paille, ne distinguent-ils pas la poutre?

Qu'on le sache bien, la ferrure anglaise — si reprochable qu'elle soit — est encore supérieure à la mauvaise ferrure française; sa propagation dans les ateliers des grandes villes n'est donc pas seulement une affaire de mode.

Enfin, dernier argument contre la ferrure d'outre-mer, Godwin, savant vétérinaire anglais, proclame hautement la supériorité de la ferrure française et affirme qu'elle rétablit les chevaux ruinés, par la ferrure de son pays.

En résumé, aplomb meilleur, pied plus largement chaussé,

mieux assis, mieux protégé, moins détérioré, marche facilitée, ferrure plus durable et plus économique : tels sont les principaux avantages du système français.

CHAPITRE VII

INCONVÉNIENTS DE LA FERRURE

> Tout dégénère entre les mains de l'homme.
> (J. J. Rousseau.)
> La ferrure est un mal nécessaire.

Tous ces chevaux, qui parcourent en troupes vagabondes les steppes de la Tartarie, les llanos et les pampas du nouveau monde, ne sont que des rossinantes comparés à l'admirable cheval arabe et à la splendide race de pur sang, créée par le génie anglais.

L'homme sait donc perfectionner l'œuvre de Dieu et se rapprocher ainsi de son Créateur; par là, il donne un éclatant démenti à l'aphorisme désolant du philosophe de Genève : « *Tout dégénère entre les mains de l'homme.* »

Cependant, l'homme ne peut toujours, impunément, détourner de leur but de nature les créatures sur lesquels est établie sa domination; souvent, quelques organes souffrent de son intervention et, placés dans des conditions trop anormales, ont tendance à péricliter : tel est, dit-on, le pied du cheval.

Sur ce pied, doué de merveilleuses facultés fonctionnelles et conservatrices, l'homme — poussé par les nécessités de l'existence nouvelle qu'il a faite au cheval — applique une armature métallique, destinée à le protéger contre l'usure.

Mais si le pied, à l'état de nature, se conserve dans toute sa perfection native, il n'en est pas de même du pied ferré.

La ferrure empêche l'usure naturelle, entrave l'élasticité, endommage la paroi, soustrait le sabot à l'humidité du sol.

Nombreux sont donc les inconvénients de cette opération; il y a nécessité d'en bien connaître les causes et les conséquences.

S'opposer à l'usure de la corne, sans s'opposer à son accroissement : tel est et tel sera toujours l'inévitable écueil de tous les systèmes de ferrure, inventés et à inventer. La bienfaisante et providentielle usure, destinée à maintenir le pied dans ses dimensions normales et ses aplombs réguliers, a cessé de s'exercer. Plus d'usure, partant plus de raccourcissement de l'ongle.

Incessamment le pied s'allonge et la distance du boulet à la pince augmente; le poids du corps est de plus en plus favorisé dans sa tendance permanente à fermer l'angle du boulet et, dès lors, les tendons, qui s'opposent à cette fermeture, supportent un effort de plus en plus considérable.

Cet inconvénient est rendu plus sérieux encore par un phénomène d'un autre ordre, concourant au même résultat : la surcharge des tendons.

Les physiologistes affirment qu'à l'état normal, la corne croit également à toutes les régions de la paroi. Cependant, il est un fait du domaine de la pratique journalière, qui semble donner un formel démenti à cette assertion : toujours et quand même, lors de l'action de parer, le maréchal, pour régulariser l'aplomb du pied, a notablement plus de corne à enlever en pince qu'en talons. D'où il paraît logique de conclure que la pince pousse plus vite que les talons, et de faire ainsi bon marché de la théorie, dans ses désaccords avec les faits.

La vérité est que les savants ont raison et qu'il faut donner une tout autre interprétation au fait signalé. Si la pince et les talons poussent également et si, néanmoins, la première s'allonge davantage, c'est que, malgré les clous et le pinçon, le fer n'est pas complètement immobilisé sous le pied. Il existe un jeu entre les branches du fer et les régions correspondantes du sabot, qui entraîne des frottements incessants.

Le frottement, nul en pince, en mamelles et à l'origine des quartiers — partout où le fer est intimement uni au pied — procède du centre des quartiers, en s'exagérant vers les talons;

son intensité est assez grande pour creuser la face supérieure des branches du fer ; gigantesque travail, qui ne peut s'effectuer sans entraîner une usure bien plus considérable de la corne, dont la résistance est incomparablement inférieure à celle du métal.

Tout vieux fer porte une empreinte d'autant plus accusée que les talons sont plus bas, — ce qui est dû à l'excès du poids déversé en arrière et à l'énergie, dès lors plus grande, des heurts entre les surfaces en contact[1].

Ainsi donc, il se fait aux régions postérieures une usure faible du fer, une usure considérable de la corne ; double usure qui a pour résultat de jeter du poids sur les tendons.

Voilà un fait d'une importance singulière, nullement signalé en ce qui concerne l'usure du sabot et dont, surtout, les conséquences sur l'aplomb du pied étaient passées inaperçues.

La croissance indéfinie de l'ongle ferré entraîne encore d'autres difficultés.

Le sabot est un cône tronqué à base inférieure qui, dès lors, ne peut croître sans que sa base présente plus d'ampleur en tous sens.

Le fer, placé sous le pied, devient donc, avec le temps, trop étroit et, entraîné en avant par l'allongement de la pince, il arrive aussi à être trop court en talons.

A chaque ferrure, le maréchal enlève l'excès de longueur du sabot et les inconvénients signalés disparaissent momentanément, pour reparaître encore.

Les ferrures française et anglaise ont des inconvénients d'un autre ordre : ceux-là sont permanents.

Quand le pied est ferré, la paroi seule porte le poids du corps, — la sole et la fourchette étant, en général, affranchies de tout support.

Alors est entravée l'élasticité du pied. Les clous, le contact du fer sont accusés de ce méfait, dont ils ne sont pas tout à fait innocents, mais qui doit être imputé, surtout, à la non-participation de la fourchette au support du poids du corps.

---

1. C'est la principale cause des bleimes, qui attaquent si fréquemment les pieds à talons bas.

C'est ce qui ressort, en effet, des expériences faites sur le pied ferré[1].

Ces expériences prouvent que l'élasticité du pied est mise en jeu par l'appui de la fourchette ; il est, dès lors, facile de comprendre l'entrave apportée à l'élasticité par la ferrure ordinaire, qui a l'inconvénient d'élever la fourchette au-dessus du sol.

Enfin, la ferrure a pour inconvénients derniers d'endommager la muraille par l'implantation des clous, l'usage de la râpe, le rude contact du fer ; d'autre part, le séjour sur la litière sèche et le pavé amènent la dessiccation de la corne.

D'après l'opinion générale et indiscutée, tous les inconvénients de la ferrure concourent au même résultat : le resserrement de l'ongle.

Bracy-Clarck a prouvé, qu'en Angleterre, la première année de ferrure rétrécissait un pied vierge de trois centimètres environ.

A Paris, après une année de ferrure, les pieds des jeunes chevaux, mesurés à leur pourtour, dénoncent un resserrement de deux à trois centimètres.

De pareils faits se constatent journellement et tous sont attribués à l'entrave apportée, par la ferrure, au jeu de la boite cornée.

L'explication théorique de ces effroyables resserrements est bien simple ; écoutez : *La présence du fer sous le pied constitue une violation flagrante des lois de la nature et entrave le jeu du sabot ; or, tout organe qui fonctionne moins ou mal s'atrophie, se déforme, devient malade ; donc la ferrure est la cause des défectuosités, déformations et maladies du sabot.*

De là, cette définition aphoristique : *La ferrure est un mal nécessaire.*

Mais, pour que de tels arguments méritent entière créance, il faut qu'il soit bien et dûment constaté que tous les pieds ferrés se resserrent notablement. En est-il ainsi ?

Qui n'a vu nombre de chevaux, ferrés depuis dix et quinze ans, porteurs de pieds irréprochables, libérés de tout resserrement appréciable ?

---

1. Voir p. 32.

De ces pieds, on dit : leur bonté est exceptionnelle. Mauvaise raison ! il n'est pas de bon pied qui résiste à une mauvaise ferrure ; les chevaux de vingt ans, ayant de bons pieds, ont été bien ferrés.

C'est que la croissance du pied et l'allongement de la pince, l'entrave apportée à l'élasticité du sabot, etc…, n'entraînent pas fatalement le resserrement, la détérioration, la sensibilité du pied et la ruine des membres, comme le prétendent ceux qui, trouvant le pied du cheval en péril, en ont entrepris le sauvetage.

Le temps est venu de faire justice de ces exagérations systématiques des méfaits de la ferrure, à l'aide desquelles le maréchal se taille une belle robe d'innocence.

Certes, la ferrure endommage le pied ; mais ses effets fâcheux peuvent être infiniment atténués par l'ouvrier intelligent et consciencieux. Les plus grands inconvénients de la ferrure — en exagérant un peu, on dirait les seuls — viennent de sa mauvaise exécution. Bien exécutée, elle conserve indéfiniment l'aplomb, la forme, l'intégrité du sabot ; on peut donc en toute vérité répondre à l'aphorisme en vogue :

La ferrure est un mal, seulement quand elle est mal pratiquée.

TROISIÈME PARTIE

LE MARÉCHAL FERRANT

CE QU'IL PEUT[1], CE QU'IL FAIT[2]

CHAPITRE PREMIER

POUVOIR DU MARÉCHAL SUR LE PIED

> Il tient dans ses mains noires et calleuses la santé et la maladie, long service et ruine précoce.
>
> Les défectuosités et les maladies du pied sont de fabrication humaine.

I. Moyens d'action de l'ouvrier. — II. Fabrication des défectuosités et maladies du pied.

I. — MOYENS D'ACTION DE L'OUVRIER.

Le maréchal est tout-puissant, pour le bien comme pour le mal. Nombreux sont ses moyens d'action ; ils résident dans la préparation du pied, la disposition et l'adaptation du fer.

C'est à l'aide de ces moyens qu'il est maître de l'assiette du pied, qu'il active ou ralentit la pousse de la corne, favorise ou entrave les membres dans leur double rôle de support et de transport, facilite ou gêne l'élasticité, conserve ou altère la forme du sabot, la qualité et l'intégrité de la corne.

L'ouvrier ferreur est *maître de l'assiette du pied*. N'est-il

---

1. Pouvoir du maréchal sur le pied.
2. État actuel de la ferrure française.

GOYAU.

pas libre, en effet, de modifier la face inférieure du sabot, d'abattre ou de conserver telle ou telle partie et, aussi, d'appliquer un fer dont l'épaisseur, la garniture, l'ajusture varient suivant les régions? C'est ainsi qu'il commande les oscillations du poids du corps, écrase ou ménage tel ou tel côté de la boîte cornée, surcharge ou allège la pince ou les talons, autrement dit, les os et les tendons.

Veut-il rejeter le poids sur la pince et la colonne osseuse, vous le voyez trancher la pince, respecter les talons. En abattant les talons et conservant la pince, l'effet inverse est produit — la charge est jetée sur les talons et, conséquemment, sur les tendons.

Raccourcir le pied à fond et uniformément, c'est charger les os et soulager les tendons ; lui conserver un excès de longueur mène au résultat opposé.

S'agit-il d'attirer le poids sur le dedans du sabot, il suffit de parer ce côté, en ménageant le dehors. Le côté du dehors est surchargé par le procédé inverse.

Tout en parant également le pied, le maréchal peut encore, par l'épaisseur variable du fer, produire des effets identiques aux précédents.

En donnant plus d'épaisseur en pince, il charge les talons ; de même, en exagérant la force de la branche du dehors, il jette le poids sur le dedans, etc.

La garniture et l'ajusture, inégalement réparties, déversent aussi du poids sur les régions moins bien partagées.

Enfin, pour atteindre des résultats exagérés, l'ouvrier peut faire concorder et concourir au même but la préparation du pied et la disposition du fer.

Qui ne comprend la gravité extrême de semblables manœuvres, quand elles sont — ce qui arrive presque toujours — inopportunes et inconsidérées ?

Commotion sur les abouts osseux, tiraillements des tendons, entorses, tares dures et molles et, comme conséquence de tous ces accidents, des boiteries plus ou moins intenses et rebelles : voilà seulement une partie des graves inconvénients qu'entraîne la répartition inégale du poids du corps, sur l'assise dernière des colonnes de support.

Le maréchal peut, à sa guise, *activer ou ralentir la pousse de la corne.*

D'après les physiologistes, la corne est comme les cheveux : plus on la coupe, plus elle pousse.

Cette opinion est basée sur des faits incontestables. Ainsi, on sait que plus le sabot s'use, plus il se régénère rapidement ; qu'un talon enlevé par l'instrument tranchant se reproduit avec une rapidité bien supérieure à la croissance du reste de l'ongle[1] ; que le sabot, devenu démesurément long, pousse de moins en moins vite. De là, ce principe, formulé dans tous les traités et indiscuté en maréchalerie : *plus le pied est paré, plus il pousse.*

Principe vrai et faux tout à la fois. Il est vrai, quand la corne excédente est seule enlevée par l'instrument tranchant ; accepté dans ses conséquences extrêmes, il est au contraire complètement faux.

La sécrétion cornée est d'autant moins active que le pied est paré plus à fond, plus complètement à fond. Voilà la vérité, grande vérité trop longtemps méconnue. C'est que le raccourcissement exagéré du sabot ouvre la porte au plus dangereux des hôtes — la douleur. Insuffisamment protégé dans sa boîte amincie, devenu sensible et souffrant, le pied est attaqué dans sa vitalité ; comme tous les organes malades, il se nourrit mal et, dès lors, ne régénère son enveloppe qu'avec une désespérante lenteur.

L'expérimentation et, malheureusement aussi, l'observation de faits journaliers autorisent à formuler cette proposition nouvelle, d'une inattaquable vérité : *Plus le pied est paré à fond, moins il pousse.*

En résumé, le trop grand raccourcissement de l'ongle — tout comme son excès de longueur — produit donc un arrêt dans la sécrétion. Quant à l'activité de cette sécrétion, elle s'entretient en retranchant, avec modération et suffisante

---

[1]. L'explication du phénomène est bien simple. La région détruite ne portant plus sur le sol, son bourrelet, libéré de toute pression, acquiert une vie exubérante, qui se traduit par une grande richesse de sécrétion.

fréquence, l'excédent de longueur du sabot, de manière à laisser à la muraille sa hauteur normale et à la sole toute son épaisseur.

Activer ou ralentir la pousse de la corne, sur des régions quelconques du sabot est encore chose des plus simples. N'a-t-il pas été dit : l'activité de la sécrétion cornée est en raison inverse des pressions supportées. Donc, par les oscillations du poids du corps, il est facile de commander, de diriger la rénovation de l'ongle.

Ainsi, par exemple, en parant à fond les talons et en épaississant la pince du fer, un double résultat est obtenu : les talons écrasés par le poids ne poussent plus, la pince allégée croit davantage. Le poids jeté, sur l'un ou l'autre côté, du sabot produit des effets analogues.

Favoriser ou entraver les membres, dans leur double rôle de support et de transport, est au pouvoir du maréchal.

Le bon aplomb de l'ongle rend facile le support du poids du corps. Inversement, par le fait des irrégularités de l'aplomb, le rôle des membres dans la station devient pénible et difficile.

C'est que les inégalités de la base influent sur la direction générale du membre ; non pas en déviant, en tordant matériellement les articulations des rayons supérieurs ; — à ce point de vue, l'influence de l'assiette du pied ne dépasse pas le boulet, — mais en déterminant l'animal à prendre telle ou telle attitude, dans le but de se donner du soulagement.

Voilà une lourde machine inanimée : ses colonnes de support sont attaquées à leur base et d'un seul côté ; dès lors, le côté intact porte seul toute la charge, quitte à en être écrasé. Eh bien, le contraire arrive chez le cheval ; ses supports étant flexibles, surtout inférieurement et jusqu'au boulet, toute la surface du pied continue à porter sur le sol, mais avec surcharge sur les parties attaquées. De plus, les membres sont à la discrétion d'une volonté intelligente qui a, pour se guider, le sentiment du bien-être et les souffrances éprouvées ; toutes les déviations de la base entraînant gêne, fatigue et douleur, l'animal est conduit, par l'instinct de conservation, à calculer la direction de ses membres et l'appui de ses pieds, à chercher une position qui rende moins offensives les manœuvres meurtrières, pratiquées sur la boîte cornée : de là, l'inquiète mobilité des attitudes, des piétinements incessants, des vices d'aplomb[1] dont la signification est grande pour l'homme pratique.

Faciliter ou gêner la marche, hâter ou ralentir le lever des pieds, rendre l'appui solide ou vacillant, tout cela s'obtient facilement.

Quoique le jeu des membres ne puisse être complètement calculé sur la disposition de leur surface d'appui, il n'en est pas moins matériellement et, quelquefois aussi, instinctivement modifié, toutes les fois que le pied — au lieu d'être d'aplomb et bien ferré — présente à cet égard de notables imperfections.

La marche est gênée par un fer lourd, long, couvert, garnissant trop en dedans, à ajusture nulle ou exagérée, appliqué sur un ongle paré de travers, trop long ou trop court.

Sous le coup de la gêne et, souvent même, de la torture incessante qui résultent de ces imperfections, les mouvements perdent régularité, aisance, étendue, vitesse ; le pied en l'air vient, parfois, contusionner le membre à l'appui, et les réactions du sol, inégalement réparties, peuvent occasionner de graves accidents.

Hâter ou ralentir le lever des membres, rendre les allures plus ou moins douces et sûres : voilà des résultats qui peuvent être atteints à l'aide de l'ajusture, de la hauteur variable des talons, de la bonne ou de la mauvaise ferrure.

Quand le pied quitte le sol, il oscille sur la pince. Or, plus les talons sont hauts, moins l'oscillation a d'étendue et moins les tendons sont chargés : double condition qui entraîne la rapidité et la facilité des mouvements, en même temps que la dureté des réactions produites par la surcharge des os.

Inversement, la rapidité et la facilité du lever sont d'autant moindres que les talons sont plus bas, parce que, pour quitter

---

[1]. C'est ainsi que le cheval devient panard, cagneux, pinçard, bouleté, arqué, etc...

le sol, le pied doit parcourir un trajet oscillatoire plus grand et que la surcharge jetée sur les tendons est défavorable à leur action motrice. En revanche, cette même surcharge a pour effet de donner un certain moelleux aux allures et d'amortir les réactions, qui se perdent, en partie, dans l'appareil tendineux et élastique du boulet.

Une bonne ferrure donne une bonne base de sustentation et assure la solidité et la franchise de l'appui dans la marche.

Au contraire, la base est réduite et rendue instable par une chaussure étroite, très courte, très ajustée, fixée sous un pied trop paré et mutilé par la râpe : l'appui est incertain, vacillant, douloureux.

Par la ferrure enfin, *l'élasticité du pied est diminuée ou empêchée; la forme du sabot, la qualité et l'intégrité de la corne sont entretenues ou altérées.*

Le jeu de la boite cornée est notablement diminué même par une bonne ferrure; mais il est tout à fait empêché par un fer à ajusture entôlée.

C'est encore l'aplomb du pied, qui joue le premier rôle dans la conservation ou la destruction de la forme normale du sabot.

Les vices d'aplomb, volontairement ou involontairement produits, tendent, sans cesse, en favorisant ou en entravant la sécrétion cornée et, surtout, en atrophiant et déplaçant le bourrelet, à se perpétuer, à s'exagérer.

Aux régions longtemps comprimées par une surcharge, le bourrelet — sous l'effort qu'il subit — fuit, s'exhausse, se contourne, s'émacie; de même, le côté correspondant du sabot, surmonte et chevauche le côté opposé, se resserre notablement, prend une direction vicieuse, et la corne, insuffisamment sécrétée par un bourrelet amaigri et malade, devient mince, sèche et cassante.

Aux régions libérées d'une partie du poids, un phénomène inverse se produit : la matrice de l'ongle reçoit une nourriture excédente et, par la rapidité de la sécrétion, travaille à augmenter le vice d'aplomb du pied et l'évasement de la paroi.

Ainsi donc, une inégalité accidentelle de la surface d'appui du sabot peut amener, à la longue, une inégalité permanente.

Par là, on voit que l'influence du volume et de la direction du bourrelet, sur la forme de l'ongle, est capitale. Le sabot est normal, quand le bourrelet est volumineux, régulier, rectiligne; il est défectueux, au contraire, avec un bourrelet émacié, irrégulier, incurvé. Les déformations du bourrelet précèdent et commandent les déformations du sabot.

En dehors de l'irrégularité de l'aplomb, rien n'est plus facile que de transformer le meilleur des pieds. C'est l'affaire de quelques années, en parant le pied à fond, à chaque ferrure, et en détruisant par la râpe le vernis protecteur de la paroi.

Rendu sensible, douloureux, malade, le pied se nourrit mal; primitivement épaisse et polie, luisante et flexible, la paroi devient mince, terne, sèche, cassante, cerclée et fendillée à son pourtour, écailleuse près du bourrelet. D'épaisse, liante et molle, la sole arrive à être mince et d'une dureté pierreuse. Enfin, une conséquence plus grave encore apparaît : le resserrement rapide de l'organe martyrisé. C'est que la sole amincie a perdu toute force de résistance ; elle ne s'oppose plus à la tendance de la paroi à se resserrer, tendance parfois considérablement augmentée par une ajusture exagérée.

Grande est la puissance du maréchal sur le pied : telle est la conclusion inattaquable des considérations précédentes. Et, cependant, là ne se borne pas le pouvoir de l'ouvrier. Bien souvent et par des manœuvres inconscientes, il développe telle ou telle défectuosité, telle ou telle maladie de l'organe qu'il a pour mission de protéger contre l'usure ; certains vices d'aplomb, certains accidents et maladies des membres doivent fréquemment aussi être attribués à son inintelligente intervention.

II. — FABRICATION DES DÉFECTUOSITÉS ET MALADIES DU PIED.

La mauvaise ferrure est la cause principale de la plupart des défectuosités et maladies du pied.

Resserrements du pied. — Raccourcir et râper exagérément

le pied, abattre les talons à fond, parer un côté du sabot plus que l'autre, mettre un fer plus épais en pince qu'en éponges, plus épais d'un côté que de l'autre, à ajusture entôlée et prolongée en arrière ; c'est avec ces moyens isolés ou réunis que se fabriquent lentement ou rapidement tous les resserrements du pied.

Pied plat et pied comble. — Étant donné un bon pied ordinaire, large et peu excavé, s'il est paré à fond pendant quelque temps — de telle sorte que le bord inférieur de la paroi soit assez abaissé, pour être surmonté par la sole amincie — et, de plus, chaussé d'un fer fortement ajusté, il devient douloureux, ne pousse plus, et se transforme rapidement. La paroi se dérobe et s'amincit, un profond sillon se creuse entre elle et la sole, devenue plate et mince ; les talons se resserrent, étranglent la fourchette en arrière et, du même coup, affaissent et infléchissent les barres. Voilà le bon pied transformé en pied plat à talons serrés.

Le pied plat peut, par les mêmes moyens, devenir comble.

Pied à paroi séparée de la sole, pied dérobé. — L'action de parer le pied à fond, pendant un certain temps, amène presque toujours la disjonction de la paroi d'avec la sole et l'apparition d'un sillon plus ou moins profond. Toute la portion de la paroi, correspondant à ce sillon, devient sèche et cassante et ne fournit plus une solide implantation aux clous.

Le pied à paroi séparée de la sole est presque toujours *dérobé*.

Le pied se dérobe encore par suite de l'emploi immodéré de la râpe.

Trop lourd, le fer fait effort sur les rivets ; trop étroit, il est débordé par le pied ; trop ajusté, il ne porte que sur le bord extérieur de la paroi ; mal fixé par des clous brochés trop à gras, ou trop à maigre, ou trop bas, il quitte parfois le pied en emportant des lambeaux de corne et en le livrant sans défense au contact du sol. Les clous trop forts de lame, trop nombreux, trop rapprochés, ravagent la paroi.

L'arrachement brutal et tout d'une pièce de fer, dans l'action de déferrer, entraine des éclats de corne.

Et voilà pourquoi il existe tant de pieds dérobés !

Pieds de travers, panard, cagneux, plaçard, rampin à talons bas, etc. — Ces défauts d'aplomb du pied sont des plus faciles à produire, soit en parant inégalement le pied, soit en mettant un fer d'inégale épaisseur.

Pour mettre le pied de travers, par exemple, il suffit de parer plus d'un côté que de l'autre, de mettre un fer à branches inégalement épaisses, et à garniture inégale.

On rend le pied panard, cagneux, pinçard, etc., par des procédés analogues.

La mauvaise ferrure est encore la cause principale d'un grand nombre de maladies du pied.

La seime se rencontre fréquemment sur les pieds amaigris et desséchés, pour avoir été parés à fond ; elle se remarque particulièrement sur les pieds de travers, à quartier resserré.

La bleime peut se fabriquer à volonté en abattant les talons et en mettant un fer à éponges épaisses.

Le *kéraphyllocèle* de pince et la *fourmilière* de la même région sont généralement produits par des coups de brochoir trop violents, donnés pour rabattre le pinçon.

La fourchette échauffée ou pourrie accompagne presque toujours le resserrement des talons, provenant lui-même de la mauvaise ferrure, etc.

Enfin le maréchal ferrant, en variant l'aplomb du pied, est souvent la cause de l'usure, des maladies et des tares des membres. C'est à lui encore que sont dus les accidents de ferrure : *piqûre, retraite, enclouure, brûlure de sole*, etc.

CHAPITRE II

ÉTAT ACTUEL DE LA MARÉCHALERIE EN FRANCE

> Le cheval mal ferré est une victime muette entre les mains d'un bourreau inconscient.
>
> L'habileté du maréchal est en raison inverse du nombre de chevaux boiteux, qu'il a dans sa clientèle.

I. L'ouvrier est habile et le pied dégénère. — II. Insuffisance et erreurs de la théorie. — III. Méfaits de la pratique.

I. — L'OUVRIER EST HABILE ET LE PIED DÉGÉNÈRE.

« *En bonne justice, que peut-on raisonnablement demander à l'ouvrier ordinaire ? Un coup d'œil sûr, une grande dextérité manuelle. Ces qualités, il les possède à un haut degré*[1]. »

Rien de plus vrai. Aujourd'hui beaucoup de maréchaux des villes et de l'armée sont d'une merveilleuse habileté.

Sous les coups pressés d'un grossier marteau, le véritable ouvrier transforme, comme par enchantement, le métal brut en œuvre d'art. Le fer à cheval apparaît élégant, correct, régulier, d'une irréprochable perfection ; sa forme reproduit exactement les contours du pied, sur lequel il se moule. Puis, avec une rapidité prestigieuse, le fer est attaché ; à chaque coup d'un léger marteau, un clou disparaît dans la corne.

Les apologistes de la ferrure contemporaine ne peuvent avoir trop raison, en tant qu'il s'agit de la fabrication du fer, de la rapidité et de la solidité de son adaptation, de la forme élégante donnée au pied ferré.

En aucun temps, on ne fit aussi bien, ni si rapidement de la *besogne propre :* c'est l'expression consacrée.

Ceux-là même, qui cherchent à perfectionner et à inventer, en maréchalerie, n'attaquent pas l'habileté de l'ouvrier : elle est hors de cause. Ils proclament la ferrure un mal nécessaire

1. Introduction.

et s'évertuent à remédier aux inconvénients qui, d'après eux, lui sont inhérents.

Et cependant — quoique le cheval soit un des dieux du jour — l'ouvrier maréchal, habile et consciencieux, vit mal de son dangereux métier. Le dieu est glorifié et — contradiction singulière — le sacerdoce est dédaigné.

De nos jours, l'ouvrier maréchal, jugé sur la mine, est considéré comme un grossier manœuvre, et les services qu'il rend sont, en général, insuffisamment rétribués. Si cela dure, la plus utile des professions tombera ; elle tombe déjà : le recrutement devient difficile et insuffisant.

Mais, étant donné l'habileté de l'ouvrier, le bon sens public s'étonne, à bon droit, des rapides déformations que la ferrure fait subir au pied vierge ; des nombreuses boiteries qui se déclarent ; des milliers de chevaux qui périssent par les pieds.

Grande habileté du maréchal et dégénérescence rapide du pied : voilà deux faits qui rationnellement s'excluent, et dont l'existence simultanée semble incompatible.

L'homme initié — pour lequel la maréchalerie a peu de secret — arrive seul à saisir la concordance de ces deux faits et à établir, entre eux, la relation de cause à effet.

En faisant défiler devant lui des chevaux ferrés depuis quelques années, il constate que, bien souvent, le pied est attaqué tout à la fois dans son aplomb, sa forme, la qualité de sa substance. Et chacune des métamorphoses subies est pour lui comme une page éloquente et précise, qui raconte le passé et prédit l'avenir. Il y voit écrite, de la main même du maréchal, l'histoire des manœuvres qui ont donné naissance aux transformations éprouvées par le pied vierge.

L'ouvrier fait donc souvent un emploi inintelligent et irrationnel de son habileté manuelle.

II. — INSUFFISANCE ET ERREURS DE LA THÉORIE.

Il n'est rien de parfait sans l'alliance intelligente de la théorie et de la pratique.

A la première appartient de droit la prépondérance ; c'est à elle de réglementer la pratique, de la diriger de toute la hauteur de principes immuables.

En est-il ainsi en maréchalerie ? L'ouvrier a-t-il, pour se guider dans l'exercice de sa difficile profession, des indications précises dérivant de données scientifiques positives ?

A cette question, celui qui consulte les traités de maréchalerie — chose qu'il est sage de ne pas faire quand on est économe de son temps et soucieux de se faire une opinion — répond par la négative.

L'art de ferrer est développé ou résumé dans de nombreux ouvrages, dont l'insuffisance et l'imperfection, passées inaperçues, ont cependant les plus graves conséquences[1]. En général, les auteurs semblent avoir abdiqué toute originalité et tout sens pratique ; ils sont muets ou trop peu explicites sur des choses de grande importance et, trop souvent, rajeunissent et affirment avec autorité de regrettables erreurs.

Quelle est, par exemple, la valeur des indications qui servent de guide à l'ouvrier pour juger, conserver et rétablir les aplombs, pour parer le pied et donner l'ajusture au fer[2] ?

JUGER, CONSERVER, RÉTABLIR L'APLOMB. — *Dans l'aplomb régulier du membre, étudié de profil, le canon est perpendiculaire et le paturon fait avec le sol un angle de 45°. Alors le poids se répartit également sur les os et les tendons.*

Vu de face, le membre doit être perpendiculaire ; si la pince du pied est tournée en dehors, le cheval est panard ; si elle est tournée en dedans, il est cagneux.

Pour redresser le pied panard, il faut parer à fond le côté du dehors, ménager autant que possible celui du dedans, se servir même d'un fer plus épais à la branche interne. Le pied cagneux nécessite l'emploi d'un procédé inverse.

---

1. Le *manuel de maréchaleie, à l'usage des maréchaux ferrants de l'armée*, fait exception à la règle. Il a paru après la première édition de cet ouvrage, dont il est en grande partie le résumé.

2. Ces indications, disséminées et perdues dans les traités de la maréchalerie, vont être ici réunies et classées de façon à leur donner une autorité et une valeur bien supérieures à celles qu'elles présentent dans chaque traité en particulier.

Plus les pieds du cheval sont courts, mieux il est dans son aplomb.

Tels sont les principes admis et sans cesse répandus.

Sont-ils bons ou mauvais, vrais ou faux?

C'est en station et sur le cheval placé que la pratique usuelle étudie les aplombs.

Voilà qui est bien pour l'examen de profil, à cela près, cependant, que l'inclinaison théorique de 45° est en flagrante contradiction avec les faits : le paturon forme un angle moyen de 50°.

Mais, en étudiant le membre de face et au repos, il est difficile d'être fixé sur la direction d'ensemble de ses rayons ; seul, l'aplomb du pied se distingue vraiment bien. Est-ce suffisant?

Normalement, il est vrai, la nature place un pied panard à l'extrémité d'un membre panard, un pied cagneux au bout d'un membre cagneux : jamais un pied cagneux ne sert de base à un membre panard, et inversement. De telle sorte qu'il est juste de dire : tel pied, tel membre, et d'en inférer que l'aplomb du pied suffit pour indiquer, avec précision, celui du membre.

Mais, si la nature est infaillible, le maréchal est loin de posséder la même vertu. Or, ce dernier a le pied du cheval entre ses mains et le transforme à sa guise ; conséquemment, l'aplomb de cet organe a perdu toute véritable valeur dans le jugement à porter sur la direction d'ensemble du membre. Il y a plus, les indications puisées à une telle source mènent souvent à des conclusions fausses, à des pratiques funestes.

C'est ainsi que les moyens sanctionnés par la théorie et mis en usage par la pratique, pour le redressement des pieds panards et cagneux, sont aussi irrationnels que dangereux.

Que le cheval soit panard de tout le membre ou simplement du pied, il importe peu et nul ne s'assure du fait.

Ainsi, par exemple, le pied panard, base normale d'un membre panard, est traité comme le pied panard base anormale d'un membre droit ou cagneux.

Et, dans le premier cas, une singulière prétention est journellement émise : celle de redresser le membre en modifiant l'assiette du pied.

Rien de plus funeste que cette tentative insensée et sans

cesse renouvelée de corriger la nature. Elle a pour conséquence de placer un pied cagneux à l'extrémité d'un membre panard, et inversement, — monstruosités si fréquentes qu'elles semblent naturelles et passent inaperçues.

Un vice d'aplomb, compromettant pour la sûreté et la facilité de la marche, vient ainsi se greffer sur une conformation disgracieuse, — il est vrai, — mais, en somme, naturelle et inoffensive :

Rien n'est plus dangereux qu'un maladroit ami.

Pourquoi faire au cheval ce qui, dans des conditions analogues, ne se fait pas pour l'homme ? Le cordonnier cherche-t-il à redresser les jambes, en modifiant l'épaisseur des semelles et des talons ? Va-t-il, par exemple, fabriquer pour l'homme panard des chaussures à semelles et à talons plus épais en dedans qu'en dehors, afin de forcer les pointes à se rapprocher et les talons à s'écarter ?

Jamais il ne tord les pieds de ses clients, sous prétexte de redresser les membres, et jamais l'homme panard du membre ne devient cagneux du pied : le panard reste panard et le cagneux meurt dans l'impénitence finale.

Comment peut-on ignorer que l'assiette du pied n'a d'action que sur le pied lui-même, et ne peut modifier, d'une manière sérieuse et permanente, la direction d'ensemble des membres?

D'autre part, du moment où un vice d'aplomb est signalé, n'est-il pas indispensable de spécifier le degré de réparation ? Il y a évidemment un point précis où l'aplomb est rétabli ; en deçà de ce point, la réparation est incomplète ; au delà, la limite est dépassée et un nouveau vice d'aplomb tend à se substituer au premier.

C'est ce que les auteurs ne semblent pas comprendre ou n'ont pas pu indiquer, puisqu'ils recommandent, toujours et quand même, de parer à fond le côté du dehors du pied panard, et le dedans du pied cagneux.

Enfin, pour être d'aplomb, le pied ne doit pas être trop court. N'est-il pas recommandé, en maréchalerie, de parer le pied autant que possible, — en vertu de cet aphorisme, né d'un excès de sollicitude pour les tendons : *plus les pieds du cheval sont courts, mieux il est dans son aplomb.*

Le pied trop court entraîne le poids sur l'os ; le pied trop long jette la charge sur les tendons.

Le premier défaut surtout doit être évité, car ses conséquences sont désastreuses ; la pousse de la corne est souvent ralentie, à tout jamais, et le sabot compromis dans sa forme et la qualité de sa substance.

MANIÈRE DE PARER LE PIED. — *Le maréchal connaîtra avant tout l'aplomb du pied. Normalement, la pince est inclinée à 45°; la hauteur des talons égale le 1/3 de celle de la pince ; les deux côtés du sabot sont égaux.*

Par quelle étrange aberration de pareilles erreurs ont-elles force de loi ? Comment prend-on pour type de beauté le pied à talons bas ?

Le pied, à l'état de la nature, — sur lequel la main du maréchal ne s'est pas appesantie, — a, en général, la pince inclinée de 50°, et les talons présentent la moitié, environ, de la hauteur de la pince.

Et puis que signifient ces indications théoriques? Sinon que l'ouvrier doit parer les talons du cheval droit jointé pour incliner davantage les paturons et la pince, afin de leur donner la direction type. Et, aussi, qu'il faut élever les talons du cheval bas jointé pour arriver au même résultat.

Or, la première de ces pratiques est de nature à amener de graves accidents du côté des tendons.

Il faut parer autant que possible pour soulager les tendons, sans cependant éveiller la sensibilité du pied ; parer jusqu'à ce que la sole cède sous la pression du pouce...

La flexibilité de la corne que l'on presse avec le doigt indique la limite de l'opération.

On reconnaît qu'un pied est bien ferré... quand la sole fléchit légèrement sous la pression du pouce.

Il a été fait justice de cette singulière préoccupation qui, dans le but de soulager les tendons, conduit à la détérioration du pied et à la ruine du cheval.

Quant à parer le pied sans éveiller la sensibilité, c'est un principe de facile observance ; car l'amincissement extrême de la sole n'entraîne pas de souffrance manifeste, même au trot et sur le pavé.

C'est que la chair est à l'aise, sous une mince couche de corne molle et souple ; tant que ne s'exerce pas un heurt ou une compression, nulle sensibilité ne se déclare.

Cet homme, qui détruit la sole, jusqu'à ce qu'elle cède sous la pression du pouce, sans rendre le cheval boiteux, dépense une grande somme d'habileté à faire ce qu'on lui a enseigné. Quelque barbare que soit une opération de cette nature, ses effets immédiats étant nuls, la responsabilité de celui qui l'a pratiquée est dès lors sauve ; du reste, il est loin de se douter des conséquences : c'est un bourreau inconscient et irresponsable.

N'est-il pas justifié par deux principes incontestés, en maréchalerie : plus le pied est paré, plus il pousse ; plus les pieds sont courts, mieux le cheval est d'aplomb.

On doit parer à plat, mettre les talons à la même hauteur, ne pas mettre la paroi de travers, parer la pince plus que les talons, parer également le quartier du dedans et celui du dehors.

Il faut donner au pied une forme naturelle, enlever l'excès de corne qui fausserait les aplombs. C'est l'habitude qui doit guider le maréchal.

Pour voir si le pied est paré d'aplomb, il faut le faire porter à terre, étudier de profil la direction de la pince, et la hauteur relative de celle-ci et des talons ; examiner de face si les deux côtés du sabot sont égaux et, par derrière, si les talons sont à la même hauteur.

Niveler exactement la surface du pied est chose de première nécessité. Nul ne peut nier le grave inconvénient de l'inégalité relative de la pince et des talons, des talons et des quartiers entre eux ; devant le formidable poids qui, à chaque foulée, vient s'abattre sur le pied, quelques millimètres d'erreur doivent avoir une influence sérieuse.

Sont-ce les indications données, qui peuvent conduire au résultat impérieusement exigé par les lois de la statistique et de la dynamique ? Certes non ! leur insuffisance est démontrée par le simple bon sens et les faits de la pratique journalière.

Ce qu'il faut faire est parfaitement spécifié, mais il n'en est pas ainsi de la manière de faire.

S'il suffisait de mesurer la distance qui sépare le bourrelet du bord inférieur de la paroi, pour prendre la hauteur de l'un et l'autre talon, de l'un et l'autre quartier, rien ne serait plus simple que d'égaliser les deux côtés du sabot à l'aide du compas, ou simplement du coup d'œil.

Mais le bourrelet, comme point de repère, laisse à désirer, parce qu'il est couvert de poil et mal limité, ce qui rend toute mesure exacte difficile à prendre. D'autre part, si l'on considère les deux côtés du sabot, le chevauchement des talons bien souvent se constate ; le bourrelet est bas, d'un côté, et exhaussé de l'autre — c'est-à-dire inégalement distant du sol — et ne peut nullement servir de point de départ à une mensuration sérieuse ; donner la même hauteur, aux deux talons chevauchés, aboutit à l'exagération du vice d'aplomb.

Il est vrai qu'alors le cheval est ordinairement panard ou cagneux, ce qui a dû être constaté tout d'abord ; d'où est née l'indication de parer à fond le côté où le bourrelet est le plus bas, et de ménager le côté où il est le plus haut.

Tout moyen d'une application difficile et restreinte doit être rejeté. Aussi, dans la pratique, néglige-t-on de se renseigner par le bourrelet.

Le maréchal pare en regardant le dessous du pied et en cherchant à le niveler d'instinct. Il tâtonne, rien ne le guide que le coup d'œil et l'habitude. Les habiles arrivent à quelques millimètres près ; les autres ne font bien que par hasard.

Les innombrables déviations du bourrelet, dont bien peu sont du fait de l'éleveur, accusent nettement les erreurs commises ; la responsabilité pèse sur la théorie, dont les indications sont vagues et éloignées de la précision mathématique, nécessaire à la solution d'une question de cette nature et de cette importance.

Comment pare-t-on le pied d'aplomb ? Par quels moyens

peut-on vérifier si le pied est paré d'aplomb? C'est l'habitude qui doit guider l'ouvrier, répond la théorie.

Quel triste aveu d'impuissance! Ainsi donc, la science se récuse; elle abdique en faveur de l'ouvrier; elle se déclare incapable de le guider, de lui tracer des règles de conduite. Elle fait même abandon du droit de contrôle, puisque seul l'ouvrier habile *a l'habitude* et, conséquemment, la compétence du juge.

Le côté interne du pied de devant paraît toujours plus haut que l'autre, quand le pied est levé; c'est l'inverse pour le pied de derrière.

L'ouvrier pare à plat, et comme le pied est toujours présenté de travers par l'aide, il arrive souvent que le dedans du pied de devant et le dehors du pied de derrière sont davantage abaissés.

Les maréchaux doivent éviter de trop abaisser le quartier interne du pied gauche, le quartier externe du pied droit et de parer plus les talons que la pince; c'est une tendance assez générale, qui résulte de ce que le maniement du boutoir est plus facile à ces régions.

Autant d'indications et de recommandations qui prouvent la manifeste insuffisance des données théoriques, sur la manière de parer.

N'ayant pu dire à l'ouvrier comment il faut s'y prendre pour niveler exactement le pied, le théoricien le gratifie d'une insuffisante compensation, en lui enseignant les causes d'erreur et les manœuvres à éviter.

L'usure du vieux fer doit être consultée; quand elle est régulière, l'aplomb du pied est parfait; il laisse à désirer dans le cas contraire.

Chercher la vérité au milieu des opinions contradictoires, qui ont cours sur les indications pratiques à retirer de l'usure du vieux fer, n'est pas une tâche facile. Les uns recommandent de parer la région où l'usure du fer est grande, parce qu'ils prétendent qu'étant plus saillante, elle arrive la première sur le sol et frotte davantage. D'autres affirment, au contraire, que l'usure se jette sur les régions les plus basses et que, dès lors, il faut ménager le pied à l'endroit où le fer use.

Enfin, les maréchaux ont l'habitude, pour prolonger la durée du fer, de le renforcer aux régions usées.

Toutes ces indications, qui ont le tort grave d'être en formel désaccord, de ne pas formuler des règles, de ne pas préciser des limites, se résument donc ainsi : *parer, ne pas parer, renforcer.*

La vérité n'est ni avec les uns, ni avec les autres; ils ont raison et tort tout à la fois. Elle réside où personne n'est allé la chercher : dans la distinction des causes d'usure.

C'est que les défectuosités de l'aplomb du pied ne déterminent pas seules l'irrégularité de l'usure; il y a encore à considérer les allures et le genre de service.

Le cheval pinçard use considérablement en pince, parce que là s'effectue la triple usure du poser, de l'appui, de l'impulsion.

Sur le pied à talons bas, le même fait se reproduit, mais pour une autre raison : ce pied longuement oscille sur la pince, avant que les talons arrivent au sol.

Le fer du pied panard est davantage attaqué à la mamelle interne, qui est la plus basse et subit la double usure de l'appui et de l'impulsion; celle du poser, relativement légère, a lieu sur la mamelle du dehors, plus saillante. Le fer du pied cagneux est dans des conditions inverses.

Aux allures lentes, le cheval pique le sol et use en pince. Le steppeur et le grand trotteur usent en talons. Le cheval de selle, bien d'aplomb et monté à toutes les allures, nivelle régulièrement son fer. Le fer du cheval de trait est fortement attaqué en pince.

Les données précédentes condamnent les gens systématiques. Négliger les causes, pour ne voir que le fait brut et adopter une des trois opinions absolues, c'est s'exposer aux erreurs les plus grossières. Ainsi, par exemple, il est bien de parer la pince du cheval pinçard — si faire se peut — et celle du pied à talons bas qui, lui aussi, s'use en pince; mais abattre la mamelle interne du panard et l'externe du cagneux est une faute impardonnable.

Parer à fond ou ménager à l'extrême la pince du cheval de

trait et les talons du steppeur, c'est également compromettre leur service.

Renforcer la pince du cheval pinçard est nécessaire, pour prolonger la durée du fer, et n'a que des inconvénients facilement remédiables.

Épaissir la pince du pied à talons bas, la mamelle interne du panard, la mamelle externe du cagneux est, au contraire, une manœuvre fâcheuse.

En résumé, l'usure régulière du fer indique le bon aplomb de l'ongle; l'usure irrégulière ne donne des renseignements qu'à ceux qui raisonnent et en apprécient sagement les causes; renseignements insuffisants au point de vue du rétablissement de l'aplomb, puisqu'ils signalent simplement la région à parer, sans fixer la quantité de corne à enlever.

Le pied doit être paré suivant un plan perpendiculaire à la direction des tendons [1].

A l'origine, M. Watrin, vétérinaire militaire, inventeur de ce nouveau système de parer le pied, recommanda de continuer, vers le pied, et par la pensée, la direction des tendons et de tailler l'ongle perpendiculairement à cette direction.

Puis, il inventa un instrument, fort ingénieux, qui avait pour but de suppléer le coup d'œil et d'indiquer mathématiquement le véritable aplomb de l'ongle.

A l'aide de cet appareil, le novateur prétendait prouver que les pieds du cheval sont presque toujours parés de travers; d'après lui, la manière dont le pied est présenté au ferreur a, pour fâcheuse conséquence, de faire abattre davantage le dehors du pied de devant et le dedans du pied de derrière.

Quelques hommes de cheval ont été séduits par cette nouvelle méthode; ce qui prouve combien ils comprennent l'importance de l'aplomb du pied et l'insuffisance des données théoriques actuelles; combien ils sont disposés à adopter tout

---

1. Le membre est levé et saisi en haut du canon, de telle sorte que le pied pend naturellement au bout du paturon. L'observateur se place derrière la région des tendons, embrasse le pied de ses deux mains, le fait basculer et l'étend sur le paturon.

système qui leur permette de juger sainement et pratiquement.

Malheureusement, ce système repose sur une erreur; le pied ne doit pas être taillé perpendiculairement à la direction des tendons. A l'Ecole de Saint-Cyr, après essais consciencieux et prolongés, il a été constaté que les chevaux, dont les pieds sont ainsi parés, deviennent cagneux du devant et panards du derrière.

La cause de ces déviations d'aplomb réside dans ce fait, que la direction prolongée des tendons de devant incline normalement vers le dehors du pied, tandis que celle des tendons de derrière vient tomber sur le dedans. Or, parer perpendiculairement à ces directions, c'est abattre davantage le dehors du pied de devant, et le dedans du pied de derrière.

AJUSTER LE FER. — *Le fer de devant doit avoir la pince relevée de deux fois l'épaisseur du fer, et les éponges, de la moitié de cette épaisseur.*

La pince doit être élevée du sol d'une fois l'épaisseur du fer; les branches et les éponges doivent, autant que possible, être laissées à plat. La face supérieure du fer, par sa rive interne, sera éloignée de la sole de deux à trois millimètres. Depuis la rive interne de la pince jusqu'à l'extrémité des éponges, la face inférieure devra être plane[1]*; la pince, depuis cette même rive interne, sera relevée d'une épaisseur de fer.*

La face supérieure du fer ne doit porter que sur la paroi ; tout contact avec la sole détermine une pression douloureuse. La face inférieure du fer sera relevée en bateau en pince, dans son tiers antérieur, de l'épaisseur du fer seulement et presque plate dans les deux tiers postérieurs.

Les fers de derrière ne sont pas relevés en pince, et portent, sur le sol, par toute leur étendue.

---

1. Ne doit-il pas en résulter un large et solide contact du pied avec le sol, la suppression de l'effort de concentration produit, dit-on, par l'ajusture ordinaire et le libre jeu des régions postérieures du sabot, parfaitement à l'aise sur une surface plane ?

Trois principes, à l'ordre du jour, résument et condensent toutes ces indications :

Ajuster la pince et les mamelles, en laissant à plat les branches et les éponges ;

Mesurer l'ajusture par l'épaisseur du fer ;

Eviter de faire porter la face supérieure du fer sur la sole.

Il y a là une impossibilité, une absurdité et une erreur.

Relever la pince et mettre les branches à plat.

Voilà qui fait bien en théorie, mais c'est tout simplement impossible dans la pratique.

Ceux qui recommandent une pareille ajusture, ont-ils jamais essayé de la faire exécuter? Alors, ils ont dû constater, à la face supérieure du fer, une excavation sur chacune des mamelles, ils ont dû voir aussi que la rive interne de la pince ne porte plus sur le sol.

Ainsi donc, et du même coup, ce mode d'ajusture constitue une mauvaise assiette du pied sur le fer et du fer sur le sol. Il n'est possible et n'est employé que pour le fer de mulet ; par la raison que le pied du mulet est assis, non sur la partie relevée de la pince, mais, en arrière, sur une surface plane.

Dès que le fer est ajusté en pince, l'incurvation ne doit pas marquer un brusque arrêt, au niveau des branches, mais bien se continuer et se perdre progressivement en arrière. C'est ainsi que l'ajusture française est comprise et expliquée par les hommes vraiment pratiques ; et il est étrange qu'une opinion contraire cherche à prévaloir, à l'encontre du bon sens et en face d'une impossibilité.

L'ajusture doit être égale à l'épaisseur du fer.

Cet axiome, incontesté en maréchalerie, n'a pas le sens commun.

Tout d'abord, il faut élaguer du débat l'ajusture exceptionnelle, destinée à empêcher la sole, plate ou comble, de porter sur le fer. Pour celle-là, il est impossible d'errer ; elle est exactement dosée par la nécessité absolue de répondre, sans la dépasser, à une indication précise.

Qui ne comprend qu'en pareille occurrence l'épaisseur du fer est d'une parfaite insignifiance ?

Il y a plus, ici, l'ajusture doit être en raison inverse de l'épaisseur. C'est que l'incurvation de la pince — autrement dit la distance du bord externe de la pince au sol — varie pour les pieds plats et combles de huit à vingt millimètres. Or, est-il raisonnable d'attacher un énorme fer, de quinze à vingt millimètres d'épaisseur, à la muraille mince et cassante de pieds faibles et souffrants ? C'est vouloir produire, à coup sûr, l'arrachement du fer et la détérioration du pied.

Aussi, dans la pratique, les fers ajustés à l'extrême sont minces et couverts, double condition qui facilite l'incurvation de la pince, et permet de donner une ajusture deux et trois fois plus considérable que l'épaisseur du fer.

Ici, l'exception confirme-t-elle la règle ? C'est ce qui va être examiné.

Avant tout, il faut se rappeler que le relèvement de la pince produit l'ajusture, et que relever d'une égale quantité la pince d'un fer mince et celle d'un fer épais conduit, dans les deux cas, à une égale ajusture.

Maintenant, en supposant que l'ajusture soit simplement destinée à faciliter le lever du pied, à empêcher le cheval de butter, il importe peu que le fer soit épais ou mince ; la fixation d'une mesure invariable est logique. La pratique démontre que l'ajusture, donnée dans ce seul but (4 à 5 millimètres environ), est, du même coup, parfaitement suffisante pour empêcher la sole d'un pied ordinaire de porter sur le fer.

Évidemment, dans ces circonstances, l'épaisseur du fer ne peut entrer en ligne de compte.

Mais l'ajusture a encore pour but de ralentir l'usure du fer.

La théorie a-t-elle voulu ériger en principe que l'usure se répartit également, sur toute l'étendue de la pince, quand l'ajusture est égale à l'épaisseur, et qu'ainsi seulement peut être acquis le maximum de durée du fer ?

Voilà qui est probable, car nulle autre justification du principe admis n'est possible.

Ainsi donc, dans le seul but de combattre l'usure, épaisseur et ajusture doivent aller de compagnie.

Tout d'abord, il semble irrationnel d'admettre comme étalon de mesure une chose aussi variable que l'épaisseur du fer. N'est-il pas possible, en effet, de mettre au même cheval un fer, mince ou épais?

Ce non-sens n'est qu'apparent. Dans la pratique, du premier coup d'œil, le maréchal juge de l'épaisseur à donner au fer de tel ou tel cheval, en se basant sur le poids de l'animal et le genre de service. L'épaisseur du fer, devant être la même dans les mêmes conditions, peut, à la rigueur, constituer un terme de comparaison assez précis pour le praticien.

Si l'étalon de mesure trouve grâce devant un juge indulgent, il n'en est plus de même du principe.

On se demande comment l'ajusture, qui amplement suffit avec un fer mince, devient tout à coup insuffisante avec un fer épais.

Pourquoi le fer épais, qui déjà se trouve dans d'excellentes conditions pour résister à l'usure, doit-il donc être de plus en plus ajusté? Est-ce pour augmenter une propriété qu'il possède déjà à un haut degré, par le seul fait de son épaisseur?

Et puis, l'ajusture doit être donnée avec prudence, sous peine d'entraîner le resserrement du pied. Est-il sage, pour économiser quelques ferrures, de ruiner un cheval?

Formuler toutes ces questions, c'est y répondre.

Cette mesure théorique de l'ajusture est condamnée, non seulement par le raisonnement, mais encore par la saine pratique.

Ainsi comprise et exécutée, l'ajusture est manifestement exagérée pour le fer du cheval de selle, d'attelage, de trait rapide; elle est exorbitante et parfois même d'une exécution impossible pour le cheval de trait : c'est que, plus le fer est épais, plus il est difficile de relever la pince.

Et puis, n'est-il pas insensé de donner à un pied normal une ajusture qui ne convient qu'au pied comble?

Empêcher la sole de porter sur le fer est un principe vrai et faux, plus faux que vrai.

Il est vrai, quand la sole est amincie, plate ou comble.

Il est faux, toutes les fois que la sole est suffisamment épaisse pour braver les pressions et les chocs.

Et si, de nos jours, une pratique fâcheuse est érigée à l'état d'axiome, c'est qu'il y a nécessité impérieuse d'apporter un remède à ce raccourcissement exagéré du pied, article de foi en maréchalerie.

La ferrure rationnelle, celle qui n'est ni bien définie, ni bien pratiquée, comporte, au contraire, le contact du fer sur la sole, pour augmenter la surface d'appui, disperser les pressions et diminuer l'ajusture.

III. — MÉFAITS DE LA PRATIQUE.

Dans l'exercice de sa difficile profession, l'ouvrier se débat au milieu d'exigences souvent contradictoires et inconciliables. Ceux qui savent combien il est difficile de contenter un seul maître, comprendront l'embarras et les fautes du maréchal, tiraillé en sens contraire par sa conscience et son intérêt, et condamné à subir les caprices de la mode, la volonté du propriétaire, les exigences de l'homme d'écurie.

Voilà sous quelles influences se pratique particulièrement la ferrure du cheval des villes.

Le maréchal se laisse guider par son intérêt : que celui qui n'a jamais péché lui jette la première pierre. Les chevaux sont ferrés à l'abonnement ou à la pièce. Prolonger ou diminuer la durée du fer est donc chose à grandement considérer, au point de vue des bénéfices.

Qu'un fer d'abonnement soit un peu plus épais, qu'un morceau d'acier soit soudé à la pince d'un fer de derrière, en cas d'usure exagérée ; inversement, que la ferrure à la pièce soit exécutée avec des fers un peu légers, il n'y a pas grand mal. Mais il est des ouvriers peu consciencieux qui, par des manœuvres reprochables et dangereuses pour le pied, font durer trop peu de temps la ferrure à la pièce et trop longtemps la ferrure à l'abonnement.

Diminuer la durée du fer est chose facile. Qu'il soit mince et paraisse suffisamment épais — par suite du refoulement de sa rive externe — que sa pince soit dégagée et peu ajustée, qu'il soit remplacé avant d'être usé : le tour est joué.

Les déferres des ateliers de Paris démontrent que les fers enlevés peuvent encore faire de huit à douze jours, sous les pieds des chevaux ; elles démontrent, de plus, par l'irrégularité de l'usure, combien peu de pieds sont parés d'aplomb.

Le fer fashionable, qui se coupe rapidement en pince, convient exceptionnellement bien pour la ferrure à la pièce ; aussi s'est-il généralisé.

Pour prolonger la durée de la ferrure à l'abonnement, il suffit de fortement épaissir le fer, surtout en pince, et particulièrement à la mamelle du dehors. L'épaisseur est déguisée à l'aide d'un léger martelage pratiqué circulairement, sur le tranchant inférieur de la rive externe du fer ; de telle sorte que le pied, posé à terre, ne semble pas être lourdement ferré.

L'ajusture est forte en pince et entôlée en branches ; par ainsi, la voûte du fer et le dedans des branches servent d'abord d'aliment à l'usure.

Épaisseur et ajusture donnent au fer un haut degré de résistance, il semble neuf pendant longtemps. D'autre part, le pied, raccourci à l'extrême, pousse peu, et ce n'est pas son excès de longueur qui nécessite une nouvelle ferrure.

Avec un fer résistant à l'usure et un pied qui n'est jamais long, la ferrure est durable.

Qui le croirait ? La mode règne, en souveraine maîtresse, dans les ateliers noircis et fumeux des Vulcains modernes.

Le fer français a subi l'empire du caprice parisien, qui lui a imposé certaines modifications de forme visant à l'élégance : c'est là un fait de peu d'importance.

En ces temps d'anglomanie, grand nombre de pratiques et errements de la ferrure anglaise ont été adoptés par les ouvriers de Paris.

Et d'abord, c'est la ferrure à la mode pour les chevaux de luxe. C'est à elle que nous devons une recherche coquette dans la préparation du pied, un fini prétentieux opéré par la râpe et la lime.

Sous l'influence anglaise, toujours, un fer bâtard est né ; tantôt c'est le fer anglais avec étampures françaises, tantôt le fer français avec ajusture anglaise. Et puis, on a vu la rainure anglaise devenir double ou triple et augmenter d'étendue et de profondeur : le fer anglais a été le point de départ d'un fer profondément cannelé[1], appelé *fer à crampon circulaire*, qui a la prétention d'empêcher le cheval de glisser (fig. 191).

A Paris, toujours sous l'influence anglaise, le fer de derrière pour chevaux de luxe est étroit et porte crampon à sa branche externe, plus couverte ; la branche interne, épaisse, étroite, très pointue, n'a pas de crampon (fig. 192).

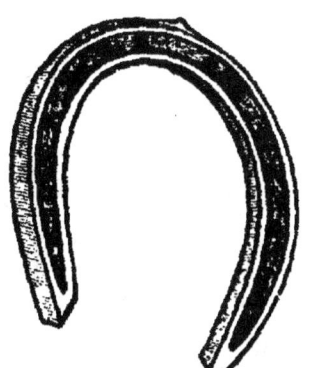 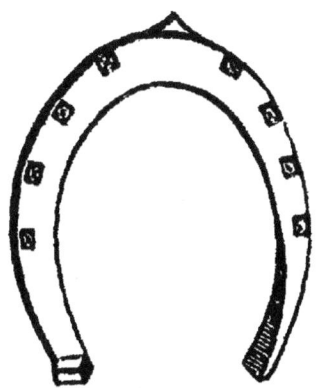

Fig. 191. Fer à crampon circulaire fabriqué à la mécanique.

Fig. 192. — Fer droit de derrière.

Certains donnent à cette dernière une étroitesse extrême et une épaisseur considérable, imitées de l'anglais ; de manière à la faire arriver, à peu près, au niveau de celle du dehors, munie de son crampon. Mais, en général, l'élévation du crampon l'emporte et le pied se trouve de travers. A Paris encore et toujours par imitation — soit pour guérir les chevaux qui se coupent, soit par crainte de les voir se couper — le fer *à la turque*, de forme anglaise (fig. 193), est si répandu, qu'il est, par le fait, un fer ordinaire de derrière pour les chevaux de luxe. En général, la grande mode est de laisser très longue la pince du pied, de se servir d'un fer à pince tronquée, munie de deux pinçons, à branche interne extrêmement épaisse et tranchante, é'ampée seulement en mamelle, de ferrer court et juste en dedans, de râper même le quartier interne et de rentrer sous le pied la branche correspondante.

1. Ce fer est fabriqué à la mécanique.

On se sert aussi du même fer, à pince ronde et à un seul pinçon (fig. 194).

Presque toujours l'excédent d'épaisseur de la branche interne de ces fers fait saillie du côté du pied.

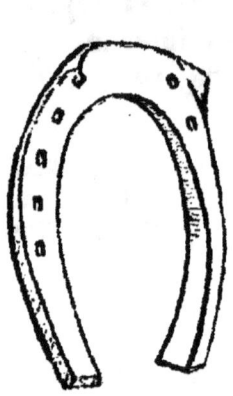 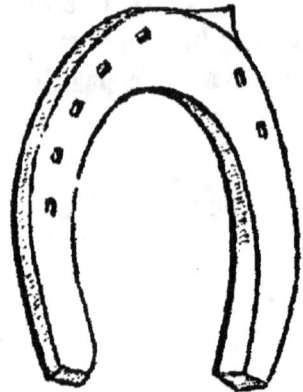

Fig. 193.
Fer à la turque.

Fig. 194. — Fer à pince ronde et à un seul pinçon.

A Paris, la forme du fer à cheval varie suivant le genre de service et le caprice du jour.

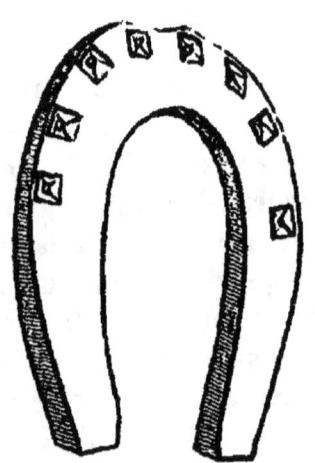 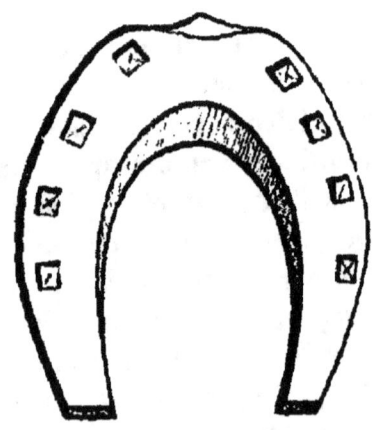

Fig. 195. — Fer gauche de devant.

Fig. 196. — Fer droit de derrière.

Les fers de chevaux de gros trait sont fréquemment d'un poids excessif.

Le fer de devant, à mamelle externe souvent épaissie, à éponges souvent nourries et renversées, est en général trop couvert et surtout trop ajusté.

Le modèle ci-joint (fig. 195) est ce qui se fabrique de mieux en ce genre; à part un léger excès d'ajusture, des éponges un peu épaissies et renversées, il est irréprochable.

Le fer de derrière a la pince et les mamelles considérablement nourries; tandis que les éponges sont minces, sans crampons, durant l'été, avec un seul crampon en dehors, pendant l'hiver (fig. 196).

Le fer de devant de trait léger a la branche interne plus couverte : nul ne sait pourquoi. La mamelle du dehors est plus épaisse (fig. 197).

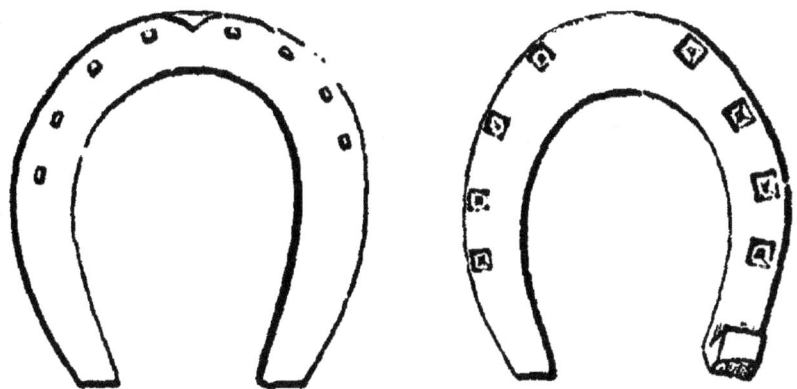

Fig. 197. — Fer gauche de devant vu en dessus.   Fig. 198. — Fer gauche de derrière vu en dessous.

Le fer de derrière, notablement plus épais en pince et à la mamelle externe, a en général un seul crampon en dehors (fig. 198).

1. — L'OUVRIER DES VILLES.

Le maréchal des villes n'est pas seulement gouverné par son intérêt et par la mode, il est trop souvent dans l'impérieuse obligation de complaire au propriétaire, qui le paye, et à l'homme d'écurie, qui lui amène les chevaux, fait et défait les réputations et les clientèles.

Rien de plus vrai que cette pensée de Turgot : « *Il faut beaucoup de sagacité et même de génie pour savoir toujours connaître son véritable intérêt.* »

En ce qui concerne la ferrure, cette sagacité se rencontre rarement chez les propriétaires de chevaux de luxe. Habitués à voir le pied ferré à neuf, au *maximum* de raccourcissement que peut lui faire subir le maréchal, ils ont généralement une fausse idée de sa longueur normale. Trop souvent, pour eux, le pied paré à fond est normal et, par contre, la véritable longueur nécessite l'intervention immédiate de l'ouvrier. C'est ainsi que, journellement et sans nécessité, des chevaux sont envoyés à la forge au grand préjudice des pieds.

Par le fait d'une regrettable perversion du goût, ils aiment le pied amoindri dans ses dimensions, creusé en dessous et poli à la râpe ; ils veulent des fers légers, dégagés, bien limés et sans garniture. En un mot, aujourd'hui, il faut de l'ouvrage soigné, de la *besogne propre*. Nombre d'amateurs de chevaux, imbus de ces idées, font beaucoup de mal, par la bonne raison que, ne connaissant rien en maréchalerie, ils se laissent aller à la mode, à leurs caprices, à des on-dit. Bien peu se préoccupent de la fréquence du renouvellement de la ferrure, beaucoup l'encouragent et s'en montrent satisfaits : ils voient une bonne pratique dans la principale cause de ruine prématurée.

En 1869[1], il a été fait une critique des plus vives de la maréchalerie parisienne ; aujourd'hui, dans certains ateliers, on est revenu à des pratiques plus rationnelles.

Néanmoins, le mal est grand encore et nous croyons utile de reproduire des critiques destinées à éclairer les propriétaires de chevaux et les maréchaux ferrants.

N'est-il pas de mode d'admirer et de prendre pour modèle cette maréchalerie de Paris qui, dit-on, a porté l'art de ferrer au plus haut degré de perfection.

« Voyez-le, cet ouvrier parisien, en face du pied. Il a la double prétention de bien faire et de corriger la nature ; il croit que le *nec plus ultrà* de l'art de ferrer est de faire un petit pied et d'appliquer le fer à la mode.

« Et combien celui-là conforme sa conduite à ses opinions !

---

1. Première édition de ce livre.

« Il abat le pied à fond, le pare *jusqu'à la rosée*, c'est-à-dire que la sole est amincie et creusée, la fourchette évidée et taillée à facettes, les barres enlevées, les talons abaissés. Le pied, fortement arrondi et diminué à son pourtour, est souvent raccourci, en arrière, d'un coup de rogne-pied, qui fait sauter l'angle des talons à partir du bourrelet.

« Le tout est longuement poli à la râpe.

« Ainsi est obtenu l'embellissement du pied : extérieurement, c'est un moignon ; par-dessous, c'est une cuvette. »

Ainsi travaillent beaucoup d'ouvriers qui ont de la prétention ; ils dépensent une adresse infinie à faire porter l'énorme masse du cheval sur des pieds affaiblis, chaussés de fers bien limés et de forme originale ; cela s'appelle *faire de la besogne propre*.

Tout conspire pour éterniser, répandre et glorifier la *besogne propre*. A travailler ainsi, le maréchal récolte bénéfice, tranquillité, satisfaction d'amour-propre, approbation du propriétaire, contentement de l'homme d'écurie. Le pied n'est-il pas joli, bien chaussé, facile à curer ?

Il y a bien une ombre au tableau : des milliers de chevaux boiteux gardent l'écurie, ou sillonnent péniblement les rues de nos villes.

A qui la faute ? Le cheval est artistement ferré ; il ne se coupe pas, ne forge pas, ne se déferre pas, et quitte la forge sans boiter. Le maréchal est donc hors de cause.

Quelques jours après, l'animal est sur la litière. Pourquoi ? Aussitôt — s'il y a lieu — s'organise la conspiration du silence. Le cocher ne sait rien, ou a des raisons pour être discret ; il opine pour un rhumatisme, ou se remémore à propos une glissade. C'est cela, dit l'ouvrier, il a pris un écart, il boite de l'épaule — *Sainte Épaule* est la patronne secourable des maréchaux dans l'embarras. Plus souvent encore et d'un commun accord, une bleime est signalée : ce monstrueux pavé des rues n'en fait jamais d'autres ! C'est que le pied peut alors être traité par les bains et les cataplasmes, traitement indiqué pour tous les accidents de ferrure. En cas même de flagrant délit, de vieux dictons prêchent l'indulgence : l'homme n'est pas parfait ; celui qui ne fait rien ne se trompe pas, etc.

Le propriétaire, généralement incompétent, a de bonnes raisons pour se montrer plus crédule que saint Thomas; il accepte les explications et déplore le fait. Comment soupçonner celui dont il admire la trompeuse habileté?

Le cheval est traité, guéri : simple question de temps et d'argent.

Le temps est venu de déchirer le voile qui cache la vérité, de troubler la prétentieuse quiétude des maréchaux raffinés, de signaler aux propriétaires de chevaux la cause des désastres qu'ils subissent, et à qui en incombe la responsabilité.

L'amincissement exagéré de la sole amène, à la longue, la contraction des talons et développe, au bout de quelques jours, une sensibilité anormale du pied. Si le cheval, après une ferrure nouvelle, vient à se déferrer, il peut à peine se traîner sur ses pieds mutilés. La sensibilité s'accuse davantage, en été, parce que la corne molle, mise en contact avec l'air, se dessèche, se resserre, acquiert une dureté pierreuse et meurtrit les tissus vivants, par la rudesse de son contact; elle diminue, disparait même par la pousse de la corne, qui produit l'épaississement de l'enveloppe primitivement amincie.

L'excès de longueur de la pince et l'abaissement des talons détermine la fatigue des tendons, l'usure rapide du cheval et, à la longue, le resserrement des régions postérieures du pied.

L'inégalité si fréquente des côtés du sabot tiraille douloureusement *les liens* articulaires, et amène la déformation lente du côté surchargé.

Les ridicules tentatives de redressements des membres panard et cagneux, considérées par l'ouvrier comme intelligentes et méritoires, déterminent la torsion du pied en sens inverse de la direction générale du membre. Des déviations fort graves sont donc produites par le désir de bien faire et de corriger la nature.

Ferrer court, râper le quartier du dedans et rentrer fortement, sous le pied, la branche correspondante, empêche le cheval de forger, de se déferrer, de se couper, mais jette le poids un peu sur les tendons et beaucoup sur le dedans du sabot qui, dès lors, a tendance à se déformer et à se resserrer. N'est-ce pas une folie de sacrifier l'aplomb et la forme normale du pied à l'appréhension d'un accident rare — le déferrement — et à la crainte, souvent imaginaire, d'une écorchure au boulet?

Mettre des talons affaiblis en contact avec des éponges épaisses, c'est fabriquer, à coup sûr, la bleime, maladie qui met plus de chevaux sur la litière que toutes les autres réunies.

Le fer très étroit — outre qu'il expose la sole amincie aux contusions — rend le pied dérobé, particulièrement en dehors; c'est pourquoi on voit, à Paris, des fers portant quatre étampures en dedans, et trois seulement en dehors. Aussi le retour à la ferrure française ordinaire devient-il, de temps à autre, une nécessité.

Les talons sont mal à l'aise sur des *éponges pointues*.

Le fer inégalement épais répartit irrégulièrement la charge, et constitue toujours un siège détestable pour le pied, surtout si l'inégalité d'épaisseur fait saillie du côté de cet organe.

Quand la branche du dedans est tranchante et très épaisse, ce côté du sabot est incommodément perché sur une lame de couteau.

Un seul crampon en dehors met le pied de travers.

Le fer économique, épais, couvert, à ajusture entôlée, détermine des glissades et fatigue, comprime, resserre le sabot.

Enfin, toutes ces manœuvres jettent la fièvre dans le pied et amènent la dessiccation, l'amincissement, la fragilité de la corne.

Qu'on le sache bien, trop souvent la ferrure de Paris et des grandes villes satisfait tout le monde, sauf le cheval.

Et pour en être convaincu, il suffit de comprendre l'éloquent langage du pauvre animal, victime muette d'un bourreau inconscient.

Le cheval proteste par sa démarche, ses attitudes, l'usure de ses membres et les transformations de ses pieds.

Il arrive dans les villes avec de gros sabots, qui bravement attaquent le pavé; les battues sonores sont une douce musique pour le connaisseur qui apprécie toute la valeur de l'axiome latin : *incerta basis, instabile œdificium*.

Puis, le pied est mutilé par le maréchal; chaque nouvelle ferrure amène une nouvelle mutilation. En quittant la forge, le pauvre quadrupède ne se porte plus aussi bien sur ses pieds affaiblis; durant une dizaine de jours, ses actions perdent en élévation et en étendue, ses battues sont moins bruyantes. En été, une particularité frappe : la gêne augmente notablement quelques jours après la ferrure.

Ordinairement, ces signes de malaise diminuent progressivement; au bout d'une dizaine de jours, le cheval récupère, en partie ou tout à fait, l'aisance et la liberté de ses mouvements.

A chaque renouvellement des fers, se manifestent les mêmes alternatives.

De ces faits, une explication a été donnée, elle est vraisemblable, mais fausse. Comme l'homme, dit-on, le cheval est gêné par une chaussure neuve; il s'y habitue après quelques jours.

Non! le cheval n'est pas gêné par une chaussure neuve; déferrez et referrez à neuf, *sans enlever de corne*, vous le verrez aussi libre dans ses mouvements qu'avec les anciens fers.

Parez le pied raisonnablement, et le même fait se reproduira.

Peu à peu, d'année en année, sous l'influence persistante des mêmes causes, la gêne primitive augmente; des signes de détresse dénoncent un effroyable malaise et, en même temps, apparaissent des transformations et des maladies du pied.

En station, le cheval trahit ses souffrances par l'inquiète mobilité de ses attitudes; il piétine sans cesse, amasse un coussin de paille sous ses talons affaiblis, pointe de tel ou tel pied, appuie, tour à tour, ses pieds l'un sur l'autre; il raccourcit la tige osseuse de ses membres et devient *bouleté* ou *arqué*, positions qui jettent le poids sur les os et produisent le relâchement des tendons souffrants.

Toutes ces manœuvres ont pour résultat un soulagement momentané.

En marche, au départ, l'animal semble avoir perdu tous ses moyens. Sa marche est silencieuse, calculée, hésitante; il tricote, trébuche, feint et visiblement redoute le contact du sol. Puis, par l'exercice, les pieds s'échauffent et la gêne diminue.

Ce déplorable anéantissement des facultés du cheval est caractérisé d'un seul mot : *les épaules sont froides*. Malheureuse expression, qui détourne l'attention et en impose sur la cause du mal. La vérité est que tout cheval qui souffre des pieds a les *épaules froides*, et que les épaules retrouvent la liberté et l'étendue de leur jeu, quand les pieds s'échauffent.

Enfin, en dehors de toute mutilation et sensibilité du pied, grand nombre de chevaux font pitié à voir sur le pavé, le bitume, le macadam; ils s'en vont rasant piteusement le sol et marchant péniblement de glissade en glissade; ils se raidissent, hésitent, tâtonnent dans les tournants. Sur eux s'abat le fouet, pourvoyeur impitoyable d'une énergie factice et momentanée; leur bouche est meurtrie par les violences de la main, déterminée par l'imminence des chutes. A la recherche d'un point d'appui sur le sol gras et le pavé plombé, ces chevaux se fatiguent horriblement et prématurément se ruinent.

De ceux-là on dit : ils tiennent mal le pavé!

La vérité est qu'ils sont mal ferrés et, souvent aussi, épuisés par un travail excessif. Rien de tel que l'ajusture entôlée pour faire glisser les chevaux; or, c'est l'ajusture usitée dans beaucoup d'ateliers de la capitale. Rien de tel encore que le fer trop couvert et trop lourd : ce sont là des défauts de la ferrure qui vise à l'économie.

Et voilà, en partie, pourquoi il y a tant de chevaux qui tombent et se couronnent, tant de brancards brisés, tant d'accidents divers.

Des phénomènes d'un autre ordre se produisent encore. Et, d'abord, la sécrétion cornée est ralentie à tout jamais. Le zèle intempérant de l'ouvrier ne trouve plus rien à glaner sur ce sol épuisé par des récoltes excessives.

L'axiome nouveau ne peut avoir tort : *plus le pied est paré à fond, moins il pousse*. Et à celui qui, plus tard, trouve les pieds trop petits et recommande de ne pas parer autant, le maréchal répond avec vérité: « *Je n'ai pas touché aux pieds, ils ne poussent pas.* »

A l'examen des pieds, se constatent des déviations irrémédiables du bourrelet, des altérations et des maladies plus ou moins graves du sabot.

Pourquoi les déviations du bourrelet, le chevauchement des talons, la transformation du pied panard en cagneux et inversement, la pétrification de la sole et sa séparation d'avec la muraille, le resserrement du pied particulièrement en dedans, le rapprochement des talons, la mauvaise qualité de la corne, la bleime, la seime, la foulure de sole, etc..., — tous désordres fort rares sur les chevaux, si mal d'aplomb et si mal ferrés, de nos campagnes, — sont-ils si fréquents sur les chevaux des villes, dont l'aplomb est meilleur et la ferrure bien plus élégante ?

Enfin, les membres aussi sont affectés. Les mêmes manœuvres, qui produisent la bouleture et l'arqûre, déterminent parfois des efforts de tendons, entorses articulaires, tares dures et molles.

Comme conséquence de tous ces accidents, des boiteries plus ou moins graves et rebelles apparaissent.

Le cheval est-il donc un sphynx au mystérieux langage ? Ses mouvements, ses hésitations, ses attitudes, ses souffrances, les transformations et les maladies de ses pieds, sont-ils pour l'homme, qui l'aime, d'indéchiffrables énigmes ? Lui, qui sait si bien comprendre et obéir, proteste en vain contre un dur martyre. En vain, il perd sa fière prestance, l'énergie de ses mouvements, sa vitesse ; ses membres tremblotants et arqués deviennent trop faibles pour le porter. Douloureusement se traîne le vaillant coursier d'autrefois ; éclopé et perclus, il rase piteusement le sol. Et ce steppeur, pourquoi ne lance-t-il plus son pied avec la raideur et la vitesse du poing d'un pugiliste ?

Toute cette poignante éloquence de la victime est incomprise du maréchal, incomprise aussi du protecteur intéressé ; elle n'éveille que des plaintes stériles et d'inutiles regrets.

Pauvre cheval, il a la vie dure et la souffrance muette. Souffrir et marcher, voilà son sort ; de ses ongles endoloris, il attaque, à toute vapeur, le brutal pavé des villes. Mais, un jour, les rouages se brisent, la machine demeure. Les uns déplorent : c'est grand dommage ; c'était un brave cheval. D'autres simplement disent : *la mère des chevaux n'est pas morte.*

2. — L'OUVRIER MILITAIRE.

Le *Manuel de Maréchalerie*, rédigé par les soins de la *Com-*

mission d'hygiène hippique et approuvé par le ministre de la Guerre, le 12 décembre 1876, sert de base à l'enseignement de l'art de ferrer, dans l'armée. Le maréchal ferrant y trouve toutes les connaissances théoriques, qui lui sont nécessaires.

C'est d'après les principes formulés et les pratiques recommandées dans ce *Manuel*, que MM. les vétérinaires-professeurs doivent instruire les maréchaux et diriger l'exécution de la ferrure des chevaux de l'armée.

L'enseignement supérieur se donne à l'*École de maréchalerie* de Saumur.

La décision ministérielle du 27 août 1870 règle les conditions et le taux de l'abonnement, pour l'entretien de la ferrure des chevaux de l'armée, et impose aux maréchaux ferrants, dans la passation de leurs abonnements, de nombreuses conditions, parmi lesquelles il importe de citer la suivante :

Les fers ne seront plus fabriqués d'après un poids déterminé, mais d'après les dimensions d'épaisseur et de largeur indiquées dans le tableau ci-après :

DÉSIGNATION DES ARMES	FERS DE DEVANT		FERS DE DERRIÈRE	
	Largeur	Épaisseur	Largeur	Épaisseur
	mm.	mm.	mm.	mm.
Chevaux de cavalerie .... Réserve.	0.022	0.012	0.025	0.0125
Ligne...	0.021	0.011	0.024	0.012
Légère..	0.020	0.010	0.023	0.011
Chevaux de l'artillerie et des différents trains..................	0.0235	0.013	0.027	0.014
Chevaux arabes..................	0.018	0.009	0.021	0.010

« Ces dimensions seront contrôlées au moyen d'un calibre dont chaque maréchal ferrant abonnataire sera toujours pourvu. »

La ferrure réglementaire dite *calibrée*, adoptée dans l'armée *sans essai préalable*, présente des inconvénients sérieux au double point de vue de la théorie et de la pratique.

Cette ferrure est basée sur une appréciation inexacte du rapport qui doit exister entre l'épaisseur et la couverture du bon fer français de service, et se trouve en opposition avec les principes de la vieille maréchalerie française.

En effet, il résulte du tableau ci-dessus :

Que les fers de selle et de trait doivent être faits sur le même modèle ;

Qu'un fer de même épaisseur et de même couverture convient à tous les chevaux des régiments de même arme ;

Que le fer de devant, bien fait, est également couvert à toutes ses régions, et qu'un fer de derrière doit être aussi épais en éponges qu'en pince ;

Qu'entre les fers de devant et de derrière, il faut une différence de 1 millimètre d'épaisseur, et 3 millimètres de largeur ou couverture, en faveur de ces derniers ;

Qu'il suffit de donner au fer 1 millimètre d'épaisseur et de couverture en plus, pour chaque arme, en prenant pour point de départ la cavalerie d'Afrique.

1° D'après le tableau ci-dessus, les fers de selle et ceux de trait sont faits sur le même modèle ; il n'y a qu'une augmentation légère de couverture (2^{mm}), loin d'être en rapport avec les dimensions plus grandes des pieds et, surtout, loin de répondre à l'usure considérable de la pince, chez les chevaux de trait.

Dans la pratique civile, avec juste raison, le fer de selle et le fer de trait ne se ressemblent pas.

Les fers des chevaux de trait et même ceux des carrossiers, à grands pieds, sont confectionnés de manière à être tout à la fois résistants à l'usure et relativement légers. Ils sont plus épais et couverts en pince et en mamelle externe, qui usent davantage, moins épais et moins couverts en branches et surtout à la branche du dedans ; pour que l'aplomb du pied soit conservé, les branches du fer de derrière, progressivement plus minces et plus dégagées, se terminent par des crampons ou des éponges nourries, d'une hauteur égale à celle de pince.

Les fers, construits d'après ces principes, peuvent peser moins que les fers réglementaires et cependant durer bien davantage.

2° Tout en reconnaissant qu'autrefois on abusait de la couverture, il n'en est pas moins vrai que le fer réglementaire actuel est trop étroit et trop épais.

Depuis une vingtaine d'années, le fer étroit et épais est à la mode dans les villes, où il a surtout pour but d'empêcher les chevaux de glisser sur le pavé et le bitume.

Mais, étant donné que le cheval de guerre ne marche sur le pavé qu'exceptionnellement, on admettra bien qu'il n'est pas bon de sacrifier à la mode au détriment du service.

C'est que ce fer étroit et épais, *qui doit passer au calibre*, a les inconvénients suivants : il est bien plus difficile à forger et surtout à étamper que l'ancien fer ; il se casse plus facilement à l'étampure et sous les pieds du cheval ; le lever du pinçon étrangle tellement la pince que la résistance du fer à l'usure en est beaucoup diminuée.

L'ancien fer avait plus de couverture et moins d'épaisseur ; il était facile de lui donner une ajusture progressive et régulière, une garniture suffisante ; à l'aide d'une battue exécutée sur la rive interne et en éponges, on pouvait le transformer en fer couvert pour pied plat, en fer à éponges couvertes pour les pieds à talons serrés, encastelés, bleimeux, etc. Par contre, l'épaisseur relativement considérable du fer calibré élève trop le pied et éloigne la fourchette du sol ; son étroitesse ne permet pas de le transformer en fer pathologique : il n'est pas possible, par exemple, à l'aide d'une battue, de le transformer en fer couvert et à éponges couvertes, sans déformer les étampures et établir entre la pince et les éponges une différence d'épaisseur qui détruit l'aplomb du pied.

Etant donné, d'une part, que dans toute ferrure rationnelle, l'épaisseur et la garniture doivent varier suivant les dimensions des pieds et, même, suivant qu'un cheval use peu ou beaucoup, travaille sur le dur ou sur le mou, est en garnison, en route ou en campagne ;

Etant donné, d'autre part, qu'il existe dans tout régiment, même de cavalerie légère, des chevaux ayant de très petits pieds et de très grands pieds, usant peu ou beaucoup ;

Il est difficile d'expliquer pourquoi des dimensions invariables *de couverture* ont été adoptées.

3° Dans la pratique civile, encore, le fer de devant n'a pas la même couverture partout ; il est plus dégagé en éponges, pour laisser de la place à la fourchette. Il est vrai que si le fer réglementaire, déjà trop étroit, présentait la même disposition, on ne pourrait plus donner assez de garniture.

D'après le tableau précédent et les modèles envoyés par l'École de maréchalerie dans les corps de troupes, le fer de derrière est d'égale épaisseur en pinces et en éponges et ses branches ont la même couverture. Le fer de derrière bien fait doit, au contraire, être plus épais en pince qu'en éponges et, surtout, être sensiblement plus dégagé à la branche du dedans.

Il importe de remarquer qu'à cet égard, le règlement de 1870 est en désaccord avec le *Manuel de Maréchalerie*[1].

4° Les différences de un millimètre d'épaisseur et de trois millimètres de couverture, établies par le règlement, entre le fer de devant et celui de derrière, sont absolument insuffisantes. La couverture surtout fait défaut.

D'ailleurs, l'expérience a démontré que le fer de derrière réglementaire dure environ huit jours de moins que le fer de devant.

5° Les différences de couverture établies, entre chaque arme, sont également insuffisantes. C'est qu'un millimètre d'épaisseur en plus demande, au moins, une augmentation correspondante de deux millimètres de couverture. Ainsi, par exemple, les fers des chevaux d'Afrique présentent des dimensions raisonnables ; mais les fers de dragons n'ont plus assez de couverture ; pour les cuirassiers, le manque de couverture est encore plus frappant ; enfin pour les chevaux du train et *surtout pour ceux du train auxiliaire*, on arrive, en suivant les dimensions réglementaires, à fabriquer des fers absolument grotesques.

Les graves inconvénients de la ferrure officielle étant préjudiciables aux intérêts des maréchaux, son usage a été successivement abandonné par les corps de troupes à cheval.

Lors des inspections vétérinaires, on trouve partout et toujours, sous les pieds des chevaux, des fers de devant et sur-

---

1. Voir *Manuel de maréchalerie*, p. 119.

tout des fers de derrière dont la couverture est bien supérieure à celle fixée par le règlement.

Par contre, les fers des approvisionnements de réserve, des maréchaux et des corps, ont les dimensions réglementaires et même souvent des dimensions moindres.

C'est que lesdits approvisionnements sont reçus par une commission réglementaire et exposés à être examinés, le calibre en main, par les généraux, intendants et vétérinaires inspecteurs.

C'est, de plus, que les maréchaux ferrants ayant intérêt, en cette circonstance, à faire des fers légers, plus faciles à forger, demandant moins de matière première et passant toujours au calibre, appliquent volontiers, à la lettre, la décision ministérielle du 4 août 1876, qui rappelle que les dimensions d'épaisseur et de couverture sont des dimensions maxima : *qu'on peut rester en deçà*, mais jamais les dépasser…

Il résulte de là que, contrairement aux vrais principes, à la saine pratique et surtout au bien du service, les fers sous les pieds des chevaux, en temps de paix, sont ordinairement plus épais, toujours plus couverts, plus lourds et notamment plus résistants à l'usure que les fers d'approvisionnements, destinés à être utilisés pendant la guerre. Il est certain, par exemple, que, sur les routes, les fers de l'approvisionnement de l'artillerie ne peuvent pas durer plus de dix à douze jours et que les fers de derrière seront coupés, en pince, environ quatre à cinq jours avant ceux de devant.

L'usure plus rapide des fers de derrière aura donc, pour conséquence forcée, de réduire la durée des deux ferrures d'approvisionnement à la durée d'une ferrure et demie.

C'est là un inconvénient des plus graves, car la première condition d'une bonne ferrure de route et de campagne est d'être durable.

En résumé, la ferrure réglementaire est contraire à la conservation des chevaux, au bien du service, aux intérêts des maréchaux et constitue un véritable danger en temps de guerre.

Il serait à désirer, enfin, que le *clou à tête plate* (fig. 163) fît partie des approvisionnements de guerre; car avec des clous à tête plate, placés où le fer a usé le plus, en pince et mamelle du dehors, on peut facilement prolonger d'une huitaine de jours et plus la durée d'une ferrure.

Les maîtres maréchaux ferrent à l'abonnement et sont maigrement rétribués[1].

Il en est qui concentrent toute leur intelligence et leurs efforts vers un but unique : renouveler la ferrure le moins souvent possible.

Que faut-il à cet effet ? Un fer long à user, un pied à croissance lente. Tout cela s'obtient, quand nul n'y met empêchement. Déguiser, sous des dehors propres et coquets, une opération barbare et nuisible, n'est pas chose difficile. Le pied est paré jusqu'au sang, en pince surtout; la muraille est fortement râpée dans sa région antérieure. Ainsi est fabriqué un véritable moignon, petit, court et rond.

L'épaisseur du fer est dissimulée à l'aide d'un procédé déjà décrit.

L'ajusture est forte, dans le double but de faire participer à l'usure la rive interne du fer et de sauver la sole amincie d'un contact compromettant.

Toutes ces ruses de l'abonnataire peuvent être facilement saisies par l'œil du moins clairvoyant : le pied est trop court, la pince, vue de profil, est convexe dans toute sa hauteur, — au lieu d'être droite jusqu'à mi-distance des rivets et du fer ; l'épaisseur du fer se juge à la région de la voûte.

Néanmoins, cette manière de faire menace de s'éterniser pour plusieurs raisons : elle flatte les goûts de coquetterie des officiers qui aiment les petits pieds; le maréchal y trouve satisfaction complète au triple point de vue de l'intérêt, de la tranquillité, de l'amour-propre.

3. — L'OUVRIER DES CAMPAGNES.

Ici, plus de petits pieds ; le temps et l'habileté manquent. L'ouvrier n'est pas assez sûr de lui, pour se donner la satis-

---

[1]. Ils touchent 18 fr. (environ) par cheval et par an.

faction de *parer à fond*. A ce métier dangereux, il est facile de tailler dans la chair, ou bien d'estropier le cheval en attachant le fer.

Le pied est, en général, peu raccourci ; les talons seuls sont trop abattus.

Épaisseur considérable, pince relevée et renforcée, surtout en voûte, éponges relativement minces, ajusture fortement entôlée en branches : voilà les caractères du fer de l'animal de trait, aux champs et au village.

Le plus souvent, ce fer est défectueux et grossièrement fabriqué, mais il dure.

Les clients, gens positifs, n'envisagent guère que la question économique. Certains même exigent un épaississement exagéré aux régions où le fer s'est usé davantage, et ruinent ainsi les aplombs. De ce fait, ils supportent de fort grosses pertes, pour avoir voulu réaliser de piètres bénéfices, — justifiant ainsi la vérité de ce vieux dicton : *tel s'en va chercher de la laine, qui revient tondu.*

On reproche au maréchal des campagnes de ne pas parer les pieds suffisamment à fond ; et c'est, précisément, la crainte salutaire que lui inspire cette délicate besogne, qui sauve les pieds du cheval de la destruction. Sur le sabot, resté fort, les inégalités de l'aplomb ont peu de prise ; la sole, qui a conservé son épaisseur, s'oppose au resserrement.

Et, ce qui doit donner à l'ouvrier des villes une leçon de modestie, c'est que, mal ferré aux champs, le cheval est droit ; bien ferré à la ville, il boite fréquemment.

Conclusion. — La ruine précoce du cheval des villes est souvent le fait d'un ensemble de pratiques barbares, irrationnelles et prétentieuses, effectuées au grand dommage de celui qui paye l'ouvrier et utilise le cheval.

« Dans tous les états, le génie élève l'homme, a dit Bourgelat..., il n'est d'homme vil que celui qui est vain, ignorant ou inutile. »

Que l'ouvrier des villes, — au lieu de faire du charlatanisme, du trompe-l'œil, de viser à l'effet, — se livre à la ferrure sérieuse, il ne tardera pas à acquérir la considération qui s'attache aux hommes utiles et consciencieux.

Que l'ouvrier militaire abandonne des moyens inavouables et destructeurs du pied ; il a suffi, du reste, de les signaler pour leur enlever toute valeur.

Enfin, que le maréchal des campagnes brille par son inhabileté : il est dans son droit. Le paysan, qui paye peu, en a pour son argent. Mais si le travail est grossier, qu'il cesse au moins d'être nuisible.

Voilà des conseils que les ouvriers, qui ont le goût, le désir et recherchent la satisfaction de bien faire doivent méditer et suivre.

Par intérêt pour les services futurs et par reconnaissance pour les services rendus, c'est un devoir, pour le propriétaire, de veiller à la ferrure de ses chevaux.

Qu'il se rappelle que le pied trop paré, les talons trop bas, la pince trop longue, l'inégalité des côtés du sabot, l'épaississement de la pince ou des talons, l'ajusture entôlée, le renouvellement fréquent de la ferrure, ont la plus funeste influence sur les aplombs, les allures, la forme du sabot, la durée et la bonté des services.

Qu'il se souvienne aussi que, malgré l'incontestable adresse des ouvriers, nombre de chevaux boitent, dans les villes, et que l'ancien aphorisme de maréchalerie, — *sur cent chevaux boiteux, quatre-vingt-dix-neuf boitent du pied,* — doit être bien plutôt modifié ainsi : *sur cent chevaux boiteux, quatre-vingt-dix boitent par la faute du maréchal.*

Et voilà précisément un moyen d'apprécier l'habileté de l'ouvrier : elle est en raison inverse du nombre de chevaux boiteux qu'il a dans sa clientèle.

QUATRIÈME PARTIE
LA FERRURE RATIONNELLE

CHAPITRE PREMIER

MOYENS DE CONTENTION

> *Le meilleur des moyens de contention est la douceur.*

I Moyens de dresser le cheval au ferrage. — II. Ferrage des chevaux difficiles.

I. — MOYENS DE DRESSER LE CHEVAL AU FERRAGE.

De bonne heure, le poulain doit être habitué à se laisser toucher les jambes, lever les pieds et frapper sur le sabot.

Quand arrive le temps où la ferrure devient une nécessité, le jeune animal — déjà familiarisé avec toutes les manipulations qu'elle exige — est obéissant et docile.

Certains chevaux résistent et se défendent, par suite d'une éducation nulle ou incomplète, d'un caractère ombrageux ou irritable. Pour ceux-là, on doit être bien convaincu que la torture n'est pas un moyen de dressage.

Par devoir et par intérêt, il faut aller au devant des résistances et non les faire naître, pour se mettre dans la barbare nécessité d'en triompher brutalement.

Il est des bêtes féroces, à face humaine, qui répriment cruellement le plus léger mouvement d'impatience du cheval. D'emblée sont employés des instruments de torture : tord-nez, morailles, mors d'Allemagne, etc..., On voit des hommes s'accrocher par les poignets aux oreilles du cheval et en mordre les extrémités, frapper sur les côtes avec le brochoir, donner des coups de pied sous le ventre. Les cicatrices, qui se remarquent autour du nez, à la commissure des lèvres, à la base des oreilles, accusent bien plutôt la brutalité du maréchal que la méchanceté du cheval.

Aussi est-il des chevaux doux pour tout le monde, les maréchaux exceptés. A l'approche de la forge, à la vue du tablier de l'ouvrier, ils manifestent crainte, aversion, colère.

Dans la pratique de la ferrure, il faut bien se le persuader :

> Patience et longueur de temps
> Font plus que force, ni que rage.

Il est important que le maréchal, au double point de vue de sa sécurité, de la rapide et bonne exécution de la ferrure, connaisse à fond les moyens à employer pour aborder, toucher, attacher le cheval, lever et tenir les pieds, dresser au ferrage les chevaux difficiles.

Aborder le cheval. — Le cheval est en général d'un caractère très doux, d'un abord facile et sûr.

Cependant il est des chevaux peureux, effrayés, qui se méfient de l'homme et se tiennent sur la défensive.

Il en est aussi que la maladresse et la brutalité de l'homme ont rendus méchants et dangereux.

Le cheval a de terribles moyens de défense et d'attaque.

Il mord, et sa morsure est grave.

Il frappe dangereusement des pieds de devant.

Il rue, et ses coups de pied broient les chairs et brisent les os.

Le cheval entier est assez enclin à mordre et à frapper du devant; la jument est parfois disposée à ruer.

De là ce dicton : *Méfiez-vous du devant du cheval entier et du derrière de la jument.*

Le cheval, animé de mauvaises intentions, prévient l'homme.

S'il se dispose à mordre, à frapper du devant, à ruer, ses oreilles se couchent, ses yeux prennent une expression menaçante et sournoise, ses joues se rident, ses lèvres se plissent, sa tête s'allonge vers l'homme.

S'il piétine sur place, tourne une oreille et le train de derrière du côté de l'homme, c'est un coup de pied qui se prépare.

Le cheval et surtout la jument qui fouaillent de la queue ruent souvent.

Pour éviter les défenses et les accidents, en abordant le cheval, il faut :

Regarder la tête du cheval, étudier sa physionomie;

Se tenir en garde, si ses intentions semblent suspectes;

L'aborder toujours du côté montoir, excepté dans les cas d'absolue nécessité;

Marcher droit à l'épaule, sans précipitation ni gestes, les bras tombant naturellement;

Avertir le cheval de la voix;

Le placer contre un mur, s'il cherche à se dérober; dans un coin, s'il recule;

Avant d'entrer dans une stalle ou au moment d'en sortir, faire ranger les hanches du cheval, à la voix et en levant la main.

Il ne faut pas :

L'aborder du côté hors montoir;

L'approcher en étendant les bras;

Le toucher sans l'avertir.

Toucher le cheval. — Le cheval doit être touché avec précaution et de la manière suivante :

Lever la main pour toucher le cheval, quand on est tout près de lui;

Le toucher au garrot du côté montoir, où il a l'habitude de se laisser aborder;

Le caresser, dans le sens du poil, par des pressions successives, douces et prolongées, procédant du garrot et se rapprochant peu à peu de la région qu'on veut atteindre;

Recommencer imperturbablement cette espèce de massage, à partir du garrot, si une défense vient en interrompre le cours.

Attacher le cheval. — Le cheval est conduit à la forge avec le bridon.

Il est attaché à un anneau, par un nœud coulant facile à défaire : ou mieux, l'extrémité des rênes est passée dans l'anneau, puis dans la sous-gorge.

Il est dangereux d'attacher un cheval en lui passant la longe dans la bouche [1] ou sur le chanfrein.

Quand un cheval *tire au renard*, c'est-à-dire quand il s'accule, essaye de briser ses moyens d'attache, le maréchal le détache immédiatement, en même temps l'aide pousse vivement l'animal en avant, du geste et de la voix.

Tout cheval, connu pour tirer au renard, doit avoir le *licol de force* ou être tenu en main.

Le licol de force est fait en grosse corde très solide.

Lever, tenir et poser le pied de devant. — Pour lever le pied gauche de devant, l'aide se place en face l'épaule en regardant le cheval ; il pose la main droite au garrot et la main gauche exécute un massage le long du membre. Arrivé au paturon, il le tire à lui en exerçant une poussée contre l'épaule, de manière à rejeter le poids du corps sur le membre opposé.

Une fois le pied levé, l'aide vient, par un demi-tour à droite, prendre la place qu'il doit occuper.

Il appuie le genou du cheval sur sa cuisse gauche, porte la jambe droite en arrière, puis réunit ses deux mains dans le pli du paturon.

Si le cheval s'effraye, l'aide, quittant sa position, lui donne de la confiance par les caresses de la voix et de la main.

Il ne doit pas s'appuyer sur le cheval, ni l'inquiéter en serrant trop le paturon, ni le faire souffrir en élevant le pied outre mesure ou en le portant trop en dehors.

L'opération terminée, le pied est reconduit doucement jusqu'à terre.

Lever, tenir et poser le pied de derrière. — Pour lever le pied gauche de derrière, l'aide se place en face de l'épaule

---

[1] La longe étreint parfois la mâchoire, l'animal cherche à se débarrasser, tire avec violence et se coupe la langue, si la longe résiste ; se renverse en arrière, se blesse ou se tue, quand le moyen d'attache est brisé par l'effort.

du même côté, pose ses deux mains sur le dos, les glisse lentement vers la croupe en flattant et parlant ; si le cheval reste tranquille, l'aide lui appuie la main gauche sur la hanche, la main droite glisse peu à peu le long du membre, en dehors et en arrière jusqu'au paturon ; ensuite il pousse doucement le cheval de la main gauche, pour rejeter l'appui sur le côté opposé ; en même temps, avec la main placée au paturon, il avertit l'animal, par une légère pression, qu'il veut lever le pied.

Lorsque le pied est soulevé, l'aide se tourne peu à peu à droite, touche légèrement avec sa cuisse gauche la jambe du cheval ; si celui-ci ne se défend pas, l'aide appuie tout à fait la sienne ; il retire alors la main appuyée à la hanche pour la porter au paturon, en entourant le jarret avec le bras.

Si le cheval s'effraye, l'aide quitte sa position, fait face à la hanche, en y appuyant une main, et donne de la confiance en caressant de la voix et de la main restée libre.

Il faut encore, comme pour le pied de devant, éviter de s'appuyer contre le cheval, de serrer trop le paturon, d'élever outre mesure le pied, de le porter trop en dehors.

L'opération terminée, l'aide tourne à gauche sur le pied droit, pose la main gauche sur la hanche du cheval, retire la jambe gauche, qu'il rapproche de la droite, et pose doucement le pied à terre.

II. — FERRAGE DES CHEVAUX DIFFICILES.

Pour ferrer les chevaux difficiles, beaucoup de maréchaux ne connaissent que la brutalité, la violence.

Ils rendent les chevaux tout à fait méchants, se préparent pour l'avenir des difficultés de plus en plus grandes, des dangers de plus en plus sérieux.

Le maréchal doit étudier le caractère du cheval, être toujours doux et patient, ne jamais employer la force.

Si la patience et la douceur échouent, le maréchal doit savoir se rappeler à propos :

1° Que pour calmer un cheval, souvent il suffit de le placer contre un mur, de le faire tenir en main, la tête haute, par un homme qui caresse les yeux et le chanfrein, ou joue avec le mors du bridon ;

2° Que certains chevaux demandent à ne pas être attachés; laissés libres, les rênes sur le cou, ils se tiennent tranquilles ;

3° Que bon nombre de chevaux ne bougent plus, quand les yeux sont couverts à l'aide de lunettes ou d'une couverture;

4° Qu'il est des chevaux voulant être ferrés, en compagnie d'un camarade d'écurie;

5° Que, l'été, les chevaux doivent être ferrés le matin ou le soir, pour éviter les mouches ;

6° Que certains chevaux, intraitables à la forge, sont parfois très dociles à l'écurie.

Enfin, il en est qui, ferrés à la française, résistent. La présence de deux hommes les inquiète. Et puis, le teneur de pieds agit bien souvent avec trop de force; en étreignant le paturon, en écartant et pliant par trop le membre, il fait naître des défenses, faciles à expliquer par l'horreur du cheval pour toute contrainte, et, aussi, par la gêne et la douleur qui résultent de positions contre-nature.

Si le maréchal a essayé inutilement tous ces moyens, il lui reste encore deux procédés à employer :

Le dressage du cheval au ferrage ;
Les moyens de contrainte.

1° Dressage du cheval au ferrage. — Étant donné un cheval à ferrer qui mord, frappe du devant ou rue ;

Trois hommes sont nécessaires : le maître maréchal, deux aides.

Le cheval est conduit, en caveçon, contre un mur, pour l'empêcher de se dérober ; dans un coin, s'il a tendance à reculer.

Si le cheval frappe du devant et mord, un long bâton est attaché à l'anneau du caveçon et tenu vigoureusement par l'aide, qui maintient ainsi l'animal, sans aucun danger pour lui et pour le maître maréchal.

Si le cheval ne fait que ruer, l'aide est inutile.

C'est au *maître maréchal* à dresser le cheval. Il se tient à la tête, un peu par côté, la longe du caveçon dans une main, à 30 centimètres de l'anneau.

De l'autre main, avec un long manche de chambrière, il exerce sur le corps du cheval des attouchements, sous forme de pressions successives, légères et prolongées.

Ce massage commence à l'encolure et se continue sur le corps, sur les membres et sur les deux côtés du cheval.

Pendant cette opération, le maître maréchal parle au cheval; sa voix est caressante, impérative ou menaçante, suivant qu'il s'agit de prévenir, de réprimer ou de punir.

Il fixe sans cesse les yeux sur la région soumise aux attouchements, et arrête net tout mouvement d'impatience ou de révolte, par une saccade très légère du caveçon.

Il faut avertir et non punir.

Un coup violent compromet tout, en faisant perdre la tête au cheval.

Le cheval est ainsi placé dans l'impossibilité de nuire et de se dérober aux attouchements; il est intimidé par la gaule; il comprend rapidement que son indocilité, seule, lui attire les avertissements du caveçon et... il se tient tranquille.

Alors le maître maréchal se débarrasse de la chambrière, conserve seulement la longe du caveçon, caresse l'animal sur les yeux, avec l'autre main, et appelle le *teneur de pieds*.

Celui-ci exerce un massage à la main, dans le sens du poil, en commençant au garrot et descendant le long du membre de devant.

A chaque mouvement d'impatience, *réprimé par le maître maréchal, à l'aide de la voix et d'une légère saccade du caveçon*, le teneur de pieds recommence imperturbablement les attouchements, et toujours à partir du garrot.

Pour le pied de derrière, l'aide doit appuyer une main à la hanche, et caresser de l'autre, en descendant jusqu'au pied, qu'il essaye de lever.

Si l'animal retire brusquement son pied, l'aide recommence le massage et fait une nouvelle tentative.

En cas de franche réussite, sans ombre de résistance, le pied levé est doucement balancé sous le cheval, dans le sens des articulations.

Il ne faut pas employer de force, ne pas engager de lutte: le massage et la patience triomphent de toutes les résistances.

Quand le cheval se laisse docilement lever les pieds, le ferreur est appelé et simule l'opération du ferrage ; puis enfin ferre le cheval.

Ordinairement, en quatre ou cinq séances d'une demi-heure, le cheval le plus rebelle peut être dompté et à tout jamais dressé au ferrage.

Seules les juments pisseuses résistent à ce procédé.

2º Moyens de contrainte. — Un cheval est à la forge ; il résiste ; les moyens ordinaires échouent ; le temps presse ; divers moyens peuvent être employés ; un fort teneur de pieds, la plate-longe, le tord-nez, mettre le cheval en cercle, serrer les oreilles, le travail et enfin l'abatage[1].

Un fort teneur de pieds. — Mettre un caveçon ; requérir un aide très vigoureux ; chercher à triompher du cheval par le regard, de légères corrections du caveçon, les sévérités de la voix, les gestes menaçants de la main et surtout par la force du teneur de pieds.

Si le teneur de pieds tient un pied de devant et que le cheval se défende, il doit d'abord résister, puis quitter vivement sa position, saisir d'une main le pied par la pince et prendre la crinière de l'autre main, ne pas lâcher et se remettre en position, quand les défenses cessent.

Si le teneur de pieds tient un pied de derrière et que le cheval se défende, il doit résister d'abord, puis se jeter vivement de côté ; renverser d'une main la pince sur le paturon et, de l'autre, saisir la queue en serrant le bras contre le jarret du cheval ; ne pas lâcher et se remettre en position quand les défenses cessent.

Plate-longe. — Attacher une plate-longe ou simplement une corde à la queue du cheval ; la passer dans l'anneau d'un entravon fixé au paturon.

L'extrémité de la plate-longe est tenue à distance par un aide.

Quand le cheval se défend, le teneur de pieds se dégage vive-

---

1. Tout cheval de luxe qui se défend au ferrage doit avoir des genouillères.

ment et s'appuie à la hanche, pendant que l'aide tend la plate-longe. Le cheval s'épuise ainsi en défenses et coups de pied, sans danger pour personne.

Placer le tord-nez. — Le tord-nez est un bâton muni, à son extrémité, d'une anse de corde, avec laquelle le nez du cheval est plus ou moins énergiquement serré.

Le tord-nez peut aussi être placé à la bouche et serrer la mâchoire inférieure, à la lèvre inférieure, à l'oreille.

Cet instrument de torture a souvent raison des résistances ; parfois, aussi, il exaspère le cheval et le rend méchant.

Un maréchal, qui connaît son métier, doit rarement s'en servir.

Le tord-nez devrait exclusivement être réservé, pour la pratique des opérations chirurgicales et le pansement des plaies.

Mettre le cheval en cercle. — C'est faire rapidement tourner le cheval, sur lui-même, pour l'étourdir et le rendre calme ; ce moyen n'est pas sans danger : il peut déterminer des chutes graves.

Serrer les oreilles. — Deux hommes vigoureux se placent de chaque côté de la tête, saisissent d'une main un montant du bridon et, de l'autre, étreignent l'oreille à sa base.

Le cheval abruti reste souvent tranquille ; il convient alors de diminuer l'emploi de la force.

Travail et abatage. — Enfin le cheval vicieux peut être enfermé dans une machine en bois, appelée *travail*[1] ou être *abattu* : c'est-à-dire garrotté des quatre membres et couché sur un lit de paille.

Tous ces moyens ne doivent être que très exceptionnellement employés. Par leur usage, un cheval peureux, impatient, irritable, devient bien souvent dangereux.

On ne saurait trop le répéter :

Le meilleur moyen de contention est la douceur.

1. Voir *Ferrure du bœuf.*

CHAPITRE II

FERRURE ORDINAIRE

I. — Renouvellement de la ferrure. — II. Examen des aplombs, du pied et du vieux fer. — III. Déferrement du pied. — IV. Parure du pied. — V. Rectification de l'aplomb. — VI. Choix et préparation du fer. — VII. Essai et fixation du fer. — VIII. Le pied bien ferré. — IX. Ferrure à chaud et à froid.

I. — RENOUVELLEMENT DE LA FERRURE.

L'usure du fer, l'excès de longueur du pied : voilà les deux causes qui, isolées ou réunies, nécessitent ordinairement l'intervention du maréchal.

En ce qui concerne l'usure, l'indication est évidente et ne comporte pas de discussion ; l'usure attaquant particulièrement la pince, c'est quand le fer est coupé, à cette région, qu'il doit être immédiatement remplacé.

Mais il est des circonstances où le fer dure fort longtemps ; alors le pied s'allonge démesurément. Après six semaines de ferrure, le fer, entraîné en avant par la croissance de la corne, devient trop court, trop étroit et son attache manque de solidité : il est débordé par le pied, en arrière et par côtés : *le cheval marche sur la fourchette.*

Un grand inconvénient surgit : les tendons surchargés sont en péril. Aussi les théoriciens blâment-ils sévèrement la longue durée de la ferrure ; ils préconisent l'excès contraire.

Et, cependant, la pratique démontre que les chevaux, rarement ferrés, durent longtemps et conservent indéfiniment de bons pieds ; tandis que ceux dont la ferrure est trop fréquemment renouvelée, — tous les vingt jours, par exemple, — ont souvent la paroi délabrée par les clous ; et si, ce qui trop souvent arrive, le maréchal pare exagérément, il y a là une cause certaine de ruine prématurée.

La limite de durée est de cinq semaines environ ; voilà le juste milieu entre une économie blâmable et une prodigalité désastreuse. Néanmoins, parer les pieds tous les mois est non seulement sans inconvénient, mais encore avantageux; quand, toutefois, la corne en excès est seule enlevée.

La longueur excédente du pied saute à l'œil du praticien, elle se juge, lors du poser et du lever.

Au poser, la muraille a une hauteur anormale, particulièrement en pince, qui fait dire immédiatement que le pied est trop long. Cependant, une erreur est possible ; certains pieds sont naturellement longs, sans rien offrir à retrancher; certains autres paraissent de longueur normale, quoi qu'il y ait indication de les raccourcir. Ce sont là des exceptions dont la constatation est aussi nécessaire que facile.

Le vrai moyen de connaître l'excès véritable de longueur de la paroi est de regarder le dessous du pied ; du premier coup d'œil, on juge si la sole a son épaisseur normale et, dans ce cas, de combien elle est éloignée du fer, à ses régions antérieures: cette distance donne précisément l'excédent de hauteur de la paroi.

Toutes les fois que les pieds sont trop longs et que les fers sont encore bons, il est bien de faire un *rassis* ou *relevé*; c'est-à-dire de parer le pied et de remettre les anciens fers: il y a économie, et le cheval marche plus à l'aise avec ses vieilles chaussures.

II. — EXAMEN DES APLOMBS, DU PIED ET DU VIEUX FER.

Le cheval, qui a besoin d'être ferré, est conduit à la forge.

Tout ouvrier qui ferre un cheval, pour la première fois, doit étudier :

Les aplombs de pied ferme et en marche ; la nature et l'état du pied; l'usure du fer.

Aplombs. — L'examen des aplombs de pied ferme indique si le cheval a de bons aplombs: ou bien si, le membre étant vu de profil, le cheval est: sous lui du devant ou du derrière, campé du devant ou du derrière, pinçard du derrière; ou encore si, le membre étant vu de face ou par derrière, le cheval est : trop ouvert, trop serré, panard de la jambe ou du pied, cagneux de la jambe ou du pied ; s'il a des plaies ou cicatrices, des engorgements, traces de frottements et usure des poils en dedans des membres : au boulet, au milieu du canon en bas du genou, près de la couronne des pieds de derrière.

Le maréchal doit tenir compte de l'état des aplombs, de pied ferme et en marche, dans la forme à donner au fer et dans la manière de parer le pied.

L'étude des aplombs en marche indique si le cheval marche en ligne ; s'il est panard ou cagneux en marche ; s'il se croise, se coupe, forge ; s'il est exposé à s'atteindre, à se déferrer, à butter, etc.

Nature et état du pied. — Le cheval peut avoir de bons pieds, ou des pieds trop grands, trop petits, inégaux, plats, combles, fourbus, longs en pince, encastelés, à quartier resserré, à talons chevauchés, ordinaires à talons serrés, plats à talons serrés, à talons serrés par en bas, à talons serrés par en haut, de travers, panards, cagneux, pinçards, rampins, à talons bas, hauts, fuyants, etc.

Usure du vieux fer. — L'usure des vieux fers donne des indications.

Quand l'usure est régulière, l'aplomb du pied est parfait.

Un maréchal dont les déferres sont, en grande majorité, usées régulièrement pare certainement les pieds d'aplomb.

Le cheval de trait, qui travaille au pas, use surtout en pince et à la mamelle du dehors.

Le cheval de selle bien d'aplomb, monté à toutes les allures, nivelle régulièrement son fer, tout en usant davantage en pince et en mamelle externe.

Si l'usure est plus forte sur une branche que sur l'autre, l'aplomb est mauvais, l'appui irrégulier.

Le cheval panard use en mamelle du dedans, le cheval cagneux en mamelle du dehors, le pinçard en pince seulement, etc.

III. — DÉFERREMENT DU PIED.

Tous ces renseignements étant pris ou déjà connus, le maréchal déferre le pied.

Pour déferrer, il faut :

Avec le brochoir et le rogne-pied faire sauter *complètement* les rivets, pour éviter les souches ; introduire ensuite sous la branche interne du fer, puis sous l'externe un des mors des tricoises, en le posant bien d'aplomb sur les arcs-boutants et sur la sole, qui servent de point d'appui ;

Soulever alors, avec beaucoup de mesure, les premiers clous par un renversement des tricoises en dedans ;

Frapper, sur le fer, pour faire sortir de leurs étampures les clous soulevés ;

Les enlever un à un et *les déposer dans la boîte à ferrer* ;

Poser les mors des tricoises sous la voûte du fer, en faisant basculer l'instrument en arrière ;

Se garder d'arracher brutalement le fer, pour ne pas faire éclater la paroi ;

Enfin chasser les clous avec le repoussoir, si le pied est faible, sensible, malade.

Le pied étant déferré, le maréchal le cure, l'examine de près, arrache les vieilles souches, voit si la corne est bonne, solide, intacte ; si le pied est gras, maigre, à talons faibles, à paroi séparée de la sole, dérobé, etc.

Sous un hangar, dont le sol est doux, il y a avantage à déferrer et parer les quatre pieds à la fois. On peut alors chauffer les quatre fers en une fois, les ajuster et les faire porter tous les quatre, puis enfin ferrer.

Le travail est fait plus lestement, le maréchal n'ayant pas besoin de changer continuellement de position.

Dans une cour ou un hangar pavé, il faut déferrer les deux pieds de devant d'abord, puis les deux de derrière : déferrer un pied de devant et un de derrière oblige l'ouvrier à avoir dans l'œil la forme différente des deux fers.

En campagne, le maréchal ne doit déferrer qu'un pied à la fois, et commencer à ferrer par les pieds de devant.

IV. — PARURE DU PIED.

Parer le pied, c'est le rapprocher de sa forme naturelle et le disposer à recevoir le fer.

Parer est l'opération la plus importante de la ferrure et bien peu de maréchaux savent la pratiquer méthodiquement.

Tout d'abord, une erreur matérielle et de grave conséquence est commise: on se figure que plus un pied est paré à fond, plus il est court et plus les tendons sont soulagés.

La vérité est que le raccourcissement du pied, destiné à ramener le poids sur la pince, s'obtient en parant cette région, en ménageant les talons et, encore, en faisant sauter le sommet de la pince, pour diminuer d'autant la distance qui sépare les talons de l'extrémité antérieure du pied[1].

Tout le secret de bien faire est de parer *juste au degré voulu et d'aplomb*.

[1]. Ainsi, par exemple, le pied A paré à fond suivant D E est tout aussi long de la pince aux talons ; puisque D E = B C. Et si le bras de levier, qui tend à opérer la fermeture de l'angle du boulet, est diminué de B F; d'autre part, abaisser également la pince et les talons, c'est évidemment abaisser davantage ceux-ci: puisque la hauteur relative, qui existe entre eux et la pince, se trouve

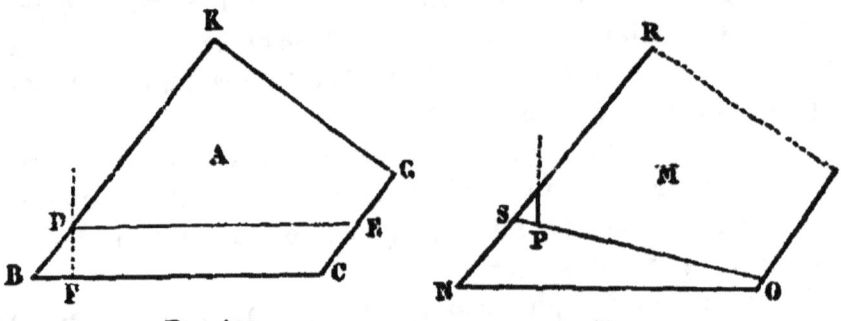

Fig. 199. Fig. 200.

augmentée au profit de cette dernière. En d'autres termes, il y a plus de différence entre G E et K D qu'entre G C et K B.

Au contraire, le pied devient aussi court que possible, quand il est paré comme l'indique la figure M. La distance PO est notablement inférieure à NO.

Parer ainsi, c'est du reste produire exactement les effets de l'usure naturelle : pince courte et fortement arrondie, talons hauts et forts.

Parer au degré voulu. — Parer le pied au degré voulu est affaire capitale ; rester en deçà a des inconvénients, aller au delà est une faute :

> Rien de trop est un point
> Dont on parle sans cesse et qu'on n'observe point.

Il y a une double indication, impossible à méconnaitre ; il faut enlever, en talon, toute la vieille corne incapable de supporter le fer et abattre la pince, jusqu'à la soudure de la paroi avec la sole. Presque toujours, il se trouve peu de chose à faire en arrière, et beaucoup de corne à supprimer en avant [1].

Ainsi donc, nul ne peut errer ; en talon, on doit arriver sur la bonne corne et s'arrêter court en pince, dès l'apparition nettement tracée du cordon circulaire, blanc ou jaune, qui unit la paroi avec la sole.

Voilà les deux limites extrêmes, qu'il ne faut jamais dépasser sur les pieds ordinaires.

En retranchant la paroi, en avant, jusqu'au cordon circulaire, le maréchal attaque nécessairement le pourtour antérieur de la sole [2] ; mais l'action, sur cette dernière, doit se borner à l'indispensable, — c'est-à-dire à ce qui est exigé pour le raccourcissement suffisant de la pince. Partout ailleurs, il faut que cet agent méconnu, gardien fidèle de la forme normale du pied, conserve toute son épaisseur. La nature seule se charge de faire la toilette de la sole, en détachant les écailles, quand le temps de leur chute est venu.

La fourchette se débarrasse moins facilement de sa corne excédente. Il est propre et utile d'arriver à l'aide, en se bornant à lui restituer sa forme primitive. Un léger nettoyage donne de l'air aux lacunes et évite les atteintes de la pourriture.

Enlever l'exubérance des barres est aussi chose indiquée, pour le coup d'œil.

Enfin, dans le but de donner plus de force au bord inférieur

---

1. La raison en est connue : les talons s'usent, sans cesse, en frottant contre les branches du fer.
2. Cette pratique est sans danger ; seul, l'amincissement de la sole des quartiers et des talons entraine le resserrement du pied.

de la paroi et de disposer régulièrement le poids du corps sur le pourtour du pied, une importante opération est pratiquée.

Le tranchant extérieur de la paroi est enlevé de telle manière que cette région, à son bord et à partir des quartiers, est diminuée dans son épaisseur, peu ou beaucoup, suivant qu'elle est mince ou épaisse, droite ou évasée. Dans tous les cas, la paroi diminuée doit présenter une suffisante et parfaite égalité d'épaisseur à chacun des côtés du sabot[1]; quant à la pince, le retranchement porte sur la presque totalité. Par ainsi, le bord de la paroi, fortement arrondi, s'éclate difficilement; le pied se dérobe donc rarement. De plus, l'égalisation d'épaisseur de ce bord remplit une indication de première nécessité, puisque toutes les fois que la paroi est plus évasée d'un côté, le poids est jeté sur le côté opposé; régulariser l'épaisseur, c'est donc répartir justement la charge. De même, le raccourcissement de la pince a pour heureuse conséquence d'attirer le poids en avant.

Parer d'aplomb. — C'est mettre un juste rapport entre chacun des côtés du sabot, entre la hauteur de la pince et celle des talons.

Un juste rapport existe entre *chacun des côtés du sabot*, quand la surface d'appui du pied est située dans un même plan coupant à angle droit la direction d'ensemble du paturon.

Toujours et quand même, — quelles que soient les défectuosités de l'aplomb, les déformations et les maladies du pied, — cette loi nouvelle est d'une indiscutable vérité.

Si le paturon[2] est perpendiculaire au canon, c'est incontestablement bien; s'il est dévié, en dedans ou en dehors, c'est évidemment tendre à le replacer sous le canon. De même, — si le pied seul est panard ou cagneux, — parer ainsi, enlève

---

1. Pour qu'il en soit ainsi, la paroi est toujours davantage réformée en dehors, à sa région la plus épaisse. Il le faut, par la raison que ce côté, étant plus évasé, a plus de tendance à s'éclater; et puis, sans cela, les clous du dehors ne pourraient être brochés assez haut; enfin, le pied, en croissant, s'évasant surtout en dehors, ne tarderait pas à déborder le fer.

2. Vu de face ou par derrière, bien entendu.

le côté saillant du sabot, c'est-à-dire le dehors du pied panard, le dedans du pied cagneux.

Et, une fois le principe posé, on comprend que l'opération, qui a pour point de départ une donnée certaine, doit s'accomplir avec une exactitude mathématique. C'est important de ce fait qu'une différence de niveau de quelques millimètres, entre les côtés du sabot, détermine des oscillations considérables de poids.

Un juste rapport existe entre *la hauteur de la pince et celle des talons*, quand ceux-ci présentent la moitié de la hauteur de celle-là.

Ainsi est imité l'aplomb du pied vierge de ferrure.

Pince courte, talons hauts, la nature le veut ; ses imitateurs ont donc une règle de conduite toute tracée.

Est-ce à dire qu'il faut, quand même, donner aux talons la moitié de la hauteur de la pince ?

A l'impossible nul n'est tenu. Il est bien de pratiquer ainsi, toutes les fois que la chose est faisable par la seule action de parer. Mais, sur le pied à talons naturellement bas, sur celui qui a été doté par une mauvaise ferrure persistante d'une pince longue et de talons faibles, il n'est pas possible d'y arriver.

Néanmoins, quand le but ne peut pas être atteint, il est du devoir de chacun de s'en rapprocher, pour augmenter la hauteur des talons relativement à celle de la pince et, du même coup, raccourcir le pied [1].

Cette manière de faire, toujours indiquée, peut se résumer ainsi : ménager les talons, parer la pince.

Certains théoriciens tournent en dérision ce principe ; ils prétendent qu'en laissant pousser les talons, les pieds des chevaux ressemblent à des tuyaux de poêle. Ces railleurs ignorent-ils donc qu'il n'est pas loisible à l'homme d'augmenter, à sa volonté, la hauteur des talons ? Les talons bas ne poussent pas : les talons ordinaires, arrivés à un certain degré de croissance, se dessèchent et se brisent. Seuls, les pieds à talons hauts et forts peuvent prendre la forme de tuyaux de poêle,

---

[1]. Inversement, parer les talons plus que la pince, c'est allonger le pied.

quand la pince est parée et les talons déraisonnablement conservés.

Telle est la théorie rationnelle qui doit diriger le praticien.

Elle est calquée sur les procédés de la nature et se résume ainsi : *imiter les effets de l'usure naturelle, respecter ce qu'elle épargne.* Que fait l'usure ? Elle pare le pied à plat, d'aplomb, et jamais ne creuse : elle écourte et arrondit fortement la pince, attaque plus celle-ci que les talons, intéresse la sole seulement à son pourtour antérieur sans trop affaiblir la soudure avec la paroi, arrondit davantage en dehors qu'en dedans le bord tranchant de cette dernière, n'enlève de la sole de la fourchette et des barres que ce qui se détache naturellement. Enfin l'usure ajuste le pied, dans le sens de la marche, et le fait porter à plat des mamelles aux talons.

Tout ce qui a été dit est d'une grande importance ; d'autant plus important qu'il est un principe nouveau, dont un homme soucieux de bien faire ne peut jamais s'écarter : *l'aplomb du pied doit résulter, autant que possible, de la seule action de parer, et non du plus ou moins d'épaisseur d'une région du fer.*

Manuel opératoire. — Pour *parer le pied au degré voulu* et *rectifier l'aplomb*, une règle uniforme doit être adoptée :

Parer au degré voulu. — 1° Juger du premier coup d'œil la quantité de corne à retrancher.

Toute la paroi qui dépasse la sole est de trop ; si rien ne dépasse, il y a peu de chose à faire ;

2° Retrancher l'excédent de la paroi, en commençant par les talons.

A cet effet, le rogne-pied, *tenu parallèlement à la surface d'appui du pied*, entre en talon externe dans l'épaisseur de la corne ; il est chassé à coups de brochoir et s'arrête au centre de la pince ; il est alors retiré sans faire sauter la portion de corne retranchée.

La même opération recommence à partir du talon interne.

La corne excédente tombe donc d'une seule pièce, en laissant sur le même plan la paroi et la sole ;

3° Recommencer à petits coups de rogne-pied, à partir du centre des quartiers, pour terminer le raccourcissement de la pince et du pourtour antérieur de la sole, et s'arrêter dès que le cordon circulaire apparaît nettement tracé ;

4° Poser le tranchant du rogne-pied transversalement et d'aplomb sur le sommet de la pince, à deux millimètres du cordon circulaire, et faire sauter ce sommet en deux coups de brochoir donnés l'un en levant la main qui tient le rogne-pied, l'autre en la baissant ;

5° Retrancher avec le rogne-pied le bord tranchant de la paroi, à partir du centre des quartiers, particulièrement en dehors, de manière à donner à la paroi une égale épaisseur, à tout son pourtour, et à rendre la pince courte et ronde ;

6° Ouvrir légèrement en arrière les lacunes latérales de la fourchette ; en faire sauter la pointe avec le rogne-pied, quand elle est dure ;

7° Regarder si le pied est d'aplomb ;

8° Prendre le boutoir, régulariser l'aplomb en mettant les deux talons sur la même ligne ;

Niveler la surface d'appui du pied en promenant le boutoir à plat de la pince aux talons ;

Nettoyer la fourchette, régulariser les branches, mettre la pointe au centre de la sole, ouvrir légèrement la lacune médiane ; enlever à fond toutes les parties décollées, traiter la fourchette malade par la liqueur de Villate ou de la suie délayée dans du vinaigre, en cas de plaies suppurantes ; par le goudron, quand il n'y a pas de suppuration ;

9° Arrondir légèrement le bord inférieur de la paroi avec la râpe et en *râpant de court*.

En résumé, le pied doit être entièrement paré avec le rogne-pied, et finalement dressé avec le boutoir ou la râpe.

Ces instruments sont maniés parallèlement à la surface d'appui. Le pied est ainsi paré d'aplomb et l'on évite d'*entrer en quartier*, autrement dit, de creuser cette région.

Entrer en quartier est une faute, qui met l'ouvrier dans la nécessité d'abattre la pince et les talons pour niveler le pied, c'est-à-dire de *parer à fond*.

Le maréchal, ferrant à la française, doit se tenir en garde, contre la facilité, plus grande, qu'il a d'enlever de la corne en dedans du pied gauche et en dehors du pied droit.

Voilà comment, dans la pratique raisonnée, le pied doit être paré.

V. — RECTIFICATION DE L'APLOMB.

Avant de parer et après avoir paré, le maréchal doit étudier l'aplomb : avant de parer, il examine la hauteur respective de la pince et des talons et l'aplomb transversal du pied ; afin de savoir où il y a le plus de corne à enlever et les points à ménager.

Après avoir paré, le maréchal rectifie l'aplomb transversal du pied.

Existe-t-il un moyen simple, facile et d'une précision mathématique, d'établir un juste rapport entre les deux côtés du sabot et de niveler la surface d'appui ? Telle est la question à résoudre. Il est temps de remplacer des indications vagues, aboutissant à un à peu près préjudiciable au bon service et à la durée du cheval, par des données positives, nettement formulées et de facile application dans la pratique.

L'aplomb transversal du pied doit être jugé sur le membre levé, plié au genou et que le *teneur de pieds* soutient, d'une main, par le milieu du canon.

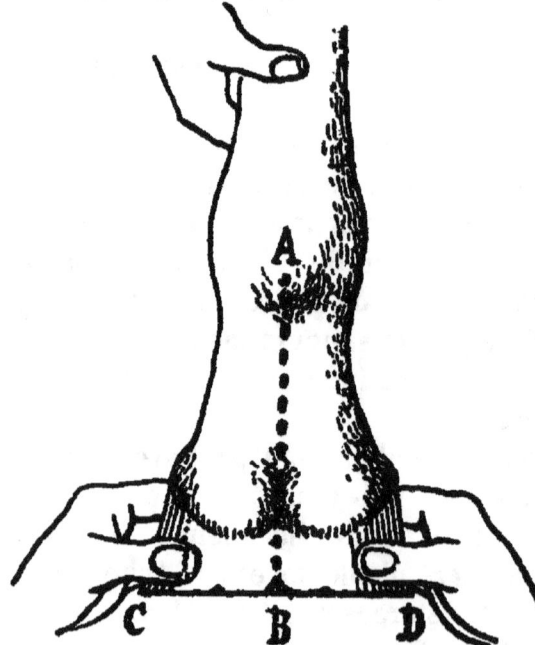

Fig. 201
Établissement de l'aplomb du pied de devant.

A cet effet, le maréchal se place en face du pied, tout contre le cheval, la tête penchée et les yeux fixés sur les talons. Il entoure le pied de ses deux mains, en plaçant le pouce sur chacun des talons, le fait lentement basculer et l'étend complètement sur le paturon, de manière que sa surface d'appui soit perpendiculaire au col. Le pied se trouve ainsi dans l'extrême extension, comme s'il était à terre chargé du poids du corps.

L'aplomb est parfait, quand une ligne droite, réunissant les deux talons par leur base, coupe à angle droit le grand axe du paturon et du pied. Toutes les fois, de plus, que, de la pince aux talons, la surface d'appui du pourtour du pied est bien sur le même plan.

Pour juger et établir l'aplomb du pied de devant, il faut : déterminer le grand axe du paturon et du pied, autrement dit abaisser, par la pensée, la ligne AB partant, tout en haut, du milieu de la face postérieure du paturon et coupant le paturon et le pied en deux parties égales (fig. 201); puis, examiner si la ligne CD, réunissant les deux talons par leur base, coupe à angle droit ou obliquement la première. Si les lignes AB et CD sont perpendiculaires l'une à l'autre, l'aplomb est parfait. Si la ligne qui réunit les deux talons est oblique, suivant *gh* (fig. 202), le pied est de travers, un des talons est plus élevé que l'autre; il faut immédiatement rétablir l'aplomb, en abattant l'excédent de hauteur suivant *ef*.

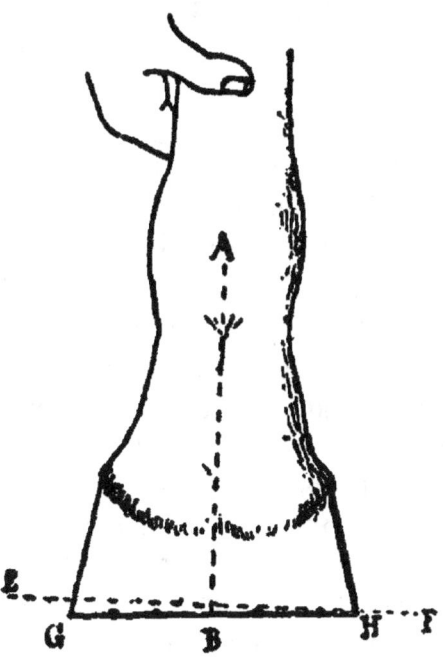

Fig. 202.

Les talons étant d'aplomb, la surface d'appui peut être facilement nivelée, — autrement dit, mise dans le même plan, — soit à l'aide du boutoir, manié en droite ligne de la pince aux talons, soit et mieux avec quelques coups d'une large râpe.

Pour juger et rétablir l'aplomb du pied de derrière, il faut :

Faire lever le pied par l'aide, qui place le canon sur sa cuisse et laisse tomber naturellement le paturon et le sabot.

Le maréchal se place derrière et en face du pied. Il éprouve, généralement, un peu de résistance à étendre le pied sur le paturon ; dès qu'il y est arrivé, il opère comme pour le pied de devant, en traçant les lignes fictives AB et CD, etc.

Le maréchal anglais, qui ferre seul, peut employer le même procédé pour juger et rectifier l'aplomb du pied, en restant dans sa position ordinaire : c'est-à-dire en tournant le dos à la tête du cheval.

Avec le canon entre ses jambes, pour le pied de devant, étendu sur sa cuisse pour le pied de derrière, il lui est facile, à l'aide de ses deux mains restées libres, d'étendre le pied sur le paturon et de tracer par la pensée les lignes AB et CD.

Il n'est pas toujours possible d'obtenir, du premier coup, l'aplomb régulier sur les pieds très déformés, à talon chevauché, très panards, très cagneux ; généralement, on y arrive après plusieurs ferrures, par la seule action de parer, en ménageant le côté le plus bas et abattant le côté le plus élevé, sans cependant éveiller la sensibilité.

Par la méthode qui vient d'être décrite, le nivellement de la surface d'appui s'effectue avec une précision mathématique.

Toujours est vrai ce principe nouveau de tailler la surface d'appui, suivant un plan coupant à angle droit la direction d'ensemble du paturon et du pied. C'est vrai, même pour le pied panard, dont le côté du dehors se trouve ainsi abattu à la mesure exacte nécessitée pour la régularité de l'aplomb. C'est vrai, aussi, pour le pied cagneux qui y perd juste sa corne excédente. Une pratique déjà ancienne démontre l'excellence des résultats obtenus, en toutes circonstances.

Voilà le pied méthodiquement paré, c'est-à-dire ramené à sa forme naturelle ; la pince est raccourcie au degré voulu, les talons sont au même niveau, la sole a toute son épaisseur, les barres toute leur force, la fourchette est ramenée à son volume ordinaire.

A l'exception de légères inégalités que le fer chaud fera disparaître, la surface d'appui est d'aplomb et toute prête pour l'essayage du fer.

Le cheval, dont les pieds ont conservé toute leur force, attaque franchement le pavé, et la perte d'un fer ne l'empêche pas de marcher.

VI. — CHOIX ET PRÉPARATION DU FER.

Choisir le fer. — Être léger et durable : voilà la perfection pour le fer à cheval. Il s'agit donc d'associer deux qualités qui naturellement s'excluent. C'est en combinant, avec intelligence, l'épaisseur, la couverture, l'ajusture, qu'il est possible d'arriver à un résultat satisfaisant.

Le fer est choisi dans l'approvisionnement de l'atelier, ou forgé exprès pour le pied ; son épaisseur et sa couverture doivent être en rapport avec le poids du cheval, le genre de service, la nature du sol, la disposition de la sole. Au cheval lourd, ou usant beaucoup, fer épais ; à celui qui est léger ou use peu, fer mince ; à sole plate, fer couvert ; à sole creuse, fer dégagé.

La quantité de fer est donc exactement dosée. Trop d'épaisseur est nuisible : c'est du poids ; il faut juste assez de couverture pour protéger le bord de la sole, attaqué par l'instrument tranchant, et pour donner la garniture nécessaire.

Pour juger un fer, il faut le voir :

1° Du côté des étampures, la pince à soi, comme il est posé sous le pied ;

2° De champ, sur tout son pourtour extérieur et intérieur ;

3° Du côté des contre-perçures.

Le bon fer de devant :

Vu du côté des étampures (fig. 203), a une bonne forme ; il est arrondi, presque aussi large que long, les deux branches

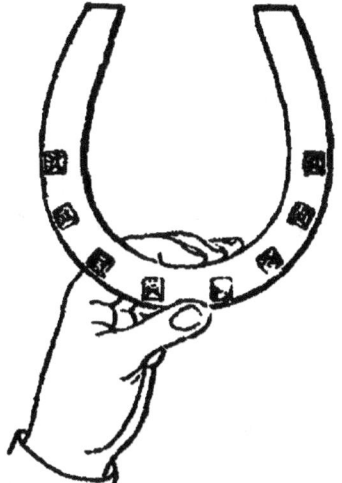

Fig. 203. — Fer droit de devant.

sont d'égale longueur, celle du dedans moins ronde et à mamelle moins saillante.

Le bon fer de devant a la même couverture partout, les éponges un peu dégagées et carrément refoulées, les étampures en rapport avec le fer comme nombre et comme grandeur et arrondies aux angles[1], les deux étampures de pince sur la même ligne, à égale distance du bout de l'éponge et percées à maigre, les deux dernières coupant le fer en deux parties égales, les étampures du dehors progressivement plus à gras, à partir de la pince, les étampures du dedans percées à maigre, comme celles de la pince. Toutes les étampures sont également espacées, carrées, sans être anguleuses, nettes, percées à fond et bien d'aplomb.

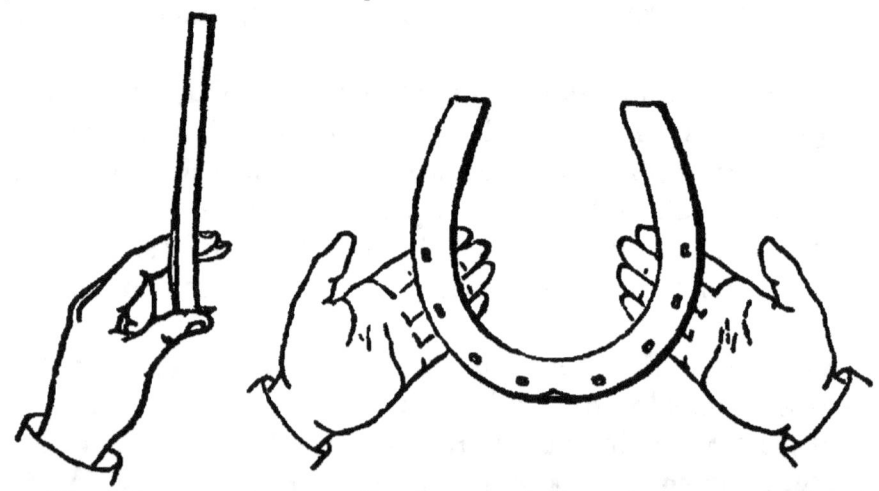

Fig. 204.
Fer vu de champ.

Fig. 205. — Fer gauche de devant.

Vu de champ (fig. 204), *des deux côtés*, il est bigorné d'aplomb et présente une égale épaisseur partout, à son pourtour extérieur et intérieur.

Vu en dessus (fig. 205), les contre-perçures sortent bien ; autrement dit, le fer est contre-percé à maigre en pince et à la

---

1. Les étampures du fer français sont généralement trop grandes et à angles trop aigus. Les clous à collet long et fort y jouent et la tête du clou n'entre pas bien dans les étampures à angles aigus. Pour donner plus de solidité à la ferrure, il faut donc des étampures petites et arrondies aux angles.

branche du dedans, progressivement à gras à la branche du dehors.

Le bon fer de derrière :

Vu du côté des étampures (fig. 206), a une forme ovale, les branches d'égale longueur ; la branche de dedans plus droite ; la pince sensiblement plus couverte que les branches ; la branche du dedans plus dégagée que celle du dehors ; les éponges carrément refoulées ; la pince privée d'étampures ; les étampures également à maigre à la branche du dedans, et progressivement plus à gras à la branche du dehors, de la mamelle au talon ; les deux dernières étampures sont à une égale hauteur et assez rapprochées de l'éponge.

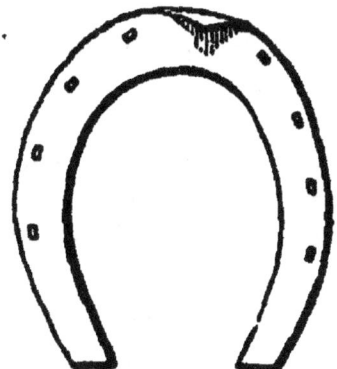

Fig. 206. — Fer gauche de derrière.

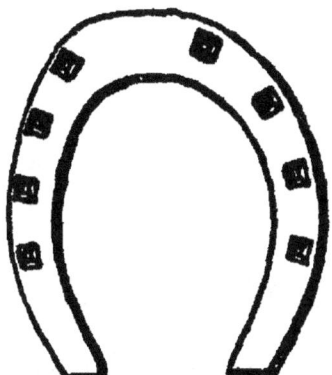

Fig. 207. — Fer gauche de derrière.

Toutes les étampures sont également espacées, carrées, sans être anguleuses, profondes et bien d'aplomb.

Vu de champ, des deux côtés, le fer est bigorné d'aplomb ; il présente un peu plus d'épaisseur (environ 2 à 3 mill.) en pince qu'en éponges, pour le cheval d'attelage.

Vu en dessus (fig. 207), les contre-perçures sortent bien, autrement dit, le fer est contre-percé à maigre à la branche du dedans, progressivement à gras à celle du dehors.

Préparer le fer. — Tout fer de devant et de derrière subit une préparation, avant d'être fixé sous le pied.

A cet effet, il est mis au feu et apporté sur l'enclume.

Le maréchal met les deux branches de même longueur ;

Donne rapidement et à peu près le tour du pied ;

Lève les crampons, s'il y a lieu, carrément et bien droits ; leur donne une égale hauteur et arrondit le crampon interne en dehors ;

Lève le pinçon, en se guidant sur les deux éponges, juste au milieu de la pince du fer de devant, *un peu en dedans de la pince du fer de derrière*[1] ; il donne au pinçon une forme pointue (le pinçon rond du bout est fort laid), et au pinçon de derrière plus de force qu'à celui du devant ;

Déborde son fer, autrement dit, donne une battue légère sur la rive externe, côté des étampures ;

Passe l'étampe dans les étampures, si besoin en est.

Le maréchal donne ensuite la tournure, la garniture, l'ajusture.

Tournure. — Donner la tournure, c'est faire prendre au fer le contour exact du pied, sauf en arrière, où il doit progressivement fournir la garniture nécessaire.

En bigornant les branches pour donner la tournure, le maréchal doit légèrement incliner la main du côté des étampures, afin d'arrondir l'angle de la rive externe ; il risque moins d'écraser les étampures, quand le fer a été préalablement débordé.

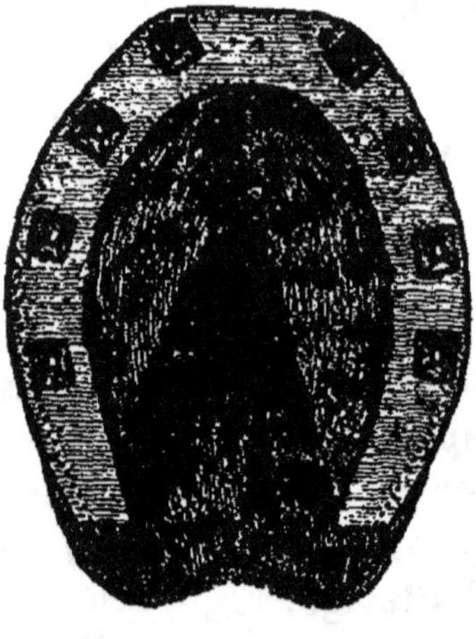

Garniture. — La garniture doit augmenter progressivement, de la mamelle externe en talon, pour le dehors du pied ; du tiers postérieur du quartier interne au talon correspondant, pour le dedans (fig. 208).

Elle doit être égale de 5 à 7 millimètres à chaque éponge, sur les bons pieds.

Fig. 208. — Garniture représentée par les lignes ponctuées.

Sur les pieds resserrés, la garniture est calculée en raison directe du resserrement.

---

1. Cette disposition, spéciale au fer de derrière, est essentielle ; le pinçon rapproché de la mamelle du dedans facilite une bonne pratique, qui est d'enlever la rondeur de cette région et de tenir la branche droite, afin que le cheval soit moins exposé à se couper.

En règle générale, elle est suffisante quand une verticale abaissée, du bourrelet du talon, tombe juste sur la rive externe du fer.

A propos de la garniture, le maréchal doit se rappeler qu'en donnant une garniture inégale, il jette du poids sur le côté le moins favorisé et détruit ainsi l'aplomb du sabot.

Ajusture. — Les ennemis de la ferrure française ont fait sonner bien haut les difficultés de l'ajusture ; donner le tour du pied est plus difficile.

L'ajusture rationnelle est à son maximum en pince ; elle diminue insensiblement, en arrière, et disparait tout à fait en se rapprochant des éponges.

L'ajusture de pince commande celle de tout le fer ; plus la pince est relevée, plus l'ajusture se prolonge en arrière ; mais toujours et quand même, les extrémités des branches du fer doivent être parfaitement à plat.

Les fers ordinaires, pour les pieds de devant bien conformés, n'ont besoin d'ajusture qu'en pince et en mamelles : la pince du fer n'est relevée que de 4 millimètres, à partir de la dernière étampure ; les branches et les mamelles sont complètement à plat.

Pour donner l'ajusture, le maréchal prend le fer par l'éponge la plus rapprochée de lui, lève les tenailles de manière à faire porter la pince à faux sur l'enclume, relève la pince de 4 millimètres environ en trois ou quatre coups de marteau, continue ses coups sur la branche restée libre en les donnant bien à la suite l'un de l'autre, change aussitôt d'éponge et ajuste l'autre branche.

L'incurvation, débutant par 4 millimètres, doit progressivement diminuer et être nulle à la moitié des branches.

Si l'ouvrier est habile, chaque coup de marteau porte : il ne frappe jamais deux coups au même endroit.

Le maréchal retourne le fer en le tenant par la pince, le porte à plat sur l'enclume les étampures en dessus, fait rentrer l'ajusture, si elle lui parait trop relevée, par une battue légère donnée sur la rive interne, frappe les branches du fer de trois ou quatre coups de marteau à partir de la dernière étampure, jusqu'à l'éponge, pour les mettre bien à plat.

Le maréchal examine ensuite le fer de champ, en le tenant par la pince, pour s'assurer que les branches sont dans le même plan et que la pince est assez relevée.

L'ajusture du fer de derrière est moins prononcée ; 2 millimètres de relèvement en pince suffisent.

L'ajusture, pour certains pieds défectueux, est plus prononcée, et dès lors plus prolongée en arrière.

Mais, en toutes circonstances, l'extrémité des branches et les éponges doivent être à plat.

L'ajusture française, bien comprise et bien pratiquée, est parfaite.

Elle est imitée du mode d'appui du cheval libre.

Sur le pied à l'état de nature et paré par l'usure, la pince est distante du sol de 4 millimètres environ ; de la pince aux mamelles la distance diminue progressivement, pour disparaitre à l'origine des quartiers.

Le pied ne porte sur le sol, en pince et en mamelles, que par le bord intérieur de la paroi et le pourtour antérieur de la sole ; il porte partout en quartiers et en talons.

De même un pied ferré, avec un fer bien ajusté, ne porte sur le sol en pince et mamelles que par la moitié, environ, de la couverture de pince et de mamelles correspondant à la voûte du fer.

VII. — ESSAI ET FIXATION DU FER.

Faire porter le fer. — Le fer étant préparé, le maréchal doit *le présenter sur le pied, le rectifier et niveler le pied*, s'il y a lieu, *faire brider ou redresser le pinçon, faire porter le fer, le refroidir, déboucher les contre-perçures, donner le fil d'argent*.

Présenter le fer. — Le fer, chauffé au rouge cerise, est présenté sur le pied, dont il doit avoir *le tour*.

Il est appliqué d'aplomb et bien droit. L'ouvrier regarde à droite, à gauche et en arrière, pour voir si le fer est trop étroit ou trop large, trop long ou trop court.

Si le pied est normal, ou à talons également rapprochés, la

fourchette coupe le milieu de la surface d'appui en deux parties parfaitement égales. Alors le fer est droit, quand la lacune médiane de la fourchette est à égale distance de la rive externe des éponges, lesquelles portent en plein [1] sur chacun des talons et *garnissent également*. La garniture doit être de 5 à 7 millimètres environ, sur les bons pieds, et augmenter en raison directe du resserrement des talons, afin d'élargir la surface d'appui anormalement rétrécie.

Mais, bien souvent, une difficulté se présente, nulle part signalée et résolue.

Le pied est resserré d'un seul côté, ou plus d'un côté que de l'autre ; la fourchette, comprimée de ce côté, déviée de sa direction primitive, ne peut plus servir de point de repère pour planter droit le fer sous le pied.

En cette circonstance, le fer doit avoir la forme du côté le moins resserré, le mieux fait ou le moins mal fait ; il est droit quand les éponges, par leur rive externe, sont à égale distance, non plus de la fourchette, mais bien de la fente postérieure du sabot.

Alors le fer garnit bien davantage du côté le plus resserré ; le pied est bien d'aplomb et bien assis. C'est une règle invariable de compenser le resserrement par la garniture.

Beaucoup commettent la lourde faute de donner au fer la forme du pied, et le poids du corps continue à se jeter sur le côté le plus resserré : de là, le maintien d'un aplomb vicieux, susceptible d'augmenter le mal, et aussi l'emploi d'un fer informe et de vilain aspect.

Pour justifier cette manière de faire, ils disent : avec de la garniture en dedans, le cheval se déferre ou se coupe.

Oui, la garniture de mamelle et de quartier a bien ces inconvénients. Aussi, à ces régions, la branche du dedans doit-elle être tenue *droite* et *juste*, toute rondeur et garniture du fer pouvant être préjudiciable ; mais la garniture rationnelle de l'éponge, qui procure un élargissement calculé de la surface d'appui, est toujours salutaire et jamais nuisible : l'expé-

---

[1]. Quand le fer ne porte pas en plein, il fait ressort et court risque de se casser et de s'arracher.

rience démontrant, contrairement aux idées reçues, que le cheval ne se coupe pas avec l'éponge.

Le maréchal s'assure que le fer, étant planté droit sur le pied, est juste en dedans et garnit peu en dehors ; que, sur les bons pieds, les éponges portent bien d'aplomb et ont une faible et égale garniture ; que, comme longueur, elles arrivent exactement à l'extrémité du talon sans le dépasser, — les talons bas et fuyants nécessitent seuls des éponges longues.

Il est des gens qui veulent des fers longs et larges, d'autres des fers courts et étroits ; il faut ce qu'il faut : *in medio virtus*.

Rectifier le fer. — Si le fer, légèrement essayé sous le pied, ne va pas, il est immédiatement rectifié et présenté de nouveau, jusqu'à ce que la tournure et l'ajusture soient parfaites.

Niveler le pied. — Le fer chaud a laissé sur le pied une empreinte ; il a brûlé les parties saillantes et épargné les dépressions. Alors agit, légèrement, le boutoir ou la râpe pour niveler la surface d'appui, d'après les indications si précises laissées par le contact du fer.

Brider et redresser le pinçon. — S'il est nécessaire d'avoir un peu de garniture en pince, soit pour donner plus d'aliment à l'usure, soit pour remédier à un raccourcissement extrême de la pince, pratiqué trop près du cordon circulaire, soit enfin pour faire descendre un peu un fer trop long, on fait simplement *brider le pinçon*.

Inversement, pour avoir la pince courte, pour remonter le fer vers les talons et donner ainsi plus de longueur aux éponges, il suffit de redresser le pinçon.

Faire porter, refroidir, déboucher les contre-perçures, râper le pied. — Le pied est d'aplomb et nivelé, le fer va bien, alors l'ouvrier *fait porter*. C'est-à-dire que le fer chaud est fortement et rapidement appliqué, sous le sabot, dans la position qu'il aura, lorsque le pied sera ferré. Il est maintenu droit par les tricoises ; puis frappé en pince, avec les tenailles, pour incruster le pinçon.

Le fer produit une large empreinte de corne brûlée, qui indique l'étendue et l'exactitude du contact avec le sabot.

Sur un bon pied, laissé fort par le maréchal, la paroi et la sole, en pince et en mamelles, doivent porter en plein sur le fer [1].

Sur un pied trop paré ou à sole naturellement faible, l'ajusture doit être suffisante pour empêcher la sole de porter sur le fer.

En faisant *porter*, le maréchal doit surtout éviter la brûlure, toujours à craindre pour une sole mince ou amincie, en ne laissant pas trop longtemps le fer chaud sous le pied.

Le fer est ensuite *refroidi* dans l'eau ; les contre-perçures sont *débouchées*, du côté des étampures, nettement et méthodiquement : c'est-à-dire à gras à la branche du dehors, à maigre à celle du dedans et en pince ; un coup de lime est donné au pinçon et à la branche du dehors, sur l'angle supérieur de la rive externe ; puis, à la branche du dedans, sur l'angle inférieur de la rive interne : c'est *le fil d'argent ;* il donne une apparence de légèreté et de propreté au fer et enlève le tranchant de la rive interne, qui pourrait exposer le cheval à se couper.

Attacher le fer. — Attacher le fer, c'est brocher et river les clous et rabattre le pinçon.

Brocher les clous. — Le maréchal doit :

Brocher les clous successivement, en les plantant verticalement [2], à la surface du fer et au milieu des contre-perçures ;

Faire sortir les clous à une suffisante et égale hauteur à la surface de la paroi ;

Les replier successivement et immédiatement sur la paroi ;

Brocher d'abord les deux clous de pince, en commençant par celui du dehors ;

---

[1]. C'est à tort qu'un coup de boutoir est généralement prescrit, pour enlever rapidement la corne carbonisée et empêcher la chaleur de pénétrer dans le sabot. Cette opération inutile a l'inconvénient grave de détruire l'intimité du contact, entre le fer et la corne.

[2]. On a souvent la mauvaise habitude, en brochant, d'incliner le clou et d'en diriger la pointe vers les talons. La lame du clou, au lieu de prendre les fibres du sabot en *écharpe*, se rapproche au contraire de leur direction ; l'attache du fer est moins solide et le pied est disposé à se dérober.

Brocher les clous des talons, en commençant par le talon du dedans ;

Etudier les mouvements du cheval en brochant : certains chevaux *comptent*, autrement dit retirent le pied à chaque coup de brochoir ; mais la plupart comptent seulement quand ils sont piqués ou serrés par les clous ;

Regarder si le fer est bien droit et le remettre en place, au besoin, à coups de brochoir donnés par côté ;

Brocher indifféremment les autres clous, sans craindre de déranger le fer.

Dans cette opération, le maréchal juge de la direction du clou par la résistance et la sonorité de la corne traversée. Il doit viser à brocher en *bonne corne*, ni trop dure ni molle, en évitant de trop approcher des parties vives et, si la paroi est mince, se servir de clous minces de lame, qui ont plus de flexibilité et font moins de ravages.

Le maréchal doit ensuite *river les clous*, c'est-à-dire *serrer successivement les clous* dans les étampures, en appuyant le mors des tricoises sous le fer et frappant sur la tête des clous ;

Serrer le clou au pied, en appuyant les tricoises sous le rivet et en cherchant à mettre les rivets à la même hauteur, à l'aide de légers coups de brochoir frappés sur la tête des clous.

Couper, avec les tricoises, les lames des clous, le plus près possible de la paroi ;

Dégager le rivet en enlevant, à l'aide du rogne-pied, la petite portion de corne que la lame a repoussée ;

Placer les tricoises sous chaque extrémité de la lame et recourber cette extrémité, en frappant sur la tête du clou ;

Incruster ensuite le rivet dans la paroi, en le frappant à petits coups de brochoir et en appuyant, sur la tête du clou, avec les tricoises ;

Faire poser à terre le pied ferré et lever le pied opposé ; puis *rabattre le pinçon*, sur la paroi, à petits coups de brochoir ;

Donner un dernier coup de râpe, autour du pied, et seulement des rivets au fer ;

Enfin, après la ferrure, le maréchal étudie les attitudes du cheval et le fait trotter sur le pavé.

Le cheval, piqué ou gêné par les clous, porte le pied en avant et le lève par intervalles.

Quand le cheval boite après la ferrure, il faut immédiatement rechercher la cause de la boiterie.

VIII. — LE PIED BIEN FERRÉ.

Pour juger la ferrure d'un cheval, les pieds sont examinés au poser et au lever.

Au poser. — Au poser, le bon pied ferré, vu par devant et de côté, présente les conditions suivantes :

Les côtés du sabot sont égaux.

Le pinçon est au milieu du fer pour le pied de devant, un peu en dedans pour le pied de derrière ; l'épaisseur du fer de devant est partout la même ; le fer de derrière est un peu plus épais en pince, et porte parfois des crampons ; les rivets sont à une même et suffisante hauteur, également distants, courts, épais, incrustés entièrement dans la paroi ;

La pince, vue de profil, est courte, droite du bourrelet aux rivets, arrondie à partir des rivets ;

Les talons ont la moitié au moins de la hauteur de la pince ;

La garniture commence après la mamelle du dehors, et augmente progressivement pour être de 5 à 6 millimètres en éponges ;

Le fil d'argent est tracé du pinçon à l'éponge.

Au lever. — Chaque pied est successivement levé par un aide et tenu d'abord comme pour l'opération du ferrage.

Quand le pied est bien ferré, le fer est *placé droit* sous le pied, c'est-à-dire que la rive externe de chaque éponge est à égale distance de la lacune médiane de la fourchette ;

Le fer de devant présente partout la même couverture ;

Il a une bonne ajusture : pince relevée suffisamment, mamelles également relevées, branches à plat ;

Le fer de derrière est notablement plus couvert en pince ; la branche du dedans est plus dégagée et plus droite que celle du dehors ;

Les têtes des clous sont complètement noyées dans les étampures et régulièrement espacées ;

La ligne abaissée de chaque tête de clou, au rivet correspondant, est perpendiculaire à la surface du fer;

La sole visible a toute son épaisseur;

Les barres et la fourchette n'ont reçu qu'une légère toilette;

Les mains passées, de chaque côté, sur les rivets permettent de juger s'ils ne dépassent pas la paroi.

Passées ensuite en arrière, entre la paroi et le fer, des quartiers aux éponges, elles renseignent sur la garniture.

L'aide saisit ensuite le membre par le canon, le paturon et le sabot tombant naturellement, de manière que la surface d'appui du pied soit verticale au sol.

Dans cette position, il est facile de juger successivement:

L'aplomb du pied, en regardant si les deux éponges sont sur une même ligne, coupant à angle droit la direction d'ensemble du paturon;

L'égalité d'épaisseur en éponges, en branches et en voûte, pour le fer de devant;

L'égalité d'épaisseur des éponges entre elles, et l'épaisseur légèrement plus forte de la voûte du fer, pour le fer de derrière;

Le contact ou l'éloignement de la voûte du fer avec la sole;

La présence ou l'absence de cicatrices en dedans des boulets.

Visite de ferrure. — Il ne suffit pas qu'un cheval ait été bien ferré, il faut encore que la ferrure soit entretenue en bon état.

A cet effet, les pieds des chevaux doivent être examinés tous les jours par l'homme d'écurie.

La ferrure des chevaux, commandés pour un service exceptionnel, doit être spécialement visité *la veille du départ.*

IX. — FERRURE A CHAUD ET A FROID.

Ferrure à chaud[1]. — Essayer le fer chaud, à plusieurs reprises, sur le pied, le modifier sur l'enclume, jusqu'à perfection de forme et d'adaptation; voilà la *ferrure à chaud.*

La ferrure à chaud est préférable à la ferrure à froid, pour tous les services.

Le fer, toujours préparé pour le pied, vient faire son en-

---

1. Voir *Ferrure podométrique*, p. 210.

preinte, comme le cachet dans la cire molle ; les irrégularités de la surface du sabot disparaissent d'un coup, lorsqu'elles sont légères. Quand, au contraire, le pied est mal paré, l'imperfection de l'empreinte accuse si clairement les inégalités, que rien n'est plus facile à corriger ; c'est d'autant plus facile que la corne, attendrie par le feu, n'oppose pas de résistance au boutoir. Enfin, une remarquable solidité résulte de la parfaite adaptation des surfaces ; et la carbonisation superficielle de la corne est une barrière efficace, contre la dessiccation que détermine le contact de l'air.

Donc, la ferrure à chaud est rapide, facile, solide, peu pénible pour l'ouvrier et, relativement, favorable au pied.

A une certaine époque, cependant, la ferrure à chaud fut accusée de tous les méfaits et proscrite de l'armée. A entendre des détracteurs intéressés, ce mode de ferrure entrainait la brûlure de la sole, le dessèchement de la corne, le rétrécissement du sabot ; le bruit du soufflet, la flamme et la fumée du foyer, la carbonisation de la corne par le fer chaud mettaient à la torture le malheureux cheval.

Justice a été faite de toutes ces allégations.

Néanmoins, on ne saurait trop le répéter à ceux qu'effraye l'application d'un fer rouge sur le pied, la corne et la couche de charbon — qui, instantanément, se forme — conduisent mal le calorique. Aussi — quoique les pieds soient généralement beaucoup trop parés — la brûlure de la sole est-elle fort rare : de plus, cet accident est sans gravité, les parties atteintes se régénérant rapidement.

Quant à la dessiccation de la corne et au rétrécissement du sabot, l'expérience démontre que le fer chaud en est tout à fait innocent.

Enfin, le cheval de service n'est parfait qu'à la condition de ne s'effrayer de rien. Quelle meilleure école pour le cheval de guerre, par exemple, que le tintamarre de la forge, la vue du feu, des étincelles, de la fumée, la respiration de la corne brûlée ? Ne doit-il pas un jour sentir l'odeur de la poudre, entendre le brruit des détonations, le sifflement des balles et le cliquetis des sabres ?

Ferrure à froid[1]. — Dans la ferrure à froid, le fer chaud n'est jamais appliqué sur la corne.

Ce système de ferrure nécessite plus d'habileté, plus de temps, plus de soins, pour arriver — l'expérience l'a démontré — à être moins solide, moins durable, plus préjudiciable au pied que la ferrure à chaud.

C'est que l'adaptation exacte de deux surfaces est d'une sérieuse difficulté. C'est que la ferrure à froid a le grave inconvénient d'entraîner l'application du fer, tel qu'il a été fabriqué ; par paresse, amour-propre, conscience de leurs intérêts, bien peu de maréchaux remettent au feu un fer imparfait. Ils ont bien plus tôt fait de modifier le pied[2] : le boutoir et la râpe sont là, la forge est loin, le client observe, et il ne faut pas avoir l'air de s'être trompé.

Cependant les ouvriers habiles pratiquent la ferrure à froid, avec succès et avantage, sur les chevaux impressionnables, intraitables à la forge, facilement abordables à l'écurie ; sur les pieds à sole très amincie, par suite d'opérations chirurgicales ; sur les chevaux de pur sang soumis à l'entraînement, pour lesquels tout déplacement est gros d'inconvénients ; enfin, en campagne, sur les chevaux de troupe, lorsqu'il n'est pas possible de faire autrement.

Manuel opératoire. — Le fer est confectionné et préparé, le plus souvent, d'après le vieux fer ; ou bien à l'aide de deux brins de paille, de deux brindilles de bois, dont l'un représente la longueur et l'autre la largeur du pied.

Plus rarement, l'ouvrier travaille de mémoire, ou en consultant un patron en papier[3].

---

1. Voir *Ferrure podométrique*, p. 210.
2. Si le fer est trop long, les talons sont abattus, pour allonger le pied : s'il est trop court, la pince tombe, les talons demeurent. Le fer trop large est rétréci à coups de brochoir, mais en faussant l'ajusture ; s'il est trop étroit, la râpe diminue la largeur du pied.
3. Un excellent moyen permet de faire fabriquer des fers au loin : il consiste à placer, à plat, une feuille de papier sur le pied paré, et à la replier de manière à envelopper exactement l'organe ; aussitôt l'arête de la paroi dessine fidèlement les contours du pied. Il suffit alors de découper l'empreinte et de l'expédier, avec des indications sur la disposition de la sole et l'état de la paroi.

Le *podomètre* n'a jamais été un instrument pratique ; par la raison qu'un maréchal, allant prendre les mesures des pieds de 1 à 5 chevaux, dans une écurie, serait obligé d'avoir 8 à 10 de ces instruments, à raison de 2 par cheval, un pour les pieds de devant et un pour les pieds de derrière.

Pour bien ferrer à froid, il faut :

Viser d'une façon toute particulière à parer le pied d'aplomb et à plat ;

Dresser le pied à la râpe et lui donner une ajusture rationnelle, en pince et en mamelles[1] ;

Forger le fer pour le pied et lui donner une ajusture très régulière, avant de l'appliquer, en se guidant sur le vieux fer ou sur des *mesures prises avec deux brindilles de bois*.

Ce dernier moyen, le plus pratique, est employé dans les écuries d'entrainement , chaque brindille de bois sert à prendre trois mesures sur un pied ferré, de devant ou de derrière:

1° De la pince à l'éponge du dehors (longueur de la brindille) ;

2° D'un côté à l'autre, au point où le pied présente la plus grande largeur ;

3° D'une éponge à l'autre.

Ces deux dernières dimensions sont indiquées au moyen d'entailles pratiquées sur chaque brindille.

Les deux brindilles de bois, l'une donnant les dimensions du fer de devant, l'autre celles du fer de derrière, ont une marque distinctive et sont enveloppées d'une bande de papier, portant le nom du cheval et les observations relatives à sa ferrure.

En pratiquant la ferrure à froid, le maréchal doit éviter surtout de *faire le pied pour le fer ;* trop souvent il modifie le pied avec le boutoir et la râpe, pour lui donner la forme du fer.

---

1. Le maréchal qui ferre seul, à l'anglaise, est mieux placé pour se servir de la râpe.

CHAPITRE III

FERRURES DES DIFFÉRENTS SERVICES

I. Ferrure des chevaux de selle et d'attelage. — II. Ferrure de course et de chasse. — III. Ferrure des chevaux de trait léger et de gros trait. — IV. Ferrure des chevaux au vert en liberté.

I. — FERRURE DES CHEVAUX DE SELLE ET D'ATTELAGE.

Cheval de selle. — Destiné aux allures rapides, il use en général fort peu ses fers : ils doivent donc être dégagés et légers. Laisser les talons hauts est d'une bonne pratique, parce que le poids du cavalier tend à plier les paturons, à fermer l'angle du boulet, à charger et resserrer les talons ; tout cela d'autant plus énergiquement, que ceux-ci sont plus bas. Il est absolument indiqué, pour le pied de derrière, de mettre un fer d'égale épaisseur partout à branches dégagées, celle du dedans sensiblement plus que celle du dehors, de ferrer juste

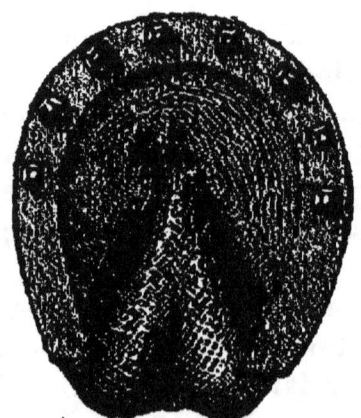
Fig. 209.
Pied antérieur gauche.

Fig. 210.
Pied postérieur gauche.

en dedans, de lever le pinçon un peu du même côté et de tenir la branche droite, depuis la mamelle interne jusqu'au tiers postérieur du quartier, tout en donnant une légère et égale garniture en éponges (fig. 209 et 210).

Quand les talons des pieds de devant sont bas et fuyants, il faut un fer long et à éponges également nourries.

Pour les pieds de derrière dans les mêmes conditions, on peut aussi mettre un fer dont l'épaisseur diminue en se rapprochant des éponges, lesquelles portent, celle du dehors un crampon, celle du dedans une mouche, — crampon et mouche de même hauteur, — le premier d'un plus fort volume pour résister à l'usure qui se jette davantage sur le dehors du pied.

Il est indiqué surtout de préférer l'éponge anglaise à la mouche : c'est-à-dire un renflement allongé du bout de l'éponge, faisant une saillie longitudinale dans le sens de la branche, de 2 centimètres environ, et donnant à l'éponge une hauteur égale à celle du crampon; on évite ainsi les blessures à la couronne, par la mouche, soit en marche, soit à l'écurie.

Cheval d'attelage. — Le cheval d'attelage ayant plus de poids, de plus grands pieds et usant davantage que le cheval de selle, doit avoir des fers plus épais, plus couverts, surtout à la pince du fer de derrière. Si la ferrure du cheval de selle ne com-

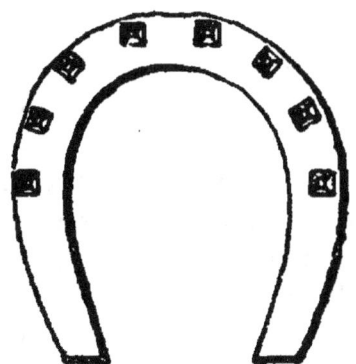

Fig. 211. — Fer gauche de devant (attelage).

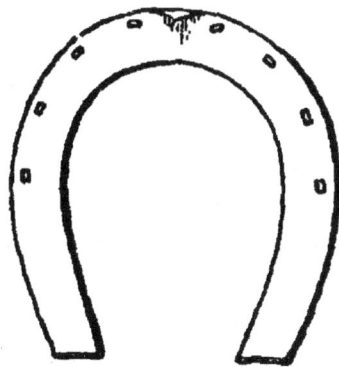

Fig. 212. Fer droit de devant.

porte des crampons qu'exceptionnellement, par contre, le cheval d'attelage doit en être généralement pourvu : crampons d'égale hauteur, celui du dedans moins volumineux et très arrondi à la carre du dedans.

Ici encore, on pourra avantageusement remplacer le crampon du dedans par l'éponge anglaise.

Les crampons arrêtent les glissades, donnent une grande

solidité à l'appui et la facilité, pour le cheval, de retenir la voiture dans les descentes.

Cheval de luxe. — Dans les grandes villes, la ferrure des chevaux de luxe, de selle et d'attelage est généralement élégante et légère : c'est de la besogne propre, de l'ouvrage fini ; le couteau et la râpe ont poli le pied et le fer pour flatter le coup d'œil.

Les chevaux de luxe sont ordinairement ferrés, du devant, à l'anglaise et, du derrière, à la française avec l'éponge anglaise, et les fers sont généralement très étroits.

Le fer de devant se fait avec du fer en barres rainé et à talus : il n'y a donc plus qu'à le contourner et à l'étamper ; les éponges sont arrondies et taillées obliquement en biseau ; la rive externe de la branche du dedans, fortement limée, avec la râpe, orme chanfrein : ces dispositions plaisent à l'œil et ont pour but d'empêcher le cheval de se déferrer et de se couper.

Le fer de derrière est rarement à pince ronde, avec un seul pinçon, et c'est un tort ; car cette disposition permet de tenir la branche du dedans très droite et d'empêcher le cheval de se couper.

Presque toujours ce fer est à pince carrée, avec pinçon de chaque côté, la corne de pince faisant une forte saillie en avant du fer ; le cheval est donc toujours ferré *comme s'il forgeait*.

Le fer de derrière porte des étampures françaises un peu allongées, petites et profondes, faites pour loger des clous à long collet ; très souvent il est muni d'un pinçon en quartier du dehors, pour donner de la solidité à la ferrure.

Le cheval est ordinairement ferré un peu juste, surtout en dedans, où l'éponge est *toujours* fortement rentrée sous le pied.

Souvent, la branche du dedans est de beaucoup plus étroite et plus épaisse que celle du dehors ; parfois, il n'y a qu'un seul crampon en dehors ; dans l'un et l'autre cas la régularité de l'aplomb est sacrifiée.

Comme en tout, si l'on veut être écouté, il importe de faire la part des habitudes et de la mode ; nous dirons que la ferrure dite de luxe peut, sans inconvénients, continuer à être pratiquée en se conformant aux indications suivantes : laisser les pieds forts, conserver les talons, se servir de fers couvrant bien les talons devant, un peu longs de derrière, portant des éponges d'égale hauteur, garnissant également de manière que la fente du sabot se trouve bien à égale distance de la rive externe de chacune des éponges.

Pour le cheval d'attelage, le crampon carré en dehors et l'éponge anglaise en dedans, de même hauteur, sont absolument indiqués.

Cette dernière est indispensable surtout quand les chevaux ne savent pas remiser, ou se mettent les pieds l'un sur l'autre à l'écurie ; car le crampon du dedans occasionnerait des atteintes et blessures, plus ou moins graves, à la couronne.

En pratiquant rationnellement la ferrure des chevaux de luxe, établie surtout en vue de faire tenir le pavé, d'empêcher le déferrement et les atteintes, on peut en faire disparaitre les inconvénients, tout en lui conservant les qualités qui la distinguent : élégance, légèreté, solidité.

II. — FERRURE DE COURSE ET DE CHASSE.

Ferrure de course. — Rien de plus élégant, de plus correct, de plus artistement confectionné que les semelles métalliques, qui garnissent les pieds des chevaux de course.

Le fer anglais, étroit, léger, fidèlement modelé sur les contours du pied, avec sa rainure circulaire, dans laquelle disparaissent les clous, et sa surface brillamment argentée, par la

 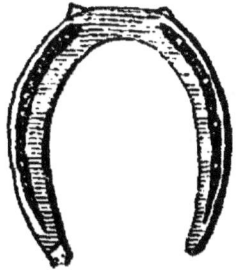

Fig. 213. — Fer de devant.   Fig. 214. — Fer de derrière.

lime et par l'usure, est un véritable bijou, digne de protéger les ongles aristocratiques des nobles coursiers.

Durant l'entraînement, est employé le *fer* dit de *demi-course* (fig. 213 et 214), ajusté à l'anglaise, pour le pied de devant, et à plat pour celui de derrière ; son poids moyen est de 250 gr. et sa durée de vingt-cinq jours environ.

La veille de la lutte, est placé le *fer de courses* (fig. 215 et 216), fait avec une bande très étroite, plate en dessus, profondément

Fig. 215. — Fer de devant. Fig 216. — Fer de derrière.

cannelée en dessous ; il pèse environ 125 gr.; cette légèreté extrême est impérieusement exigée, par la raison que le poids est une entrave apportée à la vitesse.

Un allègement de 500 gr. sur les quatre fers est chose à prendre en considération. Si, par exemple, un cheval de course parcourt 6 mètres 43 centimètres à chaque foulée de galop, il lui faut faire 155 foulées pour faire un kilomètre, c'est-à-dire enlever 155 fois ses 4 fers. Or, si les fers sont de demi-course, le cheval soulève, en plus, 155 fois 500 gr. dans le parcours d'un kilomètre, ce qui représente un effort total de 77 kilogr. 500 gr.

Et puis, il faut considérer que cet effort s'accomplit dans des conditions désavantageuses ; le fer n'occupe-t-il pas l'extrémité du membre et, de ce fait, n'est-il pas, en quelque sorte et bien souvent, porté à *bras tendu*.

Le poids, ajouté au pied, a donc une influence autre que s'il était placé sur le dos de l'animal. De là, l'indication évidente de se servir d'un fer du meilleur métal, tout juste assez fort pour ne pas se déformer ou s'ouvrir sous le poids du corps.

Ferrer juste et court, arrondir les éponges du fer de devant, abattre et arrondir l'arête inférieure de la rive interne, la rive externe de la branche du dedans, sont autant de bonnes pratiques, qui ont pour but d'empêcher le cheval de se déferrer, de forger, de se couper, de loger et fixer son fer de derrière entre les branches de celui du dedans.

Jamais le fer de derrière ne porte de crampon en dedans; souvent, il en existe un en dehors. Un seul crampon en dehors ne peut avoir d'inconvénient que sur un sol très dur; sur le sol mou ou meuble, il arrête les glissades; impossible donc de proscrire cet usage, puisque le cheval de course galope sur un terrain favorable, et que le crampon, s'enfonçant dans le sol, ne peut fausser l'assiette du pied.

L'habitude de laisser de la longueur à la pince du pied de derrière, de lui faire dépasser un fer tronqué carrément en pince et muni de deux pinçons, s'explique aisément. Le membre postérieur est un ressort; plus le ressort est long, plus il possède d'étendue dans la détente; et puis, si la corne qui dépasse vient à heurter les membres de devant, elle ne fait jamais autant de mal que la pince du fer.

Pour empêcher la pince du pied de derrière de se loger entre les branches du fer de devant — ce qui détermine des chutes terribles — certains chevaux forgeurs sont ferrés du devant, avec un fer à ajusture inverse: c'est-à-dire que le talus existe à la face inférieure, du côté du sol; tandis que la face supérieure est plane et rapprochée de la sole.

Légèreté, solidité, élégance, telles sont les qualités incontestables de la ferrure de course pratiquée à Chantilly.

Mais, à côté de ces éloges justement mérités, il y a place pour de sérieuses critiques.

Et d'abord, les pieds du cheval de course ne sont pas parés d'aplomb; il n'est pas rare de constater des erreurs de plus d'un centimètre.

Or, qui ne comprend le grave inconvénient de l'inégalité des côtés du sabot, aux allures extrêmes, alors qu'il s'agit pour les membres de recevoir le poids du corps, augmenté des effets de la vitesse acquise?

Devant la formidable charge qui, à chaque foulée, vient s'abattre sur le pied, une erreur de quelques millimètres, en dérangeant la répartition régulière du poids, sur le pourtour de l'ongle, peut avoir une influence fâcheuse. Et des inégalités plus fortes peuvent amener des entorses articulaires et des efforts de tendons.

Non seulement les pieds ne sont pas parés d'aplomb, mais encore l'opération est pratiquée d'une manière irrationnelle.

Une bonne hauteur est conservée à la paroi : cela est bien ; mais il est fort préjudiciable de transformer le dessous du pied en cuvette, d'amincir la sole, d'attaquer les barres, de tailler la fourchette à facettes. Et si les resserrements, les bleimes, les seimes n'en sont pas moins assez rares, il faut l'attribuer aux soins extrêmes dont les pieds sont l'objet, dans les écuries d'entraînement, aux applications fréquentes de bouse de vache, de graine de lin, d'onguents à base de goudron, et, surtout, au travail sur un terrain préparé.

Creuser à fond le dessous du pied a un autre inconvénient, complètement inédit : c'est d'être défavorable à la vitesse, quand la course a lieu sur la terre détrempée.

Il en est ainsi pour trois raisons :

D'abord, le pied pénètre facilement et s'enfonce plus profondément dans le sol mou ; il est donc plus difficile de l'en retirer.

A profondeur de pénétration égale, de ce fait seul qu'il est creux, le pied présente une plus grande étendue de contact avec la terre détrempée et, conséquemment, une adhérence proportionnelle.

Enfin, quand le pied est creux, il existe un grand espace vide entre le fer et la sole ; la terre grasse s'y introduit, y séjourne et rend le lever difficile[1].

Tout cela se démontre expérimentalement.

Tranchez aux genoux les deux membres de devant d'un même cheval ; laissez la sole pleine à l'un des pieds et creusez l'autre à fond ; enfoncez les pieds de 3 à 4 centimètres dans la terre glaise ; attachez une corde au-dessous de chaque genou et faites-la passer obliquement, dans le sens du mouvement,

---

[1]. Cette considération dernière n'est applicable qu'au pied chaussé du fer de demi-course ; le fer de course est trop étroit pour qu'un tel inconvénient se produise.

sur une petite poulie; puis, à l'extrémité flottante, fixez un plateau de balance et chargez-le de poids, jusqu'à ce que le pied oscille sur la pince et soit arraché de la glaise. »

En multipliant les expériences sur ces pieds ferrés ou déferrés, on arrive aisément à constater les faits ci-dessus énoncés[1].

Il est facile, du reste, de donner une démonstration mathématique de la parfaite exactitude des résultats obtenus[2].

---

1. Dans ces expériences, quand le pied plat était entraîné par un poids moyen de 4 kilog., il fallait ajouter environ 100 gr. de plus pour avoir raison du pied creux.
2. Soient deux pieds P et P', l'un plat, l'autre creux. On les plonge dans un milieu semi-fluide, sans élasticité, susceptible d'adhérence.

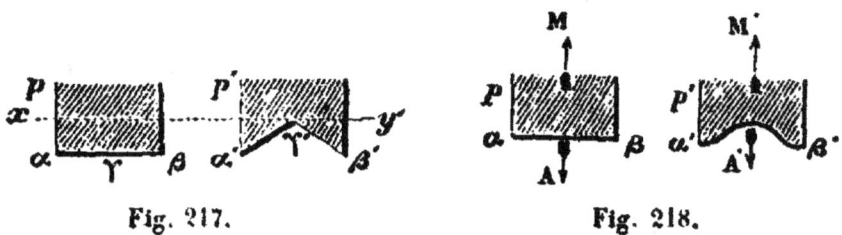

Fig. 217.   Fig. 218.

Comparons les efforts à faire pour enfoncer, dans un tel milieu, deux corps dont les poids et les sections transversales sont identiques, mais dont les faces de contact sont différentes.

Dans le cas du pied creux, la face $a'\,b'$ est évidée suivant un cône (fig. 217).

Enfonçons ces deux pieds dans le corps boueux, non élastique, dont le niveau est $x\,y$. Pour une même profondeur, la figure montre que la quantité de glaise déplacée est moins considérable en P' qu'en P : donc, il faut moins de force pour enfoncer le pied creux. D'autre part, la surface oblique $a'\,b'$ pénètre plus aisément que la surface horizontale $a\,b$, donc le pied creux entre plus aisément que le pied plat.

Lorsque le cheval veut retirer le pied, il produit un effort musculaire qui a, pour double effet :

1° De vaincre l'adhérence des faces $a\,b$ et $a'\,b'$ contre le sol ;

2° De lever le pied (*).

Or, la surface de contact du pied creux est plus considérable que celle du pied plat ; donc, l'adhérence A' l'emporte sur l'adhérence A.

L'effort pour retirer le pied, posé sur un sol non adhérent, est égal au poids P de ce pied, pour le pied plat comme pour le creux ;

---

* Les flèches de la figure 218 indiquent le sens suivant lequel s'exercent les forces.

C'est donc une pratique fâcheuse de creuser le dessous du pied. Outre les transformations et maladies qui parfois surviennent, il en résulte pour le cheval plus de fatigue et une perte de vitesse, les jours où le terrain de course est détrempé par la pluie.

Cette disposition en cuvette de la surface d'appui n'a pas même pour conséquence d'augmenter la stabilité, celle-ci étant bien plutôt dépendante de l'étroitesse du fer.

Enfin le fer devant de demi-course, étroit de siège, ne donne à la paroi qu'un appui imparfait; d'autre part, un talus n'a d'utilité que pour les pieds dont la sole a été trop parée.

En résumé, la ferrure de course est susceptible d'une exécution meilleure.

Complète perfection de l'aplomb, respect de la sole, fer antérieur de demi-course plus étroit, sans ajusture, à siège plus large et portant sur la sole: telles sont les améliorations à réaliser.

Ferrure de steeple chase. — Le fer anglais léger, rainé et à ajusture renversée, à éponges arrondies et en biseau, à branche du dedans fortement arrondie, à sa rive interne, est celui qui convient le mieux pour empêcher le cheval de forger, se déferrer, se couper.

Le fer de derrière doit être à pince carrée, biscautée et à deux pinçons.

Il faut, pour le steeple-chase, une ferrure juste ne dépassant pas les talons.

Ferrure du trotteur. — Pour le trotteur, le fer doit être d'une bonne force et d'un poids ordinaire.

Le trotteur ne peut pas toujours être exercé sur des terrains doux; un fer léger et mince serait rapidement usé et déformé.

---

donc l'effort musculaire $M = P + A$; l'effort musculaire $M' = P + A'$; et comme A' l'emporte sur A, M' l'emporte sur M.

Il est donc plus difficile de retirer du sol mou un pied creux qu'un pied plat, d'autant plus difficile encore, que le pied creux a pénétré plus profondément.

FERRURES DES DIFFÉRENTS SERVICES.

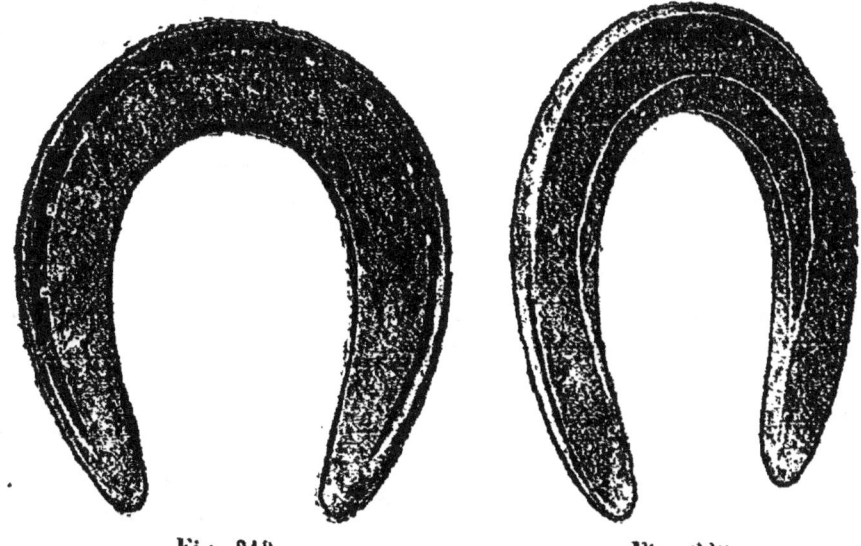

Fig. 219.   Fig. 220.
Fer de devant.
Côté des étampures.   Côté des contre-perçures.

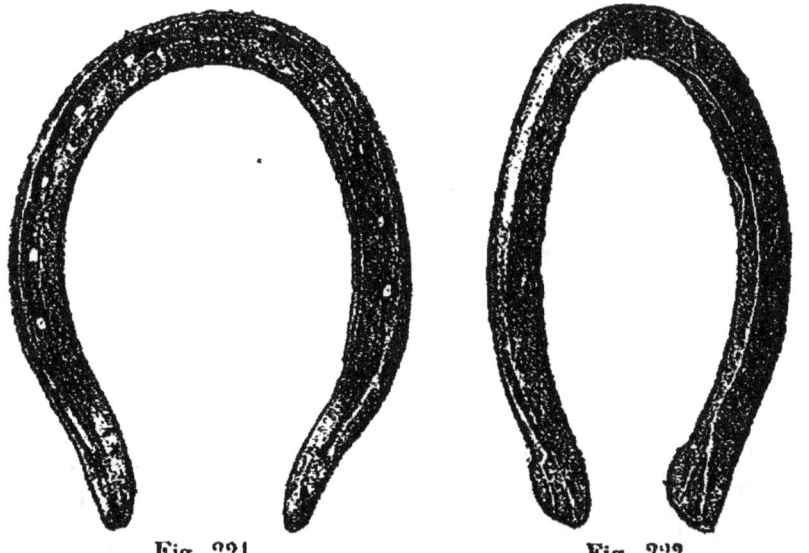

Fig. 221.   Fig. 222.
Fer de derrière.
Côté des étampures.   Côté des contre-perçures.

Fers américains des trotteurs d'hippodrome
Modèles de M. Lalot.

On met souvent au trotteur des fers épais et étroits ; avec cette ferrure, le pied est surélevé et s'enfonce trop dans le sol mou ; les coups donnés sur le fer de devant, par la pince des pieds de derrière, peuvent amener le cheval à se déferrer.

Le vrai fer, pour le trotteur, est le fer couvert en pince, progressivement dégagé en branches et à éponges étroites, arrondies et biseautées, à ajusture du dessous renversée, à partir de la rainure anglaise, ou de l'étampure française.

Le *fer de devant* (fig. 219 et 220) est plat, léger, très couvert, rainé et ajusté à l'anglaise, sans pinçon, à éponges pointues, arrondies, biseautées. Ce fer, avec sa large surface, est particulièrement usité sur les terrains sablonneux, mouvants. Il a l'avantage d'empêcher le pied de s'enfoncer dans le sol mou. S'il ne porte pas de pinçon, c'est qu'on adapte souvent en pince une tige coudée à laquelle on fixe un poids variant de 80 grammes à 300 et qui a pour but d'empêcher le cheval de trotter en hauteur.

Le *fer de derrière* (fig. 221 et 222) est très dégagé, rainé, sans pinçon, à ajusture plate, moins large que le dessous du pied, à longues éponges anglaises dépassant de 2 centimètres les talons du pied.

Ce fer est extrêmement juste, sans garniture, la corne dépasse même le fer par côtés et les longues éponges anglaises sont destinées à empêcher le cheval de glisser.

Ferrure de chasse. — Le pied sera, ici et plus que jamais, conservé dans toute sa force. Il faut que la sole et la fourchette puissent braver impunément tous les chocs.

Le fer de devant doit être léger, juste, dégagé, à éponges arrondies et obliques, et le fer de derrière avoir la pince carrée.

La chasse à courre, dans les pays à sol pierreux, dans les taillis, nécessite une précaution spéciale. La sole et la fourchette ont besoin d'être protégées contre les cailloux, les tacots ; ces derniers surtout peuvent occasionner des blessures graves.

Le *fer à plaque* est employé pour prévenir les accidents de chasse et, plus généralement encore, pour remédier, en bien des circonstances, à la sensibilité et aux maladies du pied.

La plaque est en cuir, feutre, gutta-percha, tôle, cuivre, etc.

FERRURES DES DIFFÉRENTS SERVICES.

Le cuir a l'inconvénient de se ramollir et de se pourrir par l'humidité, de se resserrer et de se durcir par la sécheresse. Mais ces inconvénients disparaissent quand on place en dessous de la plaque une étoupade goudronnée.

L'interposition d'une plaque en cuir, entre le fer et le pied, se fait dans les conditions suivantes :

Le fer étant préparé comme à l'ordinaire et prêt à clouer, la plaque, faite en très bon cuir préalablement mouillé, est découpée, sur le pourtour du fer, échancrée en pince, amincie à ses bords à l'aide du marteau ; une légère étoupade goudronnée est appliquée, dans le creux de la sole, et tassée dans les lacunes de la fourchette, sans recouvrir cette dernière ; une petite mèche d'étoupes, enduite de goudron, est enfoncée dans la fente postérieure du pied. Puis, le fer est fixé par les clous qui, du même coup, traversent et saisissent la plaque à son pourtour.

Fig. 223. — Fer à plaque.

La plaque de tôle, très souvent employée, est découpée sur le fer ajusté, appliquée sur ce dernier, saisie avec lui dans les mors de l'étau et reçoit un coup de râpe à son pourtour. Puis le fer et la plaque, celle-ci en dessous, sont placés sur le billot et, par les étampures du fer, à l'aide d'un poinçon à long collet, des ouvertures sont pratiquées dans la plaque métallique, pour livrer passage aux clous.

Parfois la plaque de tôle est fixée au fer par trois rivets, un en pince et deux en éponges ; mais ce mode de fixation demande plus de temps et de travail que le précédent.

Comme la plaque de tôle est exposée à se casser, à se percer, et que ses vibrations enlèvent de la solidité au fer, on lui préfère parfois la plaque en cuivre rouge, qui est plus facile à découper, se moule sur le pied et ne vibre pas.

Aujourd'hui la *ferrure de chasse* tend beaucoup à se répandre.

III. — FERRURE DES CHEVAUX DE TRAIT LÉGER ET DE GROS TRAIT.

Les chevaux traînant de lourds fardeaux, sur le pavé et les routes empierrées, usent considérablement leurs fers. Au point de vue économique et pour la conservation des pieds, il importe beaucoup de prolonger, par tous les moyens, la durée de la ferrure, sans cependant mettre des fers trop lourds qui fatigueraient le cheval et manqueraient de solidité.

A cet effet, il faut donner plus d'épaisseur et de couverture, aux régions du fer où se porte l'usure, tout en conservant la régularité de l'aplomb.

Cheval de trait léger. — Le fer de devant doit être épais et couvert, plus épais et plus couvert en pince et mamelle du dehors, où se jette l'usure, plus mince en branches, à éponges dégagées également nourries et de même épaisseur que la pince (fig. 224).

Fig. 224. — Fer de trait léger (gauche devant.)

En marche, le cheval de trait pique le sol ; il jette tout son poids sur la pince, à laquelle aboutissent tous les efforts de traction ; de là une grande usure de cette région.

Aussi, est-il indiqué, pour le fer de devant, de donner une plus grande ajusture à la pince, 6, 7, 8 millimètres environ ; le fer acquiert ainsi de la durée sans accroissement de poids et sans inconvénient pour le pied.

Cette pratique est d'autant meilleure que l'ajusture française est excellente, pour le service de trait. Quand la pince est relevée, le cheval jette et maintient son poids dans le collier d'une manière continue, pendant tout le temps que dure l'oscillation de l'un et l'autre pied : ainsi est produite une impulsion lente, progressive et soutenue, favorable à la traction.

Le fer de derrière doit être très couvert en pince et notablement plus épais, à cette région, et à la mamelle de dehors ; les branches, progressivement dégagées et amincies, surtout celle du dedans, doivent se terminer par un crampon en dehors, une mouche ou une éponge anglaise en dedans : crampon et mouche d'égale hauteur et d'un volume calculé de manière à user en même temps.

Cheval de gros trait. — Les fers des gros chevaux de trait sont souvent d'un poids formidable.

L'épaisseur et la couverture, de pince et de mamelle externe, des fers de derrière sont considérables ; c'est que, sur la pince, se fait tout l'effort de traction. Aussi, voit-on parfois des fers de 18 millimètres d'épaisseur être coupés en quelques jours.

Pour diminuer le poids, les branches sont dégagées et amincies aux points qui usent le moins ; pour conserver la régularité de l'aplomb, il importe de relever les talons par des éponges nourries aux fers de devant, par des crampons derrière.

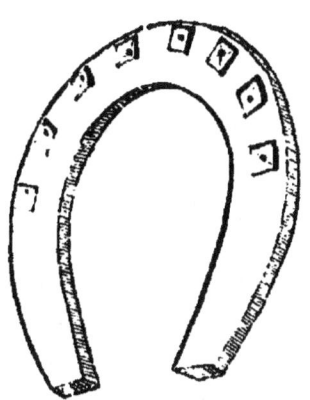
Fig. 225. — Fer de trait (droit de devant.)

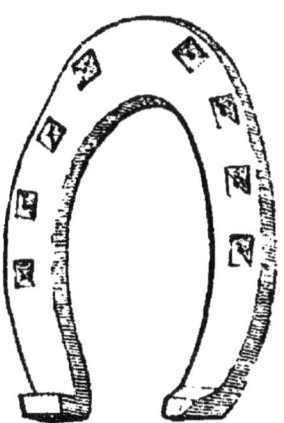
Fig. 226. — Fer de trait (droit de derrière.)

Ces crampons donnent une grande solidité à l'appui et la facilité, pour le cheval, de retenir la voiture dans les descentes.

Le crampon du dedans pouvant parfois frapper, contusionner le membre à l'appui, il y a indication de l'arrondir très fortement à la lime ; si cette précaution est insuffisante, au lieu de lever le crampon perpendiculairement au fer, il faut opérer à la manière anglaise : replier en dessous et coucher complètement l'extrémité de la branche du dedans. Tout danger d'accident disparaît alors.

Cependant, pour le cheval de limon des voitures à deux roues, fortement chargées, les crampons sont nuisibles. Dans les descentes, par exemple, la charge pousse ; les pieds, accrochés aux inégalités du pavé, résistent et, si le poids l'emporte, d'effroyables distensions du boulet se produisent. Sans crampons le cheval est exposé à de longues glissades ; il peut être acculé et traîné sur les jarrets ; mais tout cela est, comparativement, de peu de gravité.

IV. — FERRURE DES CHEVAUX AU VERT EN LIBERTÉ.

Les chevaux en liberté, à la prairie ou au paddock, doivent être déferrés quand le sol est doux aux pieds.

Mais, lors de la mise en liberté, pour éviter que les sabots se dérobent, que les chevaux se blessent, en échangeant des coups de pied, il faut arrondir fortement à la râpe le bord tranchant de la paroi, en pince et en mamelles [1].

Cependant, si le sol de la prairie ou du paddock est sec et dur, les pieds ne tardent pas à se dérober, à être plus détériorés et plus difficiles à ferrer qu'auparavant. Alors, pour éviter le délabrement des pieds, qui éloigne beaucoup de propriétaires de mettre leurs chevaux au vert, l'usage de ferrer *à croissant* du devant est assez général.

Mais le demi-fer ayant l'inconvénient de fatiguer les tendons et de rendre les chevaux bouletés, il est préférable d'employer le fer Charlier ou un fer ordinaire, très mince, très étroit, très juste, à demi incrusté dans la corne et à deux pinçons. Ces fers conservent les aplombs et l'intégrité de la corne, — tout en laissant le dessous du pied en large contact avec le sol, — et s'arrachent difficilement.

Les chevaux à la prairie, ferrés à la manière ordinaire, ne tardent pas à perdre leurs fers.

---

1. Cette mesure est également indiquée pour tout cheval déferré, d'un ou de plusieurs pieds, même quand il reste à l'écurie, car il peut s'abîmer les sabots en grattant.

CHAPITRE IV

FERRURE A GLACE

I Ferrure de ville contre les glissades. — II. Ferrure à glace proprement dite. — III. Moyens les plus pratiques contre les glissades.

I. — FERRURE DE VILLE CONTRE LES GLISSADES.

Dans les villes le pavé gras ou plombé et l'asphalte occasionnent de fréquentes glissades et, par suite, des accidents aux chevaux, aux voitures, aux cavaliers... de là l'indication d'employer une ferrure qui donne le plus de fixité possible à l'appui : il faut que le cheval *tienne le pavé*.

C'est dans ce but qu'on utilise dans les grandes villes les fers étroits, les fers rainés et dentelés, les fers associés au caoutchouc, etc.

Fers étroits. — C'est l'invention de la ferrure Charlier qui a amené la mode des fers étroits.

Étant donné que le fer étroit et épais, en marquant une empreinte profonde sur le macadam et en s'accrochant aux aspérités du pavé, donne de la fixité à l'appui : dans le but d'empêcher les chevaux de glisser, on a successivement diminué la couverture du fer en augmentant son épaisseur, arrivant même à se servir de fers plus épais que larges, au détriment du pied et des aplombs (fig. 227).

Fig. 227. — Fer étroit.

Ce sont là des exagérations regrettables ; il est tout simplement indiqué d'employer des fers plus dégagés, pour les chevaux travaillant dans les grandes villes, mais suffisamment couverts, cependant, pour protéger le bord de la sole de pince et permettre de donner de la garniture en talons.

Parmi les fers étroits, le fer Charlier, s'il n'avait pas les inconvénients déjà signalés, serait celui auquel on devrait donner la préférence ; mauvais pour la glace, il est très bon pour le pavé et le bitume, parce que la fourchette, en frottant contre le sol, fait l'office d'un véritable feutre et arrête les glissades.

Le fer à croissant est excellent encore pour empêcher les chevaux de glisser sur le pavé plombé de certaines villes ; il a été employé à Rome par la cavalerie française.

Fers rainés et dentelés. — Le fer anglais, rainé et dégagé, et le fer anglais, rainé et à ajusture renversée, tiennent assez bien le pavé et rendent des services.

Il en est de même du fer à crampon circulaire (fig. 228) dont la face inférieure présente deux arêtes circulaires, séparées par une gouttière large et profonde qui loge les étampures et où

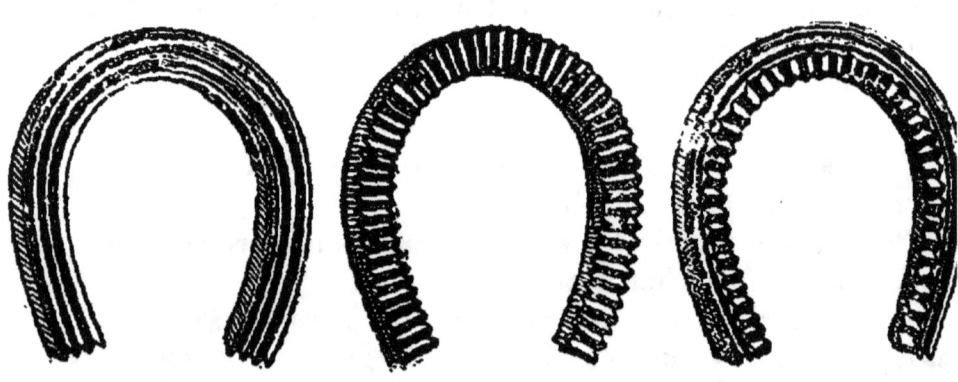

Fig. 228.   Fig. 229.   Fig. 230.
Fer à crampons circulaires.   Fer dentelé.   Fer rainé et dentelé.

se tassent la terre et les graviers. Ce fer, fabriqué à la mécanique, diminue beaucoup les glissades, lorsqu'il est neuf ou peu usé.

En Angleterre, les fers rainés sont fréquemment utilisés.

Les fers mécaniques de M. Gray, de Sheffield, rainés ou dentelés, rainés et dentelés à la fois, se répandent de plus en plus (fig. 229 et 230).

Le métal employé est tantôt le fer, tantôt l'acier ou les deux réunis. Dans ce dernier cas, les parties saillantes seules sont en acier et peuvent être trempées, pour augmenter la résistance à l'usure.

Cette association du fer et de l'acier n'est pas sans avoir une certaine importance ; elle permet d'employer des fers plus légers et ayant cependant une durée suffisante.

Dans les grandes villes d'Italie, dont les rues sont pavées avec

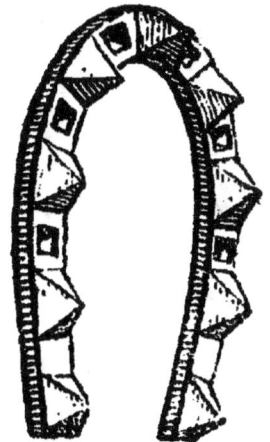
Fig. 231. — Fer hérissé de saillies coniques.

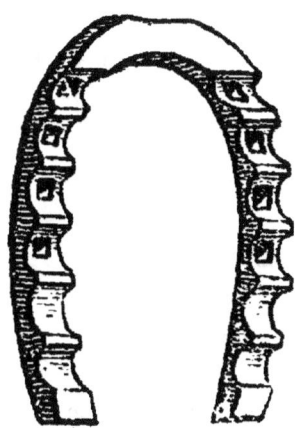
Fig. 232. — Fer à dentelures transversales.

de larges dalles, on emploie parfois contre les glissades des fers dont la face inférieure est hérissée de saillies coniques (fig. 231).

La ferrure américaine Goodnenough, déjà décrite, est d'un bon emploi contre les glissades, parce que le fer est tendre à l'usure et hérissé d'aspérités.

Le fer à larges et fortes dentelures transversales (fig. 232) est lourd, pas pratique et bon pour les cabinets de collections.

Fers associés au caoutchouc et au liège. — Dans quelques villes du Midi, on a fait parfois usage d'un fer mince, à gorge profonde, dans laquelle est engagée à frottement une bande de caoutchouc, dont l'effet est de diminuer les glissades et d'augmenter la durée du fer (fig. 233).

En Angleterre, depuis assez longtemps déjà, en Hanovre, en France plus récemment, on a inventé des appareils en caoutchouc pour empêcher les glissades.

376   FERRURE RATIONNELLE.

Le *patin anglais* représente une sole en caoutchouc, qui se fixe sous le pied en même temps que le fer (fig. 234 et 235).

Son bord extérieur, absolument plat, est interposé entre l

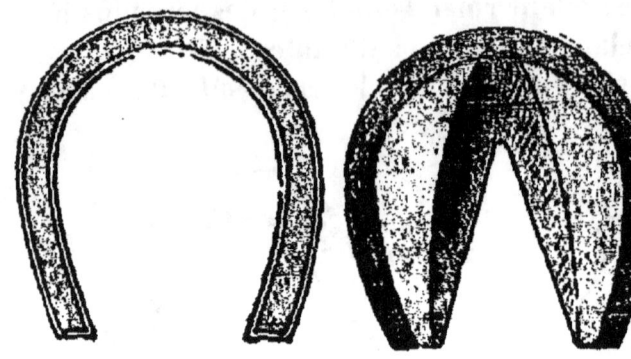

Fig. 233.
Fer avec bande de caoutchouc.

Fig. 234.
Patin anglais.

Fig. 235.
Patin anglais.

fer et le pied ; de chaque côté de la fourchette se trouvent deux fortes saillies, qui dépassent le niveau du fer.

Le patin anglais a pour but d'éviter les glissades et d'amortir les chocs du pied contre le sol.

Fig. 236. — Patin hanovrien.

Dans le même but, M. Hartman, vétérinaire à Hanovre, a inventé un appareil en caoutchouc et tôle, assez original, connu à Paris sous le nom de *patin hanovrien*.

Le système complet comprend :

1° Un fer anglais, dont les éponges, amincies de dessus en dessous, sont repliées vers la base de la fourchette (fig. 236);

2° Un tampon de caoutchouc muni, en avant et par côtés, d'ailettes en tôle, présentant, à sa face supérieure, une dépression triangulaire pour loger la fourchette et, à sa face inférieure, deux sillons parallèles peu profonds (fig. 237 et 238);

3° Une pince, à mors entre-croisés, destinée à introduire et à retirer le tampon (fig. 239);

Une fois le cheval ferré, on met les tampons en place, en incurvant chacun d'eux, au moyen de la tenaille, et en introduisant d'abord l'ailette antérieure, sous la voûte, puis en desserrant, pour permettre aux ailettes latérales de se loger sur la partie ajustée des branches.

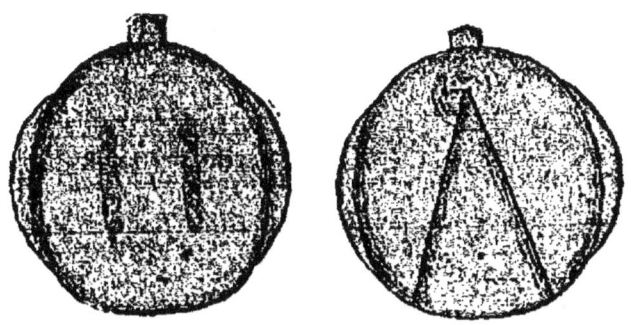

Fig. 237 et 238. — Tampon de caoutchouc.

Les tampons doivent être placés à la sortie de l'écurie et retirés lors de la rentrée.

D'après l'auteur, ils ont pour avantage de répartir également le poids du corps, sur toute la surface plantaire ; de s'opposer

Fig. 239 et 240. Pince à mors entre-croisés

aux glissades, sur toutes sortes de terrains et même sur les pentes; de supprimer les crampons et les clous à glace ; de ralentir considérablement l'usure du fer ; d'empêcher la neige de se tasser et de botter sous le pied.

Le *patin anglais* et le *patin hanovrien* sont appliqués journellement dans les ateliers de M. Lalot, maître maréchal ferrant à Paris.

Il résulte de ces essais que le *patin anglais* est facile à appliquer, doux aux pieds; qu'avec lui les chevaux tiennent bien le pavé et qu'il convient, tout particulièrement, pour soulager les pieds bleimeux et les tendons douloureux.

Avec ce patin, il faut un fer plus mince[1] — puisque le caoutchouc participe à l'appui et prend sa part de l'usure — d'égale épaisseur partout et *touchant* la bordure ou saillie circulaire intérieure du patin.

La ferrure ainsi comprise est solide, parce que le caoutchouc faisant saillie sous le pied reçoit le premier choc et diminue l'ébranlement du fer; malgré la lame de caoutchouc interposée entre le fer et le pied, les rivets ne s'allongent pas plus que dans la ferrure ordinaire.

Le *patin hanovrien* n'est bon que pour empêcher le cheval de glisser. Il n'est utilisable qu'avec un fer à planche spécial, fait exprès pour la circonstance.

Ce patin est difficile à mettre sous le pied, et trop dur pour convenir aux soles minces ou sensibles.

Il est loin de rendre les mêmes services que le patin anglais.

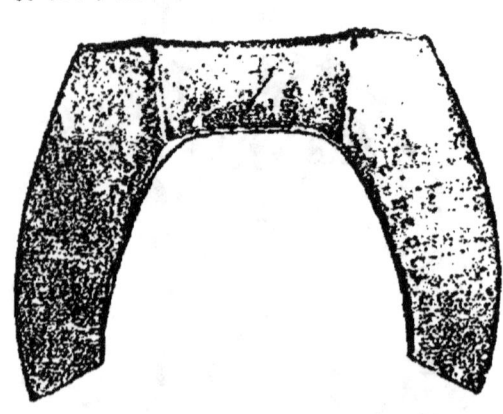

Fig. 241. — Patin à croissant.

Aujourd'hui, à Paris, les patins pullulent et on n'a que l'embarras du choix. En outre du patin anglais ci-dessus décrit, trois autres patins sont assez généralement employés dans les ateliers parisiens: le *patin à croissant*, le *patin fer à cheval* ont souvent l'inconvénient d'écraser la fourchette et parfois de faire boiter les chevaux.

---

1. Le fer anglais rainé, à ajusture renversée, est le meilleur.

Cependant cet accident arrive, assez rarement, avec le patin à croissant fabriqué avec du caoutchouc très souple et de qualité supérieure.

Le plus usité, le meilleur et le moins cher de tous les patins, est le *patin plaque de cuir* avec talon en caoutchouc (fig. 243).

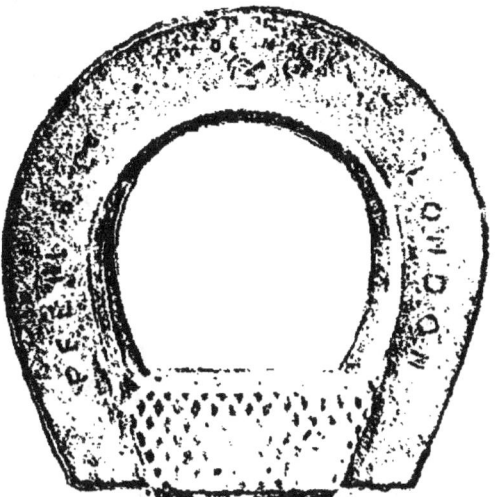
Fig. 242. — Patin fer à cheval.

Fig. 243. — Patin plaque de cuir.

Ce patin a l'avantage d'empêcher les chevaux de glisser, — sans écraser la fourchette, — d'amortir les réactions du sol, de permettre l'application sous le pied d'une étoupade goudronnée, et même d'empêcher les chevaux de se couper.

Pour obtenir ce dernier résultat, il suffit de faire déborder la plaque de cuir, en dedans, et de graisser la partie qui déborde ; cette disposition protège le dedans des boulets, contre les frottements et les contusions.

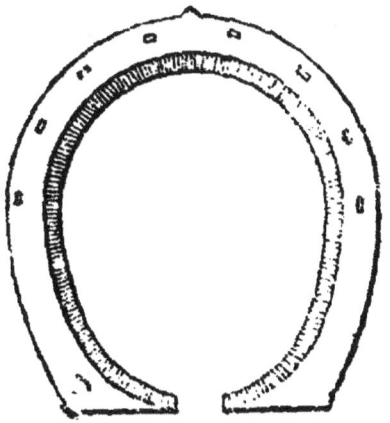
Fig. 244. — Fer de Duluc.

Les patins en caoutchouc sont employés pour les pieds de devant et, par exception, pour les pieds de derrière des chevaux tout à fait maladroits. Leur prix très élevé n'en permet guère l'utilisation en grand.

A Bordeaux, où le pavé est très mauvais, M. Duluc, vétérinaire, a préconisé un fer étroit, à planche interrompue et à bord interne taillé en biseau, dont le vide central est garni d'une plaque de liège (fig. 244). Cette ferrure réussit, paraît-il, à empêcher les glissades et convient surtout aux chevaux à pieds bleimeux et sensibles, qui tiennent mal le pavé. D'après l'inventeur, son fer aurait encore l'avantage de dilater les talons des pieds resserrés, par suite de l'appui constant qu'il offre à la fourchette.

Enfin, pour empêcher les glissades sur le pavé gras ou plombé et l'asphalte, on emploie bien plus fréquemment, été comme hiver, les crampons fixes ou à vis, les clous à glace et les clous de talon, etc., moyens plus spécialement usités pour la *ferrure à glace*.

II. — FERRURE A GLACE PROPREMENT DITE.

On donne le nom de ferrure à glace aux différents systèmes inventés, pour empêcher les chevaux de glisser sur la glace, le verglas et la neige.

La ferrure à glace semble être aussi ancienne que la ferrure elle-même. En effet, les crampons des fers anciens et leurs clous en forme de clef de violon n'avaient pas d'autre but que d'assurer la marche, en s'opposant aux glissades.

Les crampons, d'abord peu élevés, ont fini par atteindre des dimensions exagérées vers les XIVe, XVe, XVIe et XVIIe siècles. A ce moment on en mettait à tous les fers :

> Large fer à cheval, et à talons moult crochus.

Les plus beaux types de ce genre sont donnés, l'un, par Lafosse[1], et l'autre, par les Anglais[2]. Leur usage était tellement devenu abusif que les premiers écrivains maréchaux en signalèrent, avec persistance, les inconvénients.

---

1. Lafosse, *Cours d'hippiatrique.*
2. Article sur l'origine de la ferrure, traduit de l'anglais et publié par le *Recueil vétérinaire* en 1850.

César Fiaschi rejette les crampons, en principe, surtout ceux qui sont levés carrément à l'extrémité des éponges; il leur préfère les clous bâtards, ou le crampon à la florentine, c'est-à-dire en oreille de chat (fig. 245).

Soleysel est de l'avis de César Fiaschi.

Garsault, moins exclusif, ne condamne que les crampons trop volumineux et trop élevés; dans son ouvrage et pour la première fois, il est fait mention de crampons mobiles, qui peuvent se visser à volonté dans des trous taraudés en éponges.

Fig. 245. — Fer de Fiaschi.

Lafosse, qui s'est ingénié à trouver une ferrure pour empêcher les glissades, condamne formellement l'usage des crampons et recommande d'employer seulement des clous de sa façon.

Bourgelat, de même que Garsault, cite les crampons carrés et les crampons vissés. Pour les derniers, il conseille de remplir le taraud par une vis à tête perdue, afin d'empêcher que la rouille et la terre tassée mettent obstacle à l'introduction de la tige.

Moorcroft n'est guère plus partisan des crampons que Lafosse. Il rapporte que pour obvier à leurs inconvénients bien connus, on les remplace par des clous de grandes dimensions et, parfois, par des clous spéciaux écroués et vissés dans la couverture du fer.

Tous les auteurs précités sont d'avis que le fer doit être pourvu de parties saillantes, pour permettre au cheval de marcher avec assurance sur un terrain glissant; mais leur avis diffère, quant au meilleur moyen à employer.

Les uns préfèrent les clous à glace, d'autres, les crampons fixes seuls, ou aidés des clous à glace, ou encore d'une grappe en pince; aucun ne se prononce nettement sur les crampons mobiles à vis.

Il importe de passer rapidement en revue les différents moyens employés ou proposés pour la ferrure d'hiver, tant en France

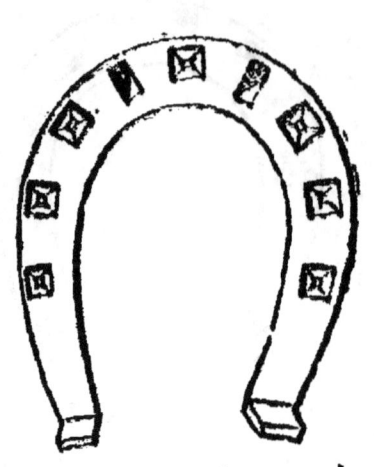

Fig. 246. — Fer à la savoyarde :
Clous à glace, en mamelles,
mouche et crampon, en éponges.

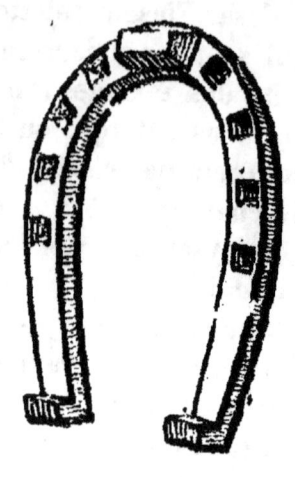

Fig. 247. — Crampons en pince
et en éponges.

qu'à l'étranger : *crampons fixes et grappes, crampons-mobiles, clous à glace ordinaires, clous à glace demi-lune.*

Fig. 248. — Fer allemand.

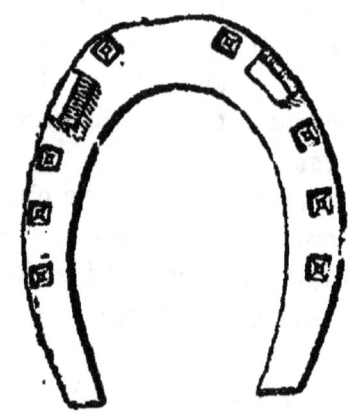

Fig. 249. — Fer franc-comtois,
avec grappe ou mamelles.

1° *Crampons fixes et grappes.* — Les crampons sont très efficaces pour empêcher les glissades (fig. 246, 247, 248).

Le crampon du dedans, appelé *mouche*, use beaucoup moins

que celui de dehors; aussi est-il relativement peu volumineux, quoique de même élévation.

Le crampon dit *oreille de chat*, placé à l'éponge du dedans des pieds de devant, est très efficace contre les glissades.

Les crampons, employés sans grappe, doivent être peu élevés, car ils jettent le poids sur la pince et faussent les aplombs.

La grappe, ou crampon de pince, est formée d'un morceau d'acier soudé au fer et plus volumineux que le crampon d'éponge, de ce fait que l'usure est plus grande en pince.

La grappe doit faire une saillie égale ou légèrement inférieure aux crampons.

Dans les pays du Nord (fig. 249), la grappe et les crampons présentent une grande élévation, parfois 5 à 6 centimètres; ils durent alors longtemps et donnent beaucoup d'assurance à la marche, sur la glace et en temps de neige et de verglas.

Parfois, il y a une grappe à chaque mamelle; l'aplomb est alors plus régulier après la ferrure; mais, la grappe du dehors usant beaucoup plus vite que celle du dedans, le pied ne tarde pas à être de travers.

Les crampons et grappes ordinaires s'émoussent vite, perdent rapidement toute efficacité, alors que le fer est à peine atteint par l'usure.

Ces moyens sont donc rarement employés seuls; les clous à glace deviennent promptement indispensables.

En somme, les crampons fixes ont les inconvénients graves d'exhausser le pied, de s'user inégalement et de fausser ainsi les aplombs, de ne durer que peu de temps, de ne pouvoir être renouvelés qu'en déferrant le cheval, de nécessiter dès lors l'emploi des clous à glace, d'écraser les talons faibles et d'occasionner des bleimes; enfin le crampon du dedans contusionne parfois la couronne du membre à l'appui.

Nous verrons cependant que, combinés avec d'autres moyens, les crampons fixes sont d'une grande utilité.

2° *Crampons mobiles.* — Les inconvénients des crampons fixes ont fait inventer les crampons mobiles.

Du premier coup, on est arrivé à la perfection, en ce genre, avec le *crampon à vis*.

Crampon à vis. — C'est le plus anciennement connu et de tous le plus répandu.

Il se compose d'une partie prismatique, surmontée d'une tige cylindrique filetée, destinée à s'engager dans des trous taraudés dans l'épaisseur du fer (fig. 250).

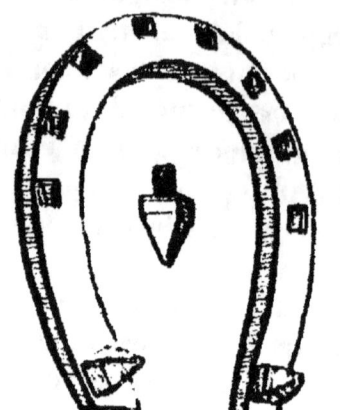

Fig. 250. — Fer de devant avec crampons à vis en éponge.

Au moment où le fer est mis en place, les ouvertures d'attente sont habituellement fermées par un bouchon de liège, pour empêcher la terre de s'y tasser et la rouille de détruire le pas de vis.

Quand le moment est venu de faire usage des crampons, on fait sauter les bouchons avec un objet pointu en fer, et le crampon est vissé rapidement à l'aide d'une clef anglaise. Lors de la rentrée à l'écurie, les vis sont retirées et le cheval est ainsi débarrassé d'une gêne inutile.

Si le crampon à vis présente des avantages incontestables comparé au crampon fixe, il n'est pas sans avoir aussi des inconvénients sérieux : outillage spécial, prix de revient plus élevé, embarras d'une clef anglaise, bouchon de liège ou de terre tassée à enlever avant de mettre la vis en place, résistance à l'introduction de la tige, quand le pas de vis est endommagé ou détruit en partie par l'usure ; dans ce dernier cas même, l'extrémité de la tige peut porter sur le pied et occasionner une boiterie.

Pour obvier à la pénétration de la tige, au delà de la face supérieure du fer, on a bien essayé de lui donner une forme très faiblement conique, mais alors les crampons se dévissent et se perdent fréquemment.

Les crampons à vis sont employés dans les grandes villes d'Europe pour les chevaux d'attelage, en Russie pour la cavalerie de la garde et dans la cavalerie autrichienne.

Généralement chaque fer porte trois crampons, un crampon carré en pince et à l'éponge du dedans, un crampon conique à l'éponge du dehors.

Parfois, le crampon de pince a la forme d'un coin tranchant, et aussi celui du dedans qui, alors, est placé dans le sens de la longueur de la branche.

Parfois aussi, on met quatre vis dont une à chaque mamelle.

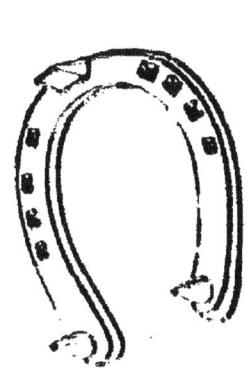 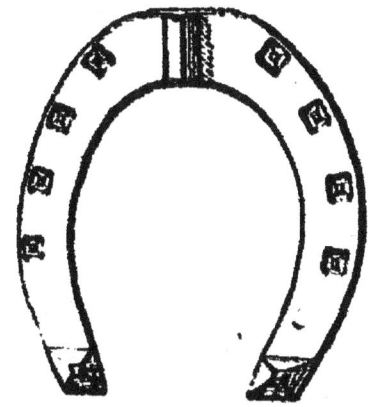

Fig. 251. — Fer de devant à crampons mobiles à vis, celui de pince tranchant.

Fig. 252. — Fer de derrière à crampons mobiles à vis, celui de pince tranchant.

Crampons cloués. — Pour parer aux quelques inconvénients des crampons à vis, on a imaginé de fixer des crampons avec

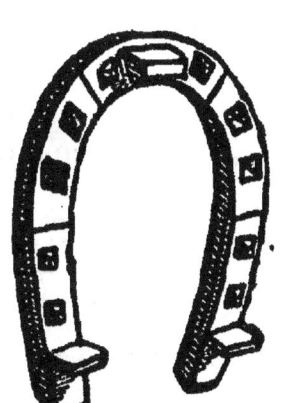 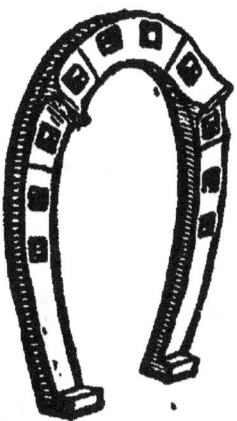 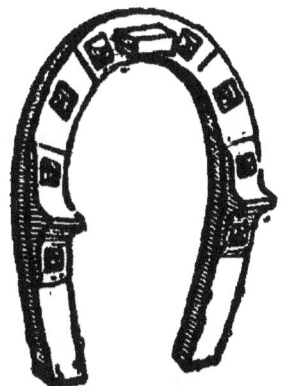

Fig. 253.
Crampon Naudin.

Fig. 254.
Crampon Latrille.

Fig. 255.
Crampon Mozer.

des clous à la face inférieure du fer : telles sont les systèmes Naudin (fig. 253), Latrille (fig. 254), Mozer (fig. 255), etc.

Les crampons cloués sont bien inférieurs à tous égards aux vis et ont été condamnés par la pratique.

Crampons à clavettes. — On se demande comment des hommes qui ont, comme ferrure à glace économique, les crampons fixes et les clous à glace, comme ferrure plus coûteuse, mais absolument efficace, les crampons à vis, ont pu perdre leur temps à inventer les *crampons à clavette*.

Ces crampons entrent dans une ouverture pratiquée au fer et y sont maintenus à l'aide d'une pièce détachée appelée *clavette*.

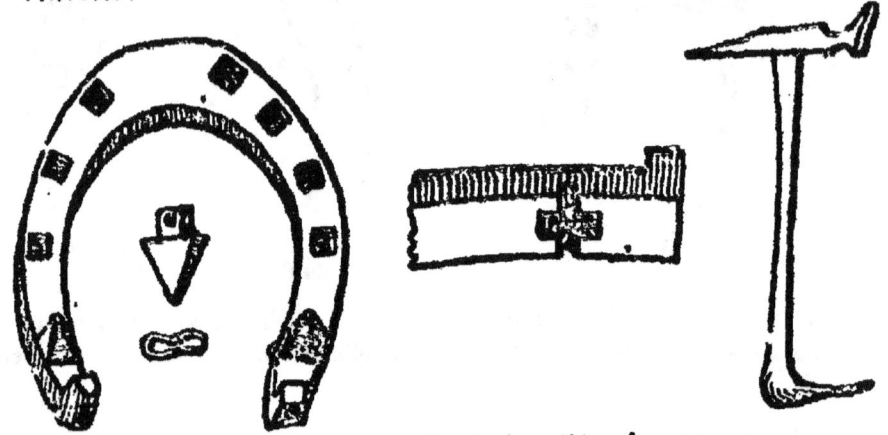

Fig. 256. — Fer à glace Gérard.

Crampon fixe et crampon à clavette à chaque éponge. — Crampon et clavette. — Trou et échancrure vus du côté de la face supérieure du fer. — Marteau spécial.

Il suffit de jeter un coup d'œil sur le crampon à clavette de M. Gérard (fig. 256), vétérinaire à Liége, et sur celui de M. Baldenweck (fig. 257), vétérinaire militaire, pour comprendre

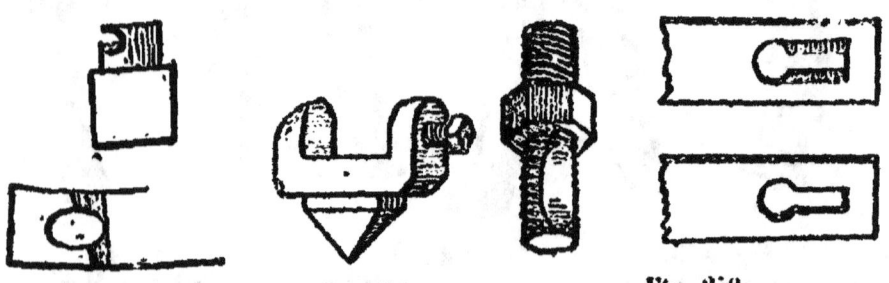

Fig. 257.   Fig. 258.   Fig. 259.
Crampon Baldenweck.   Crampon Defoys.   Crampon Lagriffoul.

combien la fabrication en doit être longue et difficile. Ce n'est plus de la maréchalerie, c'est de la serrurerie.

Autres crampons mobiles. — Pour mémoire, nous citerons encore le crampon de M. Defays (fig. 258), et celui de M. Lagriffoul (fig. 259).

Le premier entoure l'éponge du fer en dessous et par côtés ; une vis, serrée sur la rive externe, est destinée à fixer ledit crampon. Le deuxième est un boulon muni de son écrou qui s'attache à l'éponge.

Toujours de la serrurerie !

Crampons chevillés. — Le système des crampons chevillés, de la ferrure à glace dite *à chevilles*, est basé sur ce fait d'observation : que des tiges tronquées, en fer ou en acier, très légèrement coniques, introduites dans des mortaises de même forme et de mêmes dimensions pratiquées dans toute l'épaisseur du fer, et faisant une forte saillie en dehors, jouissent d'une remarquable solidité et s'usent à fond sans s'arracher.

Cheville carrée. — M. Dominick, vétérinaire en chef des armées allemandes, est l'inventeur de la ferrure à glace, dite *à cheville carrée*.

La tige tronc pyramidal, proposée par lui, n'est autre chose

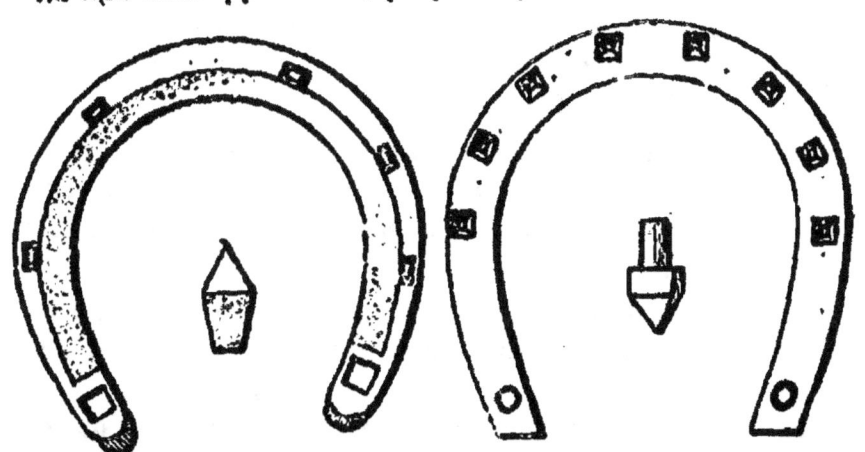

Fig. 260. — Fer à glace Fleming.   Fig. 261. — Fer à glace Thuilard.
       Fiche carrée.   Fiche ronde.

qu'une cheville s'introduisant dans une mortaise quadrangulaire, dont l'ouverture inférieure est de 1 millimètre plus large que l'ouverture supérieure (fig. 260).

Pour mettre en place les crampons chevillés, il suffit de

nettoyer la mortaise, si elle est remplie de terre ou de boue, d'enfoncer à la main le petit bout de ladite cheville dans la mortaise et de frapper un coup sec, sur chaque tige, avant de poser le pied à terre; la solidité des chevilles est parfaite, lorsque le cheval a fait quelques pas.

Ces chevilles, si faciles à placer, sont plus difficiles à enlever, surtout quand elles sont usées à fond; à cet effet, il faut prendre un marteau ou un fer à cheval et frapper plusieurs coups, à faux, sur chaque branche : si les tiges ne tombent pas d'elles-mêmes, il est généralement possible de les retirer par une légère traction.

Lorsque leur incrustation est poussée aux dernières limites et que les coups frappés sur le fer impatientent le cheval, on se sert du rogne-pied, en le plaçant obliquement sur la partie saillante de la tige et en frappant à petits coups secs avec le brochoir.

Les difficultés sont nulles, quand — ce qui doit être — les chevilles sont sorties avant leur usure complète.

Cheville conique. — Judston, vétérinaire américain, est l'inventeur de la cheville tronc conique, dans une ouverture tronc conique.

Cheville Thuilard. — La partie enchâssée est très légèrement conique, la partie saillante a la forme de la tête du crampon à vis (fig. 261).

Cheville triangulaire. — En 1873, à l'Ecole de maréchalerie de Saumur, l'idée nous vint d'essayer d'établir une ferrure à glace à l'aide de chevilles triangulaires introduites dans des mortaises de même forme.

Quoique les premiers essais eussent été très favorables, ils furent néanmoins suspendus et ne purent être repris pour des motifs indépendants des expériences elles-mêmes.

Les crampons chevillés font leur chemin, surtout dans les armées.

Dominick a demandé l'adoption de la fiche carrée, comme ferrure à glace dans l'armée allemande.

Cette ferrure, expérimentée dans plusieurs régiments, à partir de 1874, est devenue réglementaire en 1879.

De l'Allemagne, la ferrure à glace à chevilles a pénétré en Danemarck, en Suède et en Hollande.

3° *Clous à glace ordinaires.* — Les clous à glace ne diffèrent des clous ordinaires que par la forme et le volume de leur tête.

Quand le cloutage à glace est jugé nécessaire, le maréchal enlève deux, trois ou quatre clous du pied ferré ; puis broche et rive à leur place deux, trois ou quatre clous à glace dont les têtes font de fortes saillies, qui ont pour effet d'arrêter les glissades.

Le cloutage à glace ne peut être fait que par un ouvrier maréchal ; enlever les vieux clous, brocher et river les clous à glace sont des opérations assez longues et même difficiles par les grands froids. Ces clous s'usent vite, parfois en quelques heures ; il est nécessaire de les remplacer fréquemment.

Les clous à glace sont de différentes formes : le *clou à tête carrée*, le plus résistant à l'usure, est le meilleur (fig. 159).

Le *clou à tête pointue* est d'abord très bon pour le verglas, mais il s'émousse de suite et use trop rapidement (fig. 161).

Le *clou à la savoyarde* use plus vite que celui à tête carrée (fig. 162).

Enfin, *le clou à neige* diffère des précédents par sa tête tranchante en forme de coin (fig. 160).

Le cloutage à glace est très généralement usité, associé ou non aux crampons fixes, carrés ou à oreilles de chat, et aux grappes ; il constitue véritablement la ferrure à glace nationale.

La ferrure à glace est, dans nos climats, une ferrure essentiellement temporaire.

En France, la nécessité d'avoir recours à une ferrure spéciale ne se fait guère sentir que durant quelques jours et, le plus souvent même, pour la matinée seulement, — le dégel arrivant ordinairement dans la journée.

Le clou à glace, mis le matin, suffit presque toujours.

Trois clous sont généralement employés (fig. 262) ; tout le poids du corps portant sur trois points très restreints, l'implantation sur le sol est solide.

Mais les clous à glaces s'usent rapidement ; ils durent quelques heures, un jour ou deux : cela dépend du genre et de la durée du service. Une fois usés, on les remplace, en changeant d'étampures, autant que possible.

Enlever et remettre des clous à forte lame a pour inconvénient de détériorer la paroi, à la longue, et parfois même de serrer le cheval, d'où gêne dans la marche et boiterie.

Dans le cas où un froid rigoureux semble présenter des conditions de durée, au moins pour quelques jours, il est avantageux de mettre, aux pieds de devant, un crampon en dehors, de forme carrée, et un autre en dedans, à oreille de chat (fig. 263). Avec ce dernier, le cheval ne peut se couper et la puissance d'implantation est très grande.

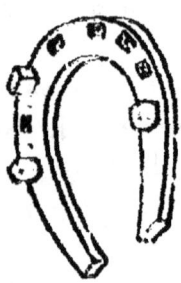
Fig. 262.
Clous à glace.

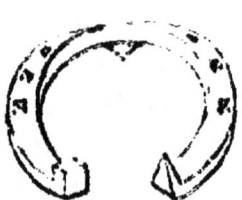
Fig. 263.
Fer avec crampons.

Ces crampons durent plus ou moins, trois, quatre, cinq, six jours; lorsqu'ils sont usés, le tour des clous à glace arrive, et le froid passe sans que le cheval soit arrêté dans son service.

4° *Clous à glace demi-lame ou clous rivés.* — Les clous-rivés sont de l'invention de M. Delpérier[1] :

« Ils sont brochés sur la rive externe du fer, sans qu'ils puissent pénétrer dans la corne et sont logés dans des étampures supplémentaires exécutées dans le fer, soit au moment où il est forgé, soit lorsqu'il est ajusté pour la ferrure.

« Ces étampures supplémentaires, au lieu d'être perpendiculaires au plan du fer, sont obliques en dehors, de manière à s'ouvrir sur le bord supérieur externe du fer.

« Dans ces étampures, on introduit le clou-rivé, dont le

---

1. Delpérier, *Ferrures à glace*, Paris, 1881.

collet remplit exactement l'étampure, et dont la tige très courte et déliée se fixe sur le fer lui-même.

« J'ai inventé cette ferrure en 1865.

« L'exécution des étampures supplémentaires ou obliques a lieu de la manière suivante : au moment où le fer doit être forgé, l'ouvrier met à sa portée une étampe oblique (fig. 266) qu'il aura façonnée, en déformant une de ses vieilles étampes ; puis, quand il aura forgé sa première branche et qu'il l'aura étampée pour les clous à ferrer, il saisira l'étampe oblique et il pratiquera sur cette branche deux étampures obliques : l'une entre les deux étampures de mamelle, l'autre en éponge. Il opèrera de même pour la deuxième branche. Le débouchage

 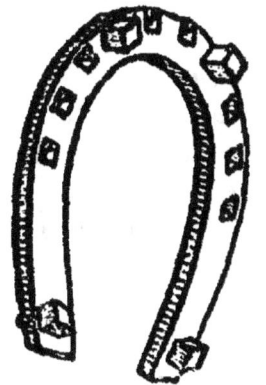 

Fig. 264. — Clou-rivé.   Fig. 265. — Fer à glace Delpérier.   Fig. 266.

des étampures supplémentaires se fera en obliquant un peu le poinçon. Dans ces manœuvres, l'ouvrier doit chercher à faire ouvrir l'étampure oblique, aussi près que possible du bord du fer... »

Le clou-rivé de M. Delpérier présente une tête, un collet et une tige.

« La tête est absolument semblable à celle du clou à glace : elle est pyramidale comme celle du clou à ferrer, quand elle est destinée à la ferrure d'été pour le pavé glissant. Ce collet présente une face oblique...

« La tige fait suite au collet dans la direction de son obliquité...

« Pour fixer le crampon-rivé dans l'alvéole qui lui est destiné, on procède de la manière suivante : si l'alvéole est rempli de terre ou de fumier, on le débouche soit avec le repoussoir, soit avec la tige d'un clou. S'il est occupé par un ancien crampon, on redresse l'extrémité repliée de la tige, avec le dérivoir, et un tout petit coup de marteau sur cette tige suffit pour chasser le crampon usé de son alvéole; si, par une mauvaise manœuvre, le rivet, trop aplati, ne sort pas à la percussion, on y introduit un crampon d'un volume convenable; au-dessous de la tige, qui sort entre la corne et le fer, on appuie la mâchoire d'une tenaille, et d'un coup de marteau sur la tête, on enfonce bien le collet dans son étampure, d'un second coup de marteau sur la tête, combiné avec une pression de la tenaille. Pour les deux crampons en dedans, on raccourcit la tige; mais pour les crampons en dehors, on ne la raccourcit que si, en se repliant sur le fer, sa pointe dépassait la face du fer. On écourte en dedans, pour que le cheval ne soit pas exposé à se blesser avec une tige qui peut se redresser par accident; on écourte en dehors, dans le cas où la pointe dépasse l'épaisseur du fer, parce que cette pointe, en appuyant sur le sol, relâcherait le rivet. Il faut se garder de trop marteler le crampon dans son alvéole, et le rivet à son angle d'inflexion; si le collet est bien assis dans son alvéole, tout martelage est superflu; si la tige est trop aplatie à son angle d'inflexion, le rivet devient cassant, et son excès de largeur rend difficile la sortie du crampon, quand il faut le renouveler. »

Clou-rivé Coutela. — M. Coutela, vétérinaire militaire, a proposé, en 1880, un clou-rivé (fig. 267) ayant la forme d'un crampon carré. Au sujet de ce crampon, M. Delpérier s'exprime ainsi[1] : M. Coutela aurait pu s'assurer que son crampon a été fabriqué par moi en 1867... La forme de son crampon avait été abandonnée pour les raisons suivantes : 1° A cause de l'étendue transversale de l'alvéole, le fer cassait très souvent... 2° Sa durée compromettait beaucoup son efficacité après la première journée, etc. » Ce crampon avait en outre un inconvénient des plus graves, non signalé par M. Delpérier; pour enfoncer la tête, il fallait frapper des coups de brochoir vio-

---

[1]. Delpérier, *Ferrures à glace*, p. 67.

lents, qui ébranlaient douloureusement le pied et rendaient les chevaux difficiles au ferrage.

Clou de talon, clou demi-lame. — Ce clou-rivé, employé à Paris depuis 1873, ne nécessite ni étampe spéciale, ni étampure oblique. C'est un clou à glace ordinaire, à demi-lame, à long et fort collet, qui entre dans une étampure étroite, percée à maigre et contre-percée plus à maigre encore. Le clou est légèrement courbé sur la lame, et disposé en talus à sa pointe.

Grâce à cette double disposition, il sort facilement en passant entre le fer et le pied, sans pénétrer dans la corne.

Fig. 267. — Clou-rivé Coutola, face et profil.

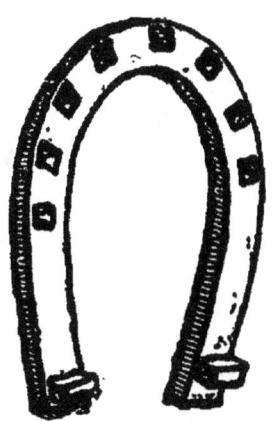
Fig. 268. — Clou-rivé à chaque éponge.

Fig. 269. Clou de talon.

Ce clou-rivé est généralement employé à Paris et dans les grandes villes, où il est connu sous le nom de *clou de talon*.

C'est ce clou-rivé qui a été proposé pour l'armée, en 1880, par M. Lepinte, vétérinaire militaire.

III. — MOYENS LES PLUS PRATIQUES CONTRE LES GLISSADES.

Il nous reste maintenant à indiquer les systèmes de ferrure les plus pratiques pour assurer la marche du cheval et empêcher les glissades, tant sur le pavé et l'asphalte, que sur la glace, le verglas et la neige.

Pavé gras ou plombé et asphalte. — Pour assurer la marche sur le pavé et l'asphalte, il suffit généralement d'employer une ferrure étroite et, de préférence, pour les pieds qui le permettent, la ferrure Charlier[1] et le fer à croissant (fig. 270).

Mais les chevaux, qui *tiennent mal le pavé*[2], glissent même avec des fers étroits. Et puis beaucoup de maîtres veulent, avant tout, prendre leurs précautions contre les accidents, par les ferrures les plus propres à donner de la solidité à l'appui. A cet effet, les moyens les plus efficaces consistent dans l'emploi de clous de talon, pour les pieds de devant; dans l'usage de fers à derrière, à éponge anglaise en dedans et fort crampon en dehors, portant en avant de chaque éponge, soit une

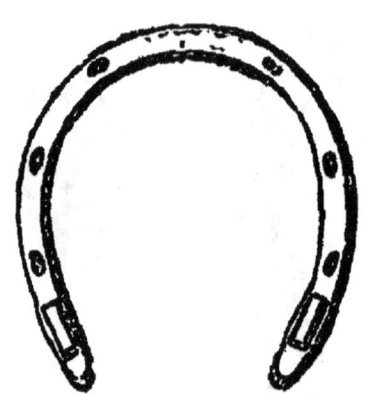

Fig. 270. — Fer Charlier avec clous de talon.

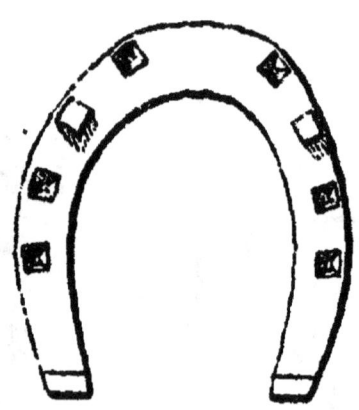

Fig. 271. — Fer avec clous à glace.

étampure d'attente pour clou-rivé, soit un trou taraudé destiné à loger un crampon à vis; quand le crampon fixe est émoussé, le clou-rivé ou le crampon à vis lui succède.

Si les pieds sont sensibles, on peut amortir l'intensité des percussions par une bande de cuir, placée sous le fer, ou par une plaque de cuir avec étoupade goudronnée. Ou mieux encore, pour les chevaux de haut luxe, par le patin anglais, placé aux pieds de devant sensibles et douloureux, et quelquefois à ceux de derrière, quand le cheval glisse du derrière.

Glace, verglas, neige. — Pour empêcher les chevaux de glisser sur la glace, le verglas et la neige, les moyens les plus

---

1. Voir p. 132.
2. Chevaux mous, lourds, maladroits, sensibles des pieds, fatigués, usés, affaiblis, convalescents de maladies internes, etc.

pratiques sont les *clous à glace* ou les clous ordinaires, transformés rapidement par un martelage en clous à glace[1] ; à l'aide de ces clous, on peut en six à sept minutes transformer la ferrure ordinaire en ferrure à glace, efficace *pour quelques heures*. Trois clous à glace par pied, disposés en pieds de marmite, suffisent ; on ne doit jamais en mettre dans les étampures de pince du fer de devant. Quand il existe aux fers de derrière des crampons suffisamment saillants, les clous à glace sont moins utiles ; il suffit d'ailleurs d'en mettre un à chaque mamelle (fig. 271).

Les *clous-rivés* sont bien supérieurs aux clous à glace ordinaires. Pour les fers de devant, ils nécessitent trois étampures d'attente, une en mamelle externe, la deuxième près de l'éponge du dehors et la troisième un peu éloignée de celle du dedans (3 centimètres environ) pour éviter les atteintes.

Les étampures d'attente doivent être petites, étampées à maigre et à fond, contre-percées très à maigre et avoir bien la forme du collet du clou.

Les trois clous, forcés dans l'étampure, rivés sur le bord du fer et disposés en pieds de marmite, sont solides et très efficaces contre les glissades.

Pour les fers de derrière, l'étampure d'attente, placée en avant du crampon du dehors, ne sert qu'après usure dudit crampon.

Le clou à demi-lame a mis beaucoup de temps à passer dans la pratique ; mais, aujourd'hui, il est très généralement employé dans les grandes villes et tend à se substituer, de plus en plus, au clou à glace.

Les clous de talon sont aussi placés au fer Charlier.

Ces clous, sur le pavé, durent parfois deux ou trois sorties. Celui de la mamelle est le plus rapidement usé, puis celui de l'éponge du dehors : c'est que le cheval se cramponne, particulièrement, sur le *dehors* du pied.

---

1. A cet effet, il faut : choisir un clou ordinaire d'un numéro plus fort que celui qu'on veut remplacer ; marteler à froid, sur l'enclume, la tête du clou, en respectant le collet, de manière à la transformer en pyramide tronquée ou en lame tranchante.

La ferrure à glace avec le *clou-rivé*, *demi-lame*, *de talon*, un à chaque éponge, est simple, rapide, très efficace et très économique.

Le premier venu peut clouter son cheval en quelques instants ; c'est la seule ferrure à glace qui convienne pour l'armée française.

La Commission d'hygiène hippique en a proposé inutilement l'adoption, en 1880.

On a préféré se lancer dans des essais mal dirigés et très coûteux. Cette pitoyable campagne a démontré l'ignorance et la présomption de ceux qui l'ont entreprise.

Elle s'est terminée par une lourde faute : la *ferrure à vis*, qui est plus difficile à établir et plus dispendieuse, vient d'être rendue réglementaire, alors que partout, en France, la pratique a démontré la grande supériorité des *clous-rivés* sur tous les autres systèmes.

La *ferrure à vis* est parfois usitée pour le cheval de luxe ; elle constitue un bon moyen d'assurer la marche et d'éviter les glissades sur la glace, le pavé plombé, etc.

Dans les ateliers de M. Lalot, maréchal ferrant, à Paris, cette ferrure se pratique avec des fers français et ainsi qu'il suit :

Le fer de devant porte trois trous taraudés, un en pince, en dehors, et un à chaque éponge ; ces trous sont forés au milieu de la branche, celui du dedans plus loin de l'éponge ;

Le fer de derrière a des éponges assez couvertes, épaisses, égales de force et un crampon fixe en dehors ; il porte deux ou trois trous taraudés, deux si on ne met pas de vis en dedans ; — dans ce cas, l'éponge du dedans est disposée à l'anglaise, pour répondre au crampon et rétablir l'aplomb.

Pour percer et tarauder un trou, il ne faut certainement pas plus de deux minutes. L'éponge chauffée est rapidement percée des deux côtés, à l'aide d'un poinçon rond, légèrement conique ; les deux trous se rejoignent et forment une ouverture ronde, traversant le fer de part en part. Un seul coup de marteau suffit pour *fraiser* le trou ; le coup de fraise (poinçon avec embase) détermine instantanément une dépression de deux millimètres environ de profondeur, tout autour de l'ouverture, et évase celle-ci de manière à donner prise à la vis. Il résulte de ce *coup de fraise* que le cheval peut marcher quelques jours, avant que l'usure du fer arrive à intéresser le *pas de vis*. Le *pas de vis* est pratiqué à l'aide d'un *taraud* cylindrique, muni d'un tourne-à-gauche : c'est l'affaire d'une minute.

Au fer de derrière, le trou taraudé est placé à deux centimètres environ du crampon, afin que celui-ci puisse facilement être vissé avec la clef.

Le cheval étant ainsi ferré avec des fers préparés, dont les pas de vis sont fermés avec des bouchons de liège, rien n'est plus facile que d'avoir en quelques minutes la meilleure des ferrures à glace.

A cet effet, il suffit de faire sauter le bouchon, de prendre des crampons à vis et de les visser avec une *clef double*, pour grosses et petites vis.

Quand on ne veut pas s'assujettir à mettre un bouchon de liège, et que quelques pas de vis sont usés ou déformés, il est facile, même après trois semaines de ferrure, d'enlever la terre du trou et de rétablir le pas de vis à l'aide d'une *clef conique avec taraud*.

Les crampons à vis sont en acier et fabriqués en grand ; leur prix de revient est peu élevé. Le crampon de pince est souvent à tête carrée, pas très haute, parce que la pointe expose le cheval à butter et ne dure rien ; cependant on y met souvent aussi une vis à *demi-usure*, retirée du talon.

Il est bon également que la vis du dedans soit à demi-usure, pour éviter les accidents et parce que l'usure est moindre de ce côté. Au contraire, la vis du dehors doit être neuve.

Pour un cheval qui travaille sur le pavé de Paris, la vis de la pince dure un jour et celle des talons deux jours.

En résumé, de tous les systèmes de ferrure à glace, la pratique n'en conservera que deux : le clou-rivé et le crampon à vis.

Se botter. — Un cheval se botte, quand il marche dans la neige récente, non gelée ou demi-fondue, et que celle-ci s'accumule, se tasse dans le creux du pied, où elle forme une boule proéminente.

Il suffit d'une marche de quelques minutes dans la neige, pour qu'un cheval se botte et ne puisse plus marcher.

Il faut parfois un certain temps et des instruments en

fer pour enlever la neige comprimée, qui remplit le dessous du pied ; plus le pied est creux, plus le fer est épais et plus il est difficile à débotter ; c'est d'ailleurs un travail inutile, puisque *la botte* se reforme de suite.

Tous les moyens ont été essayés pour empêcher les chevaux de se botter.

Etant donné que le pied déferré ne botte pas et que la corne n'use pas sur la neige, le meilleur moyen consiste à déferrer le cheval.

On peut encore, en prévision de neige, ferrer le cheval avec un fer mince et couvert, avec plaque de cuir graissée ou goudronnée, ou mieux badigeonnée avec de l'essence de térébenthine. Sur un pied, ferré à la manière ordinaire, l'essence n'empêche pas le cheval de se botter ; mais la botte est moins forte, plus facile à détacher et souvent tombe d'elle-même[1].

CHAPITRE V

FERRURE DES PIEDS DÉFECTUEUX

Pied trop grand[2]. — Donner au fer une couverture proportionnée à la grandeur du pied ; relever davantage la pince, pour empêcher le cheval de butter et prolonger la durée du fer, sans en augmenter le poids ; râper de court le bord inférieur de la paroi, particulièrement en pince, mamelles et quartier interne et ferrer juste en dedans pour que le cheval ne se coupe pas ; donner peu de garniture en dehors et, comme toujours, une égale garniture en talon.

Pied trop petit[3]. — Employer un fer léger et, cependant,

---

1. Observation de M. Sergent, vétérinaire en 1er au 22e d'artillerie.
2. Voir p. 48.
3. Voir p. 48.

un peu plus couvert que ne le comporte la grandeur du pied ; augmenter la surface d'appui en donnant une bonne garniture, particulièrement en talons ; se servir de clous à lame mince.

Pieds inégaux[1]. — Ferrer le plus grand à la manière ordinaire ; donner une bonne et égale garniture en talons, au pied le plus petit, et se servir de clous à lame mince.

Pied encastelé[2]. — L'encastelure est la déformation du pied qui, par sa fréquence et sa gravité, a donné lieu au plus grand nombre d'écrits et d'inventions.

De bonne heure on a reconnu que l'action de parer et râper avec exagération, d'ouvrir les talons, de mettre des fers à ajusture entôlée, à éponges épaisses ou à crampons étaient les causes principales de l'encastelure.

Aussi tous les auteurs, écuyers, hippiatres, vétérinaires, se sont élevés avec force contre ces pratiques abusives, ont essayé de poser les bases d'une ferrure rationnelle et fait connaître, en même temps, les moyens qui leur avaient le mieux réussi pour combattre l'encastelure.

Historique. — César Fiaschi (1539), dans l'énumération des fers connus de son temps, cite le *fer à lunette* et le *fer géneté*, surtout pour le cheval atteint d'encastelure ; il recommande le fer à planche ou le fer ordinaire, sans ajusture, combinés aux émollients, pour attendrir la corne et lui permettre de se dilater. Mais, comme ces moyens lui ont, sans doute, donné des résultats très contestables, il conseille de *changer un tel cheval pour un meilleur.*

C'est seulement dans l'ouvrage de Ruini (1599) qu'on trouve, pour la première fois, une bonne description des moyens à employer pour guérir l'encastelure.

D'après lui « l'encastelure du pied est un rétrécissement anormal et douloureux du talon. Ce mal survient, soit par hérédité, les pères encastelés donnant naissance à des fils encastelés, soit par défaut de nutrition, les voies par lesquelles le fluide

---

1. Voir p. 49.
2. Voir p. 49.

nourricier circule étant rétrécies ; soit encore par la faute des maréchaux qui appliquent des fers trop épais ou trop entêlés, ou qui dessèchent le pied en ouvrant les talons et en amincissant la corne et qui serrent trop les lions dans les maladies du pied...

« On traite ce mal en tenant le cheval malade à un régime régulier que l'on doit généralement observer dans toutes les maladies du pied, en maintenant la corne humide et les talons bas et en ferrant avec des *demi-fers* émoussés qui permettent le contact des talons avec le sol sur lequel ils s'élargissent et se fortifient. »

Suit l'exposition d'un traitement où Ruini recommande les bains et cataplasmes, pour ramollir la corne et faire tomber la douleur.

« Si, malgré ces différents traitements, la douleur persiste, on taillera l'ongle à la pince et on enverra le cheval paître la nuit, jusqu'à ce que ses talons se soient ouverts et que la nature ait ramené les pieds à l'état sain.

« Lorsque les talons seront dilatés et que les pieds nus se seront fortifiés sur l'herbe, ou lorsqu'ils auront été *dessolés*, on leur mettra des fers légers, à branches minces ayant exactement le contour des talons. *Chacun de ces fers sera pourvu à sa partie interne de deux oreilles disposées de manière à s'appliquer en dedans de la corne ou coque du pied sans cependant endommager le vif.* Puis, après avoir laissé un temps suffisant le pied dans de l'eau émolliente, *on se servira de tenailles avec lesquelles on étirera violemment le fer en dehors pour élargir les quartiers et les talons.*

« L'élargissement obtenu, on soignera la sole comme dans le cas d'enclouure et on placera l'animal sur un lit de paille humide. Lorsque ses pieds auront repris de la force et de la longueur, on le ferrera avec des *demi-fers* et on le laissera en repos jusqu'à ce qu'il soit bien guéri. »

Ruini explique bien ce qui se passe par suite de l'emploi des *fers à lunettes* ou *demi-fers*. Les tenailles dont il se sert pour ouvrir les talons, lorsque la corne est ramollie par des bains, ne sont en somme qu'un *dilatateur primitif* dont il est difficile de limiter l'action.

Soleysel, qui emprunte beaucoup aux auteurs italiens, indique cependant des moyens nouveaux contre l'encastelure. Il recommande le *fer à lunette* et *cinq à six raies de feu depuis la couronne jusqu'au bord inférieur de la paroi, pour ramollir la corne et lui permettre de s'écarter.*

Mais il insiste particulièrement sur l'usage du *fer à pantoufle* (fig. 272), dont il attribue l'invention à de la Broue, écuyer de Henri III [1].

Il donne aussi la figure d'un autre fer dit à *demi-pantoufle* (fig. 273) inventé par M. de Belleville, écuyer de la même époque que de la Broue.

C'est un fer ordinaire dont les branches sont tordues, à partir

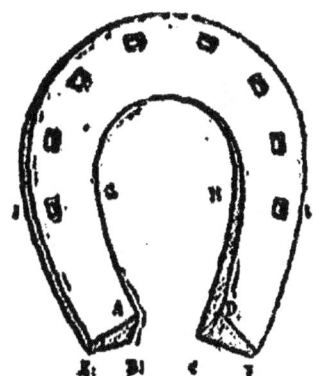 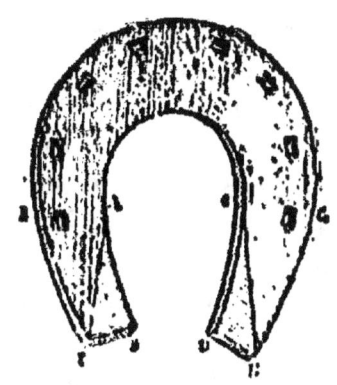

Fig. 272. — Fer à pantoufle.   Fig. 273. — Fer à demi-pantoufle.

de la dernière étampure, de manière à former un plan incliné de dedans en dehors.

Si le fer à pantoufle ou à demi-pantoufle n'a pas produit son effet, Soleysel conseille de dessoler le pied, de fendre la fourchette jusqu'à la couronne et de mettre un morceau d'étrille entre les talons, pour les tenir écartés. Puis, il donne la manière de panser la plaie, et de tenir le pied humide.

De Beaurepère (1671) abandonne le morceau d'étrille de Soleysel qu'il remplace par un instrument à vis.

« Remède. Pour guérir ce mal, vous préparez le pied avec de bonnes rémolades à l'entour de la couronne et tiendrez le

---

1. De la Broue est l'auteur de l'*Art de dresser les chevaux.*

pied rempli de fiente de vache récente, arrosée d'un peu d'eau et de vinaigre, puis vous aurez un vaisseau de pierre ou de bois assez fort pour soutenir le cheval, en y mettant les pieds sans le rompre, lequel vous tiendrez toujours rempli d'eau un peu plus chaude que tiède, et continuerez l'eau en égale chaleur, y ferez tenir le cheval trois ou quatre heures le jour, l'espace de quatre ou cinq jours, ou si longtemps que vous connaitrez la corne assez molle pour être coupée et maniée à votre plaisir : alors vous appellerez le maréchal qui luy ouvrira les talons, luy préparera le pied avec le temps, non tout d'un coup, crainte de luy affaiblir les talons, tenant incessamment le boutoir droit comme j'ai enseigné, cela fait, vous aurez un petit instrument à vis, fait exprès, qui s'ouvrira et fermera à votre volonté, que vous passerez entre les talons assez juste pour la première fois, en l'arrêtant où il vous plaira par le moyen des vis, puis vous l'ouvrirez chaque jour peu à peu autant que vous le jugerez à propos, et qu'ils soient ouverts à votre fantaisie dans la proportion requise, pour qu'il reste à son aise... »

Beauregard ne donne pas la figure de cet instrument, réinventé de nos jours sous le nom de *désencasteleur*.

Laguérinière (1733) conseille de pratiquer trois rainures, de chaque côté du pied, et d'employer un fer à pantoufle, ou bien un *fer dilatateur articulé et à étai*, combiné ou non, avec la dessolure ; l'étai, placé entre les branches du fer, était destiné à les écarter et en donnant à l'étai plus de longueur, l'écartement augmentait.

Ce même fer avec étai est déjà signalé en 1701 [1].

Gaspard Saunier (1734) fait connaître plusieurs moyens contre l'encastelure, entre autres celui des raies faites avec la rainette, de chaque côté du pied, combinées avec le ramollissement de la corne, et l'usage du fer à pantoufle.

Mais il recommande principalement le *fer dilatateur à étrésillon et à crémaillère* (fig. 274), qui se compose de trois pièces articulées ensemble. Une fois le fer placé, on fixe l'étrésillon dans les crans de la rive interne des branches et on le fait

---

1. *Grand Maréchal expert et français*. Paris, 1701.

avancer, selon le besoin, mais lentement, afin de ne pas blesser le cheval, en produisant un décollement de la corne.

Gaspard Saunier conseille, en outre, de fendre la fourchette jusqu'en arrière, moyen déjà indiqué par Soleysel, et complémentaire de l'opération de la dessolure recommandée par Ruini.

Lafosse[1] condamne l'emploi du fer à pantoufle : « Il y a, dit-il, des maréchaux qui, croyant remédier aux talons encastelés, mettent des fers qu'ils appellent à la pantoufle ; ces fers sont forgés et disposés de façon que le bord du dedans qui regarde la fourchette est extrêmement fort, et le bord du dehors très mince ; ils les ajustent en sorte que, le cheval appuyant dessus, l'épaisseur de l'éponge rencontrant le talon sur les arcs-boutants, le bord du dehors ne touche que peu à la muraille, à cause que l'éponge forme un talus de ce côté-là. Le but des maréchaux est d'écarter les talons par ce moyen ; mais c'est en quoi ils se trompent, parce que, loin de les écarter, l'épaisseur de l'éponge, comprimant les arcs-boutants, les empêche de profiter et les resserre encore davantage. »

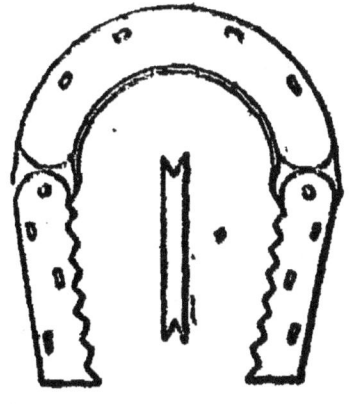

Fig. 274. — Fer articulé à crémaillère et étrésillon.

Du temps de Bourgelat (1771), le fer à pantoufle jouissait encore d'une certaine vogue, et était employé pour les pieds étroits, allongés et encastelés.

« La nécessité de ce fer est évidente, écrit Bourgelat, l'intérieur de cette pantoufle gênant le dedans des quartiers et des talons, ils seront forcés de s'ouvrir, le suc nourricier sera obligé de refluer sur le dehors de ces parties, et l'ongle, de ce côté, ne trouvera plus aucun obstacle à son accroissement, d'autant plus que, chassé par l'épaisseur intérieure du fer, le talus, observé depuis cette épaisseur intérieure jusqu'à l'extrémité de la branche, facilitera son extension dans ce sens. »

---

1. Lafosse, *Nouvelle pratique de ferrer les chevaux de selle et de carrosse*, 1756.

En revanche il n'est pas partisan du fer à demi-pantoufle. « Le point d'appui du pied sur ce fer se trouve fixé dans l'intérieur des branches ; mais leur rive extérieure seule demeure chargée de tout le fardeau du corps, de manière que ni le fer, ni l'animal n'ont d'assiette fixe ; que le fer peut casser ; qu'il peut porter ou entrer dans les talons et rendre l'animal boiteux, et l'on doit juger, dès lors, de la nécessité de n'en faire aucun usage dans la pratique. »

Cet auteur parle aussi du fer à étrésillon, « comme étant d'une grande ressource pour ouvrir les talons, ou pour les contenir, ensuite de l'opération de dessoler ou de toute autre, sans laquelle ces parties pourraient se resserrer. »

Coleman recommande ses fers brevetés *à fourchettes artificielles* et le *fer géneté ou à pinçon sur la rive interne des éponges*. Le directeur du collège vétérinaire ignorait sans doute que ce dernier fer était connu depuis fort longtemps, puisqu'il est cité dans l'ouvrage de Fiaschi.

Goodwin (1824), après Beaurepère, a proposé un appareil dilatateur à vis, fixé au fer. — Celui-ci se compose de trois pièces, semblables à celles du fer de Gaspard Saunier ; de la partie centrale part une languette de métal qui s'épaissit en arrière, à l'endroit correspondant à la fourchette. Ce prolongement porte deux trous taraudés, destinés à recevoir des vis dont les têtes s'appliquent en dedans des branches (fig. 275). En faisant mouvoir ces vis, dans tel ou tel sens, on obtient le resserrement ou l'écartement des talons.

Goodwin joint à son ouvrage les figures d'un pied encastelé élargi par ce moyen, qu'il combinait avec des bains et des cataplasmes.

Cette ferrure a l'inconvénient d'être très compliquée et de condamner le cheval au repos.

Turner et Miles ont proposé, après Moorcroft, pour prévenir et combattre l'encastelure, le fer à siège, qu'ils ont modifié et nommé *fer à étampures unilatérales*[1].

Le fer à siège est universellement employé en Angleterre, et c'est le pays où il existe le plus de chevaux encastelés.

---

1. Voir p. 138.

M. Rolland (1824), vétérinaire militaire, a proposé un fer dilatateur composé de trois pièces, articulées en mamelles, et dont les branches portent des étampures comme le fer de

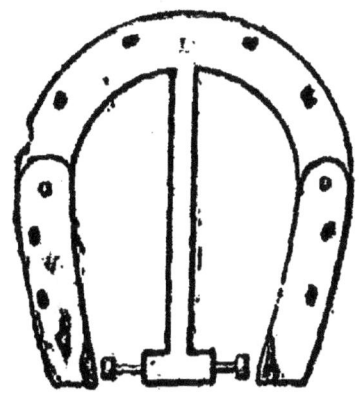

Fig. 275. — Fer articulé à vis.

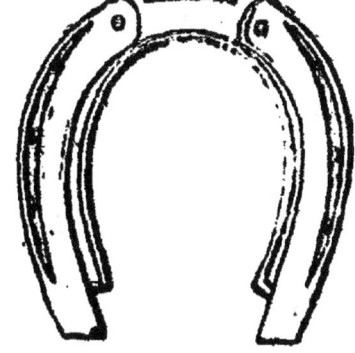

Fig. 276. — Fer articulé à ressort.

Gaspard Saunier. De la partie centrale, ou voûte, partent deux ressorts d'acier qui pressent sans cesse sur les éponges et en déterminent l'écartement (fig. 276).

Ce fer a été le point de départ de plusieurs inventions ana-

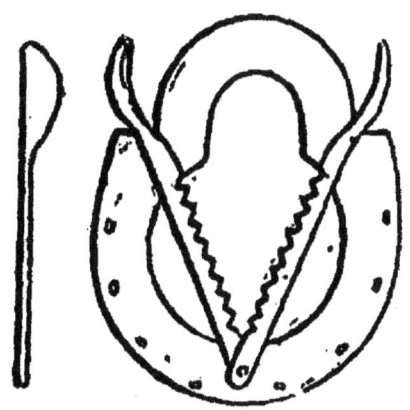

Fig. 277. — Fer à planche et à crémaillère.

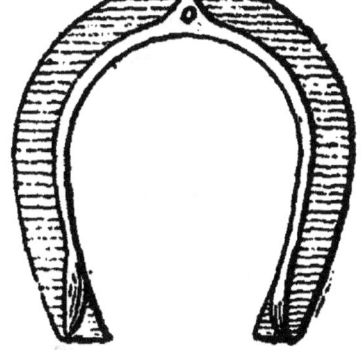

Fig. 278. — Fer à ressort.

logues, comme on peut s'en rendre compte en examinant les figures 277, 278 et 279 ; mais qui en diffèrent en ce sens que le ressort agit directement sur les barres, au lieu de s'appliquer sur le fer.

M. Hatin, professeur à l'École de maréchalerie de Saumur, a fait connaître aussi un fer désencasteleur à ressort.

Il consiste en un fer ordinaire, portant un pinçon en dedans de chaque éponge ; à la voûte est fixé un ressort qui se bifurque vers la pointe de la fourchette, et dont les extrémités, légèrement repliées, portent sur le milieu du plat des éponges (fig. 280).

Une fois le fer bien ajusté, on le place en rapprochant les branches du ressort contre les pinçons ; lorsque le fer est fixé au pied, le ressort, rendu libre, détermine progressivement l'écartement des talons par son action incessante.

En général, ces fers à ressort ont été peu employés, ils ne permettent guère d'utiliser les chevaux que sur le sol doux et meuble d'un manège. Sur les routes pavées ou empierrées,

Fig. 279. — Fer à ressort à planche et crampons.

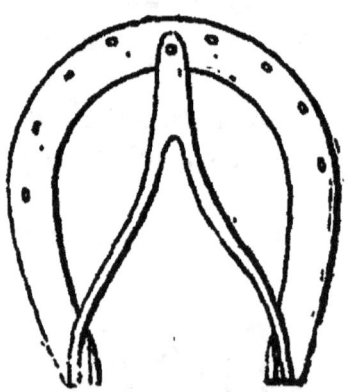

Fig. 280. — Fer Hatin.

la moindre aspérité du sol suffit pour briser ces ressorts coûteux et difficiles à fabriquer.

C'est de 1829 que datent les essais de Defays, maréchal à Verviers, sur la ferrure *expansive*.

Elle consiste dans l'usage d'un fer géneté, dit *pantoufle expansive*, et d'un étau dilatateur.

Ce fer, confectionné comme un fer anglais, sans ajusture, est assez épais, pour ne pas se fausser sous l'effort du désencasteleur et résister à l'usure.

Sa largeur, en général peu considérable, varie selon les cas : s'il est destiné à être appliqué sous un pied uniformément resserré, c'est la pince qui est la plus étroite ; tandis que ce sont les branches, qui ont une largeur moindre au niveau des quartiers, s'il est destiné à un pied à talons rapprochés.

La rive interne porte un rebord saillant, dont la hauteur diminue insensiblement à partir de l'éponge ; il est destiné à s'appuyer directement en dedans de la paroi, aménagée à cet effet (fig. 281).

La préparation du pied consiste à mettre les talons dans un même plan, à amincir les barres, la sole et la fourchette, jusqu'à ce que le pouce puisse les faire céder sous une pression un peu forte. Une fois le fer appliqué (fig. 282) et portant bien

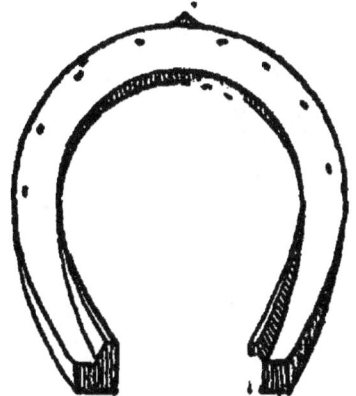

Fig. 281. — Pantoufle expansive.

Fig. 282. — Pied ferré.

partout, on écarte les branches avec un désencasteleur ayant la forme d'un étau (fig. 283).

Le premier jour la dilatation peut aller jusqu'à 8 ou 9 millimètres ; mais, les jours suivants, elle ne doit pas dépassser 3 ou 4 millimètres.

Pour hâter les effets de cette ferrure, il faut employer les cataplasmes et les bains de pieds, ou mettre le cheval à la prairie.

D'après l'inventeur, un mois de traitement suffit, en général, pour guérir la plupart des cas d'encastelure ; il est rare que l'on soit obligé de revenir à une deuxième ou à une troisième application du fer.

Le fer à étais fixes nous vient de la Belgique. Il consiste en un fer à planche (fig. 284), brisé en A, et dont chaque coupure offre une gorge, destinée à recevoir un coin métallique B. En enfonçant le coin, peu à peu, on obtient un écartement lent, mais sûr, qui se transmet aux talons par l'intermédiaire de deux étais C et D, rivés sur la planche et logés dans les ouvertures ménagées entre les glomes et les arcs-boutants.

Ce fer a l'avantage de concourir à la dilatation des talons, non seulement par ses étais, mais aussi par sa planche sur laquelle la fourchette vient faire son appui.

Mais la fabrication en est si difficile et si coûteuse, qu'on le rencontre seulement dans les cabinets de collections.

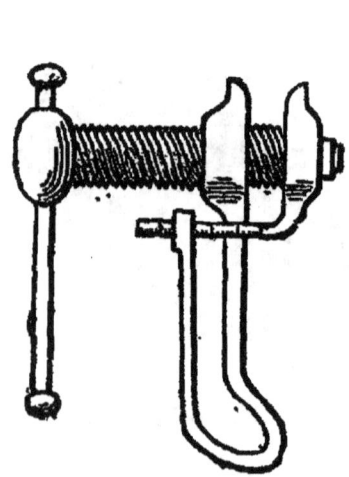

Fig. 283. — Etau dilatateur.

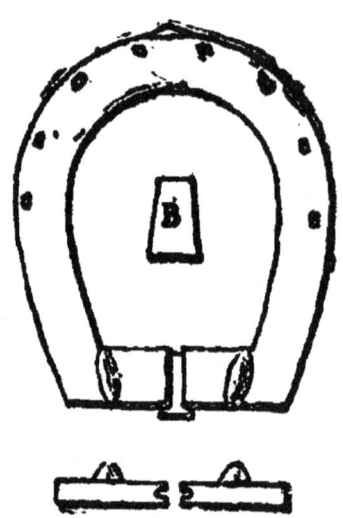

Fig. 284. — Fer à étais fixes.

Le fer à étais mobiles de Fourès consiste en un fer à planche, dont la traverse, plus large que d'ordinaire, est entaillée de chaque côté, de manière à laisser, entre les deux échancrures, une partie centrale A suffisamment résistante (fig. 285).

Dans ces entailles, glissent à coulisse deux étais C et B, ayant la forme de pinçons, et qui sont destinés à s'appliquer en dedans des arcs-boutants. Le mouvement leur est communiqué par des vis dans un sens ou dans l'autre.

Le fer Fourès présente de nombreuses difficultés de confection; aussi l'inventeur a-t-il cherché à le simplifier. Dans le second modèle (fig. 286), la planche du fer présente en dessous deux encoches, devenant plus profondes vers son centre, où elles s'adossent contre une partie pleine. Chaque encoche loge une vis qui a, dès lors, une direction oblique et ascendante, et traverse la corne des talons préalablement troués.

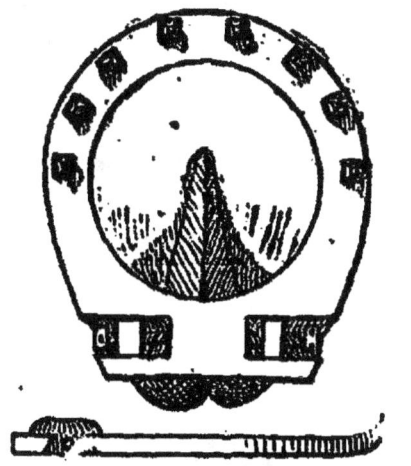

Fig. 285. — Fer à étais mobiles.

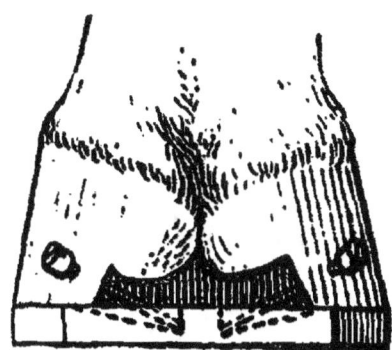

Fig. 286. — Fer sans étais.

Un autre inventeur a proposé le fer à étais mobiles (fig. 287). M. Beaufils (1852), vétérinaire à Corbeil, a conseillé, toujours

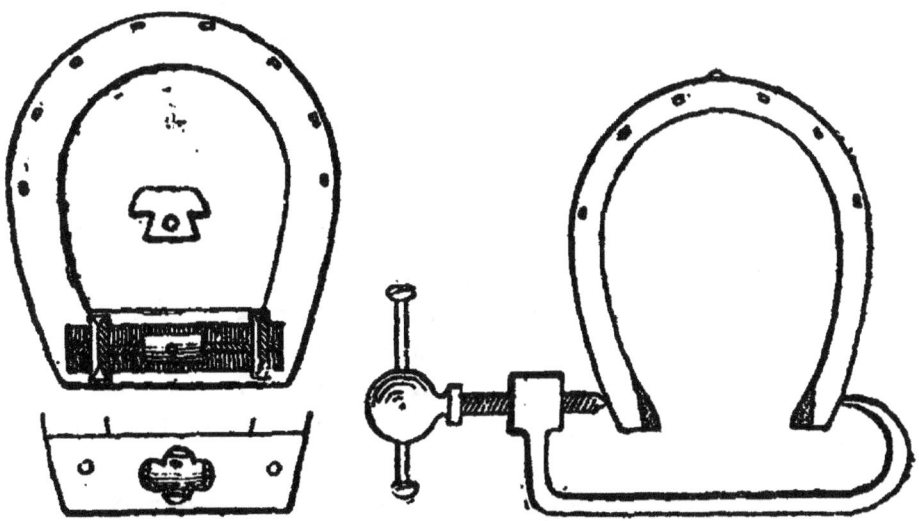

Fig. 287. — Autre fer à étais mobiles.

Fig. 288. — Fer serré à l'étau.

contre l'encastelure, un fer en acier, presque aussi épais que large, muni de deux oreillons, en dedans des éponges. Le fer, étant préparé pour le pied, est ouvert d'environ 10 millimètres, sur la bigorne de l'enclume, puis serré avec l'étau (fig. 288), et fixé au pied.

Aussitôt que la compression cesse de s'exercer sur les branches, le fer, en raison de l'élasticité du métal, reprend ses dimensions premières et écarte les talons. Deux ou trois ferrures semblables suffisent, d'après l'inventeur, pour guérir l'encastelure.

On voit, au musée de l'école d'Alfort, un autre fer désencasteleur formé de deux moitiés de fer dont chacune porte un pinçon en dedans de l'éponge, et qui sont réunies en pince

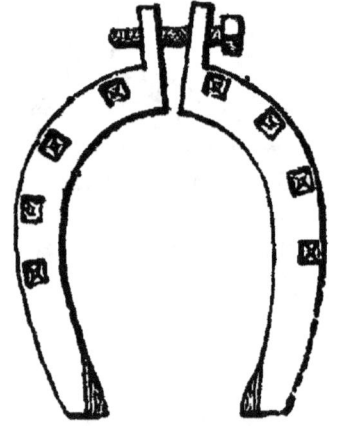 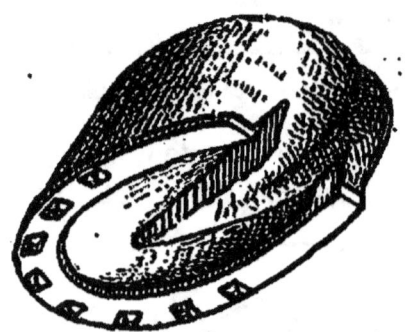

Fig. 289. — Fer désencasteleur.
(Musée de l'Ecole d'Alfort.)

Fig. 290. — Pied ferré au système Jarrier.

par une vis, déterminant à volonté un mouvement d'écartement ou de rapprochement (fig. 289).

En 1854, Jarrier, maréchal à Blois, présenta à l'Ecole de Saumur un système désencasteleur qui eut un certain succès. C'est un fer ordinaire géneté, portant sur la rive interne de chaque éponge un pinçon presque perpendiculaire, beaucoup plus petit que celui de Defays.

Ce fer ne peut s'appliquer que sur des pieds dont les talons, d'une certaine hauteur, peuvent être entaillés légèrement en arrière, pour loger les pinçons. Le pied étant préalablement ramolli avec des cataplasmes, on ouvre les talons avec le désencasteleur ; puis le fer est placé, sur le pied, de manière que les pinçons s'appliquent contre les barres et maintiennent l'écartement des talons, obtenu par le dilata-

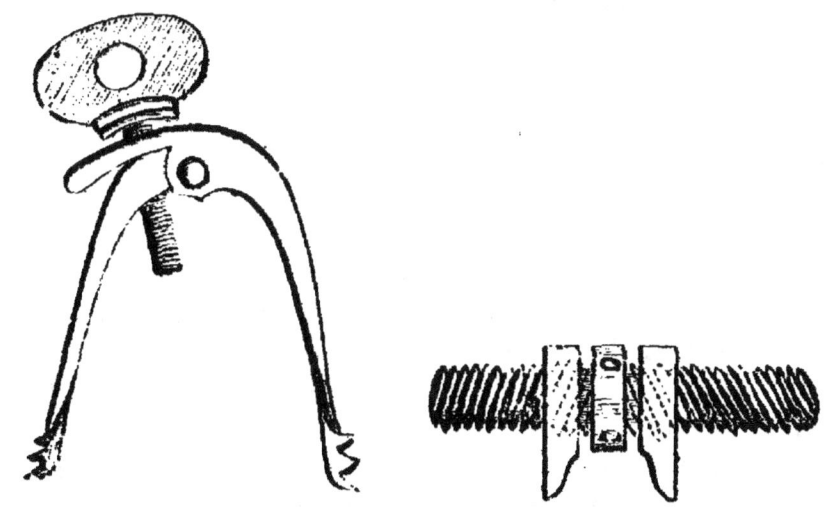

Fig. 291. — Désencasteleur Jarrier. Fig. 292. — Étau dilatateur de Jovard.

teur. Ce dernier est retiré seulement lorsque le fer est fixé au pied (fig. 290 et 291).

Le procédé Jarrier permet d'élargir les talons en quelques

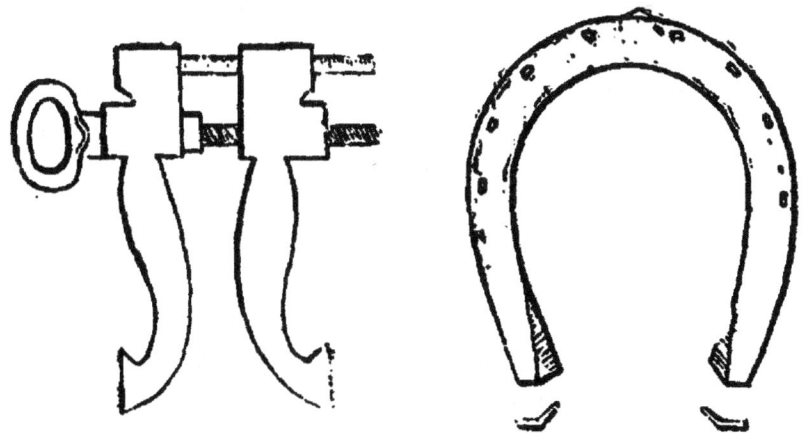

Fig. 293. — Fer désencasteleur gradué.   Fig. 294. — Fer Watrin.

mois; mais il est inférieur à celui de Defays, qui permet de renouveler l'écartement des branches du fer, sans déferrer le cheval.

M. Jovard, vétérinaire militaire, a aussi inventé un désencasteleur (fig. 292) ; il se compose d'une partie centrale, percée de quatre ouvertures, de laquelle part un pas de vis contrarié portant deux griffes qui s'écartent ou se rapprochent, selon le mouvement imprimé.

Enfin, M. le professeur Lafosse est l'inventeur d'un désencasteleur gradué (fig. 293), qui permet de mesurer exactement la dilatation produite.

M. Watrin (1863), vétérinaire militaire, a modifié le fer à demi-pantoufle ; d'une part, en limitant le plan incliné à la moitié de la largeur de l'éponge, d'autre part, en diminuant la force de la voûte de ce fer, pour en faciliter la dilatation sous l'effort du désencasteleur (fig. 294).

Le sabot est préparé de manière que les talons soient bas et bien d'aplomb[1].

Une entaille légère est faite entre la fourchette et l'arc-boutant, afin de permettre l'application, en cet endroit, des plans inclinés du fer.

Celui-ci, présenté à chaud, sous le pied, et ayant marqué la place de ses oreilles, est refroidi, fixé sur le sabot et ouvert par un désencasteleur puissant (fig. 295). Des coups secs sont frappés, sur la pince, pour faire tomber l'étau dilatateur et empêcher le fer de revenir à ses dimensions primitives. L'opération faite, on constate qu'il existe un léger jour entre le talon et l'éponge du fer. Lors de l'appui du membre sur le sol, cette disposition force la muraille à suivre le plan incliné, jusqu'à la surface plane des branches, et communique au sabot un mouvement excentrique, analogue à celui qu'il possède naturellement.

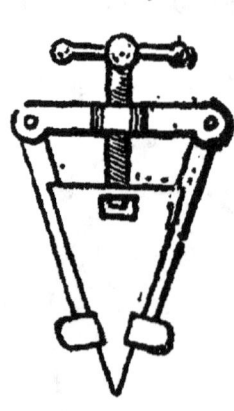

Fig. 295.
Etau dilatateur.

Après plusieurs jours, plus ou moins suivant les cas, on est obligé de dilater de nouveau le fer ; parce que le pied, qui s'est élargi, ne glisse plus sur les pinçons.

D'après M. Watrin, cette dilatation s'étend à toute la hauteur

---

1. Voir p. 296 la manière dont M. Watrin comprend les aplombs.

de la paroi en arrière ; elle est surtout accusée au bourrelet qui fait saillie et sécrète, alors, un cercle de corne plus large et plus épais. Ce cercle, à mesure qu'il descend, finit par rendre au pied ses dimensions normales et, partant, le plus souvent, l'intégrité de ses fonctions.

L'action dilatatrice de ce fer peut être aidée par des bains, des cataplasmes et même par des irritants placés à la couronne.

Le procédé ci-dessus décrit a été mis en essai, à l'École de cavalerie, par l'inventeur lui-même.

La commission, chargée de suivre les expériences, a fait un rapport défavorable, constatant que les résultats annoncés n'avaient pas été obtenus.

Fer à demi-pantoufle modifié. — M. Loutrouil, maître maréchal à l'École de Saint-Cyr, a fait subir au système de M. Watrin une double modification, en donnant au pinçon toute la largeur d'une éponge légèrement couverte et en supprimant l'étau dilatateur.

Cet ouvrier, en essayant la ferrure de M. Watrin, avait constaté que les petits pinçons obliques étaient loin de remplir le but que s'était proposé l'inventeur ; les plans inclinés limités de ce fer ne présentaient pas d'usure, sur leur face de frottement, et étaient, conséquemment, inefficaces.

C'est alors qu'il imagina de hucher les talons en haut d'un large plan incliné, formé par un repli de toute l'éponge légèrement couverte au préalable ; afin de forcer les talons à descendre et à remonter alternativement les plans inclinés, suivant que le pied est à l'appui ou au lever.

Avec ce procédé, l'étau dilatateur devient inutile, puisque les talons jouent sur les plans inclinés, pendant toute la durée de la ferrure, sans qu'il soit nécessaire d'*ouvrir* les branches du fer.

En somme, le fer de Loutrouil est la demi-pantoufle de Belleville, légèrement modifiée.

Le *fer à ajusture* contraire du vétérinaire allemand Mayer (1869) est plus épais à la rive interne qu'à la rive externe et le pied pose, dès lors, à tout son pourtour, sur un plan incliné de dedans en dehors. Cette disposition, d'après l'inventeur, amène forcément la dilatation du pied.

Le fer à ajusture inverse a l'inconvénient de ne pouvoir être appliqué que sur les pieds très creux; sur les pieds ordinaires ou plats, il doit forcément contusionner la sole et déterminer des boiteries. De plus, le pied s'ouvrant seulement à sa région postérieure, il est évident que le plan incliné du fer, à la région de pince, des mamelles et de l'origine des quartiers, n'est d'aucune utilité.

Enfin, avec ce fer, il n'est pas possible de relever la pince qui, dès lors, est rapidement coupée par l'usure.

Fers articulés et divisés, ferrure Charlier. — Les fers articulés et divisés[1], la ferrure Charlier[2], le fer à croissant, ont été recommandés contre l'encastelure.

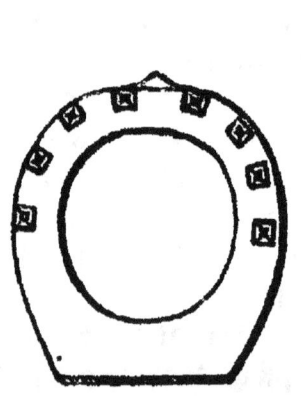

Fig. 296. — Fer à planche couvert et ovalaire à son centre.

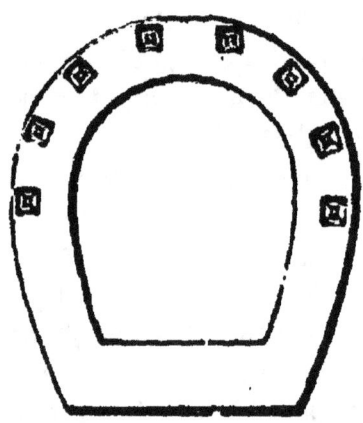

Fig. 297. — Fer à planche à traverse droite.

Fer à planche. — Le fer à planche, très anciennement connu, a été et est fréquemment employé contre les resserrements du pied.

Le fer à planche est un fer ordinaire peu épais, dont les éponges sont réunies par une traverse un peu plus large.

La traverse porte sur la fourchette qui, dès lors, participe au poids du corps; les talons sont allégés d'autant dans leurs

---

1. Voir p. 230.
2. Voir p. 214.

fonctions d'agents de support; ils peuvent même être abaissés, de manière à être libérés de tout contact.

Il y a des fers à planche de différentes formes :

Le fer à planche couvert et ovalaire à son centre (fig. 296) est le plus usité ; mais il est lourd et expose le cheval aux glissades.

Le fer à planche à traverse droite (fig. 297) est plus léger ; il est parfois fait avec un fer ordinaire auquel on soude un morceau de fer plat au-dessus des éponges.

Le fer à planche avec un long prolongement sur la fourchette (fig. 298) est difficile à forger et peu pratique. Le fer à planche

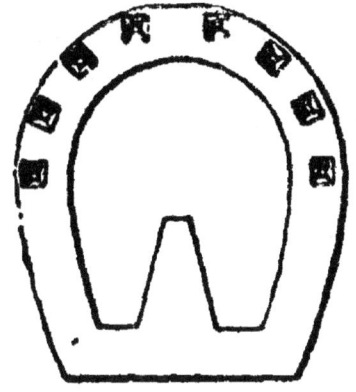
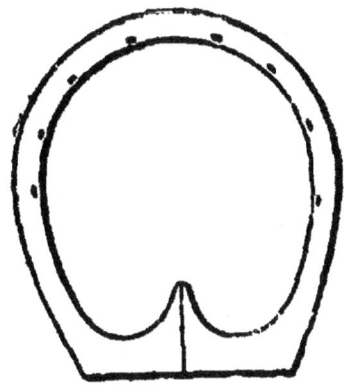

Fig. 298. — Fer à planche.   Fig. 299. — Fer à planche Charlier.

confectionné dans les bons ateliers des villes, peu couvert, à planche élargie et épaissie au niveau de la fourchette, est léger, pratique et permet au cheval de tenir le pavé.

Le fer à planche Charlier (fig. 299) est aussi incrusté ; la planche est parfois excavée en dessus, pour loger la fourchette et permettre ainsi l'incrustation.

Parfois, la traverse est repliée en arrière, dans le sens de la longueur, et forme crampon (fig. 300) ; par là, les talons gagnent de l'élévation ; le poids est jeté sur la pince ; le cheval glisse moins.

Par l'emploi de la ferrure à planche, les pieds à talons bas, serrés, faibles, souffrants, sont soulagés d'abord et s'élargissent ensuite. Mais on comprend que ce fer a une action, d'autant plus puissante, que la fourchette est meilleure.

Le fer à planche a des inconvénients : il expose le cheval à glisser et pèse davantage que le fer ordinaire ; enfin son emploi amène, à la longue, la pourriture de la fourchette. Dans ce dernier cas, il devient nécessaire d'alterner l'emploi du fer à planche avec celui du fer ordinaire, afin de laisser reposer l'organe malade.

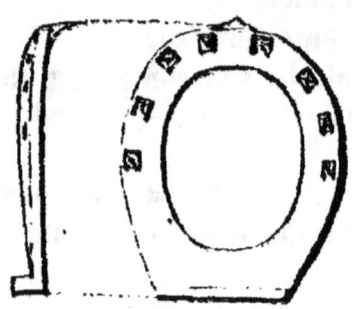

Fig. 300. — Fer à planche, à crampon, pour pied à talons bas.

Barthélemy aîné, vétérinaire à Paris, a conseillé, contre l'encastelure, d'amincir à fond, jusqu'à pellicule, avec la râpe et la rainette, la corne de la moitié postérieure des quartiers, des arcs-boutants et des barres ; d'appliquer ensuite des vésicatoires successifs (5 ou 6) autour de la couronne : ils activent la sécrétion de la corne et élargissent le sabot.

M. Weber[1], vétérinaire à Paris, a cherché à remettre en honneur la pratique des rainures, que Soleysel faisait avec un cautère et que G. Saunier et Laguérinière conseillaient de creuser avec une rainette.

« Lorsque je veux combattre l'encastelure sur les deux talons, dit-il, je fais parer le pied à fond, en ayant soin d'abattre les talons et les arcs-boutants jusqu'à la rosée, de ne pas toucher à la fourchette. Je pratique, ensuite, une première rainure, au niveau de la mamelle, sur la muraille, et une autre, en arrière, à égale distance de celle-ci et du talon. Je fais appliquer un fer à planche qui garnit en talons, et je m'arrange de telle sorte que le fer prenne son point d'appui tout entier sur la fourchette. Quand cet organe est bien développé, la chose est facile ; mais s'il est atrophié, je supplée à son manque de volume en le garnissant de lames de cuir.

« Il est bien entendu que je pratique les rainures des deux côtés, ou d'un côté seulement, suivant l'indication. Si les deux pieds sont malades, on ne doit opérer que sur un pied d'abord ; car, le lendemain, l'appui est souvent douloureux, et il serait

---

1. Weber, *De l'encastelure*, 1859.

imprudent d'agir sur les deux sabots à la fois; les rainures sont remplies avec de l'onguent de pied et la muraille bien enduite de cet onguent. Il est important que le cheval soit employé à un travail léger, car j'ai remarqué que l'écartement était d'autant plus rapide que l'animal travaillait davantage. »

M. Dupon, vétérinaire militaire, a fait usage de la gutta-percha, avec le fer à planche, pour élargir les pieds encastelés, et des résultats favorables ont été obtenus.

« *La gutta-percha, ramollie préalablement à l'eau chaude et malaxée dans les doigts, est étendue sur toute la partie postérieure du pied.... Le fer à planche est ensuite incrusté dans cette substance et broché, lorsque cette dernière a acquis une résistance complète.* »

Opérations chirurgicales. — Ruini et Soleysel préconisaient l'arrachement de la sole (opération de la dessolure) contre l'encastelure. Broguiez recommandait l'arrachement de la paroi d'un ou de deux quartiers.

H. Bouley pense que ce serait un tort de répudier complétement les opérations sanglantes[1]. « Nous croyons qu'il y a des circonstances où leur intervention est encore nécessaire... Ainsi, par exemple, quand un sabot est tellement encastelé que l'un des arcs-boutants chevauche sur l'autre, n'est-il pas préférable, plutôt que de passer de longs mois à tâcher de vaincre la résistance de la muraille par un moyen mécanique quelconque, de pratiquer d'emblée la dessolure? Une fois que, par cette opération, la sole, les barres et la fourchette ont été enlevées, et les arcs-boutants rompus, l'enceinte de la muraille cède avec une grande facilité à l'action des moyens dilatateurs : appliquez alors sur les talons soit l'étau contraire de Defays, soit l'un des nombreux instruments désencasteleurs..... puis une fois les talons écartés... maintenez leur écartement à l'aide d'un fer géneté et vous obtiendrez ainsi en un quart d'heure un effet qui n'aurait pas exigé moins de trois mois peut-être pour se produire, si vous ne l'aviez demandé qu'à la ferrure seulement. »

---

1. Bouley, *Nouveau dictionnaire vétérinaire*, p. 655.

Les grands chirurgiens aiment les grands délabrements, et Bouley est loin de faire exception à la règle.

Mais, malgré eux, les opérations sanglantes ont fait leur temps, en ce qui concerne le traitement de l'encastelure; aujourd'hui, bien peu de vétérinaires oseraient faire l'opération barbare et inutile décrite ci-dessus.

Le praticien, qui connaît son métier et qui en vit, préférera toujours mettre trois mois à dilater un pied, en faisant travailler le cheval, que de le dilater en un quart d'heure en mettant l'animal trois mois sur la litière...

Resserrement du pied. — Tous les modes de traitement, qui viennent d'être exposés, ne s'appliquent pas seulement à l'encastelure proprement dite; ils sont recommandés encore pour les *pieds à talons serrés, à quartier resserré*.

En résumé, le resserrement du pied peut être combattu par les moyens suivants isolés, ou combinés :

1º Dilatation mécanique du pied à l'aide de *fers à pinçons* et de *désencasteleurs*;

2º Mobilisation des talons sur des plans inclinés avec le *fer à pantoufle*, à *demi-pantoufle* et à demi-pantoufle modifié;

3º Participation de la fourchette au support du poids du corps par l'emploi du *fer croissant*, du *fer à planche*, de la ferrure *Charlier*;

4º Dilatation du pied par des bains, des cataplasmes, le séjour à la prairie humide, par l'amincissement des parties contractées et la pratique des rainures, etc.

Pratique. — Il faut faire un choix entre les nombreux moyens recommandés pour le traitement des resserrements du pied; le fabuliste n'a-t-il pas dit :

> Le trop d'expédients peut gâter une affaire;
> On perd du temps au choix, on tente, on veut tout faire :
> N'en ayons qu'un, mais qu'il soit bon.

Voilà qui est bien parlé. Donc nous allons exposer les procédés les meilleurs, à notre avis, pour prévenir, arrêter et guérir les *resserrements du pied*; pour le traitement du pied *encastelé non boiteux et boiteux*, du *pied ordinaire à talons serrés*, du pied à talons serrés par en bas, à talons serrés par en haut, à quartier resserré et chevauché.

Prévenir et arrêter les resserrements du pied[1]. — Une bonne ferrure ordinaire et une hygiène du pied bien entendue[2] suffisent pour prévenir et arrêter les resserrements du pied.

Il faut se rappeler surtout que creuser la sole, abattre les talons, parer de travers, ferrer plus juste d'un côté que de l'autre, sont des manœuvres qui amènent fatalement le pied à se resserrer; que le séjour sur la litière sèche entraînant la dessication et le resserrement du sabot, il est dès lors indiqué de donner artificiellement à la corne l'eau de végétation qui lui manque.

Il faut bien savoir aussi que le pied d'aplomb, à pince courte et à talons hauts, à sole pleine, portant un fer dont les éponges sont d'égale épaisseur et garnissent également, conserve sa forme, qu'il soit bien conformé ou déjà resserré.

Dans ce dernier cas, il importe beaucoup de donner une bonne garniture en talons[3]. Si les talons sont également resserrés, ils ont droit à une garniture égale; si, — ce qui se remarque presque toujours, — le côté du dedans est plus rentré, la garniture sera plus forte par là, afin de rendre au pied son aplomb normal.

Et pour que le fer soit planté droit sur le pied et garnisse rationnellement, il est indispensable de ne pas oublier ce principe : *la rive externe de chaque éponge doit être à égale distance de la fente postérieure du pied*. Dans ces conditions, il est quelquefois nécessaire de donner plus de largeur à la branche, qui correspond au quartier le plus resserré ; de façon qu'elle puisse porter sur le talon, tout en garnissant suffisamment.

Enfin et à propos de la garniture, la règle suivante doit être

1. Voir p. 49.
2. Voir *Hygiène du pied*.
3. C'est par l'écartement des éponges que la surface d'appui est surtout augmentée et, avec elle, l'aisance du pied et la solidité de l'appui.

observée pour tous les pieds resserrés[1] : *Une perpendiculaire, abaissée de la couronne dans la direction de l'angle du talon, doit tomber sur la rive externe du fer.*

S'il arrive que le resserrement soit très considérable et qu'on recule devant la nécessité d'employer un fer exagérément couvert, en éponges, alors et exceptionnellement : *les éponges devront être également rentrées*, autrement dit *se trouver à égale distance de la perpendiculaire abaissée de la couronne dans la direction de l'angle du talon.*

Guérir les resserrements du pied. — Les meilleurs moyens à employer sont : les bains de pied et cataplasmes, le box ou le parcours à fond glaiseux, la prairie humide, les vésicatoires, le fer à croissant, le fer à pantoufle modifié, le fer à planche avec ou sans gutta-percha, le fer Charlier, l'amincissement des parties contractées, les rainures et même la dilatation mécanique du pied.

Bains de pied et cataplasmes, box, parcours, prairie. — Tout pied resserré est ordinairement plus ou moins chaud, sensible, à corne dure et desséchée ; il est indiqué d'enlever l'excès de chaleur du pied et de faire pénétrer de l'eau dans la corne, par les bains et les cataplasmes.

Les bains peuvent se donner dans un seau, avec de l'eau de son chaude, matin et soir, et, chaque fois, être suivis d'un graissage effectué quand le pied est sec.

Les cataplasmes sont appliqués à l'aide d'une vieille toile ou d'une botte en cuir.

La *botte en cuir* est un appareil des plus commodes ; on y place le pied, ferré ou non, dans une boue claire de farine de lin[2] ou de glaise délayée : jour et nuit, si le cheval est boiteux et garde l'écurie ; la nuit seulement s'il y a sensibilité du pied et gêne dans la marche, sans arrêt de service. De la glaise, formant une boue assez épaisse et placée à l'écurie, près de la mangeoire, a aussi des avantages ; mais le cheval ne pouvant

---

1. Sauf les pieds à talons serrés par en haut.
2. A la farine de lin, nous préférons du son bouilli, avec une poignée de graine de lin.

se coucher, dans la boue, doit être changé de stalle pour la nuit.

Le *box ou le parcours à fond glaiseux* et surtout la *prairie humide* sont bien préférables, parce que le cheval est en liberté. La corne trouve l'eau qui lui est nécessaire et la chaleur et la sensibilité diminuent ; de plus, à chaque pas, les pieds s'enfonçant dans la glaise, un effet dilatateur se produit.

Mais l'emploi de ces moyens entraîne ordinairement une interruption de service, pendant un temps plus ou moins long. Avant le traitement et pour éviter la pourriture de la fourchette, il est bon d'enfoncer, dans la lacune médiane, une mèche d'étoupes enduites de goudron ou d'égyptiac.

En somme, les cataplasmes appliqués en permanence, ou seulement pendant la nuit, avec la botte en cuir, permettent au cheval de se coucher, donnent des résultats excellents et méritent d'être recommandés tout particulièrement.

Vésicatoires. — Les vésicatoires à la couronne sont utiles pour le traitement des resserrements du pied, déterminant une boiterie. Un vésicatoire arrête le travail pour une dizaine de jours ; il peut être renouvelé tous les douze jours, jusqu'à guérison. Ce traitement a pour effet de dériver, vers la peau, les congestions et inflammations du pied, de calmer les douleurs aiguës ou sourdes et surtout d'activer beaucoup la pousse de la corne.

Le *fer à croissant* doit être un demi-fer dégagé et peu épais, à éponges progressivement amincies et arrondies (fig. 301), à quatre étampures, placé sur le pied de telle

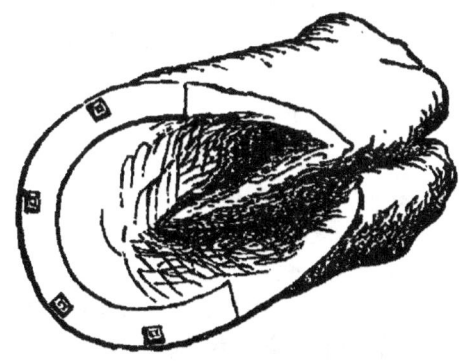

Fig. 301. — Fer à croissant.

sorte que la surface du fer et le bord de la paroi soient exactement au même niveau. Il faut conserver les talons, parer la pince, les mamelles et l'origine des quartiers, de manière à marquer la place du fer, et faire porter à chaud. Le fer à croissant doit avoir un peu de garniture.

Toute la région postérieure du pied, libérée de l'étreinte du fer et des clous, est en contact direct avec le sol ; la fourchette et les talons jouent sans entraves.

Cette ferrure est très bonne pour les pieds à talons également serrés, hauts et forts ; le fer s'incruste facilement, le pied est d'aplomb et la corne ne s'use pas plus vite que le métal.

Elle ne convient pas pour les talons bas et faibles ; l'incrustation n'est pas toujours possible et puis la surcharge, jetée en arrière, détermine une usure trop considérable de la corne.

Elle ne convient pas non plus aux talons inégalement serrés, puisqu'il n'est pas possible de donner de la garniture au talon le plus resserré, autrement dit de *rétablir l'aplomb*.

Ce système de ferrure est excellent encore pour empêcher les chevaux de glisser, sur le pavé plombé de certaines villes ; il a été pratiqué à Rome par la cavalerie française.

Fer à demi-pantoufle modifié. — Les éponges couvertes de ce fer sont repliées de dessous en dessus, par leur angle interne et dans toute leur largeur, de manière à former deux plans inclinés, larges et obliques, sur lesquels posent les talons.

Le fer à éponges plus ou moins obliques et plus ou moins couvertes, selon les indications, est destiné aux pieds encastelés, à talons serrés égaux ou inégaux.

Pour employer le fer à pantoufle modifié, il faut lui donner la tournure, la garniture, l'ajusture et le faire porter avant de replier les éponges ;

Diminuer par une battue l'épaisseur du repli de l'éponge ;

Donner une égale obliquité aux replis de l'éponge, si les talons sont également serrés ; plus d'obliquité à l'éponge du talon le plus resserré ;

Disposer le fer de manière que le bout de chaque talon porte en haut du plan incliné ;

Abattre légèrement la corne, à partir de la dernière étampure, jusqu'au bout du talon ;

Attacher le fer avec des clous minces de lame.

Quand le pied est bien ferré : à partir de la dernière

étampure jusqu'à l'éponge, il n'est pas en contact avec le fer ; les talons sont légèrement ouverts; chacun d'eux porte en haut du plan incliné.

Lors du déferrement, on constate sur les plans inclinés de larges traces d'usure.

L'effet de cette ferrure est nul, quand les talons portent en bas des plans inclinés; alors ceux-ci ne présentent pas de traces d'usure.

Fer à planche. — Le fer à planche est excellent pour les pieds resserrés, à la condition d'être léger, de ne porter ni sur la sole, ni sur le ou les talons sensibles, et d'appuyer en plein sur la fourchette. A cet effet, ce fer doit être peu couvert, ajusté à l'anglaise, à traverse plate en dessous, plus large et épaisse en son milieu ; l'éponge et la traverse du fer, à leur point de jonction, doivent être fortement amincies de manière à être au-dessous du niveau de la face supérieure du fer et à ne pas toucher le talon correspondant, s'il est sensible.

Le fer à planche ainsi compris n'a que des avantages.

Cependant, pour le service des villes, il est certain qu'un cheval, ferré à planche, glisse davantage et parfois même beaucoup, — surtout s'il tient mal le pavé, avec des fers ordinaires.

Dans ce cas, on peut se servir d'un fer épais et étroit, ajusté à l'anglaise, et souder une traverse relativement mince à la face supérieure du fer, d'une éponge à l'autre.

Le fer étroit empêche le cheval de glisser et la traverse, éloignée du sol et rapprochée de la fourchette, n'a plus que des avantages.

Fer à planche avec gutta-percha. — La gutta-percha peut être employée avec avantage sur le pied dont la fourchette, remontée et atrophiée, est incapable de donner un point d'appui au fer à planche.

Si — ce qui arrive souvent — la fourchette est pourrie, il faut la nettoyer et la guérir avant d'appliquer la gutta; quelques lotions de liqueur de Villate ou du goudron caustique suffisent.

Le pied est paré de manière à empêcher les talons de porter

sur le fer; les barres sont amincies et disposées en plan incliné de dedans en dehors.

Une masse de gutta-percha est appliquée sous le pied, préalablement mouillé ; enfoncée dans les lacunes, elle est amassée, sous forme de pelote proéminente, au-dessus de la fourchette, et étalée en lame sur toute la surface du pied.

La gutta-percha, ayant pris la forme voulue, est détachée du pied et jetée dans l'eau froide; devenue dure et résistante, par le refroidissement, la masse préparée est de nouveau apportée sur le pied, dont elle reproduit exactement la disposition.

Un fer à planche léger et dégagé, qu'on a fait préalablement porter, est ensuite appliqué à chaud et se moule dans la gutta-percha, que la chaleur fait entrer en fusion; après avoir fait son empreinte, le fer est refroidi, cloué, et la gutta, qui déborde, enlevée au couteau ; des aspersions d'eau froide, faites avant de poser le pied, achèvent de durcir la gutta.

Lorsque cette opération si simple a été bien conduite, la pression exercée sur la planche du fer, sur le coussin de gutta-percha, se transmet à la fourchette et surtout au *plan incliné des barres* ; les talons abattus, ne participant plus au support du poids du corps, sont soulagés et dans de bonnes conditions pour s'écarter et pousser plus rapidement.

Un léger amincissement, à la râpe, des talons serrés augmente encore le pouvoir dilatant de cette ferrure.

L'usage de la gutta-percha a cependant des inconvénients.

Cette substance devient dure comme pierre et peut contusionner le pied faible, les talons amincis, la fourchette très atrophiée ou pourrie, et faire boiter le cheval.

La gutta-percha est employée, par les marchands de chevaux, pour masquer une seime et combler les brèches faites au sabot.

Ferrure Charlier. — Il a déjà été dit que, pour tous les pieds à talons bas et serrés (fig. 302), le fer Charlier peut, bien souvent, remplacer avantageusement le fer à planche ; parce qu'il est plus léger et que la dilatation du pied résulte de son emploi.

Ce fer doit être moins couvert, à la branche du dedans, et fournir un peu de garniture aux deux talons.

L'effet dilatateur de la ferrure Charlier, sur les pieds resserrés, ayant de la fourchette, est très remarquable (fig. 303).

Amincissement des régions resserrées. — L'amincissement à la râpe de toute la paroi resserrée, y compris les barres, à partir du bourrelet et du milieu ou du tiers postérieur des quartiers, est une opération facile et d'un succès à peu près certain. Il faut amincir à fond la paroi, de manière à ne laisser qu'une mince couche de corne; quant aux barres, il suffit d'enlever la moitié de leur épaisseur.

Deux fois par jour, un bain de pied tiède est donné et suivi immédiatement du graissage, dans le but de rafraîchir le pied, de calmer l'inflammation et la douleur, de gonfler le bourrelet et de donner à la corne de l'humidité et de la souplesse.

Avec cette méthode de traitement, la compression et la dou-

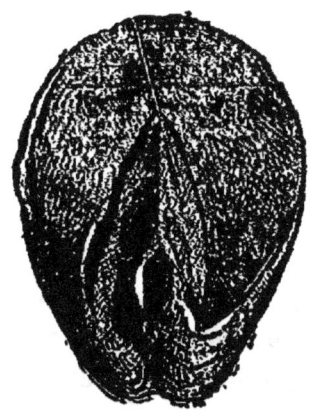

Fig. 302. — Pied à talons serrés, avant l'application.

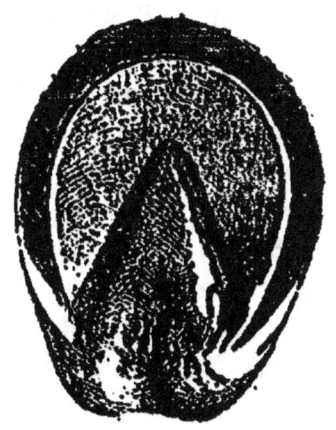

Fig. 303. — Forme de ce même pied après plusieurs mois de ferrure.

leur cessent; les talons amincis et libérés du poids du corps tendent à s'écarter; alors, si la force expansive de la fourchette est mise en jeu, elle ne rencontre plus de résistance.

Après quelques jours, sur le pied aminci doit être appliqué le fer à planche, qui produit les meilleurs effets, quand il appuie sur une fourchette encore valide.

Dans le cas même où la fourchette est remontée et atrophiée, ce fer protège le dessous du pied, par sa planche, et la paroi amincie, par une large et égale garniture.

Sous le fer à planche, il est utile d'appliquer une plaque de cuir et une étoupade goudronnée ; la paroi amincie doit être protégée, contre le contact desséchant de l'air, par une couche de goudron de bateau, renouvelée tous les jours.

Enfin, il est indiqué, pour hâter la pousse du sabot et faire gonfler le bourrelet, de mettre autour de la couronne des vésicatoires successifs.

Et, peu à peu, le sabot se dilate et repousse avec des dimensions plus considérables.

L'utilisation du cheval aux allures rapides est plus ou moins interrompue par ce traitement, suivant le plus ou moins d'étendue de l'amincissement et le nombre des vésicatoires jugés nécessaires.

Procédé des rainures. — Le procédé des rainures, avec application du fer à planche et de vésicatoires à la couronne, peut rendre des services, produire un soulagement temporaire et, pendant le traitement, il est possible de demander un léger service au cheval.

Mais un amincissement de la paroi resserrée, portant seulement sur la moitié de son épaisseur, donne les mêmes résultats.

Cependant, en ce qui concerne les rainures, il importe de remarquer que, pratiquées dans la direction des fibres cornées, elles ont l'inconvénient grave de se transformer parfois en véritables seimes.

Pour cette raison et aussi dans le but d'obtenir plus facilement la dilatation du pied, il est bien préférable de creuser les rainures suivant une direction perpendiculaire du bourrelet au sol.

Enfin, s'il est toujours possible, à l'aide de morceaux de cuir fixés sur le milieu de la planche, d'atteindre la fourchette et de la faire ainsi participer à l'appui, il n'en est pas moins vrai que, sur les fourchettes atrophiées, la pression détermine l'écrasement et la pourriture des lambeaux de corne, qui restent, et n'a pas d'effet dilatateur sur le pied.

Dilatation mécanique. — La dilatation mécanique du pied est encore à la mode. Cet organe, qui a mis des années à se resserrer, à s'atrophier, est dilaté en quelques mois et par des moyens violents que la nature réprouve. Il se produit souvent des dilacérations, qui occasionnent des boiteries ; il arrive aussi que les résultats, acquis artificiellement, ne présentent aucune fixité : abandonné à lui-même, le pied — pour lequel l'état d'atrophie est devenu la condition normale — se resserre aussi vite qu'il a été dilaté.

Cependant, ces moyens ne sont pas à rejeter d'une manière absolue.

Un fer à pinçon et un étau dilatateur peuvent rendre de réels services pour commencer le traitement d'un pied resserré, non boiteux, et obtenir rapidement un élargissement qui demanderait plusieurs mois par les moyens physiologiques.

A cet effet, il faut parer le pied d'aplomb et au degré voulu, amincir légèrement les barres, près de l'angle du talon, de manière à les disposer autant que possible en plan incliné de dedans en dehors ; puis, employer un fer ordinaire, muni d'un petit pinçon rond, couché suivant la direction de la barre correspondante, et arrondi à la lime à son pourtour intérieur. Le fer, bien d'aplomb sur le pied, ses pinçons appliqués en dedans des barres, est ensuite dilaté de 5 à 6 millimètres à l'aide d'un étau dilatateur ; au bout de 7 jours, nouvelle dilatation de 4 à 5 millimètres environ ; puis troisième et quatrième dilatation, si le pied supporte bien le traitement.

Au bout de 21 jours, on peut, en général, arriver à une dilatation des talons de 2 centimètres environ.

Avant et pendant ce traitement, la corne doit être assouplie par des bains de pied et des graissages journaliers.

Après le traitement et pour fixer les résultats obtenus, il est utile d'employer les moyens physiologiques.

Nous appelons moyens physiologiques le fer à pantoufle modifié, qui produit artificiellement le double mouvement de dilatation et de resserrement du pied, le fer à croissant, le fer à planche, le fer Charlier, qui amènent la fourchette à participer à l'appui et mobilisent ainsi les talons.

Un choix sera fait entre ces différents fers, suivant les indications.

Traitement de l'encastelure. — Si l'encastelure ne détermine ni sensibilité ni boiterie :

Il faut parer le pied suivant les règles, se servir du fer ordinaire, ayant de bonnes éponges, et donner une garniture en rapport avec le resserrement;

Si le resserrement est accusé et égal des deux côtés du sabot : employer le fer à éponges couvertes (fig. 304), et donner une garniture calculée, de manière que la perpendiculaire, abaissée du bourrelet, dans la direction de l'angle du talon, tombe sur la rive externe;

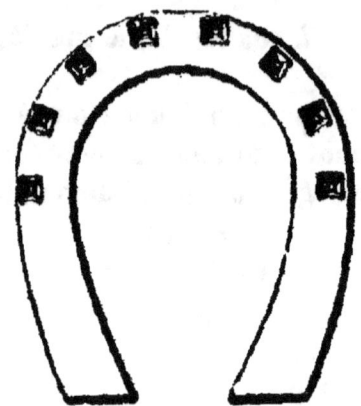

Fig. 304. — Fer à éponges couvertes.

Si le resserrement est considérable : ne pas se servir d'un fer à éponges démesurément couvertes; mais diminuer la garniture d'une quantité égale de chaque côté;

Si le resserrement est plus accusé d'un côté que de l'autre : employer le fer à une éponge couverte;

Si le resserrement d'un talon est très accusé : employer le fer à une éponge couverte sans exagération, et diminuer la garniture du côté le moins resserré, de manière que les perpendiculaires, abaissées de chaque côté du bourrelet à l'angle du talon correspondant, tombent à égale distance de la rive externe de l'éponge du fer.

Quand les deux talons ou un seul sont très rentrés et même contournés par en bas, il est souvent indiqué de les abattre de court, pour les empêcher de porter sur le fer, de les ouvrir et d'amincir les barres, en arrière.

Lorsque le pied encastelé n'est pas sensible, le cheval peut donc être utilisé avec la ferrure ordinaire ou avec des éponges plus ou moins couvertes.

Cependant, il est généralement indiqué de combattre la déformation du pied sans interrompre le service.

A cet effet, il faut employer : le *fer à croissant*, si le cheval encastelé a les talons hauts et également serrés et ne travaille pas sur des routes empierrées;

Le *fer à pantoufle modifié*, sur les pieds encastelés à fourchette remontée, petite ou atrophiée, à talons inégalement serrés; dans ce dernier cas, l'éponge du côté le plus resserré a plus de couverture et son plan incliné est plus accusé; l'application de ce fer doit être précédée de l'ouverture des talons et d'un léger amincissement des arcs-boutants et des barres, les disposant en plan incliné de dedans en dehors;

Le *fer à planche* et le *fer Charlier*, si la fourchette est encore bonne et peut porter sur la terre ou sur la planche du fer, sans que les talons soient trop abattus.

Le pied encastelé étant toujours dur et sec, il importe de le graisser tous les jours ou de le goudronner et d'appliquer, deux à trois fois par semaine, de la bouse de vache, sous la sole.

Ce traitement est d'une absolue nécessité, surtout si les talons ont été un peu abattus et ouverts et l'arc-boutant aminci en dedans.

Encastelure avec boiterie. — Lorsque l'encastelure détermine sensibilité et boiterie, il faut faire disparaître la douleur et la chaleur du pied, par des cataplasmes et des bains, et se servir de préférence de la botte de cuir.

Employer :

Le *fer à croissant*, si le cheval travaille sur un terrain doux;

Le *fer à pantoufle modifié*, en donnant plus de couverture à l'éponge, du côté le plus resserré ;

Le *fer à éponges couvertes avec patin anglais* ;

Le *fer à planche*, si la sensibilité ou la boiterie persistent ; dans ce cas, il faut abattre les talons sensibles en sifflet et *de court*, pour les soustraire à l'appui: ouvrir les talons en amincissant les arcs-boutants et les barres, et les disposant en plan incliné de dedans en dehors ; mettre une étoupade goudronnée et une plaque en cuir ; si — ce qui arrive fréquemment — le talon du dedans est le seul sensible, et que la fourchette ne puisse fournir un point d'appui à la planche, il faut se servir du talon du dehors, qui est sain, pour porter le fer; le fer à planche léger, ajusté à l'anglaise, portant un fort pinçon est toujours plus solide et protège mieux que le fer à éponges couvertes.

C'est la meilleure ferrure pour faire marcher un cheval à

talons sensibles. Si le cheval continue à boiter, on doit appliquer des vésicatoires successifs.

Si le traitement échoue, il y a indication de suspendre définitivement le travail et de traiter l'encastelure à fond : soit en mettant immédiatement le cheval dans un box ou un parcours humide et mieux à la prairie, ferré à croissant et les talons ouverts ; soit, plutôt, en employant le procédé de l'amincissement avec fer à planche, précédé ou non de la dilatation mécanique, et suivi de vésicatoires à la couronne et, parfois, de la mise en box, parcours, prairie humide.

Pieds à talons serrés[1]. — Même ferrure et mêmes soins, en général, que pour le pied encastelé.

Pied à talons serrés par en haut[2]. — Fer ordinaire à éponges dégagées, peu de garniture ;

Le fer Charlier convient généralement ;

Fer à planche avec peu de garniture, si le pied est sujet aux seimes ;

Ne pas essayer de dilatation par en bas, le resserrement augmenterait par en haut. Donc le *fer à pantoufle modifié* est contre-indiqué.

Pied à talon chevauché, à quartier resserré ou maigre[3]. — Quoique le talon du *quartier resserré* chevauche toujours son voisin, il est généralement facile de les mettre au même niveau, du côté du sol, en taillant le pied perpendiculairement à la direction du paturon. Parfois, cependant, le côté chevauché qui, lors du nivellement, doit être paré davantage, ne présente pas suffisamment d'épaisseur de corne : l'instrument tranchant menace d'intéresser la chair avant que l'aplomb ne soit rétabli.

Il faut alors du temps pour arriver au but ; à chaque ferrure, ménager le côté exhaussé et parer l'autre, autant que possible ; telle est l'indication. Cette pratique est rationnelle :

---

1. Voir p. 51.
2. Voir p. 51.
3. Voir p. 51.

sans guérir le chevauchement, elle est favorable à l'utilisation du cheval.

Faire descendre le côté remonté n'est pas chose facile. Avec beaucoup de temps, une réussite, souvent incomplète, peut être obtenue, en râpant jusqu'au sang le quartier et l'empêchant de porter sur le fer. Le poids du corps fait effort sur la région du sabot, qui manque de point d'appui, et tend à l'abaisser.

Une faute grave est généralement commise, c'est d'épaissir la branche du fer, du côté remonté ; ce côté, déjà de beaucoup le plus faible, se trouve ainsi écrasé.

Pour le pied à talon chevauché, à quartier resserré ou maigre, il faut un fer ordinaire d'égale épaisseur partout, à *une branche couverte* (fig. 305), permettant de donner une forte garniture ; ou bien le fer à pantoufle modifié à une éponge couverte ; ou encore le fer à planche, en le faisant porter sur la fourchette ou sur le talon sain ; enfin, au besoin, employer les procédés d'amincissement et autres recommandés pour l'encastelure.

L'ouvrier qui pare un pied resserré, relevé en pince, doit se méfier de la sole des quartiers ; elle est mince et le sang vient de suite sous le boutoir : de là indication d'une ajusture calculée, à ces régions, afin d'éviter une compression douloureuse.

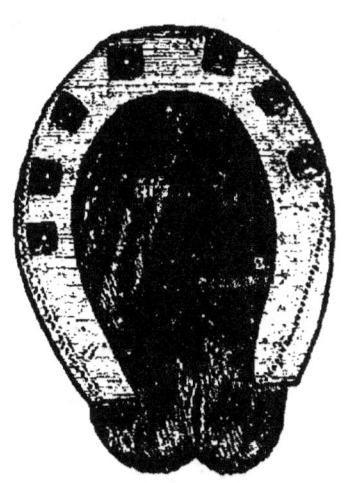

Fig. 305. — Ferrure d'un pied droit de devant, à quartier interne resserré, à talon exhaussé.

Pour tous les pieds resserrés, il faut employer des clous à lame mince.

Pied plat à talons serrés. — Le fer Charlier convient parfaitement aux pieds plats à talons bas, serrés et sensibles.

La fourchette porte en plein sur le sol et mobilise les talons ; en quelques mois, le pied resserré s'élargit considérablement et reprend sa forme première. Si le pied n'est pas assez fort pour porter le fer Charlier, il faut commencer par ferrer à planche et laisser pousser le pied.

Le fer à planche doit être léger, relevé en pince, mais aussi plat que possible en dessous, sans cependant porter sur la sole. A cet effet, l'ajusture est prise aux dépens de l'épaisseur du fer, et la planche est amincie en talons et renflée sous la fourchette.

Le fer à planche convient, surtout, aux pieds à bonne fourchette et à talons sensibles. Il faut, alors, que la planche porte en plein sur la fourchette et que les talons, abattus à plat et de court, ne touchent pas le fer.

Cette ferrure, faite parfois avec plaque de cuir et étoupade goudronnée, amène le soulagement et la dilatation des talons; mais son emploi ne peut être de longue durée, car la fourchette, écrasée par la planche, ne tarde pas à se pourrir.

Il faut alors remplacer le fer à planche par le fer Charlier, ou alterner avec un fer ordinaire couvert.

Si les talons sont très bas, il est indiqué d'employer le fer Charlier à éponges un peu nourries, ou le fer *à planche à crampon longitudinal.*

Pied plat et pied comble. — Pour les pieds plats et combles, les auteurs des traités de maréchalerie recommandent généralement de donner une ajusture suffisante pour empêcher le fer de porter sur la sole.

César Fiaschi n'est pas partisan de l'ajusture exagérée, des fers *ajustés en écuelle;* il recommande, pour les pieds plats et combles, des fers légers, amincis en dedans de la voûte et des branches, de manière à ne pas porter sur la sole. C'est la ferrure usitée aujourd'hui.

Lafosse indique de prolonger les branches de sa ferrure à croissant, pour les pieds plats.

« Pour ce qui est des pieds combles, ajoute-t-il, il faut également des fers plus longs et qui d'ailleurs couvrent davantage la sole, pour empêcher que la sole ou oignon, s'il y en a, ne portent à terre; il faut que le fer soit ajusté de façon qu'il ne porte point sur la sole, mais toujours que la fourchette et les talons portent à terre ; c'est le seul et véritable moyen, non seulement de conserver le pied, mais encore de le rétablir. »

Les anciens maréchaux appliquaient des fers à ajusture exagérée et huchaient les pieds combles, sur de véritables boules.

Bourgelat fait mention du *fer à bord renversé* (fig. 306), employé pour les cas extrêmes.

Ferrure du pied plat[1]. — Ménager les talons, parer la pince, respecter la sole autant que possible, faire sauter le sommet de la pince jusqu'à un millimètre du sillon circulaire ; faire la toilette à la fourchette et aux barres ; arrondir fortement, à

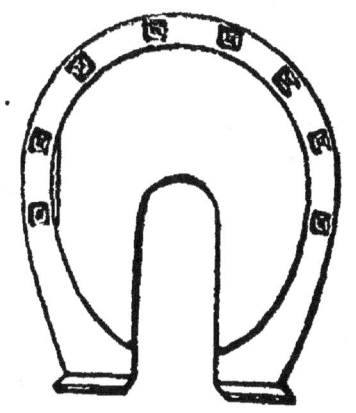

Fig. 306. — Fer à bord renversé.

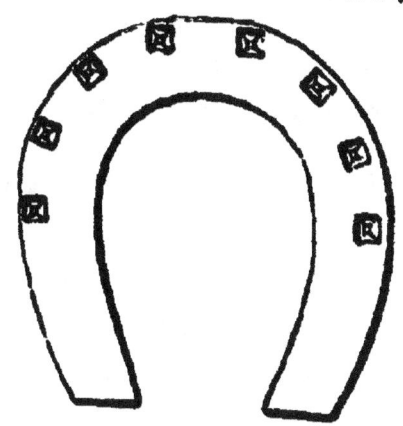

Fig. 307. — Fer couvert.

la râpe, le bord tranchant de la paroi, en mamelles et à l'origine des quartiers ;

Se servir d'un fer couvert, assez léger, à pinçon très incrusté, à ajusture suffisante, pour empêcher le fer de porter sur la sole, à garniture ordinaire, à éponges parfaitement planes, de même épaisseur que le fer et dépassant un peu en talons (fig. 307) ;

Employer des clous à lame mince ;

Pour le cheval de luxe, le fer Charlier et le fer anglais, ou le fer français ajusté à l'anglaise, avec plaque de cuir, sont préférables au fer couvert.

Ferrure du pied comble[2]. — Mêmes indications que pour le pied plat : couverture et ajusture augmentées, pour protéger le pied et éviter de faire porter le fer sur la sole ;

1. Voir p. 52.
2. Voir p. 53.

Laisser entre le fer et la sole une distance de deux millimètres seulement ;

Le pied comble est généralement fourbu ; la sole mince et sensible a besoin d'être protégée par un fer très ajusté et en même temps léger. Il lui faut donc un fer ordinaire couvert, ou un fer à planche, ajustés tous deux à l'anglaise, — c'est-à-dire aux dépens de leur épaisseur, — il est indiqué de mettre sous le fer une plaque en cuir, avec étoupade goudronnée ;

Se servir de clous minces de lame.

Pied long en pince[1]. — Parer la pince, mais avec précaution ; faire sauter le sommet de la pince jusqu'à un millimètre du sillon circulaire, soit avec le rogne-pied, soit avec la râpe ; ménager les talons.

Appliquer un fer demi-couvert, léger, un peu long, ajusté en pince de manière à ne pas toucher la sole.

Dans le cas où le cheval paraîtrait souffrir des pieds de devant, le ferrer avec plaque en cuir et étoupade goudronnée ou bien lui mettre des *patins anglais*.

Pied à talons faibles[1]. — Parer la pince autant que possible, ménager les talons, appliquer un fer léger, à éponges un peu couvertes, avec plaque en cuir et étoupade goudronnée ; de temps à autre, mettre un fer à planche, après avoir paré les talons de court, afin de les laisser reposer et de les faire pousser.

Clous minces de lame.

Pied gras[1]. — **Pied maigre.** — **Pied à paroi séparée de la sole**[2]. — Parer avec précaution, ménager la sole ;

Appliquer un fer demi-couvert, léger, avec une bonne garniture ;

Un pinçon en dehors, en bonne corne ;

Clous minces de lame.

Une plaque en cuir, avec étoupade goudronnée, est souvent nécessaire.

---

1. Voir p. 53.
2. Voir p. 54.

Pied cerclé[1]. — Si le pied cerclé est sensible et que de petits coups de brochoir, frappés sur les cercles les plus en saillie, dénoncent de la douleur, il faut enlever les saillies avec la râpe et tenir le pied gras.

Le fer à planche, avec plaque en cuir et étoupade goudronnée, est parfois nécessaire.

Pied dérobé[2]. — Parer avec précaution ; faire tomber *tous les éclats de corne*, bien arrondir le bord de la paroi avec la râpe.

Mettre un fer demi-couvert, léger, avec une bonne garniture, étampé aux régions du fer qui correspondent à la bonne corne, portant deux et rarement trois pinçons (fig. 308 et 309).

 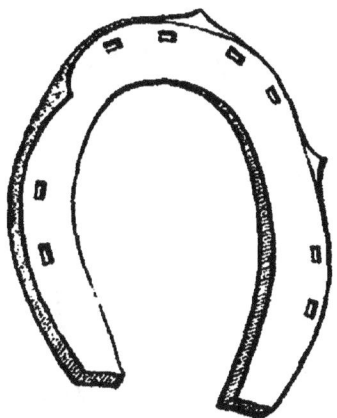

Fig. 308. Fer pour pied dérobé.

Fig. 309. — Fer pour pied dérobé en quartiers.

Employer le fer Charlier, pour les pieds complètement dérobés, avec étampures très multipliées.

Le pinçon de quartier doit toujours être mis en *bonne corne*, celui du dehors suffit très généralement.

Pied de travers[2]. — Pour le *pied de travers*, on employait autrefois le *fer à bosse* (fig. 310).

Lafosse a écrit :

« La ferrure en croissant sera d'autant plus nécessaire à un cheval qui aura un quartier faible et renversé, que non seule-

1. Voir p. 53.
2. Voir p. 55.

ment elle le soulagera, mais encore rétablira le quartier dans son état naturel.

Avec la ferrure à croissant, il n'est pas possible de donner de la garniture du côté resserré et conséquemment de redresser le pied.

Le fer à croissant ne convient, d'ailleurs, qu'aux pieds à talons hauts.

Bourgelat recommande de parer le côté le plus bas, pour redresser le pied de travers. C'est là une erreur grave, le défaut d'aplomb est augmenté.

M. Brambilla propose un fer à ajusture inclinée dans le sens contraire à la déviation du pied.

Ainsi, si le pied est incliné en dedans, la face supérieure de

 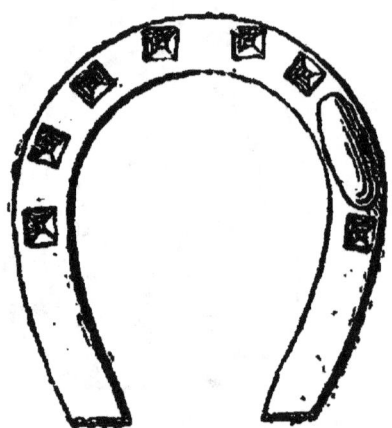

Fig 310. — Fer à bosse pour pied de travers.

Fig. 311. — Fer à bosse pour pied panard.

chaque branche du fer présentera un plan incliné, pris aux dépens de l'épaisseur du fer, et dirigé de dedans en dehors et de haut en bas.

On se demande comment il est possible, dans la pratique, d'asseoir un pied sur un pareil fer.

Si le pied est de travers, parce que le maréchal a paré plus d'un côté que de l'autre, il faut déferrer et remettre le pied d'aplomb, en ménageant le côté qui a été abaissé et en parant l'autre : on évitera ainsi les entorses, les boiteries et les déformations consécutives du pied.

Si le vice d'aplomb est ancien, plusieurs ferrures sont souvent nécessaires pour redresser le pied.

Quand le pied est de travers, par suite de resserrement d'un talon ou d'un quartier, il faut le ferrer et le traiter suivant les prescriptions précédemment développées.

Pied panard et pied cagneux [1]. — On a toujours recommandé, pour le pied panard, de ménager le quartier interne et de parer autant que possible en dehors ; de se servir d'un fer plus épais à la branche du dedans ; de ferrer juste de ce côté et de rentrer sous le pied l'éponge du fer, toujours plus courte et plus épaisse que celle du dehors ; pour le pied cagneux, la ferrure inverse a été conseillée.

Enfin, pour les défauts d'aplomb exagérés, le *fer à bosse* a été autrefois très employé. La bosse était placée sur le milieu de la branche interne, pour le cheval panard ; sur le milieu de la branche externe, pour le pied cagneux. C'est une ferrure absurde que certains auteurs conseillent encore aujourd'hui ; elle a l'inconvénient de vouloir corriger un vice d'aplomb naturel, par un autre beaucoup plus grave.

Ferrure du pied panard. — Mettre le pied bien d'aplomb et, à cet effet, parer le côté du dehors et ménager celui du dedans ;

Employer un fer garnissant peu en dehors, tenu juste en mamelle et quartier du dedans, garnissant également en éponges ;

Il faut de la garniture à l'éponge du dedans, même et *surtout* quand le cheval est sujet à se couper ;

Pour le pied de devant, lever le pinçon du fer un peu en dehors et non en face de la fourchette, de manière à partager le pied en deux parties égales ;

Pour le pied de derrière, lever le pinçon en dedans et tenir la branche droite, enfin d'empêcher le cheval de se couper.

Voilà des indications rationnelles, qui ont pour but de renvoyer du poids sur le dehors du pied, et d'égaliser la charge par la rectification de l'aplomb.

1. Voir p. 56.

Que le cheval soit panard des membres ou simplement du pied, les indications sont les mêmes et se justifient facilement. En effet, dans le premier cas, il est vrai qu'un pied droit est ainsi placé à l'extrémité d'un membre panard ; mais le pied redevient rapidement panard, puisque le côté du dehors croît plus vite que celui du dedans; en agissant autrement, la panardise deviendrait exagérée et amènerait la torsion du boulet.

Dans le cas de simple panardise du pied, le redressement est absolument inattaquable. Mais il y a mieux ; comme, malgré tout, la paroi du dehors pousse plus vite, parer d'aplomb d'abord, puis enlever quelques millimètres de plus de ce côté, est d'une bonne pratique : on va ainsi au-devant du vice d'aplomb à venir, en même temps est combattue l'irrégularité de la croissance du sabot.

Dans les circonstances, assez rares, où il n'est pas possible de rétablir l'aplomb du premier coup, par crainte de faire du sang avec le boutoir, l'indication est simple : il faut, sans rien compromettre, se rapprocher le plus possible du but et y arriver lentement, mais sûrement, en plusieurs ferrures.

Ferrure du pied cagneux. — Mettre le pied bien d'aplomb et, à cet effet, parer au degré voulu le côté du dedans et ménager celui du dehors ;

Réformer fortement, à la râpe, la paroi de la mamelle interne et la région du même quartier ;

Employer un fer plus couvert à la branche du dehors, afin de pouvoir donner une bonne garniture de ce côté ; ferrer juste en dedans, égale garniture en éponges ;

Pour les explications complémentaires : se reporter à la ferrure du pied panard.

Pied pinçard, pied rampin[1]. — Les anciens traités de maréchalerie recommandent de ménager la pince et de parer les talons, de mettre un fer à pince épaisse (fig. 312), prolongée et relevée, à éponges minces ; ce système de ferrure, conseillé encore par M. le professeur Rey, est assez souvent pratiqué.

1. Voir p. 56.

Les talons du cheval pinçard ou rampin ne portent pas à terre ; on espère en les parant et en épaississant exagérément la pince, jeter la charge en arrière et forcer ainsi le cheval à appuyer sur le sol ; l'épaississement de la pince a, en outre, pour but de donner à cette région — où se font tout à la fois le poser, l'appui et l'impulsion — la force de résister à une usure exagérée.

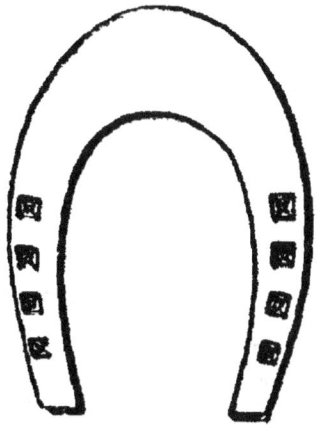

Fig. 312. — Fer pinçard

C'est là une pratique funeste étayée sur un raisonnement faux.

En effet, le cheval s'appuie sur la pince pour soulager ses tendons fatigués, souffrants, engorgés, raccourcis.

En parant les talons et épaississant la pince, le maréchal augmente le mal.

Rejeter la charge sur des cordes douloureuses détermine des souffrances plus grandes : le cheval, pour se soulager davan-

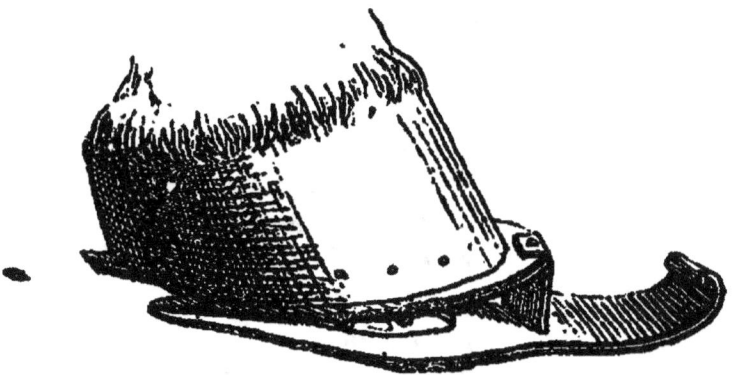

Fig. 313. — Fer à bec.

tage, appuie sur la pince et, par ainsi, se trouve exagéré le vice d'aplomb.

Voilà des talons qui ne participent pas au support. Les parer, c'est augmenter la distance qui les sépare du sol. D'autre part, si la pince épaisse présente plus de résistance à l'usure, il faut considérer que cet avantage est minime, puisque l'usure augmente en même temps que le défaut d'aplomb.

Toujours dans le but de forcer le cheval à pied rampin, à pied bot, à appuyer sur les talons, on trouve recommandé, dans de vieux traités de maréchalerie, une horrible invention, le *fer à bec* (fig. 313).

Quand un homme estropié ne s'appuie que sur la pointe du pied, le cordonnier est-il assez inintelligent pour supprimer le talon du soulier et épaissir la semelle, dans l'espoir de forcer le talon du pied à descendre vers la terre ?

Ferrure du pied pinçard. — Parer la pince autant que possible, sans éveiller sa sensibilité ; il y a ordinairement peu de corne à enlever, car cette région, surchargée de poids, ne pousse pas ;

Ménager les talons ;

Si le cheval est jeune et le défaut d'aplomb peu accusé : employer un fer égal de force, à pince un peu plus couverte, à pinçon plus fort, portant éponge anglaise en dedans et crampon de même hauteur en dehors, faire brider le pinçon pour allonger le pied et ferrer long.

La garniture de pince et l'ajusture plate amènent le poids en arrière, où il est reçu par les éponges.

Si un cheval est très pinçard, il faut le soulager et le faire marcher sans chercher à le redresser.

A cet effet :

Employer un fer pinçard à ajusture plate, à pince assez épaisse pour résister à l'usure et portant un grand pinçon bridé ; à éponges longues et progressivement amincies, terminées par de forts crampons, dont l'élévation est calculée sur la distance qui sépare les talons du sol.

Le grand pinçon bridé permet de prolonger la pince d'autant plus en avant que le vice d'aplomb est plus accusé, et de rejeter ainsi le poids en arrière, où il est reçu par les crampons.

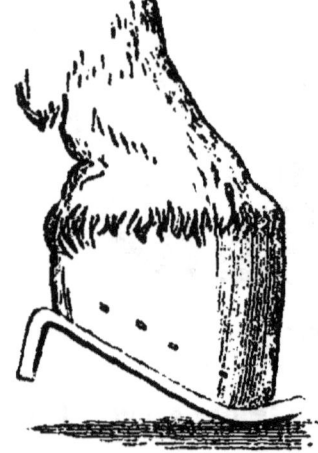

Fig. 314. Fer à pince prolongée

Ferrure du pied rampin. — Même ferrure que pour le pied

pinçard. Si la paroi traîne sur le sol, se servir du fer à pince prolongée et relevée avec pinçons latéraux (fig. 314).

Pied à talons bas[1]. — Pour les chevaux qui ont les talons bas, César Fiaschi recommande le fer à planche : mais pour les jeunes chevaux, il conseille d'abord l'usage du fer à lunette, qu'il ne faut employer que pendant quelques mois pour revenir ensuite à la ferrure ordinaire.

Soleysel prétend que ce défaut d'aplomb provient du fluide nourricier qui se dirige en pince et qui délaisse les talons. Pour y remédier, il engage de retrancher la pince et de respecter les talons, ainsi que la fourchette, à moins qu'elle ne soit pourrie. D'après lui, le fer doit être d'égale épaisseur partout.

Laguérinière, au contraire, veut qu'on mette des crampons pour empêcher le talon de porter à terre.

Quant à Lafosse, il condamne les fers forts d'éponges et les crampons : « Les fers longs et forts d'éponges, aux pieds qui ont les talons bas, les écrasent et les renversent, les foulent et font boiter le cheval, quoiqu'on relève l'éponge et qu'on voie du jour entre l'éponge et le talon, le talon va chercher l'éponge, parce que le sabot est flexible. »

C'est toujours sa ferrure qu'il recommande : « Un cheval qui aura les talons faibles et sensibles doit être ferré le plus court qu'il est possible, et avec de minces éponges, de manière que la fourchette porte à terre, parce que ses talons, n'ayant rien dessous eux, profiteront et seront soulagés. »

Bourgelat prétend que, la corne morte mettant obstacle à la descente de la corne vive, on doit laisser à la pince toute sa longueur, et raccourcir les talons, pour que la corne vive ne rencontre pas de résistance et puisse pousser avec plus d'activité.

A notre avis, pour les pieds à talons bas, il ne faut jamais employer le fer à croissant, qui jette du poids sur les talons et les tendons, déjà surchargés ; ni le fer à planche dont l'usage doit être réservé aux talons sensibles ; ni surtout les crampons qui *assomment les talons*.

1. Voir p. 57.

Dans la pratique journalière, c'est le *fer à éponges nourries* qui est généralement employé, *pour élever les talons et rétablir l'aplomb*. Il importe d'abord de faire observer que le pied, à talons naturellement bas, peut être parfaitement d'aplomb : c'est le pied à talons trop parés, abattus, qui n'est pas d'aplomb.

Les éponges fortes sont aussi nuisibles que les crampons : elles écrasent les talons, et — le fer ne portant plus à terre que par la pince et les éponges, — de rudes commotions se font sentir aux régions correspondantes du pied. D'autre part, dans les pieds à talons bas, les branches du fer, jouant beaucoup sur le sabot, l'usure de la corne des talons est d'autant plus grande que les éponges sont plus fortes.

Ce qu'il faut pour les talons bas, c'est de parer et de raccourcir la pince, de ménager les talons et de se servir d'un fer léger, d'égale épaisseur partout, un peu long, à pinçon aussi incrusté que possible.

Quand on veut donner un peu plus d'épaisseur en éponges, le fer doit être progressivement épaissi, à partir des mamelles.

Enfin, dans le cas de sensibilité des talons, si la fourchette est bonne, il est bien d'employer le fer à planche, avec ou sans crampon, et le fer Charlier.

Pied à talons hauts[1]. — Parer le pied à la manière ordinaire et d'aplomb ; laisser aux talons une hauteur en rapport avec l'aplomb du membre et la conformation du pied ; ne pas chercher, quand même, à leur donner la moitié de la hauteur de la pince ; fer ordinaire ou à éponges légèrement amincies, ou *à croissant*.

Pied à talons fuyants[2]. — Raccourcir le pied autant que possible, en le parant bien à plat, en pince comme en talons ;

Faire sauter la pince en travers, jusqu'au sillon circulaire ;

Fer ordinaire avec un bon pinçon, redressé et incrusté de manière à remonter le fer le plus possible.

Supprimer, au besoin, les clous de pince et ferrer long, si le cheval ne forge pas.

1. Voir p. 57.
2. Voir p. 58.

CHAPITRE IV

FERRURE DES VICES D'APLOMB, DES IRRÉGULARITÉS ET ACCIDENTS DE LA MARCHE, DES HABITUDES VICIEUSES D'ÉCURIE, DES MALADIES ET BLESSURES DES MEMBRES.

I. Vices d'aplomb. — II. Irrégularités des allures. — III. Accidents de la marche. — IV. Habitudes vicieuses d'écurie. — V. Maladies et blessures des membres.

I. — FERRURE DES VICES D'APLOMB[1].

La plupart des vices d'aplomb des membres nécessitent des modifications à la ferrure ordinaire.

Sous lui du devant. — Parer le pied au degré voulu et d'aplomb ;

Fer à pince relevée pour empêcher le cheval de butter, à branches progressivement nourries, si les talons manquent de hauteur ; éponges longues pour le cheval qui n'est pas sujet à forger ; éponges couvrant seulement le talon et disposées en biseau, si le cheval forge.

Sous lui du derrière. — Parer la pince, ménager les talons ; faire sauter le sommet de la pince et incruster à fond le pinçon ; ou bien laisser la corne de pince, se servir d'un fer à pince carrée, à deux pinçons latéraux, à éponges nourries ou portant crampon, ferrer long en remontant le fer de manière que la corne dépasse largement en pince ; arrondir à la râpe la corne débordante.

Cette manière de ferrer empêche le cheval de forger, rejette du poids sur la pince et soulage d'autant les tendons et les talons.

Campé du devant. — Parer le pied au degré voulu et d'aplomb.

---

1. Voir p. 89 et suivantes.

Ferrure appropriée à l'état des pieds, généralement sensibles, douloureux ; mais, en principe, il est indiqué de porter la charge en avant, avec un fer à pinçon bien incrusté et à éponges longues.

Campé du derrière. — Parer le pied à la manière ordinaire; se servir d'un fer à ajusture plate, à pince plus longue, à pinçon bridé, pour rejeter du poids sur les tendons et les talons et soulager d'autant les os et la pince.

Serré du devant, du derrière. — Parer le pied à la manière ordinaire, ferrer très juste en dedans et réformer un peu la paroi à la râpe ; donner une bonne et égale garniture en éponges. Le pinçon du fer de derrière doit être levé très en dedans, et la branche du même côté être tenue droite. Si le cheval serré du devant ou du derrière se *coupe*, se servir de la ferrure conseillée contre cet accident.

Panard du devant, du derrière. — Au bout d'un membre panard doit se trouver un pied panard.

Redresser un membre panard est impossible et ne doit pas être tenté. Si, dans ce but, le maréchal pare à fond le dehors du sabot et applique un fer plus épais à la branche du dedans, comme les traités de maréchalerie le conseillent, il arrive à placer un pied cagneux au bout d'un membre panard.

Même ferrure que pour le pied panard.

Si le cheval *marche en panard*, d'une manière très accusée, et semble exposé à se toucher, à se contusionner le dedans des membres : le ferrer en cheval qui se coupe.

Employer à plus forte raison cette même ferrure, s'il existe des blessures, des cicatrices, des tumeurs occasionnées par la rencontre des membres.

Cagneux du devant, du derrière. — Mêmes observations que pour le pied panard.

Le cheval cagneux des membres ne se coupant jamais : même ferrure que pour le pied cagneux.

Brassicourt. — Se garder d'abattre les talons pour redresser le membre, comme on le recommande encore aujourd'hui.

Parer le pied à la manière ordinaire, en laissant un peu plus d'épaisseur de paroi en pince.

Fer ordinaire : faire brider légèrement le pinçon pour redresser un peu le membre.

Arqué. — Voir : *ferrure du cheval usé.*

Genoux de veau, effacés, creux, renvoyés. — Parer la pince, ménager les talons.

Se servir d'un fer ordinaire à pince relevée, pour empêcher le cheval de butter ; à pinçon bien incrusté, à éponges un peu longues pour soulager les tendons.

Genoux de bœuf. — On se servait autrefois du fer à une ou deux bosses, sur la branche interne.

Aujourd'hui on conseille le fer à branche interne plus épaisse ; toujours pour rejeter l'appui en dehors.

Il faut : mettre le pied bien d'aplomb et, à cet effet, parer le dehors et ménager le dedans ; se servir d'un fer d'égale épaisseur, garnissant peu en dehors ; ferrer juste en dedans et donner une égale garniture en éponges. C'est la ferrure du cheval panard du devant.

Genoux cambrés. — On conseillait jadis le fer à une ou deux bosses, sur la branche externe, pour rejeter l'appui en dedans. Aujourd'hui le fer à branche externe plus épaisse est employé.

Il faut mettre le pied d'aplomb, en parant le côté du dedans et ménageant celui du dehors ; se servir d'un fer d'égale épaisseur à branche externe plus couverte ; donner plus de garniture en dehors.

C'est la ferrure du cheval cagneux du devant.

Jarrets coudés. — Ferrure du cheval sous lui du derrière.

Jarrets droits. — Ferrure du cheval campé de derrière.

Jarrets clos. — Ferrure du cheval panard du derrière.

Jarrets trop ouverts. — Ferrure du cheval cagneux du derrière. Crampon en dehors pour arrêter le mouvement de vacillation des jarrets, lors du poser.

Droit-jointé, droit sur ses boulets, bouleté, bouté du devant, du derrière. — Voir : *ferrure du cheval usé.*

Cependant, pour le cheval jeune, *droit-jointé* de nature et non par suite d'usure, il est indiqué de redresser le boulet en conservant un peu plus d'épaisseur à la paroi de pince, et en faisant brider légèrement le pinçon.

Si les talons sont bas : employer un fer à éponges nourries, pour les pieds de devant, et à crampons, pour ceux de derrière.

Mais, si on abaisse les talons, comme beaucoup d'auteurs le conseillent encore, on arrive rapidement à produire la *bouleture*.

Bas-jointé du devant et du derrière. — Rejeter le poids sur les os en parant la pince et ménageant les talons ; incruster à fond le pinçon et, à cet effet, écarter et même supprimer les deux étampures de pince ; ferrer long du devant, si le cheval ne forge pas ; ferrer toujours long du derrière, avec un fer à pince carrée ; asseoir les talons, celui du dedans, sur une éponge anglaise et celui du dehors, sur un crampon.

Court-jointé du devant, du derrière. — Si le cheval court-jointé a le paturon bien dirigé : ferrure ordinaire. S'il est en même temps droit-jointé : voir ferrure du cheval droit-jointé.

Long-jointé du devant, du derrière. — Si le paturon est bien dirigé : ferrure ordinaire.

Cependant, il est prudent de tenir la pince courte et de conserver les talons sans exagération, d'incruster le pinçon, de ferrer un peu long, de se servir d'un fer de derrière à pince carrée et à éponges nourries.

Ferrure du cheval usé : arqué, droit sur ses boulets, bouleté, pinçard par usure.

Pour tout cheval usé, on doit regarder l'usure du fer, autrement dit l'ajusture produite par la marche ; il importe de reproduire cette ajusture sur le fer neuf à l'aide d'un fort coup de râpe donné à chaud.

On va ainsi au devant d'un long travail, pénible à accomplir pour le cheval.

Le cheval usé, arqué, droit, bouleté, pinçard, a l'allure raccourcie et rasante ; il est exposé à butter, à s'abattre, à se couper.

Il faut : parer la pince, ménager les talons, sans cependant leur donner une hauteur hors de proportion avec la conformation du pied et l'aplomb du membre.

Employer un fer un peu couvert, juste en dedans, *portant son ajusture*, — de telle sorte que le cheval puisse marcher aussi facilement avec un fer neuf qu'avec un fer usé. Comme le cheval a tendance à butter et que l'appui se fait surtout sur la pince : le fer doit avoir la pince relevée et munie d'un large pinçon bridé ; comme la fatigue des tendons est grande, ce fer porte des éponges longues et garnissant également ; pour le cheval bouleté du derrière et pinçard, les crampons sont nécessaires.

II. — FERRURE DES IRRÉGULARITÉS DES ALLURES[1].

Se croiser : ferrer le cheval qui se croise en marchant, comme le cheval serré du devant, du derrière.

Ne pas mettre de crampon en dedans du fer de derrière ; une éponge anglaise, bien arrondie, est sans danger.

Se bercer. — Ferrure ordinaire. Employer un fer légèrement plus épais et plus couvert pour lui donner de la résistance à l'usure et de la durée.

Raser le tapis, batter. — Parer la pince, ménager les talons ;
Fer légèrement couvert, à pince relevée ;
Se servir de clous anglais, ou de clous français à tête petite, noyée dans l'étampure.

Harper. — D'après M. Watrin, l'éparvin sec peut disparaître tout simplement en mettant le pied d'aplomb, suivant son système.

Rappelons que, parer d'après ce système, c'est, suivant nous, abattre davantage le dedans et mettre le pied de travers.

Il s'agit donc de savoir si, en parant un peu plus le quartier interne, on peut empêcher un cheval de harper.

Faucher. — Parer la pince autant que possible, ménager les talons.

Mettre un fer à pince un peu couverte et relevée.

III. — FERRURE DES ACCIDENTS DE LA MARCHE.

Forger, se déferrer, s'atteindre[2]. — Depuis César Fiaschi, tous les auteurs qui ont écrit sur la maréchalerie compren-

---

1. Voir p. 118 et suivantes.
2. Voir p. 124.

nent de la même manière la ferrure des chevaux qui forgent : raccourcir les branches des fers antérieurs et la pince des fers postérieurs, plus ou moins, suivant que le défaut est plus ou moins accentué.

Pour les chevaux qui forgent en voûte, Lafosse a conseillé le *fer échancré en voûte*, utilisé d'abord pour les pansements consécutifs à la saignée en place.

Bourgelat recommandait d'abattre les talons du pied de devant.

Pour le cheval qui use la pince de ses pieds de derrière en forgeant, on a employé le fer à pinçon large et haut (fig. 354); mais le défaut de forger est augmenté.

On a conseillé aussi de ferrer les pieds de devant avec le *fer à bec*, afin d'augmenter le mouvement des épaules ; c'est absurde, puisqu'on retarde ainsi le lever du pied de devant.

Pour empêcher le cheval de forger, l'intervention de l'homme de cheval est plus efficace que celle du maréchal.

C'est qu'en effet, il suffit presque toujours de donner au cheval une nourriture fortifiante, un travail régulier et progressif, de lui apprendre à marcher, de ne pas mésuser de ses forces, de ne pas le pousser au delà de ses moyens, de seller en arrière, d'alléger et de grandir l'avant-main, d'engager le derrière, etc.

Le maréchal peut seulement diminuer la fréquence des heurts et l'intensité du bruit.

Dans ce but, il se sert d'un fer de derrière à pince tronquée carrément et dépassée par la corne, portant deux pinçons à l'origine des quartiers. Mais les angles saillants du fer, à pince carrée, peuvent encore heurter les éponges du fer de devant.

Le maréchal tronque en outre les éponges du fer de devant. Or, s'il est facile de diminuer la fréquence des rencontres, ce n'est pas à l'aide d'un fer de devant à éponges courtes. Par là, en effet, le poids est jeté sur les tendons, le lever du pied est rendu plus fatigant et plus lent. Une telle ferrure, généralement usitée, contribue donc à produire et à exagérer les collisions entre le pied de devant et celui de derrière.

En principe, le cheval qui forge doit être ferré de manière à hâter le lever du pied de devant, à retarder celui du pied

FERRURE DES ACCIDENTS DE LA MARCHE.

de derrière ; de plus, il faut éviter autant que possible le bruit résultant du choc du fer contre le fer.

A cet effet, il faut :

Pour le pied de devant, attirer le poids sur la pince en parant celle-ci et en ménageant les talons, bien incruster le pinçon, ferrer avec un fer ordinaire ou progressivement épaissi en branche, à éponges en biseau, couvrant les talons sans les dépasser ;

Ferrer court est mauvais ; mais ferrer long expose le cheval à se déferrer ;

Pour les pieds qui peuvent les porter, les fers Charlier et à croissant sont excellents contre le défaut de forger ;

Le fer ordinaire français ou anglais, évidé fortement en dessous à sa rive interne, autrement dit portant une ajusture anglaise renversée, — est fréquemment employé, surtout pour les chevaux qui forgent en voûte ;

Pour le pied de derrière, parer peu et sans tronquer la pince, — la longueur du pied porte la charge en arrière, — se bien garder d'abattre les talons pour retarder le lever du pied, car les tendons en souffriraient ;

Se servir d'un fer à pince tronquée carrément et fortement

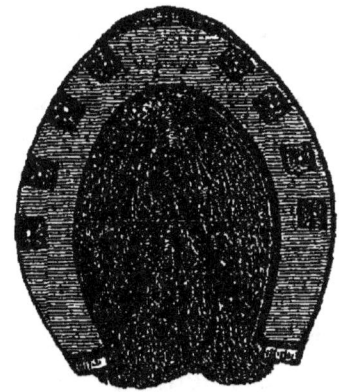

Fig. 315. Pince pointue et incrustée dans l'épaisseur de la paroi.

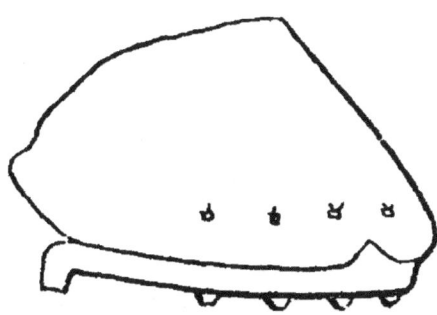

Fig. 316. — Pince pointue.

biseautée, à angles arrondis, portant deux pinçons latéraux et même, — si les talons sont trop bas[1], — des éponges nourries

---

1. Le cheval qui forge a souvent les talons trop bas.

ou un crampon en dehors et une éponge anglaise en dedans ; cependant ces moyens de rétablir l'aplomb ne peuvent être employés qu'avec circonspection, car ils ont l'inconvénient de hâter le lever du pied ;

Lever chaque pinçon entre les deux premières étampures et plus près de la seconde ;

Faire dépasser le fer, par la corne de pince, de toute l'épaisseur de la paroi :

Ferrer long et d'un fort coup de râpe, arrondir la corne de pince, de manière à la relier au biseau de la pince du fer ;

Au lieu d'une pince carrée et biseautée, on peut employer, préférablement même, une pince pointue, arrondie, très relevée [1] et incrustée dans l'épaisseur de la paroi (fig. 315 et 316).

Quand le pied de derrière est ainsi ferré, c'est la corne de pince qui vient heurter le pied de devant et le bruit est bien moindre que si le fer frappait contre le fer. Mais ce bruit peut encore être diminué en plaçant, en pince, entre le fer et le pied, un morceau de cuir dépassant la corne et tenu par les deux premiers clous de chaque côté.

La ferrure spéciale du pied de derrière a encore et surtout pour but d'empêcher le cheval de *se donner des atteintes* ou, du moins, de rendre les atteintes moins graves.

Enfin, comme le cheval qui forge est sujet à *se déferrer*, — parce que ses fers sont ébranlés par les chocs, que les rivets se relâchent et que la pince du pied de derrière vient parfois frapper sur l'éponge du fer de devant, — il importe, pour donner de la solidité à la ferrure, de placer un pinçon en dehors de chaque fer, vers le *centre du quartier*.

Se toucher, se couper, s'entretailler [2]. — Tous les auteurs qui ont écrit sur la ferrure se sont préoccupés des moyens à employer pour empêcher les chevaux de se couper ; afin de remédier à ce défaut, si fréquent, ils conseillent de rentrer la branche du dedans, de râper la paroi du même côté et de

---

1. Le relèvement de la pince pointue et le biseau de la pince carrée retardent le lever du pied.

2. Voir p. 125.

mettre le pied de travers d'un côté ou de l'autre, en parant ou en mettant un fer à branches inégalement épaisses.

César Fiaschi donne comme excellent le fer à la turque ou le fer à bosse.

D'après Soleysel, si ce défaut est causé par la fatigue, le repos et la bonne nourriture suffisent. S'il provient d'une autre cause et que le cheval se coupe du devant, il faut le déferrer des deux pieds, abattre le côté du dehors, serrer l'éponge du dedans, la couper aussi court que possible, et incruster les clous dans la corne. Si le cheval s'entretaille encore malgré cette ferrure, cet auteur conseille de doubler l'épaisseur des éponges internes et d'abattre le quartier du dehors jusqu'au vif ; pour le cheval qui se coupe seulement du derrière, il recommande de mettre un fer à branche du dedans sans étampures et portant un fort crampon, d'abattre le dehors du pied, et, pour dernière ressource, d'appliquer un fer à la turque.

Laguérinière rapporte que : « c'est l'usage aux chevaux qui se coupent du devant, de leur abattre le quartier du dehors de chaque pied ; on serre aussi l'éponge du dedans, et on la coupe courte et au niveau du talon. Il faut avec cela river les clous, de façon que les rivets entrent dans la corne, et qu'ils ne débordent pas aux jambes de derrière et l'on met un petit crampon en dedans, sans qu'il déborde ; le cheval marche plus ouvert et plus à son aise. Voilà la seule façon de ferrer ces sortes de chevaux ; mais si c'est par mauvaise habitude, par faiblesse ou par lassitude qu'un cheval se coupe, la ferrure seule ne leur ôte point ce défaut. »

Garsault est de l'avis de Soleysel et Laguérinière ; mais lorsque ces moyens ne réussissent pas, il en recommande de tout opposés : c'est-à-dire une branche forte en dehors et même un crampon ; en dedans une branche mince, courte et droite.

Lafosse adopte seulement cette dernière manière de faire, il veut que la branche interne de son fer soit plus courte et plus mince que l'autre.

Lafosse fils[1] écrit : « Le cheval qui se coupe peut se couper de la pince ou du quartier ; ce dernier cas est le plus fréquent...

---

1. Lafosse fils, *Guide du maréchal.*

Pour y remédier, on met un fer dont la branche de dedans soit courte, mince, étranglée et sans étampure; il faut qu'elle soit incrustée dans l'épaisseur de la muraille; la branche de dehors sera à l'ordinaire, à l'exception des étampures qui doivent être serrées et en même nombre. »

L'auteur de l'article *Maréchal ferrant* de la *Nouvelle Encyclopédie* conseille le fer à la turque ou plutôt le fer à bosse sur la branche interne, à l'endroit où le cheval se heurte le membre opposé. Mais il ajoute : « J'ai prouvé plusieurs fois qu'en mettant la branche plus épaisse en dehors, et en suivant une méthode diamétralement opposée, je parvenais au but auquel il ne m'avait pas été possible d'arriver par le secours de la première. »

Bourgelat adopte la ferrure à la turque : « Nous ne déguiserons cependant pas, dit-il, que nous avons vu des chevaux panards devenir moins défectueux par cette dernière voie (fer épais en dehors) et des chevaux cagneux rappelés par la première (fer épais en dedans) dans une juste situation ; mais il faut avouer qu'une pareille matière est en quelque sorte inextricable... »

C'est donc à tort que Moorcroft se donne comme l'inventeur de la méthode contraire à celle de César Fiaschi et de Soleysel: « *de la ferrure à la turque renversée* ».

En 1796, Moorcroft mit en usage « dans un cas où l'ancienne méthode était restée complètement infructueuse, malgré toutes les tentatives faites pour l'appliquer, un fer forgé d'après un principe inverse, c'est-à-dire que *sa branche externe était beaucoup plus épaisse que l'interne.* »

« Au premier essai le cheval cessa de se couper, bien qu'il eût été toujours exposé à ce défaut; dans d'autres cas il eut recours au procédé qui lui avait si bien réussi et toujours avec le même succès; ces résultats conduisirent enfin à conclure qu'une pratique qui était si uniformément heureuse, dans les cas où la méthode adoptée faisait si uniformément défaut, reposait sur un meilleur principe. Car si le défaut de *se couper* dépend principalement de la fausse position respective des boulets et des pieds (et l'on était généralement d'accord pour admettre que telle en était la cause), il semblait qu'un moyen qui avait pour conséquence, en exagérant l'élévation du quartier externe, de rapprocher davantage les boulets, devait nécessairement augmenter le défaut dont il s'agit ; mais comme c'est le contraire qui arrivait, cela devait conduire à soupçonner qu'il y avait d'autres causes du défaut de se couper que celles qui jusqu'à présent avaient été reconnues.

« Dans le but de donner la démonstration des effets qui résultent de l'application, sous les pieds du cheval, de ferrures différentes, on a fait les expériences suivantes :

« Première expérience. — Un cheval à poitrine étroite qui ne s'était jamais coupé, et qui portait des fers également épais dans tout leur contour, fut trotté sur un sol légèrement humide. Deux lignes parallèles, tracées en dehors des foulées, étaient distantes de neuf pouces et demi.

« Deuxième expérience. — Le même cheval ayant été ferré avec des fers à branche interne épaisse, la distance entre les points les plus saillants des foulées ne fut plus que de huit pouces et demi.

« Troisième expérience. — Les mêmes fers ayant été changés de pied, l'expérience faite comme les deux précédentes donna cette fois onze pouces entre les foulées[1]. »

D'après H. Bouley[2] « les chevaux panards et cagneux se coupent, généralement, par la partie de leurs sabots qui se projette en dedans de la ligne verticale, c'est-à-dire les premiers, par le talon interne du membre en action, et les seconds, par la mamelle du même côté.

« Ainsi, il y a certitude que les chevaux panards et cagneux s'atteignent, les premiers avec la partie postérieure et les seconds avec la partie antérieure de leurs sabots[3]. »

Pour remédier au défaut de se couper, H. Bouley donne les indications suivantes :

« Renouveler la ferrure plus souvent que ne le comporte l'usure des fers, quand cette usure ne s'effectue que lentement;

« Parer les pieds également, de manière à conserver la jus-

---

1. Moorcroft. *Examen rapide des différentes sortes de ferrure.*
2. Bouley, *Nouveau Dictionnaire pratique*, p. 446.
3. Bouley, *Nouveau Dictionnaire pratique*, p. 456.

tesse des aplombs, et les raccourcir autant que le permet sans dommage la conformation de l'ongle[1].

« Amincir, avec la râpe, l'épaisseur du quartier interne et appliquer un fer à branches également épaisses, en ayant soin d'arrondir avec la lime la rive inférieure de la branche interne, ainsi que l'angle externe de l'éponge du même côté, et fixer le fer sous le pied de manière que cette branche interne ne dépasse pas la corne du quartier et du talon correspondant et même reste placée en dedans. »

Enfin, il donne, comme dernière et plus puissante ressource, celle qui consiste dans l'application de fers à branches inégalement épaisses[2].

« La ferrure qui convient pour le cheval qui *se coupe* est essentiellement caractérisée par ces deux faits principaux: d'une part, la réduction des diamètres des sabots du côté de leur circonférence interne; d'autre part, l'obliquité forcée de leur assiette sur le sol, soit de *dedans* en *dehors*, soit de *dehors* en *dedans*, de telle façon que les pieds soient de travers dans un sens ou dans l'autre, et commandent ainsi aux rayons qui les dominent une direction oblique elle-même, qui, ou bien maintienne les membres plus écartés au moment de l'appui, ou les sollicite à un mouvement divergent en dehors, quand ils entrent en action. »

Il reconnaît deux procédés complètement inverses l'un de l'autre. Dans le premier procédé, il recommande de « parer le sabot inégalement, le quartier interne étant ménagé plus haut que l'externe. »

Il recommande encore de râper, d'amincir la mamelle interne du cheval cagneux, le talon interne du cheval panard, — de mettre la branche interne du fer plus épaisse et plus courte, « surtout quand le cheval est panard, afin que son éponge ne fasse pas, au delà du talon, une projection anguleuse dont les atteintes pourraient être très meurtrières… L'éponge enfin devra être rentrée ou tronquée, si le cheval se coupe par le talon.

« C'est en réalisant ces deux résultats, l'écartement des mem-

---

1. Autrement dit *parer à fond*.
2. Rouley, *Nouveau Dictionnaire*, p. 461.

bres exposés à s'atteindre et la réduction du volume des parties percutantes, que la *ferrure à la turque* atteint souvent le but en vue duquel elle est appliquée. Mais il peut arriver qu'elle le manque, et alors reste la ressource du procédé de ferrure inverse que nous allons examiner[1]. »

« Le deuxième procédé est celui de Garsault : *ferrure à la turque renversée*. Pour le mettre en pratique « il faut faire l'opposé de ce qu'exige l'exécution de la ferrure à la turque proprement dite, parer le sabot en abattant le quartier du dedans beaucoup plus que celui du dehors et lui adapter un fer dont la branche externe, plus épaisse que l'interne, exagère et maintienne l'obliquité imprimée déjà à l'assiette du pied par l'action du boutoir. Toutefois ces deux procédés se ressemblent en ce sens que, dans l'un et dans l'autre, il y a indication de maintenir la branche interne en deçà du contour de l'ongle, et d'effacer avec la râpe le relief de ce contour dans les points par lesquels s'opère la percussion sur le membre opposé.

« Si, maintenant — dit cet auteur — on compare entre eux ces deux procédés de ferrure, on voit que, semblables par les résultats qu'ils donnent, ils diffèrent par les moyens. Si la ferrure à la turque proprement dite empêche un cheval de se couper, cela pourrait dépendre principalement de ce que les rayons inférieurs du membre à l'appui sont déviés, en dehors, de la ligne verticale et éloignés, par cette déviation, du membre en action qui peut ainsi se déployer à côté de lui sans l'atteindre; tandis que le procédé Moorcroft aurait, au contraire, pour résultat de faire diverger le membre en action en dehors de la verticale, et de l'écarter ainsi de celui qui est au poser. Ces deux procédés devraient donc leur propriété préventive des atteintes à l'influence mécanique qu'ils exerceraient, le premier sur le membre exposé à être touché, et le second sur celui qui percute. Cela posé, on doit comprendre que rien d'absolu ne saurait être prescrit relativement à l'application préférable de l'un ou de l'autre de ces procédés. Tous deux sont bons ; tous deux répondent aux fins qu'on se propose par leur emploi. C'est par la voie expérimentale que l'on peut arriver à discerner quel est,

---

1. Bouley, *Nouveau Dictionnaire pratique*, p. 471.

dans un cas donné, celui qu'il faut préférer à l'autre. Lorsque l'un échoue, l'autre peut être efficace, et réciproquement. Quelquefois même, il est avantageux de combiner l'un avec l'autre, en appliquant par exemple au membre touché le fer qui tente à le faire dévier de la verticale, alors qu'il est à l'appui, et au sabot du membre percutant le fer inversement disposé, qui a pour effet de le faire diverger en dehors de la ligne d'aplomb, alors qu'il entre en action. Par l'emploi, ainsi combiné, de ces deux moyens, il est possible de prévenir les conséquences d'un vice contre lequel l'un ou l'autre, appliqué seul, peut rester impuissant. »

Nous regrettons que H. Bouley, avant de se prononcer aussi catégoriquement sur la ferrure des chevaux qui se coupent, n'ait pas fait quelques expériences ; il aurait *vu* que le cheval cagneux du membre *ne se coupe jamais* et que le cheval panard ne se coupe jamais *avec le talon du pied et l'éponge du fer*.

Et, comprenant du même coup que le pied a d'autant plus besoin d'être dans ses aplombs réguliers, que le jeu des membres est plus irrégulier et la démarche moins assurée, il n'aurait probablement pas donné son approbation à deux ferrures funestes au cheval : la *ferrure à la turque ordinaire* et la *ferrure à la turque renversée*.

Ferrure à la turque ordinaire. — Aujourd'hui, les maréchaux qui ferrent les chevaux de luxe emploient très généralement, pour les pieds de derrière, le fer à la turque de forme anglaise : pince tronquée, deux pinçons, branche du dedans très étroite et très épaisse fortement arrondie en biseau à son bord libre, portant seulement deux étampures en mamelle, branche du dehors plus mince et plus couverte à 5 ou 6 étampures (fig. 193).

En pince, ce fer est débordé par la corne, que le cheval forge ou non ; en dedans, la branche et l'éponge sont fortement rentrées sous le pied et la paroi est râpée, souvent à l'excès, que le défaut de se couper existe ou n'existe pas.

Pour le cheval qui se coupe, la branche du dedans est très raccourcie, très étroite, très épaisse, fortement rentrée ous le pied et largement débordée par la corne ; dans l'action de parer, le dedans du pied est ménagé et le dehors abattu autant que possible.

Il résulte de cette manière de faire que le poids du corps est, d'une part, jeté sur le dehors du pied, par l'excès d'épaisseur de la branche du dedans et l'abaissement du quartier et du talon externe ; et, d'autre part, que le poids est attiré sur le dedans du pied par la diminution de la surface d'appui.

Quand, ce qui arrive souvent, surtout pour le fer à la turque anglais, il y a un crampon à l'éponge externe, égal ou supérieur en hauteur à l'épaisseur de la branche du dedans, le

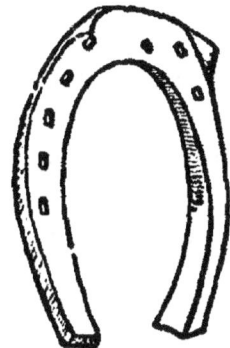 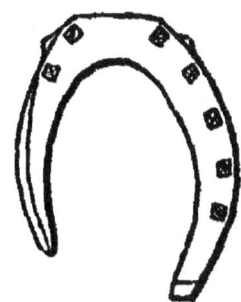

Fig. 317. — Ferrure à la turque.   Fig. 318. — Fer à la turque pour cheval qui se coupe.

poids du cheval est tellement attiré, sur le dedans, qu'à la longue le talon écrasé chevauche celui du dehors, se resserre et rentre sous le pied.

Tous ceux qui ont des chevaux, ferrés à la turque des pieds de derrière, peuvent s'assurer du fait.

En admettant même qu'il soit rationnel de fausser les aplombs, dans le but d'éloigner l'un de l'autre les boulets du cheval qui se coupe, la ferrure à la turque ordinaire a l'inconvénient de tendre à rapprocher ces mêmes boulets, de ce fait que la branche du dedans est tout entière sous le pied.

Est-ce pour cela qu'elle est si souvent inefficace ?

Quoi qu'il en soit, lorsque le cheval continue à se couper, on a recours à la ferrure à la turque renversée, qui rapproche les boulets l'un de l'autre et éloigne un peu les pieds.

Ferrure à la turque renversée. — Ici plus de manœuvres

contradictoires : pied paré à fond en dedans, ménagé en dehors ; fer mince à la branche du dedans, épais à la branche du dehors souvent munie d'un crampon.

Et, cela est certain, ce procédé réussit parfois mieux que l'autre ; mais il échoue aussi.

On voit même à Paris des chevaux qui se coupent porter des fers à la turque renversés, à branche du dedans tronquée en son milieu, amincie à fond et noyée dans la corne.

Ceux-là font pitié à voir au repos et surtout en marche, mais il en est qui *ne se coupent plus*.

La ferrure à la turque *ordinaire* ou *renversée* est rationnelle en un point : la région de la corne et du fer, du pied qui coupe le membre à l'appui, se trouvant grandement réduite et fortement arrondie, les chances de contusions et de blessures sont moindres.

Il est absurde de ce fait que le cheval se coupe parce qu'il marche mal, et qu'en faussant les aplombs, en tordant et déjetant les boulets, soit en dehors, soit en dedans, on rend encore la marche plus difficile et plus fatigante.

Comment les hommes de cheval ne comprennent-ils pas qu'un animal, ainsi ferré, se fatigue vite, est exposé aux glissades, aux efforts, aux tares molles et dures et à une usure prématurée ?

Comment ne préfèrent-ils pas à ces moyens absurdes, inefficaces, la ferrure ordinaire, modifiée en vue d'éviter la rencontre entre le pied et le membre à l'appui, ou encore l'usage si rationnel et si inoffensif des bourrelets, des bottines, de la simple guêtre marchande, faite avec un morceau de couverte, etc. ?

Ferrure rationnelle du cheval qui se coupe. — Cette ferrure possède tous les avantages de la ferrure à la turque, sans en avoir les inconvénients, met le pied dans un parfait aplomb, diminue très peu l'étendue de la surface d'appui, et réduit cependant beaucoup la région de la paroi et du fer qui heurte, dans la marche, le membre à l'appui.

Ladite ferrure repose sur deux faits, invariablement constatés par l'expérimentation : le cheval se coupe avec la mamelle et plus souvent avec le quartier, jamais avec les éponges du fer et les talons du pied.

Elle consiste :

1° A mettre le pied parfaitement d'aplomb ;

2° A diminuer à la râpe la région du fer et du pied qui produit les contusions et les blessures ;

3° Enfin, à protéger, au besoin, les régions contuses et blessées, à l'aide d'appareils particuliers.

Les fers à employer pour le cheval qui se coupe sont :

Le *fer à mamelle tronquée* ;

Le *fer tronqué à la branche du dedans* avec étampure en mamelle et en talon ;

Le *fer tronqué et privé d'étampures à la branche du dedans*.

Le *fer à mamelle tronquée* est étranglé, privé d'étampures, arrondi en biseau à la rive externe, depuis l'étampure de pince jusqu'à la moitié de la longueur de la branche ; il porte 2 ou 3 étampures rapprochées des talons, un pinçon en quartier externe qui l'empêche de passer en dedans ; un pinçon de pince très rapproché de la mamelle interne, pour que

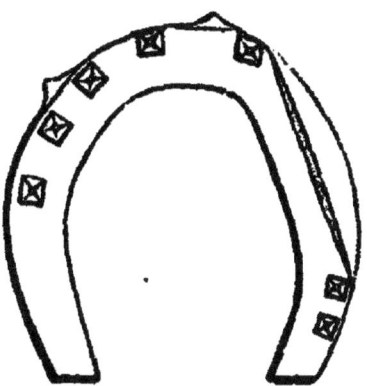

Fig. 319. — Fer droit de devant du cheval qui se coupe en mamelle ou au centre du quartier.

le maréchal puisse réformer cette mamelle et ferrer juste (fig. 319).

Ce fer est employé pour les chevaux qui se coupent en mamelle.

Le *fer tronqué à la branche du dedans* présente les mêmes dispositions que le précédent, à cette différence près qu'étant destiné aux chevaux qui se coupent par le quartier, l'étranglement de la branche ne part que de la mamelle et se rapproche davantage de l'éponge ; il porte une étampure en mamelle et deux en éponge (fig. 320).

Le *fer tronqué et privé d'étampures à la branche du dedans* porte deux étampures en mamelle, l'étranglement de la branche se continue jusqu'à 3 ou 4 centimètres de l'éponge (fig. 321); il est destiné aux chevaux qui se coupent en arrière du centre du quartier.

Ces trois fers doivent avoir une égale épaisseur à toutes les régions, pour les pieds de devant, et des éponges également couvertes et épaisses pour les pieds de derrière.

Pour ferrer un cheval qui se coupe du devant ou du derrière, il faut :

Bien constater la région du fer ou de la paroi qui contusionne, écorche, met en sang le membre à l'appui; à cet effet, chercher les traces de frottement et les taches de sang qui se trouvent assez souvent sur le fer et la paroi; se rappeler que,

 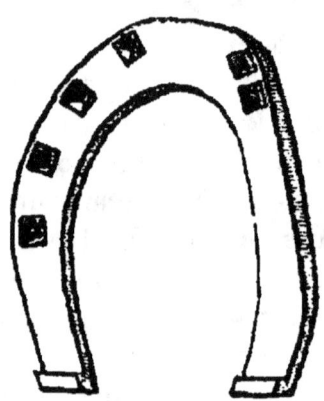

Fig. 320. — Fer gauche de derrière du cheval qui se coupe au centre du quartier.

Fig. 321. — Fer droit de derrière pour cheval qui se coupe en arrière du centre du quartier.

du devant, le cheval se coupe avec la mamelle et le centre du quartier, et que, du derrière, l'accident est produit au niveau ou un peu en arrière du centre du quartier; enfin, dans le doute, faire trotter le cheval après avoir enduit le dedans des boulets d'une couche de blanc d'Espagne, délayé dans l'eau ;

Parer le pied au degré voulu et d'aplomb;

Si le cheval se coupe en mamelle, employer le *fer à mamelle tronquée* dont la rive externe est taillée, en ligne droite, de l'étampure de pince au centre du quartier et fortement arrondie à la carre et aux angles; le placer sur le pied de manière que la corne déborde, en mamelle et à l'origine du quartier, d'une partie et même de la totalité de l'épaisseur de la paroi; donner à ce fer une égale et suffisante garniture en éponges, en se rappelant que, rentrer l'éponge du dedans, c'est réduire beaucoup la surface d'appui et attirer le poids sur le dedans du pied sans aucune utilité, puisque *jamais le cheval ne se coupe avec l'éponge du fer;*

Enfin, attacher le fer en incrustant à fond les rivets, puis faire sauter à la râpe la plus grande partie de la corne qui déborde le fer en l'arrondissant, par en bas, de manière à lui faire rejoindre le biseau du fer (fig. 322).

Fig. 322. — Pied gauche de derrière ferré.

Avec une telle ferrure, la surface d'appui du pied n'est pas diminuée, puisqu'elle dépend bien plus de l'écartement des éponges que de la rondeur de la mamelle; les régions contondantes se trouvent considérablement réduites; le cheval est d'aplomb, marche avec aisance et sûreté et se trouve dans les meilleures conditions pour ne plus se couper.

Si le cheval se coupe vers le centre du quartier, employer le *fer tronqué à la branche du dedans* et opérer comme précédemment.

Si le cheval se coupe en arrière du centre du quartier, employer le *fer tronqué et privé d'étampure à la branche du dedans* et se conformer aux mêmes prescriptions.

Nous faisons parfois placer en dedans, entre le fer et le pied, un morceau de cuir graissé, fixé par les clous, débordant la partie tronquée du fer et de la paroi, et protégeant les membres qui ne subissent plus que des frottements inoffensifs.

On peut encore empêcher un cheval de se couper en employant la ferrure Charlier, pour les pieds de devant, et le fer à croissant, très juste en dedans et à éponges amincies, pour les pieds de derrière, à talons de hauteur moyenne.

A propos des chevaux qui se coupent, il est utile de signaler aux hommes de cheval les deux faits d'observations suivants :

Parfois, dans un régiment, se trouve un escadron dont les chevaux ne se coupent pas, quoique soumis au même travail et au même régime que les autres. En recherchant la cause de ce fait, nous avons toujours vu dans l'escadron favorisé : les pieds parés d'aplomb, la mamelle des pieds de devant légèrement réformée ; le pinçon du fer de derrière levé en dedans, la branche tenue droite depuis la mamelle jusqu'en arrière du centre du quartier, des éponges d'égale épaisseur et également distantes de la lacune médiane de la fourchette.

De même, il est à Paris quelques ateliers de maréchalerie où la ferrure, sans se faire d'après nos principes, a cependant toujours en vue d'empêcher les chevaux de se couper ; à cet effet, un fort coup de râpe est donné à chaud sur la carre de la branche du dedans des fers de devant et de derrière ; ladite branche est rentrée un peu sous le pied, et la corne qui déborde arrondie à la râpe.

Ces moyens suffisent souvent ; ils seraient plus efficaces encore, si on n'avait la funeste habitude de rentrer l'éponge sous le talon[1].

Enfin un dernier moyen est encore souvent employé : un morceau de cuir mou est fixé sur la branche interne du fer, qu'il déborde en dedans, relevé sur la paroi et graissé. Ce morceau de cuir protège les boulets, auxquels il épargne le contact du fer et de la corne.

IV. — FERRURE DES HABITUDES VICIEUSES D'ÉCURIE.

Se coucher en vache. — Certains chevaux qui se couchent en vache — c'est-à-dire les membres de devant repliés sous le corps — sont sujets à se contusionner, à se blesser au coude ; alors apparaît à cette région une tumeur molle, plus ou moins volumineuse, parfois douloureuse, contenant ordinairement de la sérosité sanguinolente et quelquefois du pus. Cette tumeur, déplaisante à l'œil, mais sans inconvénients pour le service, porte le nom d'*éponge*, de ce fait qu'elle est généralement produite par la pression de l'éponge interne du fer, sur la pointe du coude.

Pour empêcher les chevaux de se coucher en vache, on a conseillé :

---

1. Voir p. 303.

De mettre à l'éponge du fer une *pointe aiguë*, longue d'un centimètre, afin que le cheval se pique et se corrige;

D'attacher au-dessus du boulet une courroie hérissée de petits clous;

De fixer chaque soir, dans le pli du genou, un fort tampon de paille ;

Le placer au-dessus du genou un bourrelet volumineux et dur.

H. Bouley a proposé d'interposer, entre les parties qui se touchent, des pelotes de caoutchouc gonflées d'air.

La pratique usuelle n'a adopté aucun de ces moyens.

Quant au procédé de ferrure à employer, il faut tronquer de deux centimètres environ l'éponge interne du fer, l'arrondir et la disposer en biseau, de manière que *la pointe du coude ne porte que sur la corne* (fig. 323.)

Fig. 323. — Pied droit de devant ferré.

Le cheval continue à se coucher en vache; mais, le plus souvent, le contact du coude avec la corne est inoffensif et n'occasionne pas d'éponge. Généralement donc, avec cette ferrure, le bourrelet n'est pas nécessaire ; on peut, en employant le bourrelet, continuer à ferrer le cheval à la manière ordinaire.

Se croiser à l'écurie. — Beaucoup de chevaux, pour se reposer du derrière, placent le pied du membre fléchi sur le devant du pied à l'appui ; alors l'éponge interne du fer frotte, presse, contusionne le devant de la paroi et du bourrelet.

Les blessures au bourrelet peuvent même avoir une certaine gravité ; aussi importe-t-il beaucoup de les guérir et surtout de les prévenir.

Il est évident que les fers de derrière ne doivent pas porter de crampon, mais bien une éponge anglaise aussi fortement arrondie que possible.

Se déferrer à l'écurie. — Quelques chevaux ont la mauvaise habitude de mettre les pieds dans la mangeoire et, en cherchant à les retirer, d'arracher leurs fers.

Il faut : ferrer court, arrondir le bout des éponges et mettre un fort pinçon, pour donner de la solidité à la ferrure.

Ruer à l'écurie. — Il est des chevaux qui *frappent* constamment contre les stalles et les bat-flancs, se déferrent et se donnent des *capelets*.

Le cheval qui frappe doit porter un fer muni d'un pinçon, au quartier du dehors, et d'une ou deux étampures en plus.

V. — FERRURE DES MALADIES ET DES BLESSURES DES MEMBRES.

La plupart des maladies et blessures des membres ont pour conséquence de rendre l'appui douloureux.

Si le cheval est à l'écurie, le membre souffrant a la pince à terre et les talons en l'air ; de temps à autre les talons descendent avec hésitation, vers la terre, pour remonter aussitôt ; enfin, si l'affection est légère ou marche vers la guérison, le pied finit par appuyer en plein.

Quand le cheval est en marche, l'appui se fait également sur la pince, et les talons sont plus ou moins éloignés du sol suivant que la douleur est plus ou moins vive.

En somme, l'extension nécessitée par l'appui est douloureuse et la demi-flexion produit du soulagement. L'attitude calculée que le cheval prend, de lui-même, pour diminuer la souffrance indique nettement au maréchal *ce qu'il doit faire*.

D'une manière générale, toutes les fois que les talons sont en l'air, il importe d'employer le fer à éponges nourries *de loin*, ou munies de crampons plus ou moins élevés et de ferrer long. Les crampons élevés sont utiles, même pour les pieds de devant ; car le cheval peut prendre un point d'appui, sur ses talons, sans que l'extrémité inférieure du membre soit à l'extension.

C'est la ferrure qui convient aux chevaux fortement couronnés ; à ceux qui souffrent de vessigons du genou, de la rotule, de crevasses graves, d'efforts de jarret, de tendon, de boulet.

Certaines tares osseuses telles que : courbe, éparvin, jarde, jardon, suros, forme, déterminent de la douleur en marche, lors de l'appui.

En général, le cheval qui souffre d'une tare osseuse, située en dedans du membre, se trouve très bien d'une ferrure rejetant l'appui sur le dehors et qui diminue ainsi la fatigue et les commotions pour le côté douloureux.

Donc, pour un cheval gêné par une *courbe*, un *éparvin*, un *suros* interne, il est rationnel de parer le pied d'aplomb d'abord ; puis, d'enlever un peu plus de corne et de donner peu de garniture, en dehors.

Inversement, pour un cheval souffrant de *jarde*, *suros* ou *forme* situés en dehors, il faut parer d'aplomb ; puis enlever un peu plus de corne en dedans, ou mieux donner une bonne garniture en dehors.

Pour une forme, ayant son siège sur le devant de la couronne ou du paturon, il est bon de faire brider le pinçon pour rejeter le poids en arrière.

Dans le but de diminuer les commotions du poser, toujours plus ou moins vivement ressenties par le membre porteur d'une tare osseuse, en voie de formation, il est indiqué de mettre un cuir avec le fer ordinaire, ou mieux avec un fer à planche ; ou bien encore de se servir du patin anglais.

Enfin, il sera question plus loin de la ferrure à appliquer dans le cas de blessures, de contusions et d'engorgements produits par les défauts de se couper, de se coucher en vache, de se croiser à l'écurie.

CHAPITRE VII

APPAREILS PROTECTEURS SPÉCIAUX FIXÉS AU MEMBRE ET AU PIED

I. Moyens de protection du pied déferré par accident. — II. Appareils protecteurs et autres.

I. — MOYENS DE PROTECTION DU PIED DÉFERRÉ PAR ACCIDENT.

Sur nos routes pavées et empierrées, tout cheval, qui a perdu un fer, est une non-valeur. Si c'est un cheval de trait, on l'attache derrière la voiture ; si c'est un cheval de selle, bien souvent le cavalier est obligé de le trainer par la figure, jusqu'à la forge la plus voisine. Et si le cheval déferré est obligé à un long parcours, il en résulte trop souvent une boiterie et une indisponibilité de plusieurs jours ; le pied usé, dérobé, parfois meurtri et contusionné devient difficile à ferrer.

Plusieurs inventions ont été faites pour remédier à un acci-

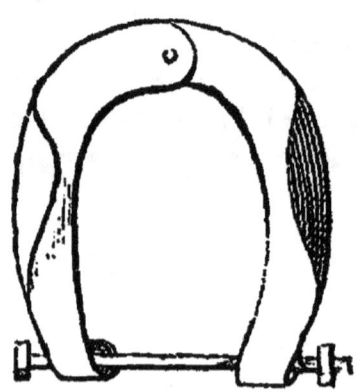

Fig. 324. — Fer articulé à pinçons latéraux et vis de pression.

Fig. 325. — Fer articulé à pinçons dentelés et vis de pression.

dent fréquent, surtout sur les chevaux mal ferrés utilisés aux grandes allures, au saut des obstacles, travaillant ou galopant dans un terrain lourd.

Parmi les moyens destinés à protéger momentanément le

pied contre l'usure, les uns sont utilisables par le premier venu, les autres exigent l'intervention du maréchal.

Les premiers sont assez nombreux, mais généralement embarrassants et peu pratiques.

On a fait autrefois usage de *fers à tous pieds sans étampures*, articulés en pince, pourvus de pinçons et munis d'une vis de pression en arrière (fig. 324 et 325); ces fers n'étaient pas pratiques et déterminaient des compressions et des boiteries.

M. Rey[1] donne la figure d'un fer articulé en pince et muni de six pinçons, destinés à se rabattre sur la paroi; les éponges sont pourvues d'œillets pour le passage d'une courroie, qui est maintenue en place, sur la paroi, par les deux arêtes des pinçons antérieurs (fig. 326).

Le maréchal de Saxe a inventé, pour protéger le sabot déferré, une bottine en cuir fort, fixée par une courroie qui fait le tour du pied.

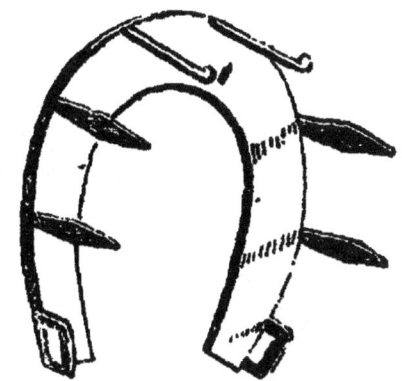

Fig. 326. — Fer articulé en pince.

Le soulier ferré que l'on utilise dans les infirmeries, pour mettre des cataplasmes, a été aussi proposé; mais son volume et son attache, autour du paturon, le rendent très incommode.

D'après Nimrod et Youat, les chasseurs du nord de l'Angleterre, qui font parfois des journées très rudes à la queue des chiens, emportent souvent une espèce d'hipposandale (fig. 327) dans une poche du tapis de selle. Aussitôt qu'un cheval a perdu un fer, le chasseur met pied à terre, place l'appareil au pied déferré, se remet en selle et continue la chasse.

Une boîte en cuir, ferrée en dessous et à lanière, imitée du système anglais, a été présentée en 1879, au ministre de la guerre.

L'appareil a été rejeté à cause de son prix élevé et de la

---

1. M. Rey, *Traité de maréchalerie*.

difficulté du transport; il est d'ailleurs peu nécessaire pour l'armée, accompagnée toujours de ses maréchaux ferrants.

Il reste maintenant à examiner les moyens de protection du pied déferré, qui exigent l'intervention du maréchal pour être appliqués.

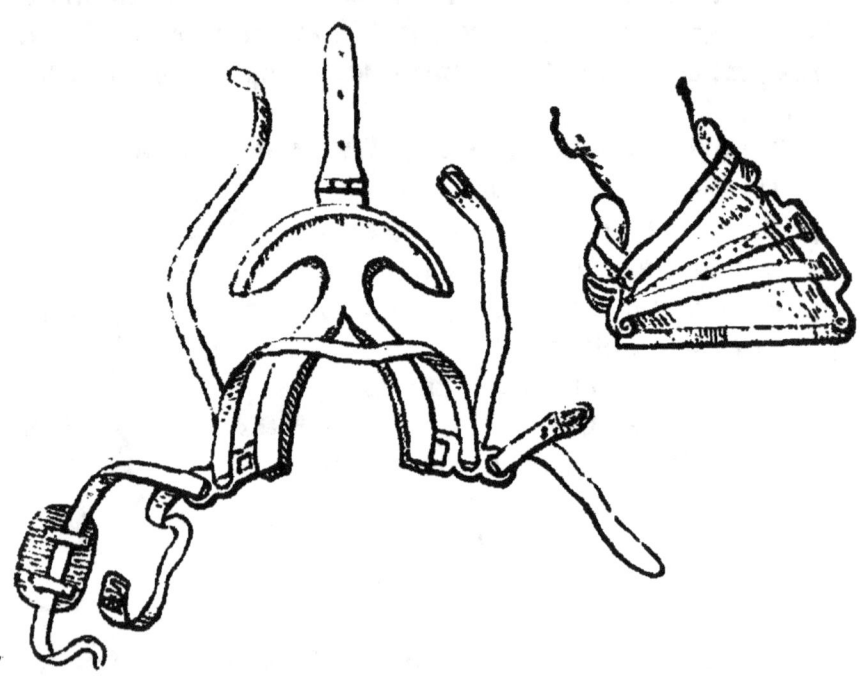

Fig. 327. — Hipposandale de chasseurs anglais.

Si le pied est déferré, sans que le fer soit perdu, et que le maréchal se trouve à portée, il rattache le fer séance tenante.

Mais, le plus souvent, le fer est perdu et il faut en placer provisoirement un autre, convenant plus ou moins, mais pouvant toujours permettre au cheval de continuer la marche sans s'abîmer le pied. A cet effet, des fers à tous pieds et à deux pieds seulement ont été inventés; ce sont: le fer à deux rangs d'étampures, le fer articulé en pince, le fer étampé sur chaque face, etc.

Le fer ordinaire à deux rangs d'étampures n'est pas pratique; il peut, par hasard, convenir à un pied déferré, mais ce n'est pas un *fer à tous pieds*.

Le fer articulé en pince, à un ou deux rangs d'étampures (fig. 328), peut rendre des services et protéger un pied jusqu'à l'écurie ou la forge.

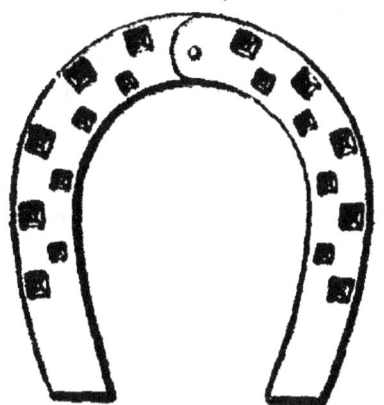

Fig. 328. — Fer à tous pieds, articulé à deux rangs d'étampures.

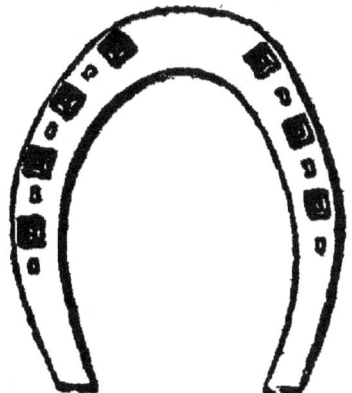

Fig. 329. — Fer étampé sur chaque face.

Le fer sans pinçon, étampé sur chaque face, inventé par M. Goubaux, peut se placer à chaque pied du bipède antérieur ou postérieur, pour lequel il a été fait (fig. 329).

Ce fer est ingénieusement conçu, mais il laisse à désirer au point de vue pratique ; car il faut, dans la prévision de la perte d'un fer, charger chaque cavalier de deux fers.

Ces derniers moyens ne peuvent être utilisés que par une troupe de cavalerie, accompagnée de son maréchal ferrant.

Mais, généralement, le maréchal militaire emporte, dans ses sacoches, de vieux fers à demi-usure, de dimensions variées, pour appliquer aux déferrés et n'a pas besoin de ces fers compliqués.

Aux inventions précitées et aux vieux fers du maréchal, il serait avantageux de substituer un demi-fer (fig. 330) léger, à extrémités incrustées ou amincies, percé de quatre étampures, destiné à protéger seulement la pince et les mamelles, qui seules s'usent et se dérobent, quand le pied est déferré.

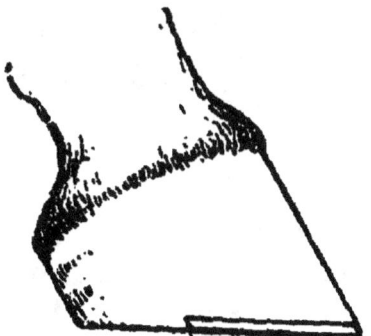

Fig. 330. — Demi-fer.

Ces demi-fers minces, d'un faible poids, chargeant peu le maréchal pouvant s'ouvrir et se fermer à froid, faciles à attacher à tous pieds rendraient de sérieux services.

Enfin, il est un autre moyen, le meilleur et le plus simple de tous, de faire marcher quelque temps encore un cheval déferré : c'est de peu parer et de *laisser aux pieds toute leur force*.

4. — APPAREILS PROTECTEURS ET AUTRES.

Toutes les fois qu'un cheval ferré, par les procédés rationnels continue à *forger* ou *à se couper*, cela dépend ou de causes contre lesquelles la ferrure est impuissante, ou de défectuosités de l'aplomb du membre d'une incurable exagération. Dans les deux cas, il faut employer ces mêmes procédés et y adjoindre d'autres moyens.

Pour guérir les contusions et blessures et en éviter de nouvelles, il est indiqué tout simplement d'entourer les parties contusionnées et blessées d'appareils protecteurs : *bottines, guêtres, bracelets, bourrelets*, etc. [1].

Fig. 331. — Bottine à talons, fixe.

Pour les chevaux sujets à forger, se déferrer, s'atteindre, on emploie parfois, aux pieds de devant, la *bottine à talons, fixe* ou *tournante*.

La bottine à talons (fig. 331) fixe, moins apparente, convient surtout aux chevaux de luxe.

La bottine tournante enveloppe tout le sabot, s'attache et pivote autour du paturon et convient surtout pour les trotteurs; parce que sa grande mobilité empêche le sable et la boue de se loger entre elle et le sabot

---

[1]. Tous ces appareils ont été dessinés d'après les modèles *déposés* de M. Meyer, fabricant breveté, 27, rue du Colisée, à Paris.

La bottine, garantissant le devant du pied de derrière (fig. 332), est plus rarement employée. Elle entoure le sabot, se boucle en arrière et, sur le devant, présente une sorte de cuirasse formée de deux épaisseurs de cuir.

Le cheval forge, alors, sans bruit et sans danger pour le membre de devant; mais la bottine ne dure pas très longtemps.

Pour les chevaux qui se coupent et se cognent le dedans des

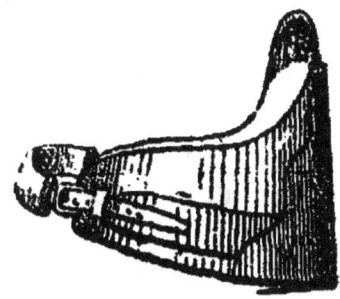
Fig. 332. — Bottine pour pied de derrière.

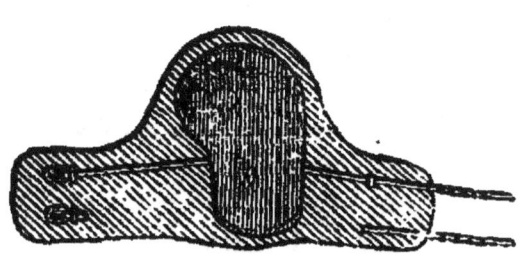
Fig. 333. — Bottine pour boulet droit de devant.

jambes, du sabot au genou inclusivement, on emploie assez souvent des *bottines* ou *guêtres* pour protéger le *boulet* (fig. 333).

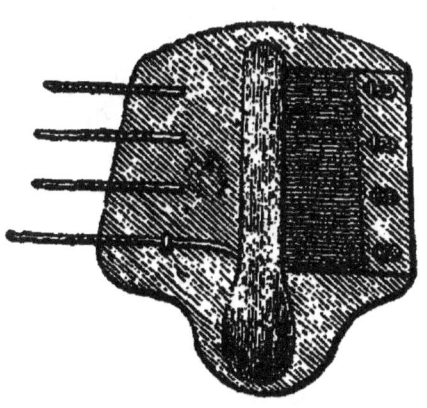
Fig. 334. — Bottine pour boulet et (tendon membre antérieur.)

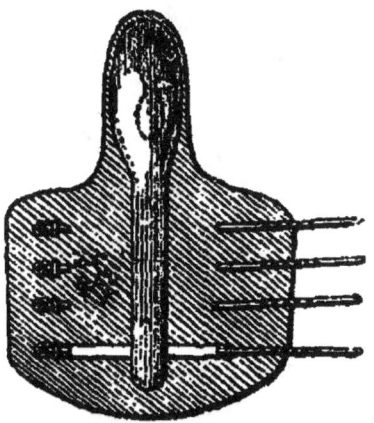
Fig. 335. — Bottine pour tendon et genou.

le boulet et le tendon (fig. 334), le tendon et le genou (fig. 335), le genou.

Les bottines ou guêtres ont une forme spéciale, suivant

qu'elles sont destinées aux membres de devant ou de derrière, droit ou gauche. Elles sont confectionnées en cuir et feutre et ne peuvent pas se déplacer; la partie qui frotte est en cuir dur.

Ces appareils sont efficaces, peu apparents et coquets; mais ils ont l'inconvénient de coûter cher, aussi leur préfère-t-on pour les chevaux de travail, la guêtre commune en cuir ou en caoutchouc, le bourrelet et surtout la *guêtre à la marchande*.

Le *bourrelet*, attaché au-dessus du boulet, protège tout à la fois le dedans du boulet et le milieu du canon; mais, pour le boulet, il est moins efficace que la bottine et plus disgracieux.

La *guêtre marchande* est un morceau de drap ou de couverture lié, par son milieu, au-dessus du boulet et replié de bas en haut, sur le lien.

Cette guêtre protège le dedans du boulet, par deux épaisseurs d'étoffe: elle est de beaucoup préférable comme efficacité et bon marché à la bottine et au bourrelet communs.

Contre le défaut de *se couper*, on a recours, depuis quelque temps, à un appareil en caoutchouc de forme originale; c'est le *bracelet à pointes*, attaché et mobile autour du paturon.

Ce bracelet (fig. 336) est disgracieux mais efficace; le cheval

   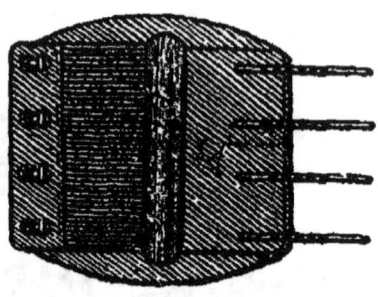

Fig. 336. — Bracelet à pointes.   Fig. 337. — Guêtre de course.

marche large pour éviter les attouchements des pointes, sur le dedans des boulets.

Enfin, on emploie encore, pour les chevaux de course ou de service, fatigués des boulets et des tendons, atteints de légers efforts ou ayant tendance à se couper, une *guêtre* entièrement en caoutchouc, ou moitié cuir pour le dedans, moitié caoutchouc en dehors (fig. 337).

Ce bandage, lacé ou bouclé en dehors, presse et consolide les régions qu'il entoure et protége.

Tous ces appareils protecteurs sont généralement d'un usage temporaire.

Ils permettent la guérison des engorgements et blessures et les évitent pour l'avenir. Le cheval prend de la force et de la sûreté dans la marche, et bientôt peut, sans inconvénient, se passer d'appareil protecteur; il est indiqué d'ailleurs d'y avoir recours de nouveau, dès que le cheval recommence à se toucher et même, par précaution, lorsque le pavé est gras ou plombé.

Protecteur Lacombe. — M. Lacombe, vétérinaire à Châtillon (Loiret), a inventé un petit appareil en caoutchouc, destiné à empêcher les chevaux de se couper (fig. 338).

Cet appareil se compose d'une partie plate, qui est placée

Fig. 338. — Protecteur Lacombe.   Fig. 339. — Bourrelet pour cheval qui se couche en vache.

sous le fer et fixée avec les clous, d'une partie débordante formant bourrelet et ayant la forme d'un croissant.

L'inventeur fait les recommandations suivantes :

Mettre le pied d'aplomb, enlever une mince couche de corne du côté interne, où doit reposer l'appareil, poser le fer et fixer la branche externe par deux clous ; puis, soulever la branche interne pour glisser le protecteur entre le sabot et le fer. (*Le centre du Protecteur doit correspondre à la partie de corne qui heurte le membre opposé.*)

Fixer le Protecteur comme si le fer était seul, en commençant par la pince et en ayant soin de faire appuyer avec le pouce avant la mise de chaque clou (par le teneur de pieds).

La coadaptation parfaite du bourrelet contre le fer et le pied est une condition essentielle pour la durée de ce système.

Il faut pour que l'appareil soit bien posé :

1º *Que le bourrelet seul déborde du côté interne ;*
2º *Que les clous soient parfaitement rivés.*

Le protecteur Lacombe peut rendre de grands services particulièrement pour empêcher les jeunes chevaux, en dressage, de se couper, de se tailler les boulets.

Pour tous les chevaux ferrés à la manière ordinaire, le protecteur se trouve solidement maintenu, en place, par les clous qui le traversent et fixent le pied.

Mais lorsque les chevaux sont ferrés à la turque, le protecteur, attaché au fer à l'aide de rivets, n'a plus la même solidité et il s'arrache parfois.

Dans ce dernier cas, une plaque en cuir souple, débordant en dedans, relevée sur la paroi et graissée, est plus efficace et réussit mieux.

D'une manière générale, d'ailleurs, la plaque en cuir, à bord relevé en dedans, rend les mêmes services que le protecteur Lacombe.

Certains chevaux qui *se couchent en vache,* ferrés avec le *fer à éponge tronquée à la branche du dedans,* continuent néanmoins à se contusionner le coude, non plus avec l'éponge, mais avec le talon.

Il est alors indiqué d'empêcher le cheval de se coucher en vache et, à cet effet, de placer autour du paturon un fort bourrelet en cuir rembourré de crins ou en caoutchouc (fig. 339) ; le cheval se trouvant dans l'impossibilité de plier le paturon, le coude ne peut être atteint ni par l'éponge du fer ni par le talon.

Le cheval qui *se croise du derrière* continue parfois à se blesser à la couronne, quoique ferré suivant les indications.

Afin de protéger le pied à l'appui, on emploie ordinairement une *sabotière.* C'est un appareil en cuir, recouvert de tôle, couvrant tout le devant du sabot et de la couronne et attaché au paturon.

Ce moyen est bon, mais il ne corrige pas le cheval de sa mauvaise habitude.

Il faut lui préférer le *bourrelet à rondelle*. C'est une plaque de cuir très épaisse et ronde, portant un bourrelet à son centre, attachée et mobile autour du paturon (fig. 340), qui empêche absolument le cheval de *mettre un pied l'un sur l'autre*.

Pour le cheval qui *se déferre*, en mettant le pied dans la

Fig. 340. — Bourrelet à ailes.

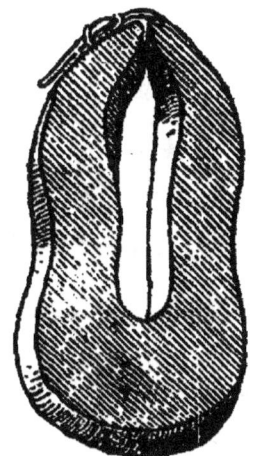

Fig. 341. — Bourrelet contre les capelets.

mangeoire, il devient parfois nécessaire de fixer aux paturons de devant deux entravons, reliés par une chaîne assez longue pour permettre au cheval de se coucher.

Il est souvent utile de mettre, au paturon des chevaux qui *frappent à l'écurie*, un entravon portant une courte chaîne traînant dans la litière; alors, le cheval, en *frappant*, se fouette le membre à l'appui avec la chaîne et, le plus souvent, se corrige de sa mauvaise habitude.

Pour *éviter les capelets*, il suffit de placer au-dessus du jarret un très fort bourrelet de forme spéciale (fig. 341).

Par prudence, et en dehors du service, pour empêcher les chevaux de se couronner, ou par nécessité pour les chevaux usés, sujets à butter et à s'abattre, on place très ordinairement autour des genoux des appareils protecteurs appelés *genouillères*.

Toutes les fois, encore, qu'un cheval de luxe doit subir le dressage ou une opération pouvant amener des défenses, il est indiqué de mettre les genouillères.

Enfin on place encore, autour des sabots du cheval, des appareils chargés de plomb, en lame ou en grain, dans le but de diminuer ou augmenter l'élévation du membre, dans la marche, et de régulariser l'allure.

Pour le cheval *trotteur*, qui *relève trop du devant*, qui a

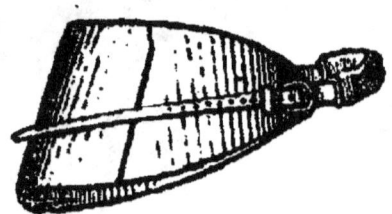

Fig. 342. — Appareil à poche avec lames de plomb.

Fig. 343. — Appareil à poche avec grains de plombs.

trop d'action, un appareil muni d'une poche, renfermant du plomb en lame (fig. 342), est parfois employé. Ce *poids mort*, chargeant la pince, fait obstacle à l'élévation du membre.

Pour produire un effet contraire, on se sert parfois d'un

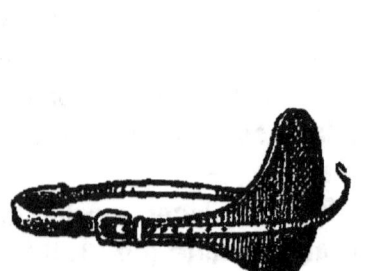

Fig. 344. — Appareil à plomb fixe en dehors.

Fig. 345. — Botte en cuir pour cataplasme.

appareil (fig. 343), chargé de *grains de plomb* obéissant aux mouvements de la marche.

Ce *poids vivant* donne de l'action, du *steppe*.

Au pied postérieur du trotteur qui *galope du derrière*, on peut attacher un appareil chargé de plomb, fixé en dehors (fig. 344), pour régulariser l'allure.

Enfin, pour appliquer au pied, en permanence, un cataplasme un peu liquide, la *botte en cuir* (fig. 345) est nécessaire.

CHAPITRE VII

FERRURE DU MULET, DE L'ANE ET DU BŒUF

I. Ferrure du Mulet. — II. Ferrure de l'Ane. — III. Ferrure du Bœuf.

I. — FERRURE DU MULET.

Le pied de l'âne et du mulet, anatomiquement semblable à celui du cheval, diffère sous le rapport de la conformation. Il est plus haut, surtout des talons, moins incliné, plus long que large et resserré par côtés.

La paroi est mince en quartiers, la sole creuse, la fourchette petite, la corne dure et résistante.

Autrefois, on se servait fréquemment du *fer à planche* décrit par Lafosse ; du *fer à la florentine*, à pince prolongée et recourbée ; du fer à pince carrée.

Le fer à planche n'est plus usité ; le fer à la florentine est assez rarement employé ; le fer à pince carrée est d'un usage général et de beaucoup préférable.

Description du fer. — Le fer a une forme particulière, en rapport avec celle du sabot ; il est d'une épaisseur moyenne et égal à toutes les régions.

La pince est couverte *sans exagération*.

La couverture diminue des mamelles aux éponges.

Les branches sont donc progressivement dégagées : la branche du dedans plus dégagée que celle du dehors.

Le fer de devant est étampé, à tout son pourtour antérieur, et plus près des éponges que le fer à cheval (fig. 346).

Les étampures sont percées *plus à gras* que sur le fer à

Fig. 346. — Fer de devant. Fig. 347. — Fer de derrière.

cheval, un peu moins à gras à la branche du dedans, qu'en pince et à la branche du dehors.

Le fer de derrière ne porte d'étampures que sur les branches. Il est aussi étampé très à gras, et moins à gras à la branche du dedans (fig. 347).

La couverture, relativement considérable, du fer de l'âne et du mulet, permet de donner une très forte garniture en branches et surtout en pince. La garniture des branches augmente la surface d'appui; la garniture de pince donne beaucoup de résistance à l'usure et force ces animaux, naturellement pinçards, à poser le pied à plat.

La couverture du fer ne doit cependant pas être exagérée; le fer à la florentine est certainement une regrettable exagération, qui, dans le but de donner plus de durée à la ferrure, fatigue et ruine prématurément l'animal.

Si, dans les pays de plaine, une bonne garniture ne présente que des avantages, par contre, il en faut très peu dans les pays accidentés et montagneux, afin d'éviter les glissades et les dangers qui en résultent.

La ferrure du mulet se fait d'après les mêmes principes que celle du cheval.

Ferrage. — Parer le pied d'aplomb et à plat, de la pince aux talons ; faire tomber carrément le sommet de la pince jusqu'à trois ou quatre millimètres du sillon circulaire ; faire une légère toilette à la sole, à la fourchette et aux barres.

Le fer de mulet nécessite une ajusture particulière : pince relevée de court, d'une mamelle à l'autre dans sa partie antérieure, et bien à plat du côté de la voute ; branches complètement à plat et débordant également le pied de chaque côté ; garniture diminuant à partir des mamelles ; éponges dépassant sensiblement les talons, si l'animal n'est utilisé qu'au pas ; pied assis en arrière de la partie relevée de la pince, de manière à poser complètement à plat de la pince aux talons ; fer attaché avec des clous minces de lame, affilure peu oblique permettant de puiser dans la corne et de brocher haut, sur la paroi perpendiculaire du mulet.

En résumé, la ferrure du mulet ne diffère de celle du cheval que par la forme, l'ajusture et la garniture du fer.

II. — FERRURE DE L'ANE.

L'âne a le sabot très compact, très dur, très résistant à l'usure ; aussi travaille-t-il, généralement, sans être ferré. Cependant, pour les ânes employés au service du trait, sur routes pavées ou empierrées, la ferrure devient une nécessité.

Description du fer. — Le fer de l'âne est une réduction de celui du mulet. Il est mince, étroit, percé de quatre à six étampures et porte souvent des crampons.

La pince du fer est relativement moins prolongée et moins relevée que celle du mulet.

Ferrage. – Quant à la manière de ferrer, elle ne présente rien de particulier.

Les pieds du mulet et de l'âne sont rarement affectés par les accidents et maladies, qui mettent si souvent le cheval hors de service ; dans tous les cas, les ferrures exceptionnelles et pathologiques qui conviennent au cheval sont également utiles à ces animaux.

III. — FERRURE DU BŒUF.

Le pied du bœuf, terminé par deux doigts recouverts l'un et l'autre d'un *onglon* ou sabot, diffère de celui du cheval par sa structure anatomique et sa conformation extérieure.

Au point de vue anatomique, les *cartilages latéraux*, l'*os naviculaire* et la *fourchette* font défaut; par contre, il existe un *ligament interdigité* très fort, qui limite l'écartement des doigts et s'oppose aux distensions.

Sous le rapport extérieur, les deux onglons, considérés dans leur ensemble, ont l'aspect d'un sabot de cheval fendu par le milieu.

La disposition anatomique de l'onglon se rapproche beaucoup de celle du pied du cheval; malgré l'absence de fourchette, chacun d'eux a un coussinet plantaire; les régions extérieures portent les mêmes noms : paroi, sole, pince, mamelles, quartiers, talons.

Le pied du bœuf doit son élasticité et la sûreté de son appui à sa division en deux doigts distincts, — qui s'écartent lors du

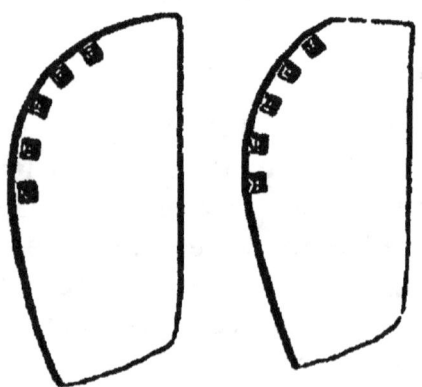

Fig. 348. — Fers de bœuf.

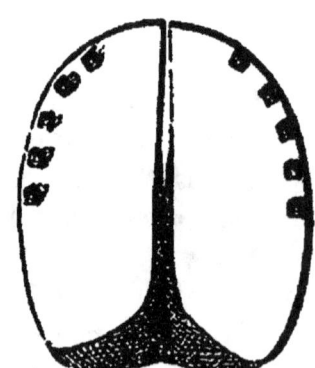

Fig. 349. — Pied ferré vu par dessous.

poser et se rapprochent au lever, — au coussinet plantaire et à la souplesse de la corne des talons.

Les bœufs et vaches employés aux travaux de la ferme ne sont pas ferrés. Le service de trait, sur les routes empierrées ou pavées, ne peut se faire qu'avec des animaux ferrés.

Description du fer. — Le fer de bœuf (fig. 348 et 349) consiste en une plaque en fer ayant la forme du dessous de l'onglon, et assez mince pour pouvoir être ajustée à froid. Il porte cinq à six étampures, percées à maigre, et un long pinçon, levé en dedans de la pince, incliné en arrière et rabattu en dehors sur la paroi. Le pinçon, en forme de languette, n'est cependant pas absolument nécessaire.

En Italie, on se sert d'un petit pinçon triangulaire : la ferrure n'en a pas moins une suffisante solidité.

Ferrage. — Le bœuf, si docile à l'attelage, est ordinairement difficile à ferrer : il faut le mettre au *travail*.

Les maréchaux ont des travails de plusieurs formes (figures 350 et 351).

Une fois l'animal placé dans l'appareil, on lui passe des sangles sous le corps, afin de le maintenir debout. Ces

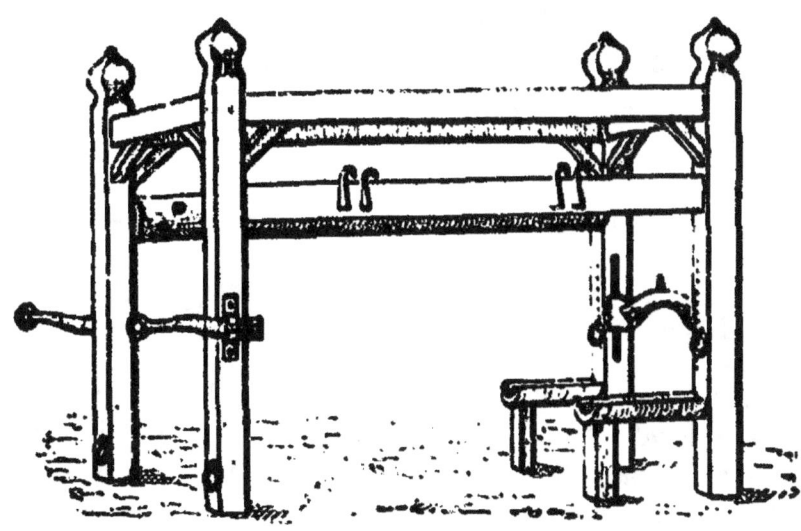

Fig. 350. — Travail pour cheval et bœuf.

sangles sont accrochées à des cylindres qui font office de treuils et permettent de les ajuster à la taille de l'animal à ferrer (fig. 350).

La tête est maintenue et fixée à l'espèce de joug qui se trouve à l'avant de l'appareil; des longes passées dans les paturons, puis dans les anneaux situés en bas de chaque poteau, attachent les membres en dehors et paralysent les défenses.

Le membre de devant à ferrer est placé sur l'appui disposé en gouttière, attenant au poteau antérieur, serré avec une corde et soutenu à son extrémité par un aide. Le pied de derrière est étendu en arrière et fixé à une barre, qui se trouve en arrière du travail.

Il est utile aussi de fixer la queue, afin que le maréchal et son aide ne soient pas gênés par ses mouvements et couverts

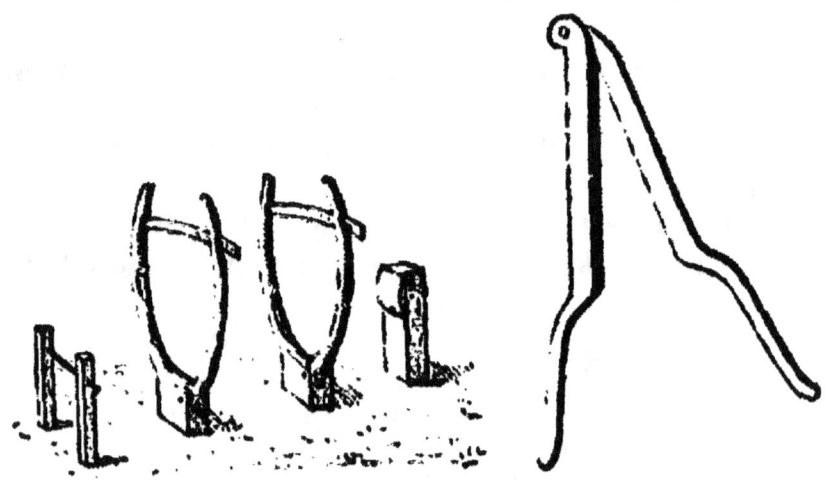

Fig. 351. — Travail pour le bœuf.   Fig. 352. — Force.

des déjections, projetées en tous sens, quand l'animal se défend.

Le deuxième appareil est plus simple; mais la difficulté et la fatigue sont plus grandes pour le teneur de pied (fig. 351).

Une fois l'animal fixé, le ferreur, à l'aide d'un instrument appelé *force* (fig. 352), qui remplace le rogne-pied et le boutoir, retranche l'excès de longueur du sabot.

Le pied étant paré, l'ouvrier choisit dans sa réserve un fer approprié à l'onglon et l'attache, en ayant soin de ne pas laisser de garniture et de brocher bas.

Il frappe ensuite, à coups de brochoir, l'arrière de la plaque, — pour lui imprimer la courbure du talon, — et le pinçon qu'il courbe et rabat sur la paroi (fig. 353.)

Le bœuf est donc ferré à froid ; le fer, quoique mince, dure longtemps, parfois plusieurs mois.

L'hiver, les clous à glace et un crampon en arrière sont souvent employés.

Les bœufs et les vaches, qui ne sont pas ferrés, ont parfois les pieds tellement longs, que les maréchaux sont appelés pour les raccourcir.

Fig. 353. — 1er Onglon ferré à la Charlier. 2me Onglon ferré à la manière ordinaire.

Ferrure Charlier pour le bœuf. — La ferrure Charlier s'exécute avec ou sans pinçon ; sans pinçon elle n'exige que trois clous, dont un en dedans.

Cette ferrure conserve toujours les caractères qui lui sont propres, c'est-à-dire que le fer, plus épais que large, se place dans une feuillure, dont les dimensions sont en rapport.

La ferrure Charlier n'a eu aucun succès pour le bœuf.

Les maladies du pied du bœuf sont assez rares et ne nécessitent pas de ferrures spéciales. Dès que cet animal est sérieusement arrêté dans son travail, il prend le chemin de l'abattoir.

CINQUIÈME PARTIE

LA MÉDECINE ET L'HYGIÈNE DU PIED

CHAPITRE PREMIER

TRAITEMENT DES MALADIES ET DES BLESSURES DU PIED

Sanare bonum, melius providere.
(Hippocrate.)

I. Maladies. — II. Accidents. — III. Blessures. — IV. Accidents occasionnés par la ferrure. — IV. Exploration d'un membre boiteux.

I. — MALADIES DU PIED.

1. SEIME [1].

Le traitement de la seime comporte une triple indication :

Cicatriser la plaie du bourrelet et de la chair feuilletée ;

Empêcher le jeu des lèvres de la seime, qui occasionne le pincement de la chair et la boiterie ;

Activer la pousse de la corne et, par ainsi, hâter la réparation du dommage et la reprise du service.

Les anciens hippiatres abusaient, en général, des caustiques, du fer rouge et de diverses *rémolades* dans le traitement de cette affection.

Pour empêcher le *va-et-vient* des lèvres de la seime, quelques-uns se servaient d'agrafes.

Garsault conseillait de percer la corne, de chaque côté de la

---

1. Voir p. 58.

fente, avec un poinçon ; de passer dans les trous un fil de laiton, de le recourber en dessous et d'en tortiller les bouts avec des pinces pour fermer la seime.

Il conseillait encore de traverser la fente avec un clou passant dans la corne, de river ce clou aux deux extrémités de manière à rapprocher les bords de la seime (fig. 354).

Ce procédé a été recommandé par les professeurs Lafosse et Rey.

Lafosse trace une rainure transversale à un centimètre et de chaque côté de la seime ; cette rainure prépare le passage du clou-agrafe ; la portion de corne intacte est traversée par ce clou dont les extrémités sont relevées à angle droit et rivées des deux côtés de la seime.

Rey perce la corne en travers de la seime, à l'aide d'un foret et, prépare ainsi le trajet du clou-agrafe.

Defays a proposé un mastic pour immobiliser les lèvres de la seime. Ce mastic, composé de deux parties de gutta-percha et une partie de gomme ammoniaque, est introduit dans la fente, préalablement dégagée, puis chauffé, afin de le faire pénétrer profondément.

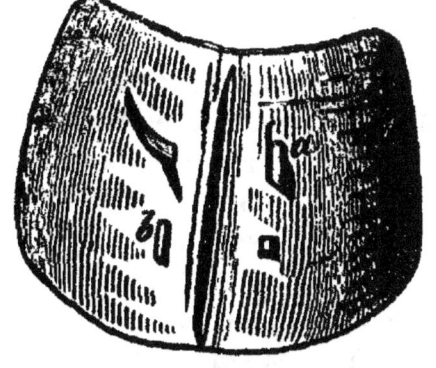

Fig. 354. — Corne traversée par un clou pour le traitement de la seime.

De Laguérinière recommande l'opération en *sifflet* qui consiste à amincir à fond la paroi, autour de la seime, de manière à faire une entaille en talus ayant la forme d'un V, pour empêcher le pincement et faciliter la cicatrisation de la plaie.

Pendant longtemps ce procédé a été le seul employé dans le traitement des seimes ordinaires ; on terminait l'opération en faisant un pansement avec une étoupade, chargée de térébenthine, et fixée avec un tour de bande.

Quand le débridement de la seime avait produit une plaie, l'étoupade était trempée dans l'eau-de-vie et on exerçait une compression avec la bande, pour empêcher les cerises.

Enfin, pour la seime compliquée de décollement, de suppuration de gangrène, *l'opération de la seime* était pratiquée.

Elle consistait dans *l'arrachement* d'un large lambeau de la paroi.

De chaque côté de la seime on creusait une rainure, allant jusqu'au vif, dont le bord extérieur était disposé en biseau pour éviter les compressions ; une autre rainure séparait la sole du lambeau de paroi à enlever.

Enfin l'arrachement du lambeau se faisait en pinçant son extrémité inférieure, avec les tricoises, et en opérant un mouvement de bascule.

Dans le cas de gangrène, la partie attaquée était enlevée à la *feuille de sauge*.

Un pansement, comprimant méthodiquement la plaie mise à nu, était ensuite appliqué.

Ce procédé barbare, qui met le cheval sur la litière pour plusieurs mois, est encore conseillé par quelques auteurs.

Ferrures employées contre la seime. — De Beaurepaire, de Laguérinière, Garsault, etc., conseillent l'emploi du *fer à lunette* ou à *demi-lunette* selon que le cheval a une ou deux seimes quartes au même pied : afin que le ou les quartiers souffrants ne portent pas à terre.

Soleysel préfère le fer à *demi-pantoufle*, qui permet d'utiliser le cheval, sur tous les terrains, et amène la soudure de la seime à sa naissance, près du poil.

Lafosse, qui veut faire une panacée de son fer à croissant, le conseille pour les seimes situées sur le quartier :

Bourgelat est de l'avis de Soleysel ; il repousse le fer à lunette et lui préfère le fer à pantoufle.

Chabert a nommé *fer à soie* un fer échancré en pince, qu'il indique devoir être placé selon les cas, soit avant, soit après l'opération de la seime (fig. 355).

Ce fer a l'inconvénient de ne pas prêter de point d'appui au pansement.

Girard prétend que le fer mince et prolongé en pince est de tous points supérieur au précédent.

Pour les seimes quartes, le fer échancré à la branche interne a été employé ; mais il n'est pas non plus resté dans la pratique (fig. 356).

On a substitué pour le traitement de la seime de pince, au

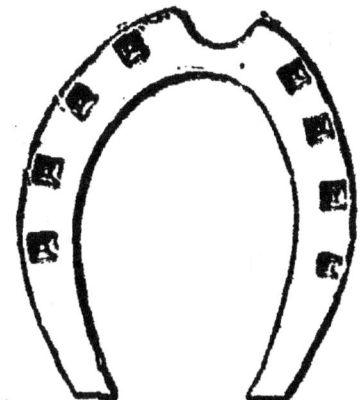

Fig. 356. — Fer échancré pour seime quarto.

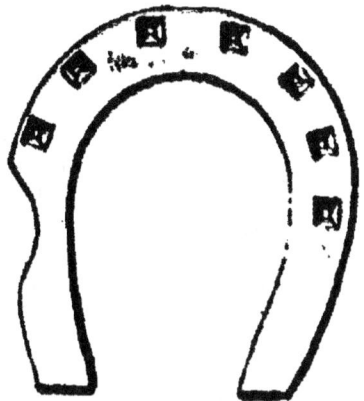

Fig. 355. — Fer échancré pour seime de pince.

fer à soie, le fer à large pinçon, afin de protéger la partie opérée et de fermer la fente (fig. 357).

Ce dernier fer est encore appliqué à quelques chevaux affectés de seimes de pince chroniques.

Enfin et toujours pour la seime de pince, on a employé le

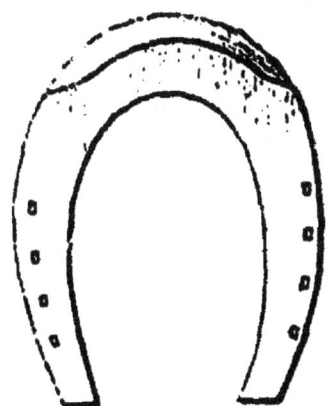

Fig. 357. — Fer à large pinçon contre la seime.

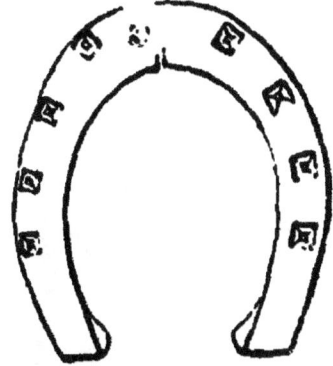

Fig. 358. — Fer désencasteleur contre la seime de pince.

fer à pinçon en mamelles, dans le but de tenir rapprochées les lèvres de la fente.

MM. Defays et Watrin conseillent, contre les seimes, leur fer à pinçon et l'étau dilatateur.

Certains vétérinaires emploient le fer à pantoufle et à demi-pantoufle.

M. Trasbot propose le fer désencasteleur contre les seimes de pince, si fréquentes sur les gros chevaux de trait travaillant dans les villes; mais, pour obtenir l'écartement des branches, sans briser le fer, il fend la pince à partir de la voûte et dans la moitié de sa largeur (fig. 358).

Fermer la seime en dilatant les talons et empêcher ainsi le pincement de la chair, par les mouvements alternatifs de dilatation et de resserrement du pied, est un moyen de traitement renouvelé de Soleysel.

Sans condamner absolument ces procédés, il importe de faire remarquer que la dilatation forcée du pied, entraînant la suppression de l'élasticité physiologique, a évidemment de sérieux inconvénients.

Traitement de la seime.

— Les procédés les plus pratiques pour arriver promptement à la guérison des seimes, en interrompant peu ou pas le travail, sont au nombre de trois :

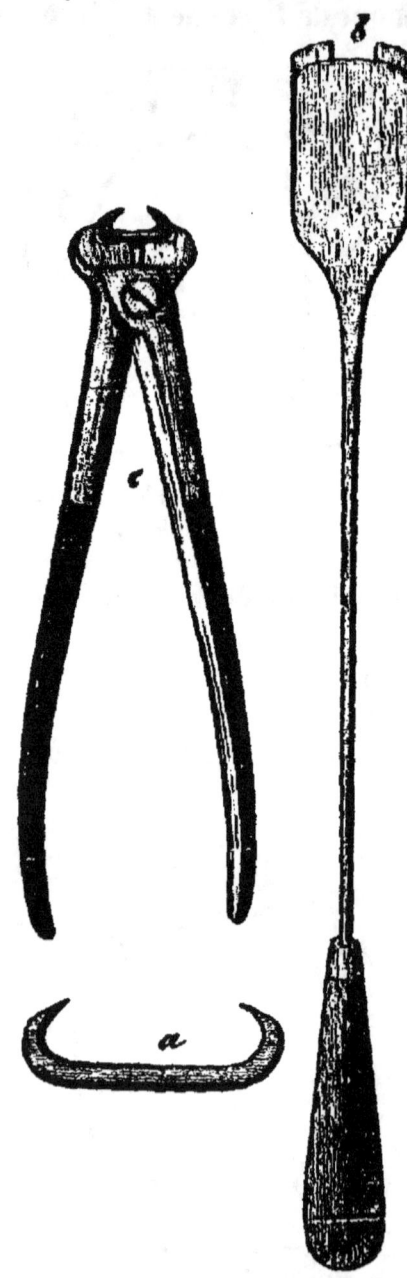

Fig. 359. *a*, agrafe ; *b*, Cautère ; *c*, pince.

Le barrage, l'opération Castandet, l'amincissement à la râpe.

Barrage des seimes. — Le barrage des seimes, à l'aide d'agrafes, a été perfectionné par M. Vachette.

Le système de cet ingénieux praticien exige des instruments spéciaux :

Des agrafes, en fil de fer assez fort, recourbées à angle droit à leurs extrémités, disposées en pointe assez aiguë (fig. 359 a) ;

Un cautère plat, portant à son extrémité deux parties saillantes, séparées par un espace vide (fig. 359 b) ;

Une *pince*, très forte, à mors courts et éloignés l'un de l'autre (fig. 359 c).

L'opérateur saisit le cautère chauffé au rouge, l'applique en travers de la seime, autant de fois qu'il veut placer d'agrafes ; de manière à produire, avec les parties saillantes du cautère, deux entailles peu profondes dans la corne.

Il place ensuite une agrafe entre les mors de la pince, l'applique en travers de la seime, chaque pointe entrant dans une entaille ; puis une forte pression étant exercée sur les branches de la pince, les pointes de l'agrafe s'enfoncent dans la corne, se rapprochent et rapprochent en même temps les bords de la seime, laquelle se trouve ainsi complètement et solidement fermée.

Le procédé du barrage des seimes par les agrafes est pratique, surtout pour les seimes de pince ; il laisse à désirer pour les seimes quartes, la paroi du quartier seimeux étant ordinairement mince, sèche, cassante et donnant peu de prise à l'agrafe.

Le *clou à cheval ordinaire, à lame mince*, peut être employé pour le barrage des seimes de pince et aussi des seimes quartes.

En 1879, en inspectant le service vétérinaire du 1er régiment de hussards, à Melun, nous avons vu M. Taurines, vétérinaire en premier, brocher avec la plus grande facilité 2 et 3 clous en travers des seimes quartes les plus irrégulières et les plus mauvaises.

Le *procédé opératoire* de cet habile praticien est très pratique et mérite d'être plus connu ; nous allons donc en faire une description complète :

Étant donnée une seime quarte ordinaire, simple et sans complications, le barrage de la seime se fait de la manière suivante :

A trois centimètres environ du bourrelet et parallèlement à lui, au point où la paroi possède son épaisseur normale, un peu plus haut, un peu plus bas, selon les indications, M. Taurines pratique avec une rainette de moyenne grandeur et bien tranchante, de chaque côté de la seime, à un centimètre à peu près de la fente, une rainure transversale, profonde, à pic à son origine près de la seime, et diminuant ensuite graduellement de profondeur jusqu'à sa terminaison. Ces rainures, qui doivent être dirigées *dans le même axe*, ont chacune une longueur de 2 centimètres 1/2 à 3 centimètres, suivant l'épaisseur de la corne ; leur largeur est celle de la gorge même de la rainette.

Cette disposition du fond de chacune des rainures permet de coucher dans l'une d'elles, selon la main de l'opérateur, le clou qui doit servir au barrage ; de placer ledit clou juste dans la position et la direction qu'il doit avoir quand, à coups de brochoir, on lui fait traverser l'intervalle qui sépare chaque rainure, et au milieu duquel se trouve la seime. Le clou, entrant par une rainure, sort par l'autre avec une grande facilité, lorsque les rainures sont bien faites et dans le même axe.

Une fois le clou broché, il faut : ployer sa pointe et sa tête en les ramenant à la surface de la paroi ; puis les couper ras et les serrer convenablement, jusqu'à rapprochement complet des deux lèvres de la fente ; enfin terminer l'opération par quelques coups de râpe, qui mettent les rivets exactement au niveau de la paroi.

Pour tracer plus rapidement la rainure, M. Taurines applique, au point où elle doit être faite, de chaque côté de la seime, un cautère de forme spéciale, chauffé au rouge ; la corne étant ramollie par le feu, la rainure est creusée en trois ou quatre coups de rainette.

La rainette doit être tenue à pleine main, dans une direction constamment perpendiculaire à la surface de la paroi, pour éviter les délabrements inutiles, et l'opérateur s'arrête avant d'atteindre le tissu vivant.

L'opération du barrage se pratique avec un clou à ferrer ordinaire, de dimension moyenne, battu sur ses faces et sur ses bords pour donner à sa lame une largeur et une épaisseur uniformes et rendre sa surface plus lisse. L'effilure doit être faite avec beaucoup de soin, sans irrégularités ni bavures. Puis le clou est graissé par sa pointe, et enfin *broché*.

A cet effet, il faut :

1° Appliquer la pointe du clou vers le milieu de l'épaisseur de la paroi à traverser ;

2° Le coucher dans la rainure de départ, en lui donnant la direction même de l'axe des deux rainures ;

3° Enfin le maintenir de manière que la face de sa lame soit sur le même plan que la surface de la paroi, et qu'il ne tourne pas sur lui-même, car alors il presserait le tissu vivant et pourrait donner naissance à de graves complications. Une fois ces dispositions prises, un aide applique, contre la rainure d'arrivée, le bout d'une lime ou d'une râpe ; avec l'autre main, il presse au bourrelet les deux lèvres de la seime, pour les rapprocher et les adapter le mieux possible l'un à l'autre. Alors l'opérateur frappe sur la tête du clou, dont la lame entre avec la plus grande facilité et sort juste au point voulu.

L'opération se fait toujours le cheval étant debout. Pour une seime quarte externe, le pied est levé comme pour être ferré ; pour une seime quarte interne, le membre est levé en avant et le pied un peu porté vers le membre opposé à la hauteur du genou. Pour opérer une seime au pied droit, par exemple, l'opérateur se place du côté gauche de l'animal, et *vice versa*, pour une seime au pied gauche. L'aide tient le pied en l'appuyant et le fixant, autant que possible, sur son genou.

Cette manière de procéder s'applique à la seime quarte la plus simple, fendue en ligne droite, suivant la direction des fibres cornées, et ne présentant pas de complication ; mais il est rare que toutes les seimes aient le même aspect et comportent la même manière de procéder dans l'opération du barrage. Autant de seimes, autant d'opérations différentes.

Il y a des fentes cornées multiples, en quelque sorte indescriptibles, qui intéressent tout un quartier, parfois même les deux quartiers du même pied ; elles forment des zigzags nombreux et irréguliers.

M. Taurines opère alors une sorte de suture générale des parties divisées et désunies de la corne et, à l'aide de plusieurs barrages combinés, il restitue au sabot et sa forme et sa solidité premières, au point que le cheval peut parfois reprendre immédiatement son service.

Ce système de barrage des seimes, simple et pratique, est à la portée des maréchaux et convient dans l'armée, surtout en campagne, alors qu'il faut faire marcher le cheval quand même.

D'une manière générale et quel que soit le procédé employé, on ne doit barrer que la seime qui fait peu ou pas boiter le cheval ; si la boiterie est accusée, il y a indication de traiter le pied par les cataplasmes et les bains, avant de fermer la fente avec les agrafes ou les clous.

Il importe encore de signaler que le barrage, qui permet l'utilisation immédiate du cheval, ne suffit pas ordinairement pour guérir une seime.

La plaie du bourrelet ne se cicatrise pas et la seime s'éternise ; mais le jeu des lèvres de la fente étant arrêté, il n'y a plus de pincement et, partant, pas de boiterie.

Le barrage ne dispense donc pas d'employer d'autres moyens, tels que :

Un léger débridement de la seime près du bourrelet, permettant de cautériser légèrement la surface de la plaie, soit avec une pointe de feu, soit avec de l'acide nitrique ou de l'huile de cade ;

Une ferrure spéciale pour la seime de pince : pince de corne échancrée légèrement pour éviter l'appui au-dessous de la fente, fer à pince un peu couverte et prolongée pour protéger la région et rejeter le poids en arrière, un pinçon à chaque mamelle bien appliqué contre la paroi pour fermer la fissure ;

Une ferrure spéciale pour la seime quarte : parer le pied bien d'aplomb, en se rappelant que le quartier seimeux est presque toujours le plus bas, et qu'il importe surtout de parer le quartier sain, afin de lui faire porter sa part de poids et même de le surcharger ; parer la pince, ménager les talons, échancrer le bas de la paroi en face de la seime pour soustraire la région malade à l'appui ; soulager le quartier seimeux en se servant d'un fer à branche couverte ; donner du même côté une forte garniture en talon et peu de garniture au quartier sain ; ferrer long ou même, si la fourchette est bonne, ou s'il y a un bon talon pouvant servir d'appui, employer le fer à planche et soustraire au contact tout le quartier malade ; enfin, il est indiqué de placer un vésicatoire autour de la couronne, mais assez léger pour ne pas arrêter le service.

Procédé Castandet. — M. Castandet, vétérinaire militaire, a conseillé une opération facile à pratiquer, d'une réussite certaine et applicable à toutes les seimes.

Le procédé consiste à isoler la seime du reste de la paroi par une double rainure, en forme de V, allant jusqu'au vif et dont le côté extérieur est disposé en biseau ; il n'y a plus de

Fig. 360. — Traitement de la seime par le procédé Castandet.

pincement possible, et la seime est nécessairement bornée dans sa descente (fig. 360).

Un léger débridement, mettant à jour le bourrelet, permet d'introduire une pointe de feu et de l'appliquer, par côté, couchée sur la plaie à cautériser.

L'emploi du vésicatoire à la couronne est également avantageux. Ce procédé est excellent ; mais il convient moins aux seimes, existant sur un quartier très resserré.

Procédé par amincissement. — Pour toute seime existant sur un quartier très resserré, il faut :

Planter la râpe en travers de la fissure, râper jusqu'au sang à partir du bourrelet ; raviver la plaie de ce dernier avec la rainette et la feuille de sauge ; évider le bord inférieur de la paroi à la région qui correspond à la seime, afin d'éviter l'appui sur le fer;

Parer le pied et ferrer d'après les principes déjà exposés au paragraphe traitant du barrage des seimes; c'est-à-dire de manière à attirer le poids sur le quartier sain, sur la pince et, si possible, sur la fourchette, afin de soulager et même de soustraire à l'appui le quartier malade;

Cautériser la plaie du bourrelet et de la chair feuilletée avec un acide, appliquer un tampon d'étoupes trempé dans l'huile de cade, ou recouvert d'une couche de bon onguent de pied, maintenir ledit tampon avec une ligature, goudronner le pansement pour le rendre moins apparent;

Refaire le pansement au bout de huit jours et, avant, s'assurer de l'état de la seime et cautériser à nouveau, si elle n'est pas reprise;

Appliquer des vésicatoires successifs à la couronne, pour obtenir l'élargissement du quartier, épaissir la paroi, activer la pousse de la corne.

Enfin, si une seime se complique de suppuration, de décollement et même de gangrène, par suite du manque de soins, le procédé par amincissement est encore le meilleur à employer; une fois la paroi amincie à fond, à la râpe, le pied est placé dans les cataplasmes, s'il y a suppuration : en cas de gangrène, la plaie est mise à nu, les portions atteintes sont enlevées et un pansement est fait.

Le procédé par arrachement doit être proscrit, il est horriblement douloureux, entraîne toujours des délabrements inutiles et condamne le cheval à un long repos.

II. — BLEIME [1].

C'est une maladie très anciennement connue; les vieux auteurs conseillent, généralement, de parer avec précaution la bleime et de verser dessus des onguents.

Si le mal est grave, ils recommandent d'avoir recours à la *dessolure* (arrachement de la sole); puis de faire un pansement

---

1. Voir p. 60.

avec des étoupes, maintenues par des éclisses. Soleysel, plus pratique, n'admet l'opération de la dessolure que dans des circonstances exceptionnelles ; mais il n'indique pas de ferrure spéciale pour la guérison de cette maladie.

Lafosse conseille son *fer à croissant* ; il faut, écrit-il, « ferrer de même un cheval qui aura une bleime ».

Pour la bleime suppurée, il est partisan d'enlever avec la rainette la corne décollée et de panser avec des étoupes imbibées d'essence de térébenthine.

Bourgelat conseille avec raison de découvrir la bleime, autant qu'il est possible, *en parant à plat et sans creuser*.

Mais il a tort de recommander la ferrure *à lunette*, s'il y a deux bleimes ; à demi-lunette, s'il n'y en a qu'une, et à *pantoufle*, si le talon a de la tendance à se resserrer.

On comprend difficilement qu'un cheval atteint de bleimes puisse marcher sur le dur, avec les deux premières ferrures ; et, de plus, que les talons bleimeux se trouvent bien, sur les plans inclinés du fer à pantoufle.

Girard conseille, pour faire travailler le cheval, de lui appliquer un fer couvert en arrière ou un fer à planche, si la fourchette est susceptible par son volume de lui prêter un point d'appui.

Gohier a recommandé le *fer échancré à la rive interne* (fig. 361), pour faciliter le pansement de la bleime.

Ce fer, auquel il faut adjoindre une plaque mobile, ne s'emploie plus aujourd'hui.

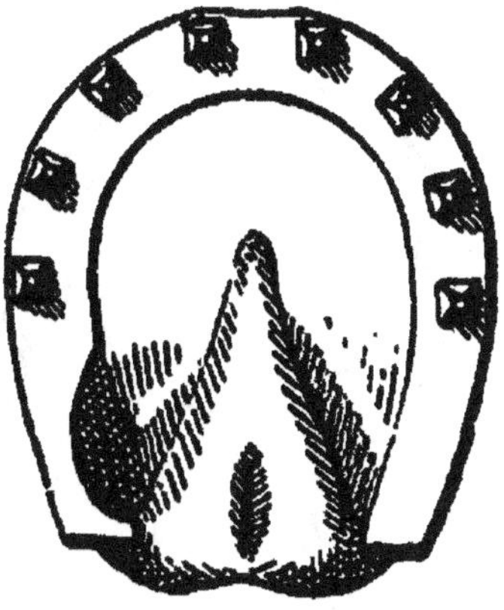

On s'est servi aussi de fers à planche irréguliers (fig. 362-63),

Fig. 361. — Fer échancré à la rive interne.

dans le but d'éviter l'appui, sur la région malade, et de laisser la bleime à découvert, pour faciliter les pansements consécutifs aux opérations graves qui se pratiquaient alors.

Aujourd'hui et depuis longtemps déjà, les opérations sanglantes ne sont plus en usage pour le traitement de la *foulure*, de la *meurtrissure des talons* ; cependant, trop souvent encore, le *dégagement de la bleime* est pratiqué, sans raison suffisante, au delà des limites raisonnables.

Fig. 362. — Fer à planche irrégulière.

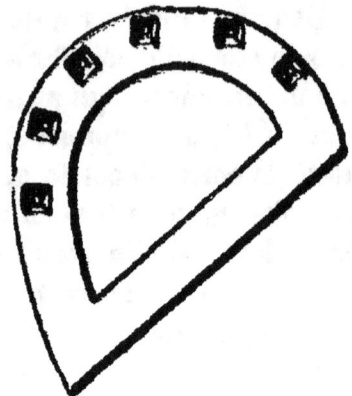

Fig. 363. — Fer à planche oblique.

Il faut dégager la bleime : voilà le mot d'ordre.

Dégager la bleime, c'est abattre, fouiller et creuser à fond l'extrême bout de sole, la paroi du talon et la barre.

Toutes les fois que le maréchal, en parant, aperçoit la corne des talons infiltrée de sang, — que le cheval boite ou ne boite pas, — il dégage la bleime et croit ainsi faire une besogne méritoire.

Fig. 364. — Fer à queue d'aronde.

Or, on ne sait pas assez que cette opération est dangereuse pour le pied; elle diminue la force de résistance du talon et, dès lors, augmente la tendance au resserrement; elle livre, au contact desséchant de l'air, la corne profonde qui, de molle et épaisse, devient dure, mince, d'un contact douloureux pour la chair; enfin et pour longtemps, elle met le talon affaibli dans l'impossibilité de servir de point d'appui au fer, sans qu'une boiterie survienne.

Il est vrai que l'effet immédiat est parfait; le tissu meurtri est moins étroitement emprisonné. Mais bientôt les murs se rapprochent et leurs parois étreignent, à nouveau, la chair ; la bleime dégagée revient et nécessite une nouvelle opération. C'est ainsi que, sans cesse, la bleime réapparaît au grand détriment du service.

Cependant il importe de dire, pour rester dans la vérité, que le dégagement de la bleime, qui donne ces malheureux résultats, est mal compris et mal pratiqué.

Il y a trois manières de dégager la bleime :

La première, la plus usuelle et la plus mauvaise, consiste à abattre le talon de loin, 5 à 6 centimètres environ, et à faire un trou avec la rainette dans le talon bleimeux, en enlevant le bout de la sole et la moitié de l'épaisseur de la paroi de l'arc-boutant et de la barre, de telle sorte que le fer n'a pas de contact avec ce côté du pied à partir de la dernière étampure.

Ce procédé a l'inconvénient d'amener la dessiccation et conséquemment le resserrement de la paroi, à moitié enlevée par la rainette ; elle diminue aussi beaucoup trop le contact du fer avec le pied.

La deuxième manière dite à la *marchande*, *à l'anglaise*, diffère en ce que le pied paraît extérieurement tout à fait intact.

La bleime est dégagée aussi à fond que possible et la paroi attaquée, à sa face interne, dans presque toute son épaisseur ; mais elle n'est pas diminuée dans sa hauteur. De telle sorte que l'excavation pratiquée est cachée, en dehors, par la couche extérieure de la paroi d'une épaisseur de 2 à 3 millimètres environ et, en dessous, par le fer.

Ce procédé est de beaucoup supérieur au premier ; car si cette mince couche de paroi a tendance à se resserrer, elle ne peut en aucun cas entraîner un mouvement de retrait des parties environnantes ; d'ailleurs, il est indiqué de combler le trou pratiqué avec une étoupade goudronnée, pour maintenir la souplesse de la corne.

Enfin le troisième procédé est celui que nous adoptons et qui va être décrit plus loin.

On arrive généralement, aujourd'hui, à faire marcher les chevaux atteints de bleimes sans interrompre leur travail.

Dégager la bleime n'est pas une opération à proscrire; mais il ne faut la pratiquer qu'à bon escient.

Un cheval a les talons faibles et sujets aux bleimes, il ne boite pas : rien à faire. Il faut parer simplement la pince, ménager les talons, ferrer un peu long, et bien se garder surtout de mettre un fer à éponges épaisses.

Une boiterie légère existe, une pression exercée par les tricoises, ou bien de légers coups de marteau frappés sur la paroi, déterminent de la sensibilité : il y a bleime sèche. Le ou les talons douloureux doivent être abattus, à plat, de court, sans creuser et suffisamment, de telle manière qu'ils ne puissent venir toucher l'éponge du fer, avant le renouvellement de la ferrure.

Un double résultat est obtenu : l'épaisseur de corne est diminuée et, avec elle, l'intensité de la compression; puis, le talon sensible ne porte plus sur le fer et, ainsi, sont évités les chocs de l'éponge, contre la région endolorie. Des bains fréquents, suivis du graissage des pieds, hâtent la disparition de la boiterie. Quand la boiterie a disparu, la dessication de la corne vive doit être empêchée par une couche de goudron, renouvelée tous les deux jours.

Après l'opération, le pied bleimeux est habituellement ferré

Fig. 365. — Fer à bleime.   Fig. 366. — Fer à bleime.

avec un fer couvert du côté malade, ou mieux avec un fer à planche léger, long et large, renflé légèrement au milieu de la planche, aminci aux angles (fig. 365 et 366).

Le fer à planche jette le poids sur la fourchette, soulage ainsi les régions souffrantes et produit d'excellents effets. Mais, à la longue, la compression incessante exercée sur la fourchette en détermine la pourriture, d'où la nécessité de revenir, de temps à autre, au fer ordinaire.

Le cheval ferré à planche tient mal le pavé.

Un fer particulier, dégagé, très épais, dont le bout de la branche est taillé en biseau du côté de la bleime (fig. 366), est parfois utile pour le service des villes. Il tient bien le pavé, et jamais le talon du pied ne vient toucher l'éponge du fer.

Toutes les fois que le cheval boite assez fort d'une bleime, le débridement est nécessaire.

Les bleimes humides, suppurées, nécessitent l'amincissement à fond des régions. Des cataplasmes et des bains hâtent la guérison et font disparaître la douleur. A ce traitement doit succéder l'emploi de l'étoupade goudronnée, maintenue avec une plaque de cuir.

Si la sensibilité du pied persiste, il est indiqué d'essayer du patin anglais.

Quand le talon bleimeux est très resserré et le cheval souvent boiteux, il faut amincir, à la râpe et à fond, les parties contractées et appliquer le fer à planche, en lui donnant un point d'appui sur le talon sain.

II. — ACCIDENTS DIVERS.

Sole foulée. — Un cheval boite; en un point de la sole se constate de la sensibilité. L'indication est d'amincir à fond la région sensible, de donner des bains de pied, d'appliquer un fer à plaque avec étoupade goudronnée.

Étonnement du sabot[1]. — Une boiterie existe; à l'exploration de la paroi, la douleur est manifeste en un point déterminé. Il faut amincir à la râpe, faire prendre des bains de pied, appliquer des cataplasmes, goudronner ensuite la région après la cessation de la boiterie et du traitement.

Abcès du sabot. — Un cheval boite tout bas, le sabot est chaud, l'exploration démontre une vive sensibilité en un point quelconque; le pied est fouillé à cet endroit et le pus s'échappe.

1. Voir p. 61.

Un décollement existe alors ; trop fréquemment la corne séparée de la chair est enlevée par l'ouvrier.

Sorti le pus, guérie la maladie : l'indication est de conserver la corne décollée, qui protège efficacement la chair du pied mise à nu.

Les bains, les cataplasmes hâtent la guérison, que parachèvent le fer à plaque et l'étoupade goudronnée.

Kéraphyllocèle[1]. — Si le cheval boite : déferrer, creuser à la rainette le kéraphyllocèle, amincir un peu la sole et la paroi autour de la tranchée, traiter par les bains et les cataplasmes pendant quelque temps ; ferrer ensuite avec un fer peu couvert en pince, à pinçon bridé, avec étoupade goudronnée et plaque de cuir.

Si le cheval ne boite pas, continuer à s'en servir en ayant soin, à chaque ferrure, de creuser légèrement le kéraphyllocèle, de faire en face de lui une brèche à la paroi, afin d'éviter le point d'appui sur le fer.

Mais si la boiterie persiste ou récidive, il faut opérer le kéraphyllocèle et l'enlever du haut en bas de la paroi et jusqu'au sang.

C'est une opération qui met le cheval hors de service, pour six à huit mois, et qui ne réussit pa toujours.

Fourmilière[2]. — Après la guérison de l'abcès du sabot, la fourmilière, qui lui succède, est tout naturellement emportée par la croissance de la corne.

Cependant, si la fourmilière a son siège sous la paroi et remonte jusqu'au bourrelet, la guérison est impossible sans opération, — la muraille et les feuillets de corne poussant isolément.

Est-ce à dire qu'il faut toujours opérer la fourmilière ? Non, si le cheval ne boite pas ; il suffit d'empêcher la paroi décollée d'appuyer sur le fer, d'enfoncer dans le trou des étoupes imprégnées d'huile de cade, d'appliquer un fer léger, à large pinçon bridé, avec étoupade goudronnée et plaque de cuir.

Si la fourmilière s'accompagne d'une boiterie persistante,

---

1. Voir p. 63.
2. Voir p. 64.

résistant aux bains, aux cataplasmes, à l'application de la ferrure ci-dessus décrite, l'opération est nécessaire.

Il faut enlever toute la paroi décollée et amincir, jusqu'au sang, le point d'union du bourrelet et des feuillets de chair; mettre un fer à pince prolongée avec étoupade goudronnée, sur la fourmilière et sous le pied. Le sabot repousse alors d'une seule pièce; mais il faut beaucoup de temps avant que la réparation soit complète.

Néanmoins, l'utilisation du cheval est parfois possible, quand il reste assez de corne saine pour fixer solidement le fer.

Fourbure[1]. — Bien souvent on déferre immédiatement le cheval fourbu, pour donner plus d'aisance au pied. C'est là une manière de faire préjudiciable, qui augmente les souffrances et entrave le traitement. Le pied déferré, portant sur le sol par toute sa surface, le malaise et la douleur augmentent; d'autre part, il n'est plus possible de faire marcher le cheval fourbu.

La saignée est nécessaire et, généralement, se pratique à la veine du cou.

Enfin, toujours le cheval fourbu est laissé au repos; de ce fait, sans doute, que la marche est extrêmement pénible, le laisser à l'écurie a paru chose toute naturelle. Eh bien, le repos est la principale cause de la fourbure chronique : le sang s'amasse librement, dans le pied immobile, et produit des lésions incurables.

La fourbure doit être énergiquement traitée; tout retard, toute hésitation peuvent entraîner les plus funestes conséquences.

C'est une faute grave de déferrer le cheval : il suffit d'enlever quelques clous à chaque pied.

Une forte saignée est faite. Immédiatement après, il faut absolument faire marcher le cheval, le frapper même, — s'il résiste à l'invitation de se déplacer. Si la fourbure est grave et que le déplacement soit par trop pénible, une vigoureuse friction d'essence de térébenthine, sur les membres, remplit par-

---

1. Voir p. 65.

faitement la double indication d'appeler le sang à la peau et de provoquer le cheval à se mettre en mouvement.

Par la marche, la chair du pied est, tour à tour, comprimée et libérée de toute pression ; le sang est tour à tour repoussé et attiré. Les vaisseaux se dégorgent rapidement ; la circulation se rétablit et bientôt les mouvements récupèrent aisance et facilité. Dès lors le liquide sanguin, anormalement amassé dans le sabot, reprend son cours naturel.

Mais tout n'est pas fini ; si le cheval reste immobile, à nouveau le sang retombe dans le pied et les mêmes souffrances se reproduisent.

Il est nécessaire d'empêcher ce retour offensif. A cet effet, les bains de pied dans l'eau courante sont excellents ; le froid de l'eau entrave l'abord du sang. Après deux heures de bain, une nouvelle promenade est indiquée ; elle est suivie d'une nouvelle immersion, dès qu'il y a aisance dans la marche.

Ainsi donc, il faut alterner la promenade et le bain : ce traitement, fidèlement suivi, jour et nuit, réussit en deux, trois ou quatre jours, suivant la gravité du mal. Le cheval peut manger sa ration, étant au bain.

Dans le cas où les bains sont impossibles, ou doivent être suspendus, on fait séjourner les pieds sur une épaisse couche de glaise, fréquemment arrosée d'eau froide ; plusieurs frictions sur les membres, avec l'essence de térébenthine, — frictions suivies d'une promenade, produisent d'excellents effets.

Comme traitement interne, nous avons recours à la médecine dosimétrique.

L'administration des granules défervescents, aconitine et digitaline (cinq de chaque, toutes les demi-heures ou toutes les heures), recommandée par le savant professeur Burggraeve, donne d'excellents résultats.

Un régime diététique rafraîchissant, des barbotages au sel de nitre, des mashs à la graine de lin, de chaudes couvertures, les flanelles : tout cela aide puissamment la médication.

Le succès du traitement est signalé par la facilité avec laquelle le cheval marche, à la sortie du bain ou de l'écurie.

Si, après une huitaine de jours, par suite de négligence ou d'insuccès dans le traitement, la fourbure reste stationnaire ou s'exagère, nulle hésitation n'est permise : il faut abattre, avec la râpe et jusqu'à la rosée, toute la partie antérieure de la paroi, du bourrelet au sol, d'un quartier à l'autre, et continuer les cataplasmes froids et les bains.

Ainsi est guérie la fourbure aiguë, et sont évitées ces effroyables et incurables lésions de la fourbure chronique.

Croissant[1]. — Si le cheval ne boite pas, il est inutile d'opérer. Il suffit de respecter la sole, de retrancher très fortement la corne sur la circonférence antérieure du sabot, de manière à enlever, à peu près, les trois quarts de l'épaisseur de la paroi. Il faut se servir d'un fer couvert. Une forte ajusture est nécessaire, en pince, afin qu'aucune compression ne s'exerce sur la mince couche de corne, qui recouvre le croissant ; inversement, la sole des quartiers et des talons, ne redoutant aucun contact, doit participer au support. On peut avantageusement substituer au fer français, couvert et ajusté plus ou moins en écuelle, le fer à ajusture anglaise, avec plaque de cuir et étoupade goudronnée, si la corne de sole est dure quoique mince ; avec étoupade et onguent égyptiar, si la corne qui recouvre le croissant est *chanvreuse*. Les clous doivent être brochés sur les côtés du pied et non en pince.

Si le cheval boite, il est indispensable, en outre, d'amincir la sole aux endroits où elle comprime la chair.

Ainsi est combattue la compression douloureuse de la chair ; il en résulte un bien-être momentané, la disparition de la boiterie et la possibilité de remettre le cheval en service.

Fig. 367. — Fer contre l'oignon.

Oignon[2]. — Autrefois on se servait d'un fer spécial (fig. 367). La saine pratique commande de respecter la sole, d'employer un fer couvert et de pratiquer, à la région correspondant à

---

1. Voir p. 68.
2. Voir p. 72.

l'oignon, une forte ajusture, prise, en grande partie, aux dépens de l'épaisseur du fer, et destinée à empêcher toute compression sur la sole sensible. L'étoupade goudronnée et la plaque en cuir sont aussi indiqués.

Toujours et quand même, les extrémités des branches du fer doivent être mises à plat.

Faux quartier[1]. — Parer le pied avec ménagement;

Faire tomber avec précaution toute la portion de paroi décollée et sans consistance;

Employer un fer à une branche couverte ou le fer à planche léger, irrégulièrement étampés, avec une bonne garniture du côté du faux quartier;

Se servir de clous minces de lame;

Goudronner le pourtour et le dessous du sabot; si le pied est sensible, avoir recours à l'étoupade goudronnée et à la plaque de cuir.

Avalure[2]. — Donner un coup de râpe sur la saillie de la paroi, qui surmonte ordinairement la région déprimée, afin d'éviter la compression des parties vives sous-jacentes.

Mettre un fer ordinaire léger ou un fer à planche, avec bonne garniture du côté de l'avalure;

Se servir de clous minces de lame;

Goudronner le pourtour et le dessous du sabot et, si le pied est sensible, avoir recours à l'étoupade goudronnée et à la plaque de cuir.

Javart encorné[3]. — Couper les poils sur la tumeur et à son pourtour; amincir la paroi à fond, à la râpe, au-dessous du javart et à partir du bourrelet, afin de faciliter la sortie du pus et du bourbillon et d'éviter les compressions et les décollements du sabot;

Traiter par les cataplasmes et les bains;

Se servir d'un fer ordinaire léger; lorsque le javart a son

---

1. Voir p. 72.
2. Voir p. 72.
3. Voir p. 73.

siège sur la couronne du talon, employer le fer à planche et abattre ledit talon pour l'empêcher de porter sur le fer ;

Goudronner la région après guérison.

Javart cartilagineux[1]. — Le traitement est long et difficile. Il est indiqué :

D'ouvrir l'abcès par lequel la maladie débute ;

D'amincir à fond la paroi près du bourrelet pour éviter les compressions ;

D'employer la liqueur de Villate, ou mieux l'eau phéniquée au 1/10 en injections dans les fistules, pour cautériser la partie cariée du cartilage.

En cas de non-réussite et d'affection grave, l'extirpation de tout le cartilage devient nécessaire : elle doit se faire avec la rainette, qui est plus facile à manier et moins dangereuse pour l'articulation, que tout autre instrument tranchant.

Maladie naviculaire[2]. — C'est une affection difficile à diagnostiquer et incurable.

Une seule chose est possible : faire disparaître la boiterie, pendant un certain temps, et permettre ainsi l'utilisation du cheval.

Ce résultat s'obtient par l'opération de la *névrotomie*.

Cette opération repose sur les données physiologiques suivantes : A tous les points du corps existent des nerfs ; si au pied, par exemple, une souffrance se déclare, le nerf de la région malade télégraphie au cerveau un signal de détresse ; aussitôt le cerveau donne des ordres, pour que le jeu des membres soit combiné de façon à être le moins douloureux possible et... *l'animal boite.*

Que maintenant la communication soit interrompue, entre le nerf et le cerveau, la transmission des dépêches et des ordres devient impossible.

La névrotomie produit précisément cet effet. Les nerfs, qui se distribuent à la région postérieure du pied, sont coupés au milieu du paturon (névrotomie basse) ou du boulet (névrotomie haute.)

1. Voir p. 73.
2. Voir p. 74.

La maladie naviculaire existe toujours, mais le cerveau n'en a plus conscience et l'animal, ne souffrant pas, ne boite plus.

Tel cheval, boiteux à trois jambes, se trouve à peu près droit, après avoir été opéré.

Et cependant la névrotomie n'est pas une opération qui puisse rendre de grands services, non pas seulement parce que la maladie naviculaire est une affection assez rare ; mais surtout parce que le pied, privé de nerfs, se nourrit moins bien et perçoit obscurément la consistance et les inégalités du sol, ce qui nuit à la sûreté et à la franchise de l'appui, au jeu des épaules, à l'aisance des mouvements. Si le cheval est piqué, s'il a une bleime, un abcès dans le sabot, etc., le mal reste souvent caché : la désorganisation marche et le remède n'arrive pas.

De plus la névrotomie, faite au boulet, amène parfois la gangrène du pied et, comme conséquence, l'abatage du cheval.

En somme, la névrotomie n'est qu'un palliatif insuffisant et non un moyen de guérison et de sérieuse utilisation. Elle fait plutôt l'affaire des maquignons, que celle des hommes de cheval.

Fourchette échauffée, pourrie [1]. — Le traitement consiste à parer le pied et à faire la toilette de la fourchette, en enlevant les lambeaux de corne desséchés ou pourris. Les plaies, mises à nu, sont ensuite lavées à grande eau, puis séchées à l'aide de lotions de liqueur de Villate, ou de suie délayée dans du vinaigre.

Il est essentiel de tenir la litière propre, pour éviter les fâcheux effets de l'urine et de la fiente ; la dilatation du pied produit de bons résultats, si le mal provient du resserrement des talons.

Rarement il est besoin de protéger la fourchette par un fer à plaque ; l'emploi de ce fer est restreint au cas, infiniment rare, où une boiterie accompagne cette affection, ordinairement insignifiante.

Crapaud [2]. — Il faut parer à fond le pied et mettre le mal

---

1. Voir p. 74.
2. Voir p. 75.

complètement à découvert, en enlevant partout, à la rainette, la corne décollée d'avec la chair, ou surmontant les végétations; puis, faire un pansement journalier avec des étoupes imprégnées de perchlorure de fer liquide ou d'onguent phénique[1], ou de pommade au sulfate de cuivre, finement porphyrisé, et

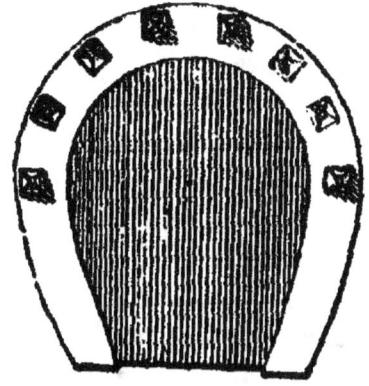

Fig. 368. — Fer à plaque.

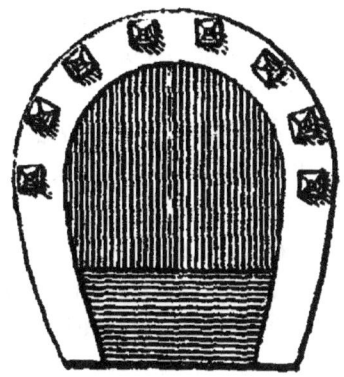

Fig. 369. — Fer à éclisses.

maintenues, sur le pied, par un fer à plaque mobile (fig. 368) ou à éclisses (fig. 369), en tôle ou en bois.

Quelques pansements, bien exécutés, suffisent parfois pour guérir une affection, qui passe pour être très difficilement curable.

Si le mal résiste, il faut cautériser la plaie, de temps à autre, avec le mélange suivant :

> Acide azotique.................. 2 parties.
> — chlorhydrique............ 1 —
> Huile empyreumatique.......... 2 —

Crapaudine[2]. — Il faut : râper toutes les végétations cornées et amincir à fond la paroi, près du bourrelet.

Faire une plaie vive superficielle, au point de jonction du bourrelet périoplique et du bourrelet principal.

Panser avec étoupade imprégnée de goudron caustique ou de perchlorure de fer, ou de pommade au sulfate de cuivre.

---

1. Onguent composé d'une partie d'acide phénique liquide et de cinq parties de savon vert.
2. Voir p. 75.

III. — BLESSURES DU PIED.

Clou de rue. — C'est une perforation de la sole ou de la fourchette, avec lésion plus ou moins profonde des parties vives, produites par des clous, des fragments pointus de verre, de silex, de bois, etc.

Le clou de rue se prend dans la marche, quand des corps aigus se trouvent sur le passage des chevaux. Il se prend surtout avec facilité et s'enfonce profondément, lorsque le fer, trop dégagé, protège mal un pied paré à fond. Les chevaux de chasse qui galopent dans les taillis, sans être munis d'une ferrure protectrice spéciale, se fichent souvent des *tacots*[1] dans les pieds, particulièrement aux lacunes de la fourchette, où les corps étrangers se fixent et pénètrent plus aisément.

Au temps où tout prétexte était bon pour une opération sanglante, dès qu'un cheval avait *pris un clou de rue*, le chirurgien plantait sa sonde dans le trou et pratiquait un large *infundibulum* autour et jusqu'au fond de la blessure; le cheval poussait des hurlements de douleur, la plaie saignait à flots et... ce qu'il y a eu ainsi de journées de travail perdues et de chevaux estropiés est incalculable.

En face d'un clou de rue, la première indication est de retirer le clou. Quelle que soit la gravité de la lésion, le traitement est invariablement le même : déferrer, parer à fond la sole, surtout autour de la blessure, mettre des cataplasmes, faire prendre fréquemment des bains de pied. Dans l'immense majorité des cas, ces soins si simples suffisent. Au bout de quelques jours, le cheval cesse de boiter ; provisoirement referré avec un fer à plaque, matelassé avec une étoupade goudronnée, il reprend son service.

Parfois, cependant, la boiterie persiste; une fistule s'établit; un point circonscrit de l'os ou du tendon fléchisseur est mortifié et les tissus voisins suppurent. Dans ce cas, pas d'hésitation : il faut débrider largement la fistule, enlever la partie

---

1. Tronçons de bois, taillés en sifflet, restés sur le sol après la coupe du taillis.

malade, qui gît à son fond, autrement dit faire l'opération du clou de rue, fixer à quatre clous un fer à éclisses ou à plaque mobile (fig. 370) et faire un pansement antiseptique.

A propos des *lacots*, *chicots* que les chevaux de chasse prennent parfois dans les taillis, il importe d'observer qu'un bout de bois peut s'enfoncer profondément, dans les lacunes de la fourchette, se casser dans la plaie et y rester plusieurs jours, sans trahir sa présence autrement que par une boiterie souvent légère.

Aussi est-il indiqué, si une boiterie se déclare, le lendemain d'une chasse, de fouiller à fond les lacunes et de bien s'assurer que le cheval n'est pas *lacoté*.

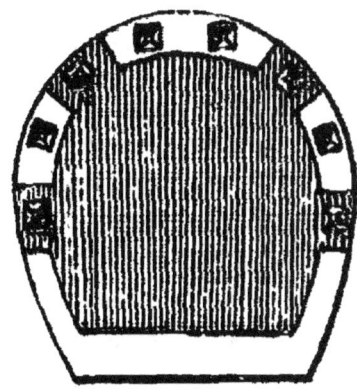

Fig. 370. — Fer à plaque inférieure[1].

On peut d'ailleurs être tranquille, les blessures du coussinet plantaire sont généralement sans gravité.

Cerise. — A la suite des plaies du pied et surtout des débridements faits par le chirurgien, il survient parfois une végétation appelée *cerise*.

Il faut :

Amincir la corne à fond autour de la cerise, pour éviter tout pincement, exciser la cerise ou plutôt la brûler à l'aide d'alun calciné, de sulfate de cuivre en poudre, de caustique de Vienne, etc. ;

Après guérison, matelasser le pied avec une étoupade goudronnée et appliquer un fer à plaque.

Atteinte encornée. — Quand la corne est plus ou moins décollée d'avec la chair et que l'animal boite, il faut :

Couper les poils de la couronne ;

Enlever avec la rainette la corne décollée et amincir la pa-

---

1. On a proposé autrefois, pour faciliter le pansement des blessures de la sole, le *fer à plaque inférieure* ; la plaque est attachée sous le fer avec des clous ordinaires : ce système, difficile à établir, ne vaut pas le *fer à éclisses*.

roi, tout autour de la plaie, pour éviter les compressions ; laver à l'eau fraîche de manière à enlever la terre et le sable, trop souvent logés entre la chair et la corne ;

Si la plaie est légère, toucher légèrement avec un tampon trempé dans l'essence et recouvrir de goudron ;

Faire un pansement avec étoupes et ligature, si la plaie est étendue et a besoin de protection.

Arrachement du sabot. — C'est là un accident très rare, qui arrive lorsque le cheval fait des efforts violents pour retirer son pied, retenu dans une bouche d'égout ou entre deux pierres ; ou encore quand la roue d'une voiture, pesamment chargée, passe sur le devant de la paroi.

Le pied désaboté saigne abondamment ; car la chair déchirée est souvent emportée avec le lambeau de corne.

Cet accident n'est pas incurable et cependant le cheval doit être immédiatement abattu.

Le traitement d'une aussi grave blessure nécessite des moyens de suspension, difficiles à installer, et près d'une année de soins.

En somme, beaucoup de dépenses pour arriver, *en cas de succès,* à avoir un animal généralement boiteux et hors d'état de travailler aux allures vives.

La première indication est d'arrêter l'hémorragie. A cet effet, il faut envelopper le pied avec une forte étoupade trempée dans du perchlorure de fer liquide, coupé de moitié eau. Puis entourer le moignon avec une serviette à pointe relevée et fortement nouée dans le pli du paturon ; mettre sous le pied une tresse en paille à quatre branches, serrée au paturon ; *opérer, en un mot, comme s'il s'agissait de mettre un cataplasme ordinaire.*

IV. — ACCIDENTS OCCASIONNÉS PAR LA FERRURE.

Piqûre. — La piqûre est un accident produit par un clou enfoncé dans le vif et retiré, avant d'être complètement broché.

Le cheval est exposé à être piqué, lorsque la paroi est verticale, mince, dérobée ; quand le pied est trop paré, le fer trop juste ou étampé trop à gras, les clous mal affilés ; lorsqu'il y a une souche oubliée dans la paroi.

Le cheval piqué manifeste, par une brusque saccade, la douleur vive qu'il ressent. Les saccades ne signifient rien, si elles se répètent à chaque coup de brochoir : on dit alors que le cheval *compte*.

Le clou, retiré immédiatement, est rarement taché de sang ; le sang sort par le trou quelques instants après.

La piqûre est ordinairement sans gravité.

Si la piqûre est légère, il suffit le plus souvent de supprimer le clou et de verser un peu d'essence de térébenthine dans le trou.

Si la piqûre saigne beaucoup, il faut : la mettre à découvert, en creusant la sole environnante, faire au même endroit une brèche à la paroi, de manière à l'empêcher de porter sur le fer, panser avec des étoupes mouillées d'essence de térébenthine.

Retraite. — La retraite est une piqûre faite avec un clou pailleux qui, en pénétrant dans la corne, se divise en deux lames dont l'une atteint le vif et l'autre sort au dehors.

Même traitement que pour la piqûre, si le clou est retiré immédiatement.

Mais quand le maréchal laisse le clou dans la chair, le pied devient chaud, la suppuration s'y met ; le cheval boite de plus en plus.

La retraite est plus grave que la piqûre.

Il faut alors déferrer et explorer le pied.

Dans le trajet du clou se trouve de l'humidité ou de la suppuration ; souvent la paroi et la sole sont décollées, autour de la piqûre.

Le traitement consiste dans l'amincissement à fond de la corne, autour de la piqûre, dans l'application de cataplasmes et de bains.

Puis, quand le cheval boite moins, il faut mettre une étoupade goudronnée sous le pied, une plaque ou des éclisses, pour protéger la sole amincie, et attacher le fer à quatre clous.

Enfin la boiterie étant disparue, on ferre à demeure, avec étoupade goudronnée et plaque de cuir.

Enclouure. — La piqûre prend le nom d'enclouure lorsque le clou, au lieu d'être retiré immédiatement, reste plus ou moins longtemps implanté dans le pied.

Il y a chaleur, suppuration et décollement.

L'enclouure est assez grave.

Même traitement que pour la retraite.

Pied serré par les clous. — Un ou plusieurs clous, brochés trop près de la chair, compriment et blessent.

Le pied est sensible, le cheval boite.

Cet accident n'est pas grave.

Il faut déferrer et examiner le pied ; puis referrer, après avoir élargi le fer et contre-percé plus à maigre ; brocher les clous à maigre ou les supprimer aux régions douloureuses.

Si la boiterie persiste, il y a indication de débrider le trajet du clou, de donner des bains suivis du graissage du pied ou de mettre des cataplasmes.

Sole comprimée par le fer. — La sole est comprimée par le fer quand, étant mince ou amincie, ou présentant des oignons, elle porte sur le fer.

Il en résulte douleur et boiterie.

L'accident n'est pas grave.

Il faut déferrer, traiter la boiterie par les cataplasmes et les bains, s'il y a lieu ; puis appliquer un fer léger, couvert, suffisamment ajusté, pour ne pas porter sur la sole, et goudronner le pied.

Sole chauffée, brûlée. — La sole chauffée, brûlée, est un accident produit par le fer chaud, tenu trop longtemps sur le pied.

Le pied trop paré, le pied plat ou comble, à sole mince, sont exposés à être chauffés.

Le pied brûlé a la corne de sole jaune, pointillée de noir, souvent humide et décollée ; une légère pression détermine une vive douleur.

La brûlure n'est pas grave, mais elle est assez longue à guérir et fait boiter.

Traiter d'abord par les cataplasmes et les bains.

Quand la boiterie diminue, appliquer un fer léger, fortement ajusté et attaché à quatre clous ;

Placer sous la sole une étoupade goudronnée, maintenue avec des éclisses et une plaque ;

Puis ferrer définitivement avec étoupade goudronnée et plaque de cuir.

Coups de rogne-pied et de boutoir. — Les coups de rogne-pied et de boutoir sont des blessures produites par l'emploi maladroit ou exagéré du rogne-pied et, plus souvent, du boutoir.

Ces blessures font boiter, mais n'ont pas de gravité.

Pour tout traitement : ferrer à froid à quatre clous, avec un fer léger et couvert, ajusté de manière à ne pas porter sur la blessure ;

Faire prendre des bains, suivis d'un graissage du pied ; et placer une étoupade goudronnée, maintenue avec des éclisses ou une plaque en cuir.

V. — EXPLORATION D'UN MEMBRE BOITEUX[1].

Dans la recherche du siège d'une boiterie, les plus expérimentés peuvent échouer.

L'exploration est difficile souvent, impossible parfois.

Quand, par exemple, une épaisse couche de chair existe entre le siège du mal et l'explorateur, comment percevoir la sensibilité développée par la formation d'une tumeur osseuse, par une distension légère des attaches musculaires et des ligaments articulaires ?

Et puis, le mode de manifestation des boiteries présente rarement des différences, suffisamment révélatrices, pour accuser le siège du mal ; les plus habiles observateurs s'y trompent.

En face d'un membre boiteux, le praticien doit d'abord s'assurer, d'un coup d'œil, s'il existe une lésion visible explicative de la boiterie.

Dans l'affirmative, il lui faut bien constater que la gravité du mal est en parfait rapport avec l'intensité de la boiterie[2], en se

---

1. Voir p. 76 et suivantes.
2. Il est des maquignons qui simulent des plaies, des contu-

rappelant, toutefois, que *le bobo*, qui fait boiter tout bas le cheval de pur sang, impressionne à peine le cheval commun.

Il peut y avoir des blessures, des engorgements, des tares dures et molles à la surface du membre, un effort de tendon ou de boulet, une crevasse, une atteinte encornée, un javart, etc. Parfois, sur la paroi, se remarque une seime; sous le pied, se trouve implanté un clou, un tacot, un tesson de bouteille, une pierre, etc.

Lorsqu'une lésion existe, la sensibilité, développée par le toucher, renseigne sur sa gravité : s'il n'y a pas douleur, il faut chercher ailleurs le siège de la boiterie.

Quand l'examen superficiel du membre a été infructueux, le praticien exerce, de haut en bas, des pressions successives, sur toutes les régions et particulièrement *sur les points où viennent les tares dures*, sur les côtés du canon, le long des tendons, autour du boulet et de la couronne ; il embrasse enfin le sabot de ses deux mains, pour percevoir toute chaleur anormale ; puis, armé d'un léger marteau, il frappe à petits coups au pourtour de la paroi et particulièrement sur le côté de chacun des talons.

Ainsi peuvent se constater une douleur quelconque, une tare osseuse à son début, éparvin, suros, forme, etc., une légère distention des tendons, une douleur articulaire au boulet, une atteinte sourde à la couronne, une inflammation locale ou générale du pied, une bleime à tel ou tel talon, etc.

Si, au toucher, une chaleur insolite dénonce que la fièvre est dans le sabot, la perception première a toujours besoin d'être confirmée par l'examen contradictoire du pied sain.

Qu'il existe ou n'existe pas de chaleur au sabot, déferrer le cheval est chose indispensable.

N'a-t-il pas été dit : *sur cent chevaux boiteux, quatre-vingt-dix-neuf boitent du pied ?*

Le maréchal retire les clous un à un, et voit s'il n'y a pas

---

sions, pour vendre un cheval atteint de boiterie chronique, et faire croire que l'irrégularité de la marche résulte d'un mal récent et facilement curable.

d'humidité ou de suppuration sur la lame, comme dans le cas de retraite, d'enclouure ou de pied serré par les clous.

Il raccourcit le pied trop long et blanchit très légèrement la sole et la fourchette; puis, avec le brochoir, il frappe des coups secs et d'égale intensité au pourtour de la paroi, particulièrement en talons, et aussi sur toute la face inférieure du pied.

Enfin, armé de ses tricoises, l'ouvrier comprime, par des pincements successifs, le pourtour de la sole, les talons et la fourchette.

Quand une sensibilité évidente dénonce le siège du mal, il faut appliquer le remède.

La boiterie peut résulter d'un étonnement de sabot, d'un resserrement de talon, d'une bleime; ou bien, il y a sensibilité, foulure de la sole, — surtout sur le pied fourbu, plat, comble, à oignons, — des accidents de ferrure, tels que : sole comprimée par le fer, trop parée, chauffée, brûlée, piqûre, retraite, enclouure; des blessures du pied par des corps aigus, la pourriture de fourchette, le crapaud, etc., se rencontrent aussi.

L'examen doit être terminé en faisant jouer successivement et de haut en bas, toutes les articulations du membre, pour voir si l'animal manifeste une sensibilité accusatrice.

Toutes les recherches aboutissent parfois à cette triste constatation : *c'est une boiterie... à siège inconnu.*

Le champ reste libre pour toutes les suppositions. Les uns disent : nous avons affaire à un écart, à une allonge; ils traitent l'épaule, ou la hanche, à grand renfort de frictions ou de sétons.

D'autres voient partout la maladie naviculaire et font la section des nerfs du pied.

Certains pratiquent une saignée en pince, et ajoutent ainsi une blessure à une maladie.

Le grand nombre, dans l'excellente intention de traiter à coup sûr la région malade, applique d'énormes emplâtres sur tout le membre.

Les plus sages commandent le repos, les bains et les douches: ce traitement économique qui a, du moins, l'avantage de ne pas tarer le cheval, est tout aussi efficace que les plus énergiques médications, par la raison que les succès de ces dernières résultent de ce seul fait : *qu'elles condamnent le cheval à une immobilité essentiellement favorable à la guérison de toutes les maladies des membres.*

Enfin, le vert en liberté compte des succès et a ses partisans.

En terminant, signalons une pratique désastreuse. Nombre de gens fouillent, creusent et délabrent, à fond, le sabot du cheval boiteux. Pour chercher une maladie, qui parfois existe à l'épaule, ils produisent de déplorables ravages dans le pied.

Il est inutile de fouiller toute région où n'existe pas une sensibilité évidente.

CHAPITRE II

ENTRETIEN DU PIED

> Il n'est pour voir que l'œil du maître.
> (LA FONTAINE.)

I. Soins hygiéniques. — II. Moyens pratiques d'entretenir et d'améliorer les pieds. — III. L'œil du maître.

I. — SOINS HYGIÉNIQUES.

Conserver le pied en santé est bien plus facile que de l'améliorer, lorsqu'il est déformé ou malade : *préserver vaut mieux que guérir.* La nature qui, livrée à elle-même, est toujours si ingénieuse, se montre impuissante en face du pied ferré. Et cependant, c'est encore dans l'étude des procédés d'entretien, employés par elle, que l'homme de bon sens doit chercher les moyens de conserver la forme de l'ongle, l'intégrité de la matière cornée[1].

De cette étude surgissent des indications précises : on y voit

---

[1]. Voir p. 40 et suivantes.

la nécessité d'imiter les effets de l'usure naturelle, en parant le pied assez souvent et toujours d'aplomb; de laisser le pied fort et de n'attaquer le vernis de la paroi que dans la juste mesure nécessaire à l'opération du ferrage ; de laisser aux poils de la couronne assez de longueur pour qu'ils recouvrent et protégent le bourrelet; de favoriser l'élasticité du pied par un exercice suffisant, et en faisant porter à plat, sur le fer, les quartiers et les talons; de donner de temps à autre de l'humidité au sabot.

Voilà des moyens de conservation, pleinement rationnels, généralement méconnus.

Trop souvent, le maréchal ne met le pied d'aplomb que par hasard ; il creuse et amincit la sole, détruit avec sa râpe le vernis de la paroi. Sous prétexte de faire la toilette du cheval, l'homme d'écurie rase les poils de la couronne[1] : l'eau et la sueur séjournent à l'origine de l'ongle; le bourrelet du périople devient malade, se gerce, s'écaille ; des crevasses apparaissent; le sabot se dessèche et devient d'une dureté pierreuse.

C'est simplement en retenant et accumulant l'eau dans le sabot, qu'on cherche à remédier à ces pratiques désastreuses.

Le cheval de luxe, surtout, dont la litière est sèche et épluchée avec soin, reçoit artificiellement l'humidité qui manque à ses pieds.

Dans les écuries bien tenues, les pieds sont lavés et graissés chaque jour; sous la sole est appliquée de la bouse de vache. Pour les pieds souffrants sont utilisés les bains, les cataplasmes de farine de lin, de son, le séjour à la prairie humide, la stabulation sur une couche de terre glaise délayée, recouvrant le sol d'un box ou simplement placée sous les pieds de devant.

Les moyens artificiels de conservation remplacent, sans les égaler, les procédés de la nature; ils réussissent, à peu près, sur les chevaux de course qui travaillent sur un terrain doux. Mais les chevaux qui battent le pavé des rues sont, malgré tous les soins, fréquemment atteints de resserrements, de

---

[1]. *Faire les crins* devrait simplement consister à dégager le bas des jambes, en émondant les poils trop longs, en éclaircissant les poils trop épais.

bleimes, de seimes, de gerçures de la couronne, etc... C'est que ces pratiques — qui ne constituent, du reste, qu'un insuffisant palliatif — sont loin d'être à l'abri de toute critique.

Souvent le *lavage des pieds* se fait à la brosse de chiendent, qui use et détruit à fond le vernis de la paroi; il devrait s'effectuer avec l'éponge ou la brosse molle.

Le *graissage des pieds* est à la mode; graisser l'origine des poils, à la couronne, est particulièrement recommandé. On dit : l'onguent de pied remplace le vernis naturel détruit par la ferrure, entretient la souplesse de la corne, active la sécrétion du bourrelet; de plus, le cheval qui a les pieds graissés et luisants semble mieux soigné.

A cela, il est facile de répondre :

Que la bonne ferrure attaque peu le vernis de la paroi;

Que ce vernis, qui ne coûte rien, est supérieur à l'onguent vendu souvent 6 francs le kilo[1], donne plus de souplesse à la corne et protège mieux le pied contre les altérations de sécheresse et d'humidité ;

Que le *graissage du périople*, effectué à l'aide d'onguent de pied ordinaire, est malpropre et nuisible; parce que les corps gras rancissent au contact de l'air et irritent la peau du bourrelet ;

Que le dit *graissage*, quand il est pratiqué avec des onguents à bon marché, ou à base de graisses minérales ou avec l'huile à brûler de la lampe d'écurie, détermine une véritable maladie du bourrelet, des écailles au périople, des cercles sur la paroi ;

Que la poussière des chemins salit bien plus facilement le pied graissé, et que l'onguent disparait bien vite par les temps de boue;

Enfin, et ceci est plus sérieux, que les pieds qui ne sont jamais graissés s'entretiennent mieux[2].

---

1. C'est une erreur de croire que la graisse assouplit la corne par imbibition ; elle ne pénètre nullement et agit, comme le vernis de la paroi, en empêchant l'évaporation de l'eau du sabot.

2. Dans certains établissements, où plusieurs milliers de francs sont annuellement dépensés en achats d'onguent, on remarque de

Fienter les pieds du cheval de luxe est un expédient favorable, pour combattre les resserrements que l'amincissement de la sole tend à produire.

La bouse de vache est appliquée deux fois par semaine, placée le soir et retirée le lendemain matin. Des applications trop répétées amènent la pourriture de la fourchette ; si elles sont de trop longue durée, la fiente, en se desséchant, soutire l'humidité de la corne et fait ainsi plus de mal que de bien.

Les *bains de pied* donnent de bons résultats, quand un graissage immédiat vient emprisonner l'eau qui a pénétré dans le sabot ; ils sont funestes, si cette eau peut s'évaporer librement, parce que la corne devient dure, sèche et cassante.

Les *cataplasmes de farine de lin*, étant tout à la fois humides et gras, attendrissent bien la corne ; mais quand la farine est rance, ce qui arrive souvent, une éruption de boutons se produit à la peau de la couronne.

Les *cataplasmes de son* se dessèchent rapidement, durcissent la corne et font ainsi plus de mal que de bien.

La *prairie humide* produit d'excellents effets, sur les pieds altérés ou malades. Dans le sol mou, la pince s'enfonce, les talons s'ouvrent, la sole imbibée devient souple et s'épanouit. Mais, si la prairie est sèche et dure, les pieds ne tardent pas à se délabrer, à être plus malades et plus difficiles à ferrer qu'auparavant.

Le séjour à la prairie ayant l'inconvénient d'interrompre le service, il est possible d'obtenir les mêmes effets, en plongeant les pieds de devant du cheval ferré dans une couche de terre glaise détrempée, placée dans une botte, dans une toile, ou simplement sous la sole ou sur le sol, devant la mangeoire.

II. — MOYENS PRATIQUES D'ENTRETENIR ET D'AMÉLIORER LES PIEDS.

Dans l'exposé des soins hygiéniques, usités pour le pied, il se trouve de bonnes et de mauvaises pratiques.

nombreuses altérations de la couronne ; altérations qui n'existent pas à l'école de Saint-Cyr, où l'onguent de pied est inconnu. (Année 1869.)

Il nous semble donc utile de décrire les moyens les meilleurs et les plus pratiques, pour entretenir et améliorer les pieds.

Entretien du bon pied. — Les pieds de devant, étant les plus exposés aux déformations, maladies et boiteries, réclament tout particulièrement l'attention et les soins.

Si les pieds sont bons, mais mal soignés, la corne devient sèche, dure, cassante, le sabot se contracte en talons et devient sujet aux bleimes.

Dans ce cas, malheureusement des plus fréquents, il importe d'agir immédiatement et de traiter les pieds par les bains et les cataplasmes.

Matin et soir, bain d'eau chaude de 20 minutes.

Après le bain, mettez un cataplasme, à chaque pied; avec une vieille toile ou la botte en cuir.

Le cataplasme le meilleur, le plus économique, le plus à portée de l'homme d'écurie, est fait avec du son, et une décoction de graine de lin.

Quand les bains et cataplasmes ont beaucoup ramolli la corne, il s'agit d'empêcher l'eau de s'évaporer et conséquemment la corne de se dessécher. A cet effet, lavez bien le pied et laissez-le sécher; puis graissez la paroi avec une brosse molle, chargée de graisse de cheval ou d'huile de pied de bœuf.

Enfin mettez, sous la sole, à l'aide d'un pinceau, une bonne couche de goudron de Norwège.

Pour empêcher le dessous du pied, chargé de goudron, de se coller à la litière, découpez un morceau de vieille couverture, de manière à lui donner exactement la forme de l'intérieur du fer, et appliquez-le sur la sole, en dedans du fer.

Chaque jour, à la sortie de l'écurie, retirez le morceau de couverture et déposez-le derrière le cheval. Au retour, lavez les pieds, laissez-les sécher dix minutes; puis graissez, goudronnez et remettez le morceau de couverture.

On peut aussi appliquer, sous les pieds, un fort tampon d'étoupes bien tassé et chargé de goudron.

A l'aide de ces procédés si simples, toujours continués, le

pied reste frais, la corne souple et molle, les déformations, bleimes et boiteries sont évitées.

Amélioration du pied défectueux. — Pour améliorer les pieds défectueux, on doit se servir des mêmes moyens; mais il y a lieu souvent de chercher à activer la pousse de la corne, à épaissir la paroi, à élargir les talons, sans arrêter le travail.

Les vésicatoires aux couronnes, qui forcent le cheval à garder l'écurie pendant une dizaine de jours, doivent être remplacés par des *frictions journalières* faites sur le bourrelet avec l'onguent régénérateur du sabot. Cet onguent ne doit contenir que des graisses animales, de l'huile de foie de morue et un dosage calculé d'huile cantharidée, de façon à faire pousser la corne sans produire de vésication.

Dans aucun cas, il ne faut se servir pour les couronnes d'onguent de pied du commerce, qui, vu son bon marché, est fabriqué avec des graisses altérées, des huiles végétales, des résidus du graissage des machines, etc.

III. — L'ŒIL DU MAITRE.

Bien peu d'hommes de cheval ont assez de savoir, de patience et de temps pour diriger le maréchal dans son travail. Mais il n'en est pas un, dont l'intérêt bien entendu ne s'accommode d'une surveillance facile, quoique sérieuse et efficace, pour obtenir une ferrure conservatrice, solide et élégante.

Comment arriver à un résultat si désirable ? Il faut se bien pénétrer des principes émis dans cet ouvrage ; donner des ordres formels, au maître maréchal, pour le ferrage de chaque cheval ; se faire présenter l'animal ferré à neuf et examiner la besogne.

Il n'est pas difficile de voir si un cheval est bien ou mal ferré, d'apprécier les qualités et de signaler les défauts de la ferrure [1].

Si les pieds sont défectueux ou malades, si certaines parti-

---

1. Voir p. 365.

cularités des aplombs, des allures, du genre de service, de la nature du sol nécessitent quelques changements et modifications à la ferrure ordinaire, c'est encore à l'homme de cheval de les signaler au maréchal, de discuter avec lui les mesures à prendre et d'en surveiller la mise en pratique.

Il doit veiller à ce que ses chevaux ne soient pas *trop souvent* ferrés, et savoir qu'un bon *rassis* est préférable à une ferrure neuve.

Avant de se mettre en route ou en chasse, il lui faut visiter la ferrure, faire affermir les rivets et remplacer les clous qui manquent.

Il a été écrit quelque part : « Une petite négligence peut causer un grand préjudice. Faute d'un clou, on a perdu un fer; faute d'un fer, on a perdu un cheval et, faute d'un cheval, on a perdu un cavalier, qui a été tué et surpris par les ennemis. Le tout, faute d'une petite attention à un clou d'un fer à cheval. »

FIN.

TABLE DES MATIÈRES

Préface v
Introduction. 1
    Définition, but et importance de la maréchalerie. . . . 1
    Difficultés de l'art de ferrer. 2
    Nécessité d'encourager la maréchalerie. 3
    Rôle des maîtres maréchaux. 4
    Rôle des hommes de cheval. 4

PREMIÈRE PARTIE

LE PIED DU CHEVAL

Chapitre I. — *Description du pied.* 7
    I. Un chef-d'œuvre. 7
    II. Parties intérieures du pied. 8
    III. Enveloppe de chair. 9
    IV. Enveloppe de corne. 10
    V. Union du sabot avec la chair 15
    VI. Le beau pied. 17
Chapitre II. — *Propriétés du pied.* 19
    I. Le pied fabrique son sabot de corne 19
    II. Le pied est sensible et élastique. 29
    III. Le pied se conserve, se modifie, se répare 40
Chapitre III. — *Défectuosités et maladies du pied* . . . 48
    I. Défectuosités du pied. 48
    II. Maladies du pied. 58
    III. Boiteries. 76

TABLE DES MATIÈRES.

Chapitre IV. — *Les aplombs*	82
I. Aplombs des membres.	82
1. Aplombs des membres antérieurs.	83
2. Aplombs des membres postérieurs	101
II. Aplombs du pied.	106
III. Aplombs en marche.	116
IV. Accidents de la marche	121

DEUXIÈME PARTIE

LA MARÉCHALERIE ANCIENNE ET MODERNE

Chapitre I. — *Historique de la ferrure*	129
I. Importance de la ferrure.	129
II. Appareils protecteurs du pied chez les Grecs et les Romains.	131
III. Ferrure celtique.	137
IV. Ferrure gallo-romaine.	142
V. Ferrure du moyen âge	145
Chapitre II. — *Les maîtres de l'art.*	153
I. Auteurs italiens	153
II. Auteurs français	161
III. Auteurs anglais	187
Chapitre III. — *Inventeurs et inventions en maréchalerie.*	208
I. Ferrure podométrique	208
II. Système Perrier.	211
III. Ferrure Turner et Miles.	213
IV. Ferrure Charlier.	214
V. Ferrure Goodenough	223
VI. Système de ferrure adopté à la Compagnie générale des Omnibus de Paris	228
VII. Fers articulés, brisés, divisés	230
VIII. Fers à la mécanique.	233
IX. Semelles en cuir, en gutta-percha et en bois.	237
Chapitre IV. — *Ferrure française et ferrures étrangères.*	238
I. Ferrure française.	238
II. Ferrure anglaise.	248

TABLE DES MATIÈRES.

- III. Ferrure allemande. 251
- IV. Ferrure espagnole. 252
- V. Ferrures italienne et belge. 253
- VI. Ferrure russe. 253
- VII. Ferrure américaine. 254
- VIII. Ferrure arabe. 254

CHAPITRE V. — *Considération sur le poids, l'épaisseur, la couverture, la garniture, l'ajusture du fer, les étampures et les clous.* 257

CHAPITRE VI. — *Ferrure française et ferrure anglaise comparées.* 267

CHAPITRE VII. — *Inconvénients de la ferrure.* 272

TROISIÈME PARTIE

LE MARÉCHAL FERRANT, CE QU'IL PEUT, CE QU'IL FAIT

CHAPITRE I. — *Pouvoir du maréchal sur le pied.* 277
- I. Moyens d'action de l'ouvrier. 277
- II. Fabrication des défectuosités et maladies du pied. . . 283

CHAPITRE II. — *État actuel de la maréchalerie en France.* . 286
- I. L'ouvrier est habile et le pied dégénère. 286
- II. Insuffisance et erreurs de la théorie. 287
- III. Méfaits de la pratique. 301
  - 1. L'ouvrier des villes. 305
  - 2. L'ouvrier militaire. 312
  - 3. L'ouvrier des campagnes. 318

QUATRIÈME PARTIE

LA FERRURE RATIONNELLE

CHAPITRE I. — *Moyens de contention.* . . . .
- I. Moyens de dresser le cheval au ferrage. 321
- II. Ferrage des chevaux difficiles. 325

CHAPITRE II. — *Ferrure ordinaire.* 330
- I. Renouvellement de la ferrure. 330

II. Examen des aplombs, du pied et du vieux fer. . . . 331
III. Déferrement du pied. 333
IV. Parure du pied. 334
V. Rectification de l'aplomb. 340
VI. Choix et préparation du fer. 343
VII. Essai et fixation du fer. 348
VIII. Le pied bien ferré. 353
IX. Ferrure à chaud et à froid. 354

Chapitre III. — *Ferrures des différents services.* 358

I. Ferrure des chevaux de selle et d'attelage. 358
II. Ferrure de course et de chasse. 361
III. Ferrure des chevaux de trait léger et de gros trait. . 370
IV. Ferrure des chevaux au vert en liberté. 372

Chapitre IV. — *Ferrure à glace.* 373

I. Ferrure de ville contre les glissades. 373
II. Ferrure à glace proprement dite 380
III. Moyens les plus pratiques contre les glissades. . . 393

Chapitre V. — *Ferrure des pieds défectueux.* 398

Chapitre VI. — *Ferrure des vices d'aplomb, des irrégularités et accidents de la marche, des habitudes vicieuses d'écurie, des maladies et blessures des membres.* 443

I. Ferrure des vices d'aplomb. 443
II. Ferrure des irrégularités des allures. 447
III. Ferrure des accidents de la marche. 447
IV. Ferrure des habitudes vicieuses d'écurie 462
V. Ferrure des maladies et des blessures des membres. . 464

Chapitre VII. — *Appareils protecteurs spéciaux fixés au membre et au pied.* 464

I. Moyens de protection du pied déferré par accident. . 464
II. Appareils protecteurs et autres. 470

Chapitre VIII. — *Ferrure du mulet, de l'âne et du bœuf.* . 477

I. Ferrure du mulet. 477
II. Ferrure de l'âne. 479
III. Ferrure du bœuf. 480

CINQUIÈME PARTIE

LA MÉDECINE ET L'HYGIÈNE DU PIED

CHAPITRE I. — *Traitement des maladies et blessures du pied.* . 481
   I. Maladies. 484
      1. Seime. 484
      2. Bleime. 491
  II. Accidents divers. 499
  III. Blessures. 508
  IV. Accidents occasionnés par la ferrure. 510
  V. Exploration d'un membre boiteux. 513

CHAPITRE II. — *Entretien du pied.* 516
  I. Soins hygiéniques. 516
  II. Moyens pratiques d'entretenir et d'améliorer les pieds. 519
  III. L'œil du maître. 521

FIN DE LA TABLE DES MATIÈRES.

TABLE ALPHABÉTIQUE DES MATIÈRES

Abcès du sabot. 62, 499.
Aborder le cheval. 322.
Accidents de la marche. 124.
Accidents du pied. 499.
Accidents occasionnés par la ferrure. 510.
Ajusture du fer. 262, 297.
Amélioration du pied défectueux. 521.
Ane (ferrure de l'). 479.
Aplomb. 82, 331. — des membres. 82. — des membres antérieurs. 83. — des membres postérieurs. 101. — du pied. 25, 106. — du pied type. 114. — réguliers. 115. — défectueux. 115. — en marche. 116. — (rectification de l'). 340.
Appareil à poche avec plomb. 476.
Arqué. 91.
Arrachement du sabot. 510.
Attacher le cheval. 323.
Atteinte encornée. 73, 509.
Avalure. 72, 504.
Bains de pied. 519.
Barrage des seimes. 489.
Bas jointé. 94, 102, 446.
Bleime. 60, 494.
Blessures du pied. 508.
Blessures des membres (ferrure des). 464.
Bœuf (ferrure du). 480.
Boiteries. 76.

Boiteux (exploration d'un membre). 513.
Botte en cuir pour cataplasme. 476.
Bottines protectrices du pied. 476.
Bouleté. 92, 102, 445.
Bourrelet (anatomie). 10.
Bourrelet (appareil). 475. — pour cheval qui se couche en vache. 473.
Bouté. 92, 102, 445. — du devant. 445.
Boutoirs. 242. — antiques. 136.
Bracelet à pointes. 472.
Brassicourt. 90, 444.
Brochoir. 244.
Cagneux. 100, 105, 444.
Campé du devant. 89, 443. — du derrière. 102, 444.
Cataplasmes. 519. — à l'aide d'une botte en cuir. 476.
Cerise. 76, 509.
Chair du pied. 9, 10. — cannelée ou feuilletée. 10. — veloutée. 11.
Cheval en marche. 116.
Cheval d'attelage. 359. — de chasse. 368. — de course. 361. — de luxe. 360. — de selle. 358. — de steeple-chase. 366. — trotteur. 366. — de trait léger. 370. — de gros trait,

371. — au vert en liberté, 372.
Choix du fer, 313.
Clou de rue, 508.
Clous, 239, 260. — à glace, 380.
Conservation du pied, 10.
Contention (moyens de), 321.
Corne, 11, 19. — traversée par un clou pour le traitement de la seime, 485.
Coups de rogne-pied et de boutoir, 513.
Couronne (os de la), 9.
Court jointé, 91, 102, 416.
Coussinet plantaire, 9.
Couverture du fer, 259.
Crampon, 205.
Crampons fixes, 382. — mobiles, 383. — à vis, 384.
Crapaud, 75, 506.
Crapaudine, 75, 507.
Croissant, 503.
Défectuosités du pied, 48. — fabriquées du pied, 283.
Déferrement du pied, 333.
Dressage du cheval au ferrage, 326.
Droit jointé, droit sur ses boulets, 92, 102, 415.
Ecartement des talons, 32.
Elasticité du pied, 30.
Encastelure, 427.
Enclouure, 512.
Entretien du pied, 516. — du bon pied, 520.
Enveloppe de chair, 9. — de corne, 10.
Epaisseur du fer, 258.
Essai du fer, 348.
Etampures, 266.
Etonnement du sabot, 499.

Exploration d'un membre boiteux, 513.
Faux quartier, 72, 501.
Fer gaulois, 138. — mérovingien, 145.
— Poret, 229. — articulé, divisé, brisé, 230. — à charnière de Bracy Clark, 230. — articulé par charnières, 230. — articulé de Vatel, 231. — Sempastous, 231. — Peillard, 231. — Alasonière, 232. — à la mécanique, 233. — en fer, 233. — en fonte 234. — en acier, 235. — français, 243.
— à bleime, 498.
Ferrage des chevaux difficiles, 325.
Ferrure, 1.
— (Historique de la), 129.
— chez les Grecs et chez les Romains, 131. — celtique, 137.
— gallo-romaine, 142. — au moyen âge, 145.
— podométrique, 208.
— Perrier, 211. — Turner et Miles, 113. — Charlier, 214. — Goodenough, 223. — système adopté à la compagnie des omnibus de Paris, 228.
— française, 238.
— allemande, 251. — anglaise, 248. — anglaise comparée à la ferrure française, 267. — espagnole, 252. — italienne et belge, 253. — russe, 253. — américaine, 254. — arabe, 254.
— (Inconvénients de la), 272.
— rationnelle, 321. — ordinaire, 330. — à chaud, 354. — à froid, 356.
— des chevaux de selle, 358. —

des chevaux d'attelage. 359. — des chevaux de luxe. 360. — — de course. 361. — de steeple chase. 366. — du trotteur. 366. — de chasse. 368. — des chevaux de trait léger. 370. — des chevaux de gros trait. 371. — des chevaux au vert en liberté. 372.

— de ville contre les glissades. 373. — à glace. 373. — à glace proprement dite. 380.

— des pieds défectueux. 398.

— des vices d'aplomb. 413.

— du cheval usé. 416.

— des irrégularités de la marche. 447. — des accidents de la marche. 447.

— à la turque. 456.

— des habitudes vicieuses d'écurie. 462.

— des maladies et des blessures des membres. 464.

— du mulet. 477.

— de l'âne. 479.

— du bœuf. 480. — Charlier pour le bœuf. 483.

— contre la seime. 486.

— (Accidents occasionnés par la). 510.

Fers. 1.
Fixation du fer. 348.
Forme du pied. 40.
Fourbure. 65, 501.
Fourchette de chair. 9, 13. — échauffée et pourrie. 74. 506.
Fourmilière. 64, 500.
Garniture du fer. 261.
Genou cambré. 100, 445.
Genoux de bœuf. 445.
Genoux de veau, effacé, creux, 92, 445.

Glissades (ferrure de ville contre les). 373. — (moyens pratiques contre les). 393.
Graissage des pieds. 518.
Grappes. 382.
Guêtre de course. 472.
Habitudes vicieuses d'écurie (ferrure des). 462.
Hipposandale des chasseurs anglais. 468.
Hommes de cheval. 1.
Hygiène du pied. 481.
Intégrité du pied. 40.
Inventeurs et inventions en maréchalerie. 208.
Irrégularités de la marche. 118, 447.
Javart en corne. 73, 404. — cartilagineux. 73, 505.
Keraphyllocèle. 63, 500.
Lavage des pieds. 518.
Lever le pied. 324.
Ligaments du pied. 9.
Long jointé. 94, 102, 446.
Mailloche. 242.
Maîtres de l'art. 153. — italiens. 153. — français. 161. — anglais. 187.
Maîtres maréchaux. 4.
Mal d'âne. 75.
Maladie naviculaire. 74, 505.
Maladies du pied. 58, 484. — Fabrication des maladies du pied. 283.
Marche en ligne. 118. — (accidents de la). 124. — (irrégularités de la). 118, 447.
Maréchal ferrant. 277. — son pouvoir sur le pied. 277.
Maréchalerie. 1. — état actuel en France. 286.

TABLE ALPHABÉTIQUE DES MATIÈRES.

Médecine du pied. 481.
Membres (aplombs des). 82.
Moyens de contrainte. 328.
Mulet (ferrure du). 177.
Muraille. 12.
Naviculaire (os). 9.
Oignon. 72, 503.
Ongle. 11.
Os de la couronne. 9.
Os naviculaire. 9.
Os du paturon. 9.
Os du pied. 8.
Ouvrier des campagnes. 318. — militaire. 312. — des villes. 305.
Panard. 55, 97, 104, 137, 444.
Paroi. 12.
Parure du pied. 334.
Paturon (os du). 9.
Périople. 13.
Pied du cheval. 7.
— conservation de sa forme et de son intégrité. 10. — (Réparation du). 45.
— du mulet. 12.
  — plat. 42, 52, 132. — trop grand. 48, 398. — trop petit. 48, 398. — resserré. 49. — encastelé. 50, 399. — comble. 53, 432. — long en pince. 53. — à talons faibles. 53, 434. — gras, maigre. 53, 434. — cerclé. 53, 435. — à paroi séparée de la sole. 54, 434. — dérobé. 55, 435. — de travers. 55, 435. — panard. 55, 437. — cagneux. 56, 437. — pinçard. 56, 438. — rampin. 57, 438. — à talons bas. 57, 441. — à talons hauts. 57, 442. — à talons fuyants. 58, 442. — bien ferré. 353. — à talons serrés. 418, 430. — à quartier

resserré. 418. — long en pince. 431. — serré par les clous. 512.
— moyens pratiques de l'entretenir et de l'améliorer. 519.
Pieds inégaux. 49, 399.
Pinçard. 56, 103, 138.
Pinçon. 265.
Piqûre. 510.
Podomètre. 209.
Poids du fer. 257.
Poser le pied du cheval. 324.
Pousse du sabot. 23, 29.
Préparation du fer. 343.
Protecteur Lacombe. 473.
Protection du pied déferré par accident. 466.
Râpe. 242.
Rapprochement des talons. 32.
Rectification de l'aplomb. 340.
Renouvellement de la ferrure. 330.
Réparation du pied. 40.
Repoussoir. 242.
Resserrement du pied. 418.
Retraite. 511.
Rogne-pied. 242.
Sabot. 9, 11. — (abcès du). 62, 499. — (arrachement du). 510. — (étonnement du). 499. — (pousse du). 23, 29. — (usure du). 26.
Seime. 58, 484.
Semelle japonaise. 133. — en cuir, en gutta-percha. 237. — en bois. 238.
Sensibilité du pied. 29.
Serré du derrière. 104, 444. — du devant. 96, 144.
Sole. 13. — chauffée, brûlée. 512. — comprimée par le fer. 512. — foulée. 499.

Solea. 134.
Soudure des pièces du sabot. 22.
Sous lui du derrière. 102, 113. — du devant. 89, 113.
Talons, écartement et rapprochement. 32.
Tenir le pied. 324.
Toucher le cheval. 323.

Travail pour cheval et bœuf. 181.
Tricoises. 242.
Trop ouvert du devant. 97. — des boulets. 100. — du derrière. 104.
Usure du sabot. 26. — du vieux fer. 332.
Vices d'aplomb (ferrure des). 113.

Chartres. — Imprimerie Durand, rue Fulbert.